Da Divisão do Trabalho Social

Émile Durkheim, sociólogo francês, nasceu em 15 de abril de 1858, em Epinal, e morreu em 15 de novembro de 1917, em Paris. É considerado o fundador da sociologia ou, pelo menos, de uma corrente de estudos sobre a natureza do fato social e as leis da evolução da sociedade. É autor de diversas obras, entre elas, *O suicídio* e *Lições de sociologia*, ambas publicadas por esta editora.

Émile Durkheim

Da Divisão do Trabalho Social

Tradução
EDUARDO BRANDÃO

wmf martinsfontes

SÃO PAULO 2019

Esta obra foi publicada originalmente em francês com o título
DE LA DIVISION DU TRAVAIL SOCIAL
por Presses Universitaires de France, em 1930.

1ª edição *1995*
5ª edição *2019*

Tradução
EDUARDO BRANDÃO

Revisão da tradução
Carlos Eduardo Silveira Matos
Revisões gráficas
Isabel Aparecida Ribeiro da Silva
Maurício Balthazar Leal
Dinarte Zorzanelli da Silva
Produção gráfica
Geraldo Alves
Paginação
Renato C. Carbone

Dados Internacionais de Catalogação na Publicação (CIP)
(Câmara Brasileira do Livro, SP, Brasil)

Durkheim, Émile, 1858-1917.
Da divisão do trabalho social / Émile Durkheim ; tradução Eduardo Brandão. – 5ª ed. – São Paulo : Editora WMF Martins Fontes, 2019. – (Biblioteca do pensamento moderno)

Título original: De la division du travail social.
ISBN 978-85-469-0248-4

1. Divisão do trabalho 2. Durkheim, Émile, 1858-1917
I. Título.

19-24216 CDD-306.368

Índices para catálogo sistemático:
1. Divisão do trabalho : Sociologia 306.368
Maria Alice Ferreira - Bibliotecária - CRB-8/7964

Rua Prof. Laerte Ramos de Carvalho, 133 01325.030 São Paulo SP Brasil
Tel. (11) 3293.8150 e-mail: info@wmfmartinsfontes.com.br
http://www.wmfmartinsfontes.com.br

PREFÁCIO À SEGUNDA EDIÇÃO

> Οὐ γὰρ γίνεται πόλις ἐξ ὁμοίων ἕτερον
> γὰρ συμμαχία καὶ πόλις.
>
> Aristóteles, *Pol.*, B, 1, 1261, a, 24.

Algumas observações sobre os agrupamentos profissionais

Ao reeditarmos esta obra, vedamo-nos modificar sua estrutura original. Um livro possui uma individualidade que deve conservar. Convém deixar-lhe a fisionomia sob a qual ele se fez conhecer[1].

Mas há uma idéia que ficou na penumbra na primeira edição e que parece-nos útil ressaltar e determinar melhor, pois ela esclarecerá algumas partes do presente trabalho e mesmo dos que publicamos depois[2]. Trata-se do papel que os agrupamentos profissionais estão destinados a desempenhar na organização social dos povos contemporâneos. Se, primitivamente, só havíamos abordado esse problema por meio de alusões[3], é porque contávamos retomá-lo e dedicar-lhe um estudo especial. Como sobrevieram outras ocupações que nos desviaram desse projeto e como não vemos quando poderemos dar-lhe continuidade, gostaríamos de aproveitar esta segunda edição para mostrar como esse problema se liga ao tema tratado ao longo da obra, para indicar em que termos ele se coloca e, sobretudo, para tentar dirimir os motivos que ainda impedem muitos espíritos de compreender corretamente sua urgência e seu alcance. Tal será o objeto deste novo prefácio.

I

Insistimos várias vezes, ao longo deste livro, sobre o estado de anomia jurídica e moral em que se encontra atualmente a vida econômica[4]. De fato, nessa ordem de funções, a moral profissional só existe em estado rudimentar. Há uma moral profissional do advogado e do magistrado, do soldado e do professor, do médico e do padre, etc. Mas se procurássemos estabelecer numa linguagem um pouco definida as idéias em curso sobre o que devem ser as relações entre o empregador e o empregado, entre o operário e o empresário, entre os industriais que concorrem um com o outro ou com o público, que fórmulas indecisas obteríamos! Algumas generalidades imprecisas sobre a fidelidade e a devoção que os assalariados de toda sorte devem aos que os empregam, sobre a moderação com a qual estes últimos devem usar de sua preponderância econômica, uma certa reprovação de toda concorrência por demais abertamente desleal, de toda exploração demasiado gritante do consumidor, é quase tudo o que contém a consciência moral dessas profissões. Ademais, a maioria dessas prescrições são desprovidas de qualquer caráter jurídico; elas são sancionadas tão-somente pela opinião pública, não pela lei, e sabemos quanto a opinião se mostra indulgente para com a maneira como essas vagas obrigações são cumpridas. Os atos mais censuráveis são com tanta freqüência absolvidos pelo sucesso, que o limite entre o que é permitido e o que é proibido, o que é justo e o que não é, não tem mais nada de fixo, parecendo poder ser modificado quase arbitrariamente pelos indivíduos. Uma moral tão imprecisa e tão inconsistente não seria capaz de constituir uma disciplina. Daí resulta que toda essa esfera da vida coletiva é, em grande parte, subtraída à ação moderadora da regra.

É a esse estado de anomia que devem ser atribuídos, como mostraremos, os conflitos incessantemente renascentes e as desordens de todo tipo de que o mundo econômico nos dá o triste espetáculo. Porque, como nada contém as forças em presença e não lhes atribui limites que sejam obrigadas a respeitar, elas tendem a se desenvolver sem termos e acabam se entrechocando, para se reprimirem e se reduzirem mutuamente. Sem dúvida, as mais intensas acabam conseguindo esmagar as mais fracas, ou submetê-las. Mas, se o vencido pode se resignar por um tempo a uma subordinação que é obrigado a suportar, ele não a aceita e, por conseguinte, ela se mostra incapaz de constituir um equilíbrio estável[5]. As tréguas impostas pela violência sempre são apenas provisórias e não pacificam os espíritos. As paixões humanas só se detêm diante de uma força moral que elas respeitam. Se qualquer autoridade desse gênero inexiste, é a lei do mais forte que reina e, latente ou agudo, o estado de guerra é necessariamente crônico.

Que tal anarquia seja um fenômeno mórbido, é mais que evidente, pois ela vai contra o próprio objetivo de toda sociedade, que é suprimir ou, pelo menos, moderar a guerra entre os homens, subordinando a lei física do mais forte a uma mais alta. Em vão, para justificar esse estado de não-regulamentação, salienta-se que ele favorece o desenvolvimento da liberdade individual. Nada mais falso do que esse antagonismo que se quis estabelecer, com excessiva freqüência, entre a autoridade da regra e a liberdade do indivíduo. Muito ao contrário, a liberdade (entendemos a liberdade justa, aquela que a sociedade tem o dever de fazer respeitar) é, ela própria, produto de uma regulamentação. Só posso ser livre na medida em que outrem é impedido de tirar proveito da superioridade física, econômica ou outra de que dispõe para subjugar minha liberdade, e apenas a regra social pode erguer um obstáculo a esses abusos de poder. Sabe-se agora que regulamentação complicada é necessária para garantir aos indivíduos a independência econômica sem a qual sua liberdade não é mais que nominal.

Mas o que proporciona, particularmente nos dias de hoje, excepcional gravidade a esse estado é o desenvolvimento, até então desconhecido, que as funções econômicas adquiriram nos últimos dois séculos, aproximadamente. Enquanto, outrora, desempenhavam apenas um papel secundário, hoje estão em primeiro plano. Estamos longe do tempo em que eram desdenhosamente abandonadas às classes inferiores. Diante delas, vemos as funções militares, administrativas, religiosas recuarem cada vez mais. Somente as funções científicas estão em condição de disputar-lhes o lugar – e, ainda assim, a ciência atualmente só tem prestígio na medida em que pode servir à prática, isto é, em grande parte, às profissões econômicas. É por isso que se pôde dizer de nossas sociedades, não sem alguma razão, que elas são ou tendem a ser essencialmente industriais. Uma forma de atividade que tomou tal lugar na vida social não pode, evidentemente, permanecer tão desregulamentada, sem que disso resultem as mais profundas perturbações. É, em particular, uma fonte de desmoralização geral. Pois, precisamente porque as funções econômicas absorvem hoje o maior número de cidadãos, há uma multidão de indivíduos cuja vida transcorre quase toda no meio industrial e comercial; a decorrência disso é que, como tal meio é pouco marcado pela moralidade, a maior parte da sua existência transcorre fora de toda e qualquer ação moral. Ora, para que o sentimento do dever se fixe fortemente em nós, é preciso que as próprias circunstâncias em que vivemos o mantenham permanentemente desperto. Não somos, por natureza, propensos a nos incomodar e a nos coagir; portanto, se não formos convidados a cada instante a exercer sobre nós essa coerção sem a qual não há moral, como nos acostumaríamos a ela? Se, nas ocupações que preenchem quase todo nosso tempo, não seguirmos outra regra que a do nosso interesse próprio, como tomaríamos gosto pelo desinteresse, pela renúncia de si, pelo sacrifício? Assim, a ausência de qualquer disciplina econômica não pode deixar de estender seus efeitos além do próprio mundo econômico e acarretar uma diminuição da moralidade pública.

Mas, constatado o mal, qual é sua causa e qual pode ser seu remédio?

No corpo desta obra, dedicamo-nos sobretudo a mostrar que a divisão do trabalho não poderia ser responsabilizada por essa situação, como foi, por vezes, injustamente acusada; que ela não produz necessariamente a dispersão e a incoerência, mas que as funções, quando estão suficientemente em contato umas com as outras, tendem por si mesmas a se equilibrar e a se ajustar. Contudo, essa explicação é incompleta. Porque, se é verdade que as funções sociais procuram de maneira espontânea adaptar-se umas às outras, contanto que estejam regularmente em relação, por outro lado esse modo de adaptação só se torna uma regra de conduta se um grupo o consagrar com sua autoridade. De fato, uma regra não é apenas uma maneira habitual de agir; é, antes de mais nada, *uma maneira de agir obrigatória*, isto é, que escapa, em certa medida, do arbítrio individual. Ora, somente uma sociedade constituída desfruta da supremacia moral e material que é indispensável para impor a lei aos indivíduos; pois a única personalidade moral que está acima das personalidades particulares é a formada pela coletividade. Além disso, apenas ela tem a continuidade e, mesmo, a perenidade necessárias para manter a regra além das relações efêmeras que a encarnam cotidianamente. E mais: seu papel não se limita simplesmente a erigir em preceitos imperativos os resultados mais gerais dos contratos particulares, ela intervém de maneira ativa e positiva na formação de todas as regras. Em primeiro lugar, ela é o árbitro naturalmente designado para resolver os interesses em conflito e atribuir a cada um os limites que convêm. Em seguida, ela é a primeira interessada em que a ordem e a paz reinem: se a anomia é um mal, é antes de mais nada porque a sociedade sofre desse mal, não podendo dispensar, para viver, a coesão e a regularidade. Uma regulamentação moral ou jurídica exprime, pois, essencialmente, necessidades sociais que só a sociedade pode conhecer; ela repousa num estado de opinião, e toda opinião é coisa coletiva, produto de uma elaboração coletiva. Para que a anomia tenha fim, é necessário, portanto, que exista ou que se forme um grupo em que se possa constituir o sistema de regras atualmente inexistente.

Nem a sociedade política em seu conjunto, nem o Estado, podem, evidentemente, incumbir-se dessa função; a vida econômica, por ser muito especial e por se especializar cada dia mais, escapa à sua competência e à sua ação[6]. A atividade de uma profissão só pode ser regulamentada eficazmente por um grupo próximo o bastante dessa mesma profissão para conhecer bem seu funcionamento, para sentir todas as suas necessidades e poder seguir todas as variações destas. O único grupo que corresponde a essas condições é o que seria formado por todos os agentes de uma mesma indústria reunidos e organizados num mesmo corpo. É o que se chama de corporação ou grupo profissional.

Ora, na ordem econômica, o grupo profissional existe tanto quanto a moral profissional. Desde que, *não sem razão*, o século passado suprimiu as antigas corporações, não se fizeram mais que tentativas fragmentárias e incompletas para reconstituí-las em novas bases. Sem dúvida, os indivíduos que se consagram a um mesmo ofício estão em relações mútuas por causa de suas ocupações similares. A própria concorrência entre eles os põe em relação. Mas essas relações nada têm de regular; elas dependem do acaso dos encontros e, na maioria das vezes, têm um caráter totalmente individual. É este industrial que se acha em contato com aquele, não é o corpo industrial de determinada especialidade que se reúne para agir em comum. Excepcionalmente, vemos todos os membros de uma mesma profissão reunirem-se em congresso para tratar de alguma questão de interesse geral; mas esses congressos têm sempre duração limitada, não sobrevivem às circunstâncias particulares que os suscitaram e, depois, a vida coletiva de que foram ocasião se extingue mais ou menos completamente com eles.

Os únicos agrupamentos dotados de certa permanência são os que hoje se chamam sindicatos, seja de patrões, seja de operários. Por certo, temos aí um começo de organização profissional, mas ainda bastante informe e rudimentar. Isso porque, em primeiro lugar, um sindicato é uma associação privada, sem autoridade legal, desprovida, por conseguinte, de qualquer poder regulamentador. O número deles é teoricamente ilimitado, mesmo no interior de uma categoria industrial; e, como cada um é independente dos outros, se não se constituem em federação e se unificam, não há nada neles que exprima a unidade da profissão em seu conjunto. Enfim, não só os sindicatos de patrões e os sindicatos de empregados são distintos uns dos outros, *o que é legítimo e necessário*, como não há entre eles contatos regulares. Não existe organização comum que os aproxime sem fazê-los perder sua individualidade e na qual possam elaborar em comum uma regulamentação que, estabelecendo suas relações mútuas, imponha-se a ambas as partes com a mesma autoridade; por conseguinte, é sempre a lei do mais forte que resolve os conflitos, e o estado de guerra subsiste por inteiro. Salvo no caso de seus atos pertencentes à esfera da moral comum, patrões e operários estão, uns em relação aos outros, na mesma situação de dois Estados autônomos, mas de força desigual. Eles podem, como fazem os povos por intermédio de seus governos, firmar entre si contratos, mas esses contratos exprimem apenas o respectivo estado das forças econômicas em presença, do mesmo modo que os tratados que dois beligerantes firmam exprimem tão-somente o respectivo estado de suas forças militares. Eles consagram um estado de fato e não poderiam fazer deste um estado de direito.

Para que uma moral e um direito profissionais possam se estabelecer nas diferentes profissões econômicas, é necessário, pois, que a corporação, em vez de permanecer um agregado confuso e sem unidade, se torne, ou antes, volte a ser, um grupo definido, organizado, numa palavra, uma instituição pública. Mas todo projeto desse gênero vem se chocar contra certo número de preconceitos que cumpre prevenir ou dissipar.

Em primeiro lugar, a corporação tem contra si seu passado histórico. De fato, ela é tida como intimamente solidária de nosso antigo regime político e, por conseguinte, como incapaz de sobreviver a ele. Parece que reclamar para a indústria e para o comércio uma organização corporativa é querer seguir ao revés o curso da história; ora, tais regressões são justamente tidas ou como impossíveis, ou como anormais.

O argumento caberia se se propusesse ressuscitar artificialmente a velha corporação, tal como existia na Idade Média. Mas não é assim que a questão se coloca. Não se trata de saber se a instituição medieval pode convir tal qual a nossas sociedades contemporâneas, mas se as necessidades a que ela correspondia não são de todos os tempos, conquanto deva, para satisfazê-las, se transformar segundo os ambientes.

Ora, o que permite considerar as corporações uma organização temporária, boa apenas para uma época e uma civilização determinadas, é, ao mesmo tempo, sua grande antiguidade e a maneira como se desenvolveram na história. Se elas datassem unicamente da Idade Média, poder-se-ia crer, de fato, que, nascidas com um sistema político, deviam necessariamente desaparecer com ele. Mas, na realidade, têm uma origem bem mais antiga. Em geral, elas aparecem desde que as profissões existem, isto é, desde que a atividade deixa de ser puramente agrícola. Se não parecem ter sido conhecidas na Grécia, pelo menos até a época da conquista romana, é porque os ofícios, sendo desprezados, eram exercidos exclusivamente por estrangeiros e, por isso mesmo, achavam-se excluídos da organização legal da cidade[7]. Mas em Roma elas datam pelo menos dos primeiros tempos da República; uma tradição chegava até a atribuir sua criação ao rei Numa[8]. É verdade que, por muito tempo, elas tiveram de levar uma existência bastante humilde, pois os historiadores e os monumentos só raramente as mencionam; por isso, não sabemos muito bem como eram organizadas. Mas, desde a época de Cícero, sua quantidade tornara-se considerável e elas começavam a desempenhar um papel. Nesse momento, diz Waltzing, "todas as classes de trabalhadores parecem possuídas pelo desejo de multiplicar as associações profissionais". O movimento ascendente continuou em seguida, até alcançar, sob o Império, "uma extensão que talvez não tenha sido superada desde então, se se levarem em conta as diferenças econômicas"[9]. Todas as categorias de operários, que eram numerosíssimas, acabaram, ao que parece, se constituindo em colégios, o mesmo se dando com a gente que vivia do comércio. Ao mesmo tempo, o caráter desses agrupamentos se modificou; eles acabaram tornando-se verdadeiras engrenagens da administração. Desempenhavam funções oficiais; cada profissão era vista como um serviço público, cujo encargo e cuja responsabilidade ante o Estado cabiam à corporação correspondente[10].

Foi a ruína da instituição. Porque essa dependência em relação ao Estado não tardou a degenerar numa servidão intolerável que os imperadores só puderam manter pela coerção. Todas as sortes de procedimentos foram empregadas para impedir que os trabalhadores escapassem das pesadas obrigações que resultavam, para eles, de sua própria profissão – chegou-se até a recorrer ao recrutamento e ao alistamento forçados. Evidentemente, tal sistema só podia durar enquanto o poder político fosse forte o bastante para impô-lo. É por isso que ele não sobreviveu à dissolução do Império. Aliás, as guerras civis e as invasões haviam destruído o comércio e a indústria; os artesãos aproveitaram essas circunstâncias para fugir das cidades e se dispersar nos campos. Assim, os primeiros séculos de nossa era viram produzir-se um fenômeno que devia se repetir tal qual no fim do século XVII: a vida corporativa se extinguiu quase por completo. Mal subsistiram alguns vestígios seus, na Gália e na Germânia, nas cidades de origem romana. Portanto, se, naquele momento, um teórico tivesse tomado consciência da situação, teria provavelmente concluído, como o fizeram mais tarde os economistas, que as corporações não tinham, ou, em todo caso, não tinham mais, razão de ser, que haviam desaparecido irreversivelmente, e sem dúvida teria tratado de retrógrada e irrealizável toda tentativa de reconstituí-las. Mas os acontecimentos logo desmentiriam uma tal profecia.

De fato, após um eclipse de algum tempo, as corporações recomeçaram nova existência em todas as sociedades européias. Elas renasceram por volta dos séculos XI e XII. Desde esse momento, diz Levasseur, "os artesãos começam a sentir a necessidade de se unir e formam suas primeiras associações"[11]. Em todo caso, no século XII, elas estão outra vez florescentes e se desenvolvem até o dia em que começa para elas uma nova decadência. Uma instituição tão persistente assim não poderia depender de uma particularidade contingente e acidental; muito menos ainda é possível admitir que tenha sido o produto de não sei que aberração coletiva. Se, desde as origens da cidade até o apogeu do Império, desde o alvorecer das sociedades cristãs até os tempos modernos, elas foram necessárias, é porque correspondem a necessidades duradouras e profundas. Sobretudo, o próprio fato de que, depois de terem desaparecido uma primeira vez, reconstituíram-se por si mesmas e sob uma nova forma, retira todo e qualquer valor ao argumento que apresenta sua desaparição violenta no fim do século passado como uma prova de que não estão mais em harmonia com as novas condições da existência coletiva. De resto, a necessidade que todas as grandes sociedades civilizadas hoje sentem de chamá-las de volta à vida é o mais seguro sintoma de que essa supressão radical não era um remédio e de que a reforma de Turgot requeria outra que não poderia ser indefinidamente adiada.

II

Mas se nem toda organização corporativa é necessariamente um anacronismo histórico, teremos base para crer que ela seria chamada a desempenhar, em nossas sociedades contemporâneas, o papel considerável que lhes atribuímos? Porque, se a julgamos indispensável, é por causa não dos serviços econômicos que ela poderia prestar, mas da influência moral que poderia ter. O que vemos antes de mais nada no grupo profissional é um poder moral capaz de conter os egoísmos individuais, de manter no coração dos trabalhadores um sentimento mais vivo de sua solidariedade comum, de impedir que a lei do mais forte se aplique de maneira tão brutal nas relações industriais e comerciais. Ora, ele é tido como inadequado a esse papel. Por ter nascido em conseqüência de interesses temporais, parece que só pode servir a finalidades utilitárias, e as lembranças deixadas pelas corporações do antigo regime apenas confirmam essa impressão. Costuma-se representá-las no futuro tal como eram nos últimos tempos da sua existência, ocupadas antes de mais nada em manter ou aumentar seus privilégios e seus monopólios, e não se vê de que modo preocupações tão estritamente profissionais poderiam exercer uma ação favorável sobre a moralidade do corpo ou de seus membros.

Mas é preciso evitar estender a todo o regime corporativo o que pode ter sido válido para certas corporações e durante um curto lapso de tempo de seu desenvolvimento. Longe de ser atingido por uma sorte de enfermidade moral devida à sua própria constituição, foi sobretudo um papel moral que ele representou na maior parte da sua história. Isso é particularmente evidente no caso das corporações romanas. "As corporações de artesãos", diz Waltzing, "estavam longe de ter, entre os romanos, um caráter profissional tão pronunciado quanto na Idade Média; nelas não encontramos nem regulamentação sobre os métodos, nem aprendizado imposto, nem monopólio; sua finalidade não era, tampouco, reunir os fundos necessários para explorar uma indústria."[12] Sem dúvida, a associação lhes dava mais forças para salvaguardar, se necessário, seus interesses comuns. Mas era isso apenas um dos contragolpes úteis que a instituição produzia; não era sua razão de ser, sua função principal. Antes de mais nada, a corporação era um colégio religioso. Cada uma tinha seu deus particular, cujo culto, quando ela tinha meios, era celebrado num templo especial. Do mesmo modo que cada família tinha seu *Lar familiaris*, cada cidade seu *Genius publicus*, cada colégio tinha seu deus tutelar, *Genius collegi*. Naturalmente, o culto profissional não se realizava sem festas, que eram celebradas em comum com sacrifícios e banquetes. Todas as espécies de circunstâncias serviam, aliás, de ocasião para alegres reuniões; além disso, distribuições de víveres ou de dinheiro ocorriam com freqüência às expensas da comunidade. Indagou-se se a corporação tinha uma caixa de auxílio, se ela assistia regularmente seus membros necessitados, e as opiniões a esse respeito são divididas[13]. Mas o que retira da discussão parte de seu interesse e de seu alcance é que esses banquetes comuns, mais ou menos periódicos, e as distribuições que os acompanhavam serviam de auxílios e faziam não raro as vezes de uma assistência indireta. De qualquer modo, os infortunados sabiam que podiam contar com essa subvenção dissimulada. Como corolário desse caráter religioso, o colégio de artesãos era, ao mesmo tempo, um colégio funerário. Unidos, como os *gentiles*, num mesmo culto durante sua vida, os membros da corporação queriam, também como eles, dormir juntos seu derradeiro sono. Todas as corporações ricas o bastante tinham um *columbarium* coletivo, em que, quando o colégio não tinha os meios de comprar uma propriedade funerária, garantia pelo menos a seus membros funerais honrosos à custa da caixa comum.

Um culto comum, banquetes comuns, festas comuns, um cemitério comum: não estão reunidas todas as características distintivas da organização doméstica entre os romanos? Por isso pôde-se dizer que a corporação romana era uma "grande família". Diz Waltzing: "Nenhuma palavra indica melhor a natureza das relações que uniam os confrades, e muitos indícios provam que uma grande fraternidade reinava em seu seio."[14] A comunidade de interesses assumia o lugar dos vínculos de sangue. "Os membros se viam a tal ponto como irmãos, que, às vezes, tratavam-se por esse nome." A expressão mais comum, é verdade, era a de *sodales*; mas essa própria palavra expressa um parentesco espiritual que implica uma estreita fraternidade. O protetor e a protetora do colégio tomavam, com freqüência, o título de pai e mãe. "Uma prova da dedicação que os confrades tinham por seu colégio são os legados e os donativos que lhe faziam. São também esses monumentos funerários em que lemos: *Pius in collegio*, foi piedoso para com seu colégio, do mesmo modo que se dizia *pius in suos*."[15] De fato, essa vida familiar era a tal ponto desenvolvida que Boissier dela faz o principal objetivo de todas as corporações romanas. “Mesmo nas corporações operárias”, diz ele, “as pessoas se associavam antes de mais nada pelo prazer de viver juntas, para encontrar fora de casa distrações para suas fadigas e seus aborrecimentos, para criar uma intimidade menos restrita do que a família, menos extensa do que a cidade, e tornar assim a vida mais fácil e mais agradável.”[16]

Como as sociedades cristãs pertencem a um tipo social bem diferente da cidade, as corporações da Idade Média não se pareciam exatamente com as corporações romanas. Mas também constituíam, para seus membros, ambientes morais. “A corporação”, afirma Levasseur, “unia por vínculos estreitos as pessoas do mesmo ofício. Com muita freqüência, ela se estabelecia na paróquia ou numa capela particular e se colocava sob a invocação de um santo, que se tornava patrono de toda a comunidade... Era lá que os membros da confraria se reuniam, que assistiam com grande cerimônia a missas solenes, depois das quais iam, todos juntos, terminar seu dia com um alegre festim. Sob esse aspecto, as corporações da Idade Média pareciam-se muito com as da época romana”[17]. Aliás, era comum a corporação consagrar uma parte dos fundos que alimentavam seu orçamento a obras beneficentes.

Por outro lado, regras precisas estabeleciam, para cada ofício, os respectivos deveres dos patrões e dos operários, assim como os deveres recíprocos dos patrões[18]. Há, é verdade, regulamentos que podem não estar de acordo com nossas idéias atuais; mas é segundo a moral de seu tempo que devemos julgá-los, pois é esta que eles exprimem. O que é incontestável é que são todos inspirados na preocupação, não com esses ou aqueles interesses individuais, mas com o interesse corporativo, bem ou mal compreendido, pouco importa. Ora, a subordinação da utilidade privada à utilidade comum, qualquer que seja esta, tem sempre um caráter moral, pois implica necessariamente algum espírito de sacrifício e de abnegação. Aliás, muitas dessas prescrições procediam de sentimentos morais que ainda são os nossos. O criado era protegido contra os caprichos do amo, que não podia despedilo a seu bel-prazer. É verdade que a obrigação era recíproca; todavia, além do fato de ser justa por si, essa reciprocidade se justifica melhor ainda em conseqüência dos consideráveis privilégios que o operário tinha então. Assim, os patrões eram proibidos de frustrá-lo de seu *direito ao trabalho*, fazendo-se assistir por seus vizinhos ou mesmo por suas esposas. Numa palavra, diz Levasseur, "esses regulamentos sobre os aprendizes e os operários não devem em absoluto ser desprezados pelo historiador e pelo economista. Não são obra de um século bárbaro. Trazem a marca de um espírito de continuidade e de certo bom senso, que, sem dúvida nenhuma, são dignos de nota"[19]. Enfim, toda uma regulamentação era destinada a garantir a probidade profissional. Tomava-se toda sorte de precaução para impedir que o comerciante ou o artesão enganasse o comprador, para obrigá-los a "fazer boa e leal obra"[20]. Sem dúvida, chegou um momento em que as regras tornaram-se inutilmente embaraçosas, em que os patrões se preocuparam muito mais com salvaguardar seus privilégios do que com zelar pelo bom nome da profissão e pela honestidade de seus membros. Mas não há instituição que, num dado momento, não degenere, seja por não saber mudar a tempo e se paralisar, seja por se desenvolver num sentido unilateral, exacerbando algumas de suas propriedades, o que a torna inábil a prestar os próprios serviços que lhe cabem. Este pode ser um motivo para procurar reformá-la, não para declará-la para sempre inútil e destruí-la.

Como quer que seja, os fatos que precedem bastam para provar que o grupo profissional não é, em absoluto, incapaz de exercer uma ação moral. A importância tão considerável que a religião tinha em sua vida, tanto em Roma quanto na Idade Média, põe particularmente em evidência a verdadeira natureza de suas funções; porque toda comunidade religiosa constituía, então, um ambiente moral, do mesmo modo que toda disciplina moral tendia necessariamente a adquirir uma forma religiosa. E, aliás, esse caráter da organização corporativa se deve à ação de causas bastante gerais, que podemos ver agir em outras circunstâncias. A partir do instante em que, no seio de uma sociedade política, certo número de indivíduos têm em comum idéias, interesses, sentimentos, ocupações que o resto da população não partilha com eles, é inevitável que, sob a influência dessas similitudes, eles sejam atraídos uns para os outros, que se procurem, teçam relações, se associem e que se forme assim, pouco a pouco, um grupo restrito, com sua fisionomia especial no seio da sociedade geral. Porém, uma vez formado o grupo, dele emana uma vida moral que traz, naturalmente, a marca das condições particulares em que é elaborada. Porque é impossível que homens vivam juntos, estejam regularmente em contato, sem adquirirem o sentimento do todo que formam por sua união, sem que se apeguem a esse todo, se preocupem com seus interesses e o levem em conta em sua conduta. Ora, esse apego a algo que supera o indivíduo, essa subordinação dos interesses particulares ao interesse geral, é a própria fonte de toda atividade moral. Basta que esse sentimento se precise e se determine, que, aplicando-se às circunstâncias mais ordinárias e mais importantes da vida, se traduza em fórmulas definidas, para que se tenha um corpo de regras morais em via de se constituir.

Ao mesmo tempo que se produz por si mesmo e pela força das coisas, esse resultado é útil e o sentimento de sua utilidade contribui para confirmá-lo. A sociedade sequer é a única interessada em que esses grupos especiais se formem para regrar a atividade que se desenvolve neles e que, de outro modo, tornar-se-ia anárquica; por seu lado, o indivíduo encontra neles uma fonte de alegrias. Porque a anarquia lhe é dolorosa. Também ele sofre com os conflitos e as desordens que se produzem todas as vezes que as relações interindividuais não estão submetidas a nenhuma influência reguladora. Não é bom para o homem viver assim em pé de guerra em meio a seus companheiros imediatos. Essa sensação de hostilidade geral, a desconfiança mútua que dela resulta, a tensão que ela requer são estados penosos, quando crônicos; se amamos a guerra, amamos também as alegrias da paz, e estas últimas são tanto mais caras aos homens quanto mais profundamente socializados, isto é (pois as duas palavras são equivalentes), quanto mais profundamente civilizados eles forem. A vida em comum é atraente, ao mesmo tempo que coercitiva. Sem dúvida, a coerção é necessária para levar o homem a se superar, a acrescentar à sua natureza física outra natureza; mas, à medida que aprende a apreciar os encantos dessa nova existência, ele contrai a sua necessidade e não há ordem de atividade em que não os busque com paixão. Eis por que, quando alguns indivíduos que possuem interesses em comum se associam, não é apenas para defender esses interesses, é para se associar, para não se sentir mais perdido no meio dos adversários, para ter o prazer de comungar, de formar com vários um só todo, isto é, enfim, para levar juntos uma mesma vida moral.

A moral doméstica não se formou de outro modo. Por causa do prestígio que a família conserva ante nossos olhos, parece-nos que, se ela foi e é sempre uma escola de dedicação e de abnegação, o foco por excelência da moralidade, é em virtude de características bastante particulares de que teria o privilégio e que não se encontrariam em outro lugar em nenhum grau. Costuma-se crer que exista na consangüinidade uma causa excepcionalmente poderosa de aproximação moral. Mas tivemos a oportunidade de mostrar[21] que ela não tem, em absoluto, a extraordinária eficácia que se lhe atribui. A prova está em que, num sem-número de sociedades, os não-consangüíneos são muitos no seio da família; o parentesco dito artificial se contrai então com grande facilidade e exerce todos os efeitos do parentesco natural. Inversamente, acontece com grande freqüência consangüíneos bem próximos serem, moral ou juridicamente, estranhos uns aos outros; é, por exemplo, o caso dos cognatos na família romana. Portanto, a família não deve suas virtudes à unidade de descendência: ela é, simplesmente, um grupo de indivíduos que foram aproximados uns dos outros, no seio da sociedade política, por uma comunidade mais particularmente estreita de idéias, sentimentos e interesses. A consangüinidade pode ter facilitado essa concentração, pois ela tem por efeito natural inclinar as consciências umas em direção às outras. Mas muitos outros fatores intervieram: a proximidade material, a solidariedade de interesses, a necessidade de se unir para lutar contra um perigo comum, ou simplesmente de se unir, foram causas muito mais poderosas de aproximação.

Ora, elas não são específicas da família, mas se encontram, muito embora sob outras formas, na corporação. Portanto, se o primeiro desses grupos teve um papel tão considerável na história moral da humanidade, por que o segundo seria incapaz de exercê-lo? Sem dúvida, sempre haverá entre eles esta diferença: a de que os membros da família põem em comum a totalidade de sua existência, ao passo que os membros das corporações colocam apenas suas preocupações profissionais. A família é uma espécie de sociedade completa, cuja ação se estende tanto a nossa atividade econômica quanto a nossa atividade religiosa, política, científica, etc. Tudo o que fazemos de alguma importância, mesmo fora de casa, nela ecoa e provoca reações apropriadas. A esfera de influência da corporação é, em certo sentido, mais restrita. Mas não se deve perder de vista a posição cada vez mais importante que a profissão assume na vida, à medida que o trabalho vai se dividindo; porque o campo de cada atividade individual tende cada vez mais a se encerrar nos limites assinalados pelas funções de que o indivíduo é especialmente encarregado. Ademais, se a ação da família se estende a tudo, não pode deixar de ser muito geral; o detalhe lhe escapa. Enfim e sobretudo, a família, perdendo sua unidade e sua indivisibilidade de outrora, perdeu, com isso, grande parte de sua eficácia. Uma vez que ela se dispersa hoje a cada geração, o homem passa uma parte notável de sua existência longe de qualquer influência doméstica[22]. A corporação não tem essas intermitências, é contínua como a vida. A inferioridade que ela pode apresentar, sob certos aspectos, comparativamente à família tem, pois, sua compensação.

Se acreditamos que devíamos aproximar assim a família e a corporação, não foi simplesmente para estabelecer entre elas um paralelo instrutivo, mas porque essas duas instituições não são desprovidas de certas relações de parentesco. É o que nos mostra notadamente a história das corporações romanas. De fato, vimos que elas se formaram com base no modelo da sociedade doméstica, da qual, a princípio, não foram mais que uma forma nova e ampliada. Ora, o grupo profissional não lembraria a esse ponto o grupo familiar se não houvesse entre eles algum vínculo de filiação. De fato, a corporação foi, em certo sentido, herdeira da família. Enquanto é exclusivamente agrícola, a indústria tem na família e na aldeia – que, em si, nada mais é que uma espécie de grande família – seu órgão imediato, e não necessita de outro. Como a troca não é desenvolvida, ou é pouco desenvolvida, a vida do agricultor não o tira fora do círculo familiar. Como a atividade econômica não tem reflexos fora de casa, a família basta para regrá-la e serve, assim, ela mesma, de grupo profissional. Não é mais assim, porém, uma vez que existem ofícios. Porque, para viver de um ofício, é preciso ter clientes e sair de casa para encontrá-los; é preciso sair também para entrar em relação com os concorrentes, lutar contra eles, entender-se com eles. De resto, os ofícios supõem mais ou menos diretamente as cidades, e as cidades sempre se formaram e se recrutaram principalmente por meio de imigrantes, isto é, de indivíduos que deixaram seu meio natal. Uma nova forma de atividade era, pois, assim constituída, extravasando o velho âmbito familiar. Para que ela não ficasse no estado inorganizado, era preciso que criasse um novo âmbito, que lhe fosse próprio; em outras palavras, era necessário que um grupo secundário, de um novo gênero, se formasse. Foi assim que a corporação nasceu: ela substituiu a família no exercício de uma função que de início fora doméstica, mas que já não podia conservar esse caráter. Tal origem não permite atribuir-lhe essa espécie de amoralidade constitucional que lhe é prestada gratuitamente. Do mesmo modo que a família foi o ambiente no seio do qual se elaboraram a moral e o direito domésticos, a corporação é o meio natural no seio do qual devem se elaborar a moral e o direito profissionais.

III

Mas, para dissipar todas as prevenções, para mostrar bem que o sistema corporativo não é apenas uma instituição do passado, seria necessário mostrar que transformações ele deve e pode sofrer para se adaptar às sociedades modernas, pois é evidente que ele não pode ser hoje o que era na Idade Média.

Para poder tratar essa questão com método, seria necessário estabelecer previamente de que maneira o regime corporativo evoluiu no passado e quais as causas que determinaram as principais variações que sofreu. Poder-se-ia então prever com alguma certeza o que ele é chamado a se tornar, dadas as condições em que as sociedades européias se encontram atualmente. Mas, para tanto, seriam necessários estudos comparativos que não estão feitos e que não podemos fazer de passagem. Talvez, porém, não seja impossível perceber desde já, mas apenas em suas linhas mais gerais, o que foi esse desenvolvimento.

Do que precede, já resulta que a corporação não foi, em Roma, o que se tornou mais tarde nas sociedades cristãs. Não difere daquela apenas por seu caráter mais religioso e menos profissional, e sim pela posição que ocupa na sociedade. De fato, ela foi, pelo menos na origem, uma instituição extra-social. O historiador que empreende resolver em seus elementos a organização política dos romanos não encontra, no decurso de sua análise, nenhum fato que possa adverti-lo da existência das corporações. Elas não entravam na constituição romana, na qualidade de unidades definidas e reconhecidas. Em nenhuma das assembléias eleitorais, em nenhuma das reuniões do exército, os artesãos se reuniam por colégios; em parte alguma o grupo profissional tomava parte, como tal, na vida pública, seja em corpo, seja por intermédio de representantes regulares. No máximo, a questão pode se colocar a propósito de três ou quatro colégios que se imaginou poder identificar com algumas das centúrias constituídas por Sérvio Túlio (*tignarii, aerarii, tibicines, cornicines*); mas o fato não está bem-estabelecido[23]. Quanto às outras corporações, estavam certamente fora da organização oficial do povo romano[24].

Essa situação excêntrica, de certa maneira, explica-se pelas próprias condições em que as corporações se haviam formado. Elas apareciam no momento em que os ofícios começavam a se desenvolver. Ora, por muito tempo os ofícios não foram mais que uma forma acessória e secundária da atividade social dos romanos. Roma era essencialmente uma sociedade agrícola e guerreira. Como sociedade agrícola, era dividida em *gentes* e em cúrias; a assembléia por centúrias refletia antes a organização militar. Quanto às funções industriais, eram demasiado rudimentares para afetar a estrutura política da cidade[25]. Aliás, até um momento bem avançado da história romana, os ofícios permaneceram marcados por um descrédito moral que não lhes permitia ocupar uma posição regular no Estado. Sem dúvida, veio um tempo em que sua condição social melhorou. Mas a própria maneira como foi obtida essa melhora é significativa. Para conseguir fazer respeitar seus interesses e desempenhar um papel na vida pública, os artesãos tiveram de recorrer a procedimentos irregulares e extralegais. Só triunfaram sobre o desprezo de que eram objeto por meio de intrigas, complôs, agitação clandestina[26]. É a melhor prova de que, por si, a sociedade romana não lhes era aberta. E se, mais tarde, acabaram sendo integrados ao Estado para se tornar engrenagens da máquina administrativa, essa situação não foi, para eles, uma conquista gloriosa, mas uma penosa dependência; se entraram então no Estado, não foi para nele ocupar a posição a que seus serviços sociais podiam lhes dar direito, mas simplesmente para poder ser mais bem vigiados pelo poder governamental. "A corporação tornou-se a corrente que os tornou cativos e que a mão imperial apertou tanto mais quanto mais penoso e mais necessário ao Estado era seu trabalho", escreve Levasseur[27].

Bem diversa é sua posição nas sociedades da Idade Média. De saída, assim que aparece, a corporação se apresenta como o âmbito normal dessa parte da população que era chamada a representar no Estado um papel tão considerável: a burguesia, ou terceiro estado. De fato, durante muito tempo burguês e "gente de ofício" eram uma só coisa. "A burguesia no século XIII", explica Levasseur, "era composta exclusivamente de gente de ofício. A classe dos magistrados e dos juristas apenas começava a se formar; os homens de estudo ainda pertenciam ao clero; a quantidade dos que viviam de rendas era muito pequena, porque a propriedade territorial ainda estava quase toda em mãos dos nobres; aos plebeus restava apenas o trabalho do ateliê e do balcão, e foi pela indústria e pelo comércio que eles conquistaram uma posição no reino."[28] O mesmo aconteceu na Alemanha. Burguês e citadino eram sinônimos e, de outro lado, sabemos que as cidades alemãs formaram-se em torno de mercados permanentes, abertos por um senhor num ponto de seu domínio[29]. A população que vinha se agrupar em torno desses mercados e que se tornou a população urbana era, pois, quase exclusivamente composta de artesãos e mercadores. Por isso as palavras *forenses* ou *mercatores* serviam para designar indiferentemente os habitantes das cidades, e o *jus civile* ou direito urbano é freqüentemente chamado de *jus fori* ou direito do mercado. A organização dos ofícios e do comércio parece, pois, ter sido a organização primitiva da burguesia européia.

Por isso, quando as cidades se emanciparam da tutela senhorial, quando a comuna se formou, o corpo de ofícios, que antecipara e preparara esse movimento, tornou-se a base da constituição comunal. De fato, "em quase todas as comunas, o sistema político e a eleição dos magistrados baseiam-se na divisão dos cidadãos em corpos de ofícios"[30]. Era costumeiro votar-se por corpos de ofícios e elegiam-se ao mesmo tempo os chefes da corporação e os da comuna. "Em Amiens, por exemplo, os artesãos se reuniam todos os anos para eleger os prefeitos de cada corporação ou *bandeira* [bannière]; os prefeitos eleitos nomeavam em seguida doze escabinos, que nomeavam outros doze, e o escabinato apresentava, por sua vez, aos prefeitos das bandeiras três pessoas, dentre as quais eles escolhiam o prefeito da comuna... Em algumas cidades, o modo de eleição era ainda mais complicado, mas, em todas, a organização política e municipal era intimamente ligada à organização do trabalho."[31] Inversamente, assim como a comuna era um agregado de corpos de ofícios, o corpo de ofício era uma comuna em miniatura, pelo próprio fato de que fora o modelo do qual a instituição comunal era a forma ampliada e desenvolvida.

Ora, é sabido o que foi a comuna na história de nossas sociedades, de que se tornou, com o tempo, a pedra angular. Por conseguinte, já que era uma reunião de corporações e que se formou com base no tipo da corporação, foi esta, em última análise, que serviu de base a todo o sistema político oriundo do movimento comunal. Vê-se que, em sua trajetória, ela cresceu singularmente em importância e dignidade. Enquanto, em Roma, começou estando quase fora dos contextos normais, ela serviu, ao contrário, de marco elementar para nossas sociedades atuais. É um novo motivo para que nos recusemos a considerá-la uma espécie de instituição arcaica, destinada a desaparecer da história. Porque se, no passado, o papel que representou tornou-se mais vital à medida que o comércio e a indústria se desenvolviam, é de todo inverossímil que novos progressos econômicos possam ter como efeito retirar-lhe toda razão de ser. A hipótese contrária pareceria mais justificada[32].

Outros ensinamentos, porém, são proporcionados pelo rápido quadro que acabamos de esboçar.

Antes de mais nada, ele nos permite entrever como a corporação caiu provisoriamente em descrédito desde há cerca de dois séculos e, por conseguinte, o que ela deve se tornar para poder readquirir sua posição entre nossas instituições públicas. De fato, acabamos de ver que, sob a forma que tinha na Idade Média, ela era intimamente ligada à organização da comuna. Essa solidariedade não teve inconvenientes enquanto os próprios ofícios possuíram um caráter comunal. Enquanto, em princípio, artesãos e mercadores tiveram mais ou menos exclusivamente como clientes apenas os habitantes da cidade ou de seus arredores imediatos, isto é, enquanto o mercado foi principalmente local, o corpo de ofícios, com sua organização municipal, supriu todas as necessidades. Mas não foi mais assim quando a grande indústria nasceu; como esta nada tem de especialmente urbano, não podia submeter-se a um sistema que não fora feito para ela. Em primeiro lugar, ela não tem sua sede necessariamente numa cidade; pode até se estabelecer fora de uma aglomeração, rural ou urbana, preexistente; ela busca apenas o ponto do território em que pode melhor se alimentar e de onde pode irradiar-se da maneira mais fácil. Depois, seu campo de ação não se limita a nenhuma região determinada, sua clientela se recruta em toda parte.

Uma instituição inteiramente empenhada na comuna, como era o caso da velha corporação, não podia servir, portanto, para enquadrar e regrar uma forma de atividade coletiva que era tão completamente estranha à vida comunal.

De fato, assim que apareceu, a grande indústria encontrou-se naturalmente fora do regime corporativo, e foi isso, aliás, que fez com que os corpos de ofícios se esforçassem por todos os meios para impedir seu progresso. Entretanto, nem por isso ela ficou livre de toda regulamentação: nos primeiros tempos, o Estado desempenhou diretamente para ela um papel análogo ao que as corporações repesentavam para o pequeno comércio e para os ofícios urbanos. Ao mesmo tempo em que concedia às manufaturas certos privilégios, o poder real, em compensação, as submetia a seu controle, e é isso que indica o próprio título de manufaturas reais que lhes era concedido. Mas sabe-se como o Estado é inadequado a essa função; essa tutela direta não podia deixar, pois, de se tornar cerceadora. Chegou a ser, até mesmo, quase impossível, a partir do momento em que a grande indústria alcançou certo grau de desenvolvimento e de diversidade; é por isso que os economistas clássicos reclamaram, e a justo título, sua supressão. Mas se a corporação, tal como existia então, não podia se adaptar a essa nova forma da indústria e se o Estado não podia substituir a antiga disciplina corporativa, disso não decorria que qualquer disciplina fosse desde então inútil; daí advinha apenas que a antiga corporação devia se transformar, para continuar a cumprir seu papel nas novas condições da vida econômica. Infelizmente, ela não teve flexibilidade suficiente para se reformar a tempo; é por isso que foi destroçada. Por não ter sabido assimilar a nova vida que se formava, a vida se retirou dela e ela tornou-se, assim, o que era na véspera da Revolução: uma espécie de substância morta, de corpo estranho, que só se mantinha agora no organismo social por força de inércia. Assim, não causa espanto que tenha chegado um momento em que foi violentamente expulsa dele. Mas destruí-la não era um meio de dar satisfação às necessidades a que ela não soubera satisfazer. E é assim que o problema ainda permanece diante de nós, tornado apenas mais agudo por um século de hesitações e experiências infrutíferas.

A obra do sociólogo não é a do homem público. Logo, não precisamos expor em detalhe o que deveria ser essa reforma. Bastar-nos-á indicar seus princípios gerais, tal como parecem sobressair dos fatos precedentes.

O que a experiência do passado demonstra, antes de mais nada, é que os marcos do grupo profissional devem guardar sempre uma relação com os marcos da vida econômica; foi por ter faltado para com essa condição que o regime corporativo desapareceu. Portanto, já que o mercado, de municipal que era, tornou-se nacional e internacional, a corporação deve adquirir a mesma extensão. Em vez de ser limitada apenas aos artesãos de uma cidade, ela deve ampliar-se, de maneira a compreender todos os membros da profissão, dispersos em toda a extensão do território[33]; porque, qualquer que seja a região em que se encontram, quer morem na cidade, quer no campo, todos são solidários uns com os outros e participam de uma vida comum. Já que essa vida comum é, sob certos aspectos, independente de qualquer determinação territorial, tem de ser criado um órgão apropriado, que a exprima e regularize seu funcionamento. Por causa de suas dimensões, tal órgão estaria necessariamente em contato e em relação direta com o órgão central da vida coletiva, pois os acontecimentos importantes o bastante para envolverem toda uma categoria de empresas industrais num país têm necessariamente repercussões bastante gerais, que o Estado não pode sentir – o que o leva a intervir. Por isso, não foi sem fundamento que o poder real tendeu instintivamente a não deixar fora de sua ação a grande indústria, assim que esta apareceu. Era impossível que ele se desinteressasse por uma forma de atividade que, por sua natureza, é sempre capaz de afetar o conjunto da sociedade. Mas essa ação reguladora, embora necessária, não deve degenerar em estreita subordinação, como aconteceu nos séculos XVI e XVII. Os dois órgãos em relação devem permanecer distintos e autônomos, pois cada um tem suas funções, de que só ele pode incumbir-se. Conquanto seja às assembléias governamentais que cabe colocar os princípios gerais da legislação industrial, elas são incapazes de diversificá-los segundo as diferentes modalidades de indústria. É essa diversificação que constitui a tarefa própria da corporação[34]. Essa organização unitária para o conjunto de um mesmo país não exclui, aliás, de modo algum, a formação de órgãos secundários, que compreendam os trabalhadores similares de uma mesma região ou de uma mesma localidade, e cujo papel seria especializar ainda mais a regulamentação profissional segundo as necessidades locais ou regionais. A vida econômica poderia ser assim regulada e determinada, sem nada perder de sua diversidade.

Por isso mesmo, o regime corporativo seria protegido contra essa propensão ao imobilismo, que lhe foi freqüente e justamente criticada no passado; porque é um defeito que resultava do caráter estreitamente comunal da corporação. Enquanto permanecia limitada ao recinto da cidade, era inevitável que se tornasse prisioneira da tradição, como a própria cidade. Como, num grupo tão restrito, as condições de vida são mais ou menos invariáveis, o hábito aí exerce sobre as pessoas e as coisas um império sem contrapeso, e as novidades acabam até mesmo por ser temidas. Portanto, o tradicionalismo das corporações não era senão um aspecto do tradicionalismo comunal, e tinha as mesmas razões de ser. Depois, uma vez que se integrou aos costumes, sobreviveu às causas que lhe tinham dado origem e que o justificavam primitivamente. É por isso que, quando a concentração material e moral do país e da grande indústria, que foi sua conseqüência, abriram os espíritos a novos desejos, despertaram novas necessidades, introduziram nos gostos e nos modos uma mobilidade até então desconhecida, a corporação, obstinadamente apegada a seus velhos costumes, não esteve em condições de corresponder a essas novas exigências. Mas as corporações nacionais, devido à sua própria dimensão e à sua complexidade, não seriam expostas a esse perigo. Demasiados espíritos diferentes estariam em atividade para que uma uniformidade estacionária pudesse se estabelecer. Num grupo formado por elementos numerosos e diversos, produzem-se sem cessar remanejamentos, que são fontes de novidades[35]. Portanto, o equilíbrio de tal organização não teria nada de rígido e, por conseguinte, se encontraria naturalmente em harmonia com o equilíbrio móvel das necessidades e das idéias.

Aliás, é preciso evitar acreditar que todo o papel da corporação deva consistir em estabelecer regras e aplicá-las. Sem dúvida, onde quer que se forme um grupo, forma-se também uma disciplina moral. Mas a instituição dessa disciplina não é mais que uma das numerosas maneiras pelas quais se manifesta toda atividade coletiva. Um grupo não é apenas uma autoridade moral que rege a vida de seus membros, é também uma fonte de vida *sui generis*. Dele emana um calor que aquece ou reanima os corações, que os abre à simpatia, que faz ruir os egoísmos. Assim, a família foi, no passado, a legisladora de um direito e de uma moral, cuja severidade chegou com freqüência ao extremo da rudeza, ao mesmo tempo que o meio em que os homens aprenderam, pela primeira vez, a desfrutar das efusões do sentimento. Vimos, também, como a corporação, tanto em Roma como na Idade Média, despertava essas mesmas necessidades e procurava satisfazê-las. As corporações do futuro terão uma complexidade de atribuições ainda maior, devido à sua maior amplitude. Em torno de suas funções propriamente profissionais virão agrupar-se outras, que cabem atualmente aos municípios ou a sociedades privadas. São elas as funções assistenciais que, para serem bem desempenhadas, supõem entre assistentes e assistidos sentimentos de solidariedade, uma certa homogeneidade intelectual e moral, como a prática de uma mesma profissão produz com facilidade. Muitas obras educativas (ensino técnico, ensino de adultos, etc.) parecem igualmente dever encontrar na corporação seu meio natural. O mesmo se dá numa certa vida estética; porque parece conforme à natureza das coisas que essa forma nobre do jogo e da recreação se desenvolva lado a lado com a vida séria, a que deve servir de contrapeso e de reparação. De fato, vemos, desde já, sindicatos que são, ao mesmo tempo, sociedades de ajuda mútua, outros que fundam casas comuns em que se organizam cursos, concertos, representações dramáticas. A atividade corporativa pode se exercer, então, sob as formas mais variadas.

Deve-se até supor que a corporação esteja destinada a se tornar a base, ou uma das bases essenciais de nossa organização política. Vimos, de fato, que, se ela começa por ser exterior ao sistema social, tenderá a se empenhar de forma cada vez mais profunda nele, à medida que a vida econômica se desenvolve. Portanto, tudo permite prever que, continuando o progresso a se efetuar no mesmo sentido, ela deverá assumir na sociedade uma posição cada vez mais central e mais preponderante. Ela foi outrora a divisão elementar da organização comunal. Agora que a comuna, de organismo autônomo que era outrora, veio se perder no Estado, como o mercado municipal no mercado nacional, acaso não é legítimo pensar que a corporação também deveria sofrer uma transformação correspondente e tornar-se a divisão elementar do Estado, a unidade política fundamental? A sociedade, em vez de continuar sendo o que ainda é hoje, um agregado de distritos territoriais justapostos, tornar-se-ia um vasto sistema de corporações nacionais. De vários horizontes, vem o pedido de que os colégios eleitorais sejam formados por profissões, e não por circunscrições territoriais, sendo certo que, dessa maneira, as assembléias políticas exprimiriam mais exatamente a diversidade dos interesses sociais e suas relações; elas seriam um resumo mais fiel da vida social em seu conjunto. Mas dizer que o país, para tomar consciência de si, deve se agrupar por profissões, porventura não é reconhecer que a profissão organizada ou a corporação deveria ser o órgão essencial da vida pública?

Seria, assim, preenchida a grave lacuna que assinalamos adiante na estrutura das sociedades européias, da nossa em particular[36]. Veremos, de fato, como, à medida que avançamos na história, a organização que tem por base agrupamentos territoriais (aldeia ou cidade, distrito, província, etc.) vai desaparecendo cada vez mais. Sem dúvida, cada um de nós pertence a uma comuna, a um departamento, mas os vínculos que nos ligam a eles se tornam cada dia mais frágeis e mais frouxos. Essas divisões geográficas são, em sua maioria, artificiais e já não despertam em nós sentimentos profundos. O espírito provinciano desapareceu irremediavelmente; o patriotismo de paróquia tornou-se um arcaísmo que não se pode restaurar à vontade. Os negócios municipais ou departamentais já não nos sensibilizam e nos apaixonam, senão na medida em que coincidem com nossos negócios profissionais. Nossa atividade se estende muito além desses grupos demasiado estreitos para ela e, por outro lado, boa parte do que sucede neles nos deixa indiferentes. Produz-se, assim, como que um declínio espontâneo da velha estrutura social. Ora, não é possível que essa organização interna desapareça sem que nada a substitua. Uma sociedade composta de uma poeira infinita de indivíduos desorganizados, que um Estado hipertrofiado se esforça por encerrar e reter, constitui uma verdadeira monstruosidade sociológica. Porque a atividade coletiva é sempre demasiado complexa para poder ser expressa unicamente pelo órgão do Estado; além disso, o Estado está demasiado distante dos indivíduos, mantém com eles relações demasiado externas e demasiado intermitentes para que lhe seja possível penetrar fundo nas consciências individuais e socializá-las interiormente. É por isso que, onde ele é o único meio em que os homens podem formar-se na prática da vida comum, é inevitável que estes se desprendam dele, que se separem uns dos outros e que, na mesma medida, a sociedade se desagregue. Uma nação só se pode manter se, entre o Estado e os particulares, se intercalar toda uma série de grupos secundários bastante próximos dos indivíduos para atraí-los fortemente em sua esfera de ação e arrastá-los, assim, na torrente geral da vida social. Acabamos de mostrar como os grupos profissionais estão aptos a cumprir esse papel e que, inclusive, tudo os destina a tanto. Concebemos, por conseguinte, quão importante é, sobretudo na ordem econômica, eles saírem desse estado de inconsistência e de desorganização em que permanecem há um século, dado que as profissões dessa sorte absorvem, hoje, a maior parte das forças coletivas[37].

Talvez estejamos em melhores condições de explicar agora as conclusões a que chegamos no fim de nosso livro sobre *O suicídio*[38]. Já apresentávamos aí uma forte organização corporativa como um meio para remediar o mal-estar cuja existência é atestada pela multiplicação dos suicídios, somada de resto a muitos outros sintomas. Certos críticos acharam que o remédio não era proporcional à extensão do mal. Mas é que eles se enganaram quanto à verdadeira natureza da corporação, quanto à posição que lhe cabe no conjunto de nossa vida coletiva e quanto à grave anomalia que resulta de seu desaparecimento. Não viram nela mais que uma associação utilitária, cujo efeito seria apenas o de melhor arranjar os interesses econômicos, quando, na realidade, ela deveria ser o elemento essencial de nossa estrutura social. A ausência de qualquer instituição corporativa cria, pois, na organização de um povo como o nosso, um vazio cuja importância é difícil exagerar. É todo um sistema de órgãos necessários ao funcionamento normal da vida comum que nos faz falta. Semelhante vício de constituição não é, evidentemente, um mal local, limitado a uma região da sociedade; é uma doença *totius substantiae* que afeta todo o organismo e, por conseguinte, a ação que tiver por objeto pôr-lhe fim não pode deixar de produzir as mais extensas conseqüências. É a saúde geral do corpo social que está envolvida.

Isso não quer dizer, porém, que a corporação seja uma espécie de panacéia capaz de servir a tudo. A crise que sofremos não decorre de uma só e única causa. Para que ela cesse, não basta que uma regulamentação qualquer se estabeleça onde é necessária; é preciso, além disso, que seja o que deve ser, isto é, justa. Ora, como diremos adiante, "enquanto houver ricos e pobres de nascimento, não poderá haver contrato justo", nem uma justa repartição das condições sociais[39]. Mas, se a reforma corporativa não dispensa as demais, ela é a condição primária da sua eficácia. De fato, imaginemos que seja enfim realizada a condição primordial da justiça ideal, suponhamos que os homens entrem na vida num estado de perfeita igualdade econômica, isto é, que a riqueza tenha cessado inteiramente de ser hereditária. Os problemas em meio aos quais nos debatemos nem por isso estariam resolvidos. Com efeito, sempre haverá um aparelho econômico e agentes diversos que colaborarão para seu funcionamento; portanto, será preciso determinar seus direitos e seus deveres, e isso para cada forma de indústria. Será necessário que, em cada profissão, um corpo de regras se constitua, fixando a quantidade de trabalho, a justa remuneração dos diferentes funcionários, seu dever para com os demais e para com a comunidade, etc. Estaremos, pois, não menos que atualmente, em presença de uma tábula rasa. O estado de anarquia não desaparecerá porque a riqueza não se transmitirá mais segundo os mesmos princípios de hoje, pois ele não decorre do fato de que as coisas estejam aqui e não ali, nestas mãos em vez de em outras, mas de que a atividade de que essas coisas são a ocasião ou o instrumento não é regulada; e ela não se regulamentará por encanto, quando for útil, se as forças necessárias para instituir essa regulamentação não forem previamente suscitadas e organizadas.

Há mais: surgiriam então novas dificuldades, que permaneceriam insolúveis sem uma organização corporativa. Até agora, de fato, era a família que, seja pela instituição da propriedade coletiva, seja pela instituição da herança, assegurava a continuidade da vida econômica: ou ela possuía e explorava os bens de maneira indivisa, ou, a partir do momento em que o velho comunismo familiar foi abalado, era ela que os recebia, representada pelos parentes mais próximos, quando da morte do proprietário[40]. No primeiro caso, não havia sequer mutação por falecimento, e as relações das coisas com as pessoas continuavam como antes, sem sequer serem modificadas pela renovação das gerações; no segundo, a mutação se fazia automaticamente, e não havia momento perceptível em que os bens permanecessem vacantes, sem mãos para utilizá-los. Mas se a sociedade doméstica não deve mais representar esse papel, é preciso que outro órgão social a substitua no exercício dessa função necessária. Pois há um só meio para impedir que o funcionamento das coisas seja periodicamente suspenso: que um grupo, perpétuo como a família, ou os possua e os explore, ou os receba a cada falecimento para entregá-los, se for o caso, a algum outro detentor individual que o faça. Mas dissemos e tornaremos a dizer que o Estado é pouco adequado a essas tarefas econômicas, demasiado especiais para ele. Portanto, apenas o grupo profissional pode se incumbir das mesmas de maneira proveitosa. De fato, ele corresponde às duas condições necessárias: está envolvido tão intimamente na vida econômica que não pode deixar de sentir todas as necessidades desta, ao mesmo tempo em que tem uma perenidade ao menos igual à da família. No entanto, para exercer esse ofício, é preciso que ele exista e que tenha, inclusive, adquirido consistência e maturidade bastantes para ficar à altura do novo e complexo papel que lhe caberia.

Logo, se o problema da corporação não é o único que se impõe à atenção pública, decerto não há nenhum que seja mais urgente, porque os outros só poderão ser abordados quando ele estiver resolvido. Nenhuma modificação um pouco importante poderá ser introduzida na ordem jurídica, se não começarmos por criar o órgão necessário à instituição do novo direito. É por isso que chega a ser inútil nos determos para investigar, com demasiada precisão, o que deverá ser esse direito; porque, no estado atual de nossos conhecimentos científicos, só podemos antecipá-lo por aproximações grosseiras e sempre duvidosas. Quão mais importante é pôr, desde já, mãos à obra, constituindo as forças morais que serão as únicas a poder determiná-lo, realizando-o!

PREFÁCIO À PRIMEIRA EDIÇÃO

Este livro é, antes de mais nada, um esforço para tratar os fatos da vida moral a partir do método das ciências positivas. Mas fez-se dessa palavra um emprego que desnatura seu sentido e que não é o nosso. Os moralistas que deduzem sua doutrina não de um princípio *a priori*, mas de algumas proposições tomadas de empréstimo a uma ou várias ciências positivas, como a biologia, a psicologia, a sociologia, qualificam sua moral de científica. Não é esse o método que nos propomos seguir. Não queremos tirar a moral da ciência, mas fazer a ciência da moral, o que é muito diferente. Os fatos morais são fenômenos como os outros; eles consistem em regras de ação que se reconhecem por certas características distintivas; logo, deve ser possível observá-los, descrevê-los, classificá-los e procurar as leis que os explicam. É o que faremos para alguns deles. Alguns objetarão com a existência da liberdade. Mas se ela de fato implicasse a negação de qualquer lei determinada, seria um obstáculo insuperável, não apenas para as ciências psicológicas e sociais, mas para todas as ciências, pois, dado que as volições humanas são sempre ligadas a alguns movimentos exteriores, ela tornaria o determinismo tão ininteligível fora quanto dentro de nós. No entanto, ninguém contesta a possibilidade das ciências físicas e naturais. Reclamamos o mesmo direito para nossa ciência[1].

Assim entendida, essa ciência não está em oposição a nenhuma espécie de filosofia, porque se coloca num terreno totalmente diferente. É possível que a moral tenha algum fim transcendental, que a experiência não é capaz de alcançar; cabe ao metafísico ocupar-se deste. Mas o que é certo, antes de mais nada, é que ela se desenvolve na história, sob o império de causas históricas, e tem uma função em nossa vida temporal. Se ela é esta ou aquela num momento dado, é porque as condições em que vivem então os homens não permitem que ela seja outra, e a prova disso é que ela muda quando essas condições mudam, e somente nesse caso. Hoje em dia, não é mais possível crer que a evolução moral consista no desenvolvimento de uma mesma idéia que, confusa e indecisa no homem primitivo, vai se tornando pouco a pouco clara e precisa graças ao progresso espontâneo das luzes. Se os antigos romanos não tinham a concepção larga que hoje temos da humanidade, não é por causa de um erro devido à estreiteza da sua inteligência, mas porque semelhantes idéias eram incompatíveis com a natureza da cidade romana. Nosso cosmopolitismo tampouco podia aparecer nela, do mesmo modo que uma planta não pode germinar num solo incapaz de nutri-la, e, aliás, ele não podia ser para ela mais que um princípio de morte. Inversamente, se depois dessa época ele veio a surgir, não foi em conseqüência de descobertas filosóficas; não é que nossos espíritos se abriram a verdades que os antigos romanos desconheciam, mas sim que se produziram na estrutura das sociedades certas mudanças que tornaram necessária essa mudança nos costumes. Portanto, a moral se forma, se transforma e se mantém por uma série de razões de ordem experimental; são apenas essas as razões que a ciência da moral procura determinar.

Mas do fato de que nos propomos, antes de mais nada, a estudar a realidade não resulta que renunciemos a melhorá-la: estimaríamos que nossas pesquisas não são dignas de uma hora de trabalho, se elas só devessem ter um interesse especulativo. Se separamos com cuidado os problemas teóricos dos problemas práticos, não é por desprezar estes últimos; ao contrário, é para nos colocarmos em condições de melhor resolvê-los. No entanto, é um hábito o de criticar todos os que empreendem o estudo científico da moral por sua impotência em formular um ideal. Diz-se que seu respeito pelo fato não lhes permite superá-lo; que podem muito bem observar o que existe, mas não nos fornecer regras de conduta para o futuro. Esperamos que este livro sirva pelo menos para abalar esse preconceito, porque ver-se-á nele que a ciência pode nos ajudar a determinar o ideal para o qual tendemos confusamente. Mas só nos elevaremos a esse ideal depois de ter observado o real, do qual o extrairemos – e acaso é possível proceder de outro modo? Mesmo os idelistas mais intemperantes não podem seguir outro método, pois o ideal não repousa em nada, se não se prender, por suas raízes, à realidade. Toda a diferença está em que eles a estudam de uma maneira muito sumária, contentam-se inclusive com transformar um movimento de sua sensibilidade, uma aspiração um tanto viva de seu coração, *que, no entanto, nada mais é que um fato*, numa espécie de imperativo, diante do qual inclinam sua razão e nos pedem que inclinemos a nossa.

Objeta-se que o método de observação carece de regras para julgar os fatos recolhidos. Mas essa regra decorre dos próprios fatos, como teremos a oportunidade de provar. Em primeiro lugar, há um estado de saúde moral que só a ciência pode determinar com competência e, como ele não é integralmente realizado em parte alguma, tentar nos aproximarmos dele já é um ideal. Além disso, as condições desse estado mudam porque as sociedades se transformam e os problemas práticos mais graves que temos de resolver consistem precisamente em determiná-lo de novo em função das mudanças que se realizaram no meio. Ora, a ciência, ao nos proporcionar a lei das variações pelas quais ele já passou, permite-nos antecipar as que estão se produzindo e que a nova ordem de coisas reclama. Se sabemos em que sentido evolui o direito de propriedade à medida que as sociedades se tornam mais volumosas e mais densas, e se algum novo crescimento de volume e de densidade torna necessárias novas modificações, poderemos prevê-las e, prevendo-as, querê-las de antemão. Enfim, comparando o tipo normal com ele mesmo – operação estritamente científica –, poderemos achar que já não é totalmente harmonioso, que contém contradições, isto é, imperfeições, e procurar eliminá-las ou corrigi-las. Eis um novo objetivo que a ciência oferece à vontade. Mas, afirma-se, a ciência prevê, não comanda. É verdade; ela apenas nos diz o que é necessário à vida. Mas como não ver que, *supondo-se que um homem queira viver*, uma operação simplíssima transforme imediatamente as leis que ela estabelece em regras imperativas de conduta? Sem dúvida, ela se transforma, então, em arte; mas a passagem de uma a outra se dá sem solução de continuidade. Resta saber se devemos querer viver. Mesmo acerca desta questão derradeira, a ciência, cremos, não fica muda[2].

Mas se a ciência da moral não faz de nós espectadores indiferentes ou resignados da realidade, ela nos ensina, ao mesmo tempo, a tratá-la com a mais extrema prudência, ela nos comunica um espírito sabiamente conservador. Pôde-se, e com razão, criticar certas teorias que se dizem científicas por serem subversivas e revolucionárias; mas isso é porque elas são científicas apenas de nome. De fato, elas constroem, mas não observam. Elas vêem na moral não um conjunto de fatos consumados que cumpre estudar, mas uma espécie de legislação sempre revogável, que cada pensador institui de novo. Então, a moral realmente praticada pelos homens é considerada apenas uma coleção de hábitos, de preconceitos, que não têm valor se não forem conformes à doutrina; e como essa doutrina é derivada de um princípio que não é induzido da observação dos fatos morais, mas tomada de ciências estranhas, é inevitável que ela contradiga em mais de um ponto a ordem moral existente. No entanto, estamos menos que ninguém expostos a esse perigo, pois a moral é, para nós, um sistema de fatos realizados, ligado ao sistema total do mundo. Ora, um fato não se modifica num passe de mágica, mesmo quando é desejável. Aliás, como ele é solidário de outros fatos, não pode ser modificado sem que estes sejam atingidos, e muitas vezes é difícil calcular de antemão o resultado final dessa série de repercussões; por isso, o espírito mais audacioso se torna reservado ante a perspectiva de semelhantes riscos. Enfim e sobretudo, todo fato de ordem vital – como são os fatos morais – em geral não pode durar, se não servir para alguma coisa, se não corresponder a alguma necessidade; logo, enquanto a prova contrária não é dada, ele merece nosso respeito. Sem dúvida, acontece que ele não é tudo o que deve ser e que, por conseguinte, convém intervir, como nós mesmos acabamos de estabelecer. Mas a intervenção é limitada, então: ela não tem por objeto forjar inteiramente uma moral ao lado ou acima da que reina, e sim corrigir esta última ou melhorá-la parcialmente.

Desaperece, assim, a antítese que se tentou com freqüência estabelecer entre a ciência e a moral, argumento temível em que os místicos de todos os tempos quiseram fazer soçobrar a razão humana. Para regular nossas relações com os homens, não é necessário recorrer a outros meios além dos que nos servem para regular nossas relações com as coisas; a reflexão, metodicamente empregada, basta num caso e noutro. O que reconcilia a ciência com a moral é a ciência da moral; pois, ao mesmo tempo que nos ensina a respeitar a realidade moral, ela nos fornece os meios de melhorá-la.

Acreditamos portanto que a leitura desta obra possa e deva ser abordada sem desconfiança e idéias preconcebidas. Todavia, o leitor deve esperar encontrar nela proposições que irão contra certas opiniões aceitas. Como sentimos a necessidade de compreender ou de pensar compreender os motivos de nossa conduta, a reflexão aplicou-se à moral muito antes que esta se tornasse objeto de ciência. Uma certa maneira de nos representar e de nos explicar os principais fatos da vida moral tornou-senos, assim, habitual, apesar de nada ter de científica; pois ela se formou ao acaso e sem método, resulta de exames sumários, superficiais, feitos de passagem, por assim dizer. Se não nos libertarmos desses juízos prontos, é evidente que não poderíamos entrar nas considerações que se vão seguir: a ciência, neste como em outros pontos, supõe uma inteira liberdade de espírito. É necessário desfazer-se dessas maneiras de ver e de julgar, que um longo hábito fixou em nós; é necessário submeter-se rigorosamente à disciplina da dúvida metódica. Essa dúvida, aliás, não é perigosa, pois não tem por objeto a realidade moral, que não está em questão, mas sim a explicação que uma reflexão incompetente e mal-informada proporciona desta.

Devemos encarregar-nos de não admitir nenhuma explicação que não se baseie em provas autênticas. Julgaremos os procedimentos que empregamos para dar a nossas demonstrações o máximo rigor possível. Para submeter à ciência uma ordem de fatos, não basta observá-los com cuidado, descrevê-los, classificá-los; mas, o que é muito mais difícil, é preciso, além disso, segundo o mote de Descartes, encontrar *o meio pelo qual são científicos*, isto é, descobrir neles algum elemento objetivo que comporte uma determinação exata e, se possível, a medida. Nós nos esforçamos por satisfazer a essa condição de toda ciência. Ver-se-á, notadamente, como estudamos a solidariedade social através do sistema das regras jurídicas; como, na busca das causas, afastamos tudo o que se presta em demasia aos juízos pessoais e às apreciações subjetivas, a fim de alcançar certos fatos de estrutura social profundos o bastante para serem objetos de entendimento e, por conseguinte, de ciência. Ao mesmo tempo, tornamos uma lei renunciar ao método seguido com demasiada freqüência pelos sociólogos, que, para provar sua tese, contentam-se com citar sem ordem e ao acaso uma quantidade mais ou menos considerável de fatos favoráveis, sem se preocupar com os fatos contrários: preocupamo-nos em instituir verdadeiras experiências, isto é, comparações metódicas. Contudo, quaisquer que sejam as precauções que tomemos, é certo que tais ensaios ainda só podem ser muito imperfeitos, mas, por mais defeituosos que sejam, achamos necessário empreendê-los. De fato, há um só meio de fazer ciência: é ousá-la, mas com método. Sem dúvida, é impossível empreendê-la se faltar a matéria-prima. Mas, por outro lado, acalenta-se uma vã esperança quando se acredita que a melhor maneira de preparar seu advento é acumular primeiro, com paciência, todos os materiais que ela utilizará, porque só podemos saber quais são aqueles de que ela necessita se ela já tiver alguma noção de si mesma e de suas necessidades, logo, se ela existir.

Quanto à questão que originou este trabalho, é a das relações entre a personalidade individual e a solidariedade social. Como é que, ao mesmo passo que se torna mais autônomo, o indivíduo depende mais intimamente da sociedade? Como pode ser, ao mesmo tempo, mais pessoal e mais solidário? Pois é inconteste que esses dois movimentos, por mais contraditórios que pareçam, seguem-se paralelamente. É este o problema que nos colocamos. Pareceu-nos que o que resolvia essa aparente antinomia é uma transformação da solidariedade social, devida ao desenvolvimento cada vez mais considerável da divisão do trabalho. Eis como fomos levados a fazer desta última o objeto de nosso estudo[3].

INTRODUÇÃO

O PROBLEMA

Conquanto a divisão do trabalho não date de ontem, foi só no fim do século passado que as sociedades começaram a tomar consciência dessa lei, que, até então, elas suportavam quase sem saber. Sem dúvida, desde a Antiguidade, vários pensadores perceberam sua importância[1]; mas foi Adam Smith o primeiro a tentar teorizá-la. Foi ele, aliás, o criador dessa palavra, que a ciência social emprestou mais tarde à biologia.

Hoje, esse fenômeno generalizou-se a tal ponto que salta aos olhos de todos. Não há mais ilusão quanto às tendências de nossa indústria moderna; ela vai cada vez mais no sentido dos mecanismos poderosos, dos grandes agrupamentos de forças e capitais e, por conseguinte, da extrema divisão do trabalho. Não só no interior das fábricas, as ocupações são separadas e especializadas *ad infinitum*, como cada manufatura é, ela mesma, uma especialidade que supõe outras. Adam Smith e Stuart Mill ainda esperavam que pelo menos a agricultura seria exceção à regra e viam nela o último asilo da pequena propriedade. Embora em semelhante matéria seja necessário evitar a generalização excessiva, parece difícil, porém, contestar hoje em dia que os principais ramos da indústria agrícola são cada vez mais arrastados pelo movimento geral[2]. Enfim, o próprio comércio esforça-se por seguir e refletir, com todas as suas nuances, a infinita diversidade das empresas industriais; e, enquanto essa evolução se consuma com uma espontaneidade irrefletida, os economistas que escrutam suas causas e apreciam seus resultados, longe de condená-la e combatê-la, proclamam sua necessidade. Nela vêem a lei superior das sociedades humanas e a condição do progresso.

Mas a divisão do trabalho não é específica do mundo econômico: podemos observar sua influência crescente nas regiões mais diferentes da sociedade. As funções políticas, administrativas, judiciárias especializam-se cada vez mais. O mesmo ocorre com as funções artísticas e científicas. Estamos longe do tempo em que a filosofia era a ciência única; ela fragmentou-se numa multidão de disciplinas especiais, cada uma das quais tem seu objeto, seu método, seu espírito. "A cada meio século, os homens que se destacaram nas ciências tornaram-se mais especiais."[3]

Devendo relevar a natureza dos estudos a que os cientistas mais ilustres se dedicaram nos últimos dois séculos, de Candolle observou que, na época de Leibniz e Newton, ele precisaria ter escrito "quase duas ou três designações para cada cientista; por exemplo, astrônomo e físico, ou matemático, astrônomo e físico, ou então empregar apenas termos gerais como filósofo ou naturalista. E isso ainda não teria bastado. Os matemáticos e os naturalistas eram, por vezes, eruditos ou poetas. Mesmo no fim do século XVIII, designações múltiplas teriam sido necessárias para indicar com exatidão o que homens como Wolff, Haller e Charles Bonnet tinham de notável em várias categorias das ciências e das letras. No século XIX, essa dificuldade não mais existe, ou, pelo menos, é raríssima"[4]. Não apenas o cientista já não cultiva simultaneamente ciências diferentes, como sequer abarca o conjunto de uma ciência inteira. O círculo de suas pesquisas se restringe a uma ordem determinada de problemas, ou mesmo a um problema único. Ao mesmo tempo, a função científica que, outrora, quase sempre era acumulada com alguma outra mais lucrativa, como a de médico, padre, magistrado, militar, torna-se cada vez mais suficiente por si mesma. De Candolle prevê até que, num dia próximo, a profissão de cientista e a de professor, ainda hoje tão intimamente ligadas, se dissociarão definitivamente.

As recentes especulações da filosofia biológica acabaram de nos mostrar, na divisão do trabalho, um fato de uma tal generalidade que os economistas, que foram os primeiros a mencioná-lo, não haviam podido suspeitar. Sabe-se, com efeito, desde os trabalhos de Wolff, von Baer, Milne-Edwards, que a lei da divisão do trabalho se aplica tanto aos organismos como às sociedades; pôde-se inclusive dizer que um organismo ocupa uma posição tanto mais elevada na escala animal quanto mais as suas funções forem especializadas. Essa descoberta teve por efeito, ao mesmo tempo, estender imensamente o campo de ação da divisão do trabalho e recuar suas origens até um passado infinitamente remoto, pois ela se torna quase contemporânea do advento da vida no mundo. Não é mais apenas uma instituição social que tem sua fonte na inteligência e na vontade dos homens, mas um fenômeno de biologia geral, cujas condições, ao que parece, precisam ser buscadas nas propriedades essenciais da matéria organizada. A divisão do trabalho social passa a aparecer apenas como uma forma particular desse processo geral, e as sociedades, conformando-se a essa lei, parecem ceder a uma corrente que nasceu bem antes delas e que arrasta no mesmo sentido todo o mundo vivo.

Semelhante fato não pode, evidentemente, produzir-se sem afetar profundamente nossa constituição moral, pois o desenvolvimento do homem se fará em dois sentidos de todo diferentes, conforme nos entreguemos a esse movimento ou resistamos a ele. Mas, então, coloca-se uma questão premente: dessas duas direções, qual devemos desejar? Será nosso dever procurar tornar-nos um ser acabado e completo, um todo auto-suficiente, ou, ao contrário, não ser mais que a parte de um todo, o órgão de um organismo? Numa palavra, a divisão do trabalho, ao mesmo tempo que lei da natureza, também é uma regra moral de conduta humana? E, se tem esse caráter, por quais motivos e em que medida? Não é necessário demonstrar a gravidade desse problema prático; porque, qualquer que seja nosso juízo sobre a divisão do trabalho, todo o mundo sente bem que ela é e se torna cada vez mais uma das bases fundamentais da ordem social.

Esse problema foi colocado com freqüência pela consciência moral das nações, mas de maneira confusa e sem conseguir resolver nada. Duas tendências contrárias estão em confronto, sem que nenhuma delas consiga adquirir sobre a outra uma preponderância totalmente inconteste.

Sem dúvida, parece que a opinião se inclina cada vez mais no sentido de tornar a divisão do trabalho uma regra imperativa de conduta, a impô-la como um dever. Os que a ela se furtam não são, é verdade, punidos com uma pena precisa, fixada pela lei, mas são criticados. Passou o tempo em que o homem perfeito parecia-nos ser aquele que, sabendo interessar-se por tudo sem se dedicar exclusivamente a nada, capaz de provar tudo e tudo compreender, tinha meios de reunir e condensar nele o que havia de mais requintado na civilização. Hoje, essa cultura geral, tão gabada outrora, só nos causa o efeito de uma disciplina frouxa e relaxada[5]. Para lutar contra a natureza, precisamos de faculdades mais vigorosas e de energias mais produtivas. Queremos que a atividade, em vez de se dispersar numa ampla superfície, se concentre e ganhe em intensidade o que perde em extensão. Desconfiamos desses talentos demasiado móveis que, prestando-se igualmente a todos os usos, recusam-se a escolher um papel especial e a ele se ater. Sentimo-nos distantes desses homens cuja única preocupação é organizar e agilizar todas as suas faculdades, mas sem fazer nenhum uso definido e sem sacrificar nenhuma, como se cada um deles devesse ser auto-suficiente e formar um mundo independente. Parece-nos que esse estado de distanciamento e de indeterminação tem algo de anti-social. O homem de bem de outrora já não é, para nós, senão um diletante, e recusamos ao diletantismo todo e qualquer valor moral; vemos, antes, a perfeição no homem competente que procura, não ser completo, mas produzir, que tem uma tarefa delimitada e que a ela se dedica, que faz seu serviço, traça seu caminho. "Aperfeiçoar-se", diz Secrétant, "é aprender seu papel, é tornar-se capaz de cumprir sua função... A medida de nossa perfeição não se encontra mais em nossa complacência para conosco mesmos, nos aplausos da multidão ou no sorriso aprovador de um diletantismo precioso, mas na soma dos serviços prestados e em nossa capacidade de prestarmos outros mais."[6] Por isso, o ideal moral, de uno, de simples e de impessoal que era, vai se diversificando cada vez mais. Já não achamos que o dever exclusivo do homem seja realizar em si as qualidades do homem em geral; mas cremos que, nada obstante, ele é obrigado a ter as de sua função. Um fato entre outros torna sensível esse estado da opinião; é o caráter cada vez mais especial que a educação adquire. Cada vez mais, julgamos necessário não submeter todas as nossas crianças a uma cultura uniforme, como se devessem levar todas a mesma vida, mas formá-las de maneira diferente, tendo em vista as diferentes funções que serão chamadas a preencher. Numa palavra, por um de seus aspectos, o imperativo categórico da consciência moral está tomando a seguinte forma: *Coloca-te em condições de cumprir proveitosamente uma função determinada.*

Mas, em relação a esses fatos, podemos citar outros que os contradizem. Se a opinião pública sanciona a regra da divisão do trabalho, não o faz sem uma espécie de inquietação e de hesitação. Ao mesmo tempo que manda os homens se especializarem, sempre parece temer que se especializem demais. Ao lado das máximas que exaltam o trabalho intensivo, há outras, não menos difundidas, que assinalam seus perigos. Diz Jean-Baptiste Say: "É um triste testemunho que alguém se presta o de nunca ter feito mais que a décima oitava parte de uma agulha; e não imaginem que é unicamente o operário que toda a sua vida maneja uma lima e um martelo que degenera assim da dignidade da sua natureza, mas também o homem que, por ofício, exerce as faculdades mais sutis de seu espírito."[7] Desde o princípio do século, Lemontey[8], comparando a existência do operário moderno à vida livre e larga do selvagem, achava o segundo muito mais privilegiado do que o primeiro. Tocqueville não é menos severo: "À medida que o princípio da divisão do trabalho recebe uma aplicação mais completa, a arte progride, o artesão retrocede."[9] De maneira geral, a máxima que nos manda especializar-nos é, em toda parte, como que negada pela máxima contrária, que nos manda realizar, todos, um mesmo ideal e que está longe de ter perdido toda a sua autoridade. Sem dúvida, em princípio, esse conflito nada tem que deva surpreender. A vida moral, como a do corpo e do espírito, corresponde a necessidades diferentes e mesmo contraditórias; logo, é natural que ela seja feita, em parte, de elementos antagônicos que se limitam e se ponderam mutuamente. Não é menos verdade que existe, num antagonismo tão acentuado, elementos aptos a perturbar a consciência moral das nações. Porque é preciso, além de tudo, que ela possa explicar-se de onde pode provir semelhante contradição.

Para pôr fim a essa indecisão, não recorremos ao método ordinário dos moralistas, que, quando querem determinar o valor moral de um preceito, começam por colocar uma fórmula geral da moralidade, a fim de, em seguida, confrontar com ela a máxima contestada. Sabemos hoje o que valem essas generalizações sumárias[10]. Colocadas desde o início do estudo, antes de qualquer observação dos fatos, elas não têm por objeto explicá-los, mas enunciar o princípio abstrato de uma legislação ideal a ser instituída integralmente. Não nos oferecem, pois, um resumo das características essenciais que as regras morais apresentam de fato em determinada sociedade ou em determinado tipo social, mas exprimem apenas a maneira como o moralista representa a moral. Sem dúvida, a esse título, elas não deixam de ser instrutivas, porque nos informam sobre as tendências morais que estão se manifestando no momento considerado. Mas têm apenas o interesse de um fato, não de uma visão científica. Nada autoriza a ver, nas aspirações pessoais sentidas por um pensador, por mais reais que possam ser, uma expressão adequada da realidade moral. Elas traduzem necessidades que nunca são mais que parciais, correspondem a algum *desideratum* particular e determinado, que a consciência, por uma ilusão que lhe é costumeira, erige em finalidade última ou única. Quantas vezes acontece inclusive serem de natureza mórbida! Portanto, não se poderia referir-se a elas como critérios objetivos que permitam apreciar a moralidade das práticas.

Devemos afastar essas deduções que, em geral, não são empregadas senão para fazer figura de argumento e justificar, *a posteriori*, sentimentos preconcebidos e impressões pessoais. A única maneira de chegar a apreciar de maneira objetiva a divisão do trabalho é estudá-la primeiro em si mesma, de uma maneira totalmente especulativa, investigar a que ela serve e de que depende – numa palavra, formar a seu respeito a noção mais adequada possível. Feito isso, estaríamos em condições de compará-la com os outros fenômenos morais e de ver que relações ela mantém com eles. Se descobrirmos que ela desempenha um papel similar a alguma outra prática, cujo caráter moral e normal é indiscutido; que se, em certos casos nos quais não representa esse papel, isso acontece por causa de desvios anormais; que as causas que a determinam também são condições determinantes de outras regras morais, poderemos então concluir que ela deve ser classificada entre estas últimas. E, assim, sem querermos tomar o lugar da consciência moral das sociedades, sem pretendermos legislar em seu lugar, poderemos lhe trazer um pouco de luz e diminuir suas perplexidades.

Nosso trabalho se dividirá, pois, em três partes principais:

– procuraremos, primeiro, saber qual a função da divisão do trabalho, isto é, a que necessidade social ela corresponde;

– determinaremos, em seguida, as causas e as condições de que depende;

– enfim, uma vez que ela não teria sido objeto de acusações tão graves se realmente não se desviasse com maior ou menor freqüência do estado normal, procuraremos classificar as principais formas anormais que ela apresenta, a fim de evitar que sejam confundidas com as outras. Este estudo oferecerá, além disso, o interesse de que, aqui como em biologia, o patológico nos ajudará a compreender melhor o fisiológico.

Aliás, se se discutiu tanto sobre o valor moral da divisão do trabalho, é muito menos porque não se está de acordo sobre a fórmula geral da moralidade do que por ter desprezado em demasia as questões de fato que vamos abordar. Sempre se raciocinou como se estas fossem evidentes, como se, para conhecer a natureza, o papel, as causas da divisão do trabalho, bastasse analisar a noção que cada um de nós tem dela. Esse método não comporta conclusões científicas; por isso, desde Adam Smith, a teoria da divisão do trabalho só fez poucos progressos. "Seus continuadores", diz Schmoller[11], com notável pobreza de idéias, "agarraram-se obstinadamente a seus exemplos e a suas análises, até o dia em que os socialistas ampliaram o campo de suas observações e opuseram a divisão do trabalho nas fábricas atuais à das oficinas do século XVIII. Mesmo assim, a teoria não foi desenvolvida de maneira sistemática e aprofundada; as considerações tecnológicas ou as observações de uma verdade banal por alguns economistas também não puderam beneficiar particularmente o desenvolvimento dessas idéias." Para saber o que é objetivamente a divisão do trabalho, não basta desenvolver o conteúdo da idéia que dela temos, mas é preciso tratá-la como um fato objetivo, observar, comparar, e veremos que o resultado dessas observações muitas vezes difere daquele que o sentido íntimo nos sugere[12].

LIVRO I

A FUNÇÃO DA DIVISÃO DO TRABALHO

CAPÍTULO I

MÉTODO PARA DETERMINAR ESSA FUNÇÃO

A palavra *função* é empregada de duas maneiras bastante diferentes. Ora designa um sistema de movimentos vitais, fazendo-se abstração das suas conseqüências, ora exprime a relação de correspondência que existe entre esses movimentos e algumas necessidades do organismo. Assim, fala-se da função de digestão, de respiração, etc.; mas também se diz que a digestão tem por função presidir à incorporação no organismo das substâncias líquidas ou sólidas destinadas a reparar suas perdas; que a respiração tem por função introduzir nos tecidos do animal os gases necessários à manutenção da vida, etc. É nessa segunda acepção que entendemos a palavra. Perguntar-se qual é a função da divisão do trabalho é, portanto, procurar a que necessidade ela corresponde; quando tivermos resolvido essa questão, poderemos ver se essa necessidade é da mesma natureza que aquelas a que correspondem outras regras de conduta cujo caráter moral não é discutido.

Se escolhemos esse termo, é porque qualquer outro seria inexato ou equívoco. Não podemos empregar o de objetivo ou de objeto e falar do fim da divisão do trabalho, porque seria supor que a divisão do trabalho existe *tendo em vista os resultados* que vamos determinar. O termo de resultados ou de efeitos tampouco poderia satisfazer-nos, porque não desperta nenhuma idéia de correspondência. Ao contrário, a palavra *papel* ou *função* tem a grande vantagem de implicar essa idéia, mas sem nada prejulgar quanto à questão de saber como essa correspondência se estabeleceu, se ela resulta de uma adaptação intencional e preconcebida ou de um ajuste *a posteriori*. Ora, o que nos importa é saber se ela existe e em que consiste, não se foi pressentida de antemão, nem mesmo se foi sentida ulteriormente.

I

Nada, à primeira vista, parece tão fácil como determinar o papel da divisão do trabalho. Acaso seus esforços não são conhecidos de todos? Por aumentar ao mesmo tempo a força produtiva e a habilidade do trabalhador, ela é condição necessária do desenvolvimento intelectual e material das sociedades; é a fonte da civilização. Por outro lado, como se presta de bom grado à civilização um valor absoluto, sequer se pensa em procurar outra função para a divisão do trabalho.

Que ela tenha mesmo esse resultado, é o que não se pode pensar em discutir. Mas se ela não tivesse nenhum outro e não servisse a outra coisa, não se teria razão alguma para lhe atribuir um caráter moral.

De fato, os serviços que ela presta assim são quase completamente estranhos à vida moral, ou, pelo menos, têm com ela apenas relações muito indiretas e distantes. Embora seja corrente hoje em dia responder às diatribes de Rousseau com ditirambos em sentido inverso, não está em absoluto provado que a civilização seja uma coisa moral. Para solucionar a questão, não se pode referir a análises de conceitos, que são necessariamente subjetivas; seria necessário, isso sim, conhecer um fato capaz de servir para medir o nível da moralidade média e observar em seguida como ele varia, à medida que a civilização progride. Infelizmente, falta-nos essa unidade de medida, mas possuímos uma para a imoralidade coletiva. De fato, o número médio de suicídios, dos crimes de toda sorte, pode servir para assinalar a altura da imoralidade numa sociedade dada. Ora, se fizermos essa experiência, ela não será favorável à civilização, pois o número desses fenômenos mórbidos parece crescer à medida que as artes, as ciências e a indústria progridem[1]. Sem dúvida, seria um tanto leviano concluir desse fato que a civilização é imoral, mas pelo menos podemos estar certos de que, se ela tem sobre a vida moral uma influência positiva e favorável, esta é bastante fraca.

Se, aliás, analisamos esse *complexus* mal-definido a que chamamos civilização, descobrimos que os elementos de que é composto são desprovidos de qualquer caráter moral.

Isso é verdade sobretudo no caso da atividade econômica que sempre acompanha a civilização, atividade que está longe de servir ao progresso da moral. É nos grandes centros industriais que os crimes e os suicídios são mais numerosos; em todo caso, é evidente que ela não apresenta os sinais exteriores pelos quais se reconhecem os fatos morais. Substituímos as diligências pelas ferrovias, os navios a vela pelos transatlânticos, as pequenas oficinas pelas manufaturas; toda essa mostra de atividade costuma ser vista como útil, mas nada tem de moralmente obrigatória. O artesão, o pequeno industrial, que resistem a essa corrente geral e perseveram obstinadamente em suas modestas empresas, cumprem tão bem com o seu dever quanto o grande manufator que cobre o país de fábricas e reúne sob suas ordens todo um exército de operários. A consciência moral das nações não se engana quanto a esse ponto: ela prefere um pouco de justiça a todos os aperfeiçoamentos industriais do mundo. Sem dúvida, a atividade industrial tem sua razão de ser, ela corresponde a necessidades, mas essas necessidades não são morais.

Com maior razão, o mesmo vale para a arte, que é absolutamente refratária a tudo o que parece uma obrigação, porque é o domínio da liberdade. É um luxo e um adorno que talvez seja bonito ter, mas que não se pode ser obrigado a adquirir: o que é supérfluo não se impõe. Ao contrário, a moral é o mínimo indispensável, o estritamente necessário, o pão cotidiano sem o qual as sociedades não podem viver. A arte corresponde à necessidade que temos de difundir nossa atividade sem objetivo, pelo prazer de difundi-la, enquanto a moral nos obriga a seguir um caminho determinado em direção a um objetivo definido – e quem diz obrigação diz, com isso, coerção. Assim, conquanto possa estar animada por idéias morais ou ver-se envolvida na evolução dos fenômenos morais propriamente ditos, a arte não é moral por si mesma. Talvez até a observação estabeleceria que, nos indivíduos, como nas sociedades, um desenvolvimento intemperante das faculdades estéticas é um grave sintoma do ponto de vista da moralidade.

De todos os elementos da civilização, a ciência é o único que, em certas condições, apresenta um caráter moral. De fato, as sociedades tendem cada vez mais a considerar um dever para o indivíduo desenvolver sua inteligência, assimilando as verdades científicas que são estabelecidas. Há, desde já, certo número de conhecimentos que todos devemos possuir. Ninguém é obrigado a se lançar no grande turbilhão industrial; ninguém é obrigado a ser artista; mas todo o mundo, agora, é obrigado a não ser ignorante. Essa obrigação é, inclusive, sentida com tamanha força que, em certas sociedades, não é apenas sancionada pela opinião pública, mas pela lei. Aliás, não é impossível entrever de onde vem esse privilégio especial da ciência. É que a ciência nada mais é que a consciência levada a seu mais alto ponto de clareza. Ora, para que as sociedades possam viver nas condições de existência que hoje lhes são dadas, é necessário que o campo da consciência, tanto individual como social, se estenda e se esclareça. De fato, como os meios em que elas vivem se tornam cada vez mais complexos e, por conseguinte, cada vez mais móveis, para durar é preciso que elas mudem com freqüência. Por outro lado, quanto mais obscura uma consciência, mais é refratária à mudança, porque não vê depressa o bastante que é necessário mudar, nem em que sentido é preciso mudar; ao contrário, uma consciência esclarecida sabe preparar de antemão a maneira de se adaptar a essa mudança. Eis por que é necessário que a inteligência guiada pela ciência adquira uma importância maior no curso da vida coletiva.

Mas a ciência que todo o mundo é assim chamado a possuir não merece ser designada por esse nome. Não é a ciência, é no máximo sua parte comum e mais geral. De fato, ela se reduz a um pequeno número de conhecimentos indispensáveis, que só são exigidos de todos por estarem ao alcance de todos. A ciência propriamente dita supera infinitamente esse nível vulgar. Ela não compreende apenas o que é vergonhoso ignorar, mas tudo o que é possível saber. Ela não supõe apenas, nos que a cultivam, essas faculdades médias que todos os homens possuem, mas disposições especiais. Por conseguinte, não sendo acessível senão a uma elite, não é obrigatória; é uma coisa útil e bela, mas não é necessária a ponto de a sociedade reclamá-la imperativamente. É vantajoso estar munido dela; nada há de imoral em não adquiri-la. É um campo de ação aberto à iniciativa de todos, mas em que ninguém é obrigado a entrar. Não se é mais obrigado a ser um sábio do que um artista. A ciência está, pois, como a arte e a indústria, fora da moral[2].

Se tantas controvérsias se produziram acerca do caráter moral da civilização é porque, com demasiada freqüência, os moralistas não têm critério objetivo para distinguir os fatos morais dos fatos que não o são. Costuma-se qualificar de moral tudo o que tem alguma nobreza e algum preço, tudo o que é objeto de aspirações um tanto elevadas, e é graças a essa excessiva abrangência da palavra que se fez a civilização entrar na moral. Mas o domínio do ético está longe de ser tão indeterminado; ele compreende todas as regras de ação que se impõem imperativamente à conduta e a que está vinculada uma sanção, mas não vai além disso. Por conseguinte, já que nada há na civilização que apresente esse critério de moralidade, ela é moralmente indiferente. Portanto, se a divisão do trabalho não tivesse outro papel além de tornar a civilização possível, ela participaria da mesma neutralidade moral.

Foi por não se ter geralmente atribuído à divisão do trabalho outra função que as teorias propostas para ela são a tal ponto inconsistentes. De fato, supondo-se que exista uma zona neutra em moral, é impossível que a divisão do trabalho dela faça parte[3]. Se ela não é boa, é ruim; se não é moral, é uma decadência moral. Portanto, se ela não serve para outra coisa, cai-se em insolúveis antinomias, porque as vantagens econômicas que ela apresenta são compensadas por inconvenientes morais, e como é impossível subtrair uma da outra essas duas quantidades heterogêneas e incomparáveis, não se poderia dizer qual das duas leva a melhor sobre a outra, nem, por conseguinte, tomar um partido. Invocar-se-á o primado da moral para condenar radicalmente a divisão do trabalho. Mas não apenas essa *ultima ratio* é sempre um golpe de Estado científico, como a evidente necessidade da especialização torna tal posição impossível de ser sustentada.

Há mais. Se a divisão do trabalho não cumpre outro papel, ela não só não tem caráter moral, como não se percebe que razão possa ter. Veremos, de fato, que, por si, a civilização não tem valor intrínseco e absoluto; o que lhe dá seu preço é o fato de corresponder a certas necessidades. Ora, essa proposição será demonstrada adiante[4], tais necessidades são, elas mesmas, conseqüências da divisão do trabalho. É por esta ser inseparável a um acréscimo de fadiga, que o homem é obrigado a procurar, como acréscimo de reparações, esses bens da civilização que, de outro modo, não teriam interesse para ele. Portanto, se não correspondesse a outras necessidades além destas, a divisão do trabalho não teria outra função além da de atenuar os efeitos que ela mesma produz, de pensar os ferimentos que faz. Nessas condições, poderia ser necessário suportá-la, mas não haveria motivo algum para querê-la, pois os serviços que ela prestaria se reduziriam a reparar as perdas que causa.

Assim, tudo nos convida a procurar outra função para a divisão do trabalho. Alguns fatos da observação corrente vão nos colocar no caminho da solução.

II

Todo o mundo sabe que gostamos de quem conosco se parece, de quem pensa e sente como nós. Mas o fenômeno contrário não é menos freqüentemente encontrado. É muito freqüente nos sentirmos atraídos por pessoas que não se parecem conosco, precisamente por não se parecerem conosco. Esses fatos são, aparentemente, tão contraditórios, que os moralistas sempre hesitaram sobre a verdadeira natureza da amizade e derivaram-na ora de uma, ora de outra causa. Os gregos já haviam colocado a questão. "A amizade dá lugar a muitas discussões", diz Aristóteles. "Segundo uns, ela consiste em certa semelhança, e os que se parecem se amam; daí o provérbio, *cada qual com o seu igual* e o *gaio busca o gaio*, e outros ditados semelhantes. Mas, para outros, ao contrário, todos os que se assemelham são oleiros uns para os outros. Há outras explicações buscadas acima e tiradas do exame da natureza. Assim, Eurípedes diz que a terra ressecada está enamorada da chuva e que o céu escuro carregado de chuva se precipita com amoroso furor sobre a terra. Heráclito pretende que só se ajusta o que se opõe, que a mais bela harmonia nasce das diferenças, que a discórdia é a lei de todo devir."[5]

O que prova essa oposição das doutrinas é que ambas as amizades existem na natureza. A dessemelhança, como a semelhança, pode ser uma causa de atração mútua. Todavia, dessemelhanças quaisquer não bastam para produzir esse efeito. Não temos prazer algum em encontrar em outro uma natureza simplesmente diferente da nossa. Os pródigos não buscam a companhia dos avarentos, nem os caracteres retos e francos a dos hipócritas e sonsos; os espíritos amáveis e doces não sentem nenhum gosto pelos temperamentos duros e mal-intencionados. Logo, só as diferenças de certo gênero tendem assim uma para a outra; são as que, em vez de se opor e se excluir, se completam mutuamente. "Há um gênero de dessemelhança que repele, outro que atrai, um que tende a trazer a rivalidade, outro a conduzir à amizade", diz Bain. "Se uma [das duas pessoas] possui uma coisa que a outra não tem, mas deseja, há nesse fato o ponto de partida de uma atração positiva."[6] Assim, o teórico de espírito racional e sutil tem com freqüência uma simpatia toda especial pelos homens práticos, de senso direto, intuições rápidas; o tímido, pelas pessoas decididas e resolutas, o fraco pelo forte, e vice-versa. Por mais ricamente dotados que sejamos, sempre nos falta alguma coisa, e os melhores dentre nós têm o sentimento de sua insuficiência. É por isso que procuramos, em nossos amigos, as qualidades que nos faltam, porque unindo-nos a eles participamos de certa forma da sua natureza e nos sentimos, então, menos incompletos. Formam-se, assim, pequenas associações de amigos em que cada um tem seu papel conforme a seu caráter, em que há um verdadeiro intercâmbio de serviços. Um protege, o outro consola; este aconselha, aquele executa, e é essa partilha de funções, ou, para empregarmos a expressão consagrada, essa divisão do trabalho que determina essas relações de amizade.

Somos levados, assim, a considerar a divisão do trabalho sob um novo aspecto. Nesse caso, de fato, os serviços econômicos que ela pode prestar são pouca coisa em comparação com o efeito moral que ela produz, e sua verdadeira função é criar entre duas ou várias pessoas um sentimento de solidariedade. Como quer que esse resultado seja obtido, é ela que suscita essas sociedades de amigos, e ela as marca com seu cunho.

A história da sociedade conjugal oferece-nos do mesmo fenômeno um exemplo ainda mais notável.

Sem dúvida, a atração sexual nunca se faz sentir senão entre indivíduos da mesma espécie, e o amor supõe, em geral, uma certa harmonia de pensamentos e de sentimentos. Não é menos verdade que o que proporciona a essa propensão seu caráter específico e o que produz sua energia particular não é a semelhança, mas a dessemelhança das naturezas que ela une. É por diferirem um do outro que o homem e a mulher se procuram com paixão. Todavia, como no caso precedente, não é um contraste puro e simples que faz esses sentimentos recíprocos eclodirem: somente diferenças que se supõem e se completam podem ter essa virtude. De fato, isolados um do outro, o homem e a mulher, são apenas partes diferentes de um mesmo todo concreto que reformam, unindo-se. Em outras palavras, é a divisão do trabalho sexual a fonte da solidariedade conjugal, e é por isso que os psicólogos notaram apropriadamente que a separação dos sexos fora um acontecimento capital na evolução dos sentimentos, pois tornou possível aquele que talvez seja o mais forte de todos os sentimentos desinteressados.

Há mais. A divisão do trabalho sexual é capaz de mais ou de menos: ela pode não ter por objeto senão os órgãos sexuais e algumas características secundárias que deles dependem, ou, ao contrário, estender-se a todas as funções orgânicas e sociais. Ora, pode-se ver, na história, que ela desenvolveu-se exatamente no mesmo sentido e da mesma maneira que a solidariedade conjugal.

Quanto mais remontamos ao passado, mais ela se reduz a pouca coisa. A mulher desses tempos remotos não era em absoluto a frágil criatura que se tornou com o progresso da moralidade. Ossadas pré-históricas atestam que a diferença entre a força do homem e a da mulher era, relativamente, muito menor do que hoje[7]. Ainda agora, na infância e até a puberdade, o esqueleto dos dois sexos não se diferencia de maneira apreciável: seus traços são sobretudo femininos. Se admitirmos que o desenvolvimento do indivíduo reproduz resumidamente o da espécie, teremos o direito de conjeturar que a mesma homogeneidade se encontrava no início da evolução humana e de ver, na forma feminina, como que uma imagem aproximada do que era originalmente esse tipo único e comum, de que a variedade masculina destacou-se pouco a pouco. Aliás, viajantes nos relatam que, em certo número de tribos da América do Sul, o homem e a mulher apresentam na estrutura e no aspecto geral uma semelhança que supera o que se vê em outras regiões[8]. Enfim, o Dr. Lebon pôde estabelecer diretamente e com precisão matemática essa semelhança original dos dois sexos no caso do órgão eminente da vida física e psíquica: o cérebro. Comparando um grande número de crânios, escolhidos em raças e sociedades diferentes, chegou à seguinte conclusão: "O volume do crânio do homem e da mulher, mesmo quando comparamos sujeitos da mesma idade, mesma estatura e mesmo peso, apresenta diferenças consideráveis a favor do homem, e essa desigualdade também vai crescendo com a civilização, de sorte que, do ponto de vista da massa do cérebro e, por conseguinte, da inteligência, a mulher tende a se diferenciar cada vez mais do homem. A diferença existente, por exemplo, entre a média dos crânios dos parisienses contemporâneos e das parisienses é quase o dobro da observada entre os crânios masculinos e femininos do Egito antigo."[9] Um antropólogo alemão, Bischoff, chegou aos mesmos resultados nesse ponto[10].

Essas semelhanças anatômicas são acompanhadas por semelhanças funcionais. Com efeito, nessas mesmas sociedades as funções femininas não se distinguem nitidamente das funções masculinas; ambos os sexos levam mais ou menos a mesma existência. Há, ainda hoje, um grande número de povos selvagens em que a mulher se envolve na vida política. Foi o que se observou notadamente entre as tribos indígenas da América, como os iroqueses e os natchez[11], no Havaí, em que participa de mil maneiras da vida dos homens[12], na Nova Zelândia, em Samoa. Vê-se, do mesmo modo, com freqüência, as mulheres acompanharem os homens na guerra, incitá-los ao combate e até tomar uma parte bastante ativa neles. Em Cuba, no Daomé, elas são tão guerreiras quanto os homens e lutam ao lado deles[13]. Um dos atributos hoje distintivos da mulher, a doçura, já não parece ter-lhe pertencido primitivamente. Já em certas espécies animais, a fêmea faz-se notar muito mais pelo caráter contrário.

Ora, entre esses mesmos povos o casamento está num estado de todo rudimentar. É mesmo bastante verossímil, se não absolutamente demonstrado, que houve uma época na história da família em que não havia casamento; as relações sexuais se faziam e se desfaziam à vontade, sem que nenhuma obrigação jurídica ligasse os cônjuges. Em todo caso, conhecemos um tipo de família que é relativamente próximo de nós[14] e em que o casamento ainda só se encontra no estado de germe indistinto: a família materna. Nela, as relações da mãe com os filhos são muito definidas, mas as dos dois esposos são muito frouxas. Elas podem cessar assim que as partes quiserem, ou então só se contraem por um tempo limitado[15]. A fidelidade conjugal ainda não é exigida. O casamento, ou o que assim se chama, consiste unicamente em obrigações de extensão restrita e, na maioria das vezes, de curta duração, que ligam o marido aos pais da mulher; portanto, ele se reduz a pouca coisa. Ora, numa sociedade dada, o conjunto dessas regras jurídicas que constituem o casamento apenas simboliza o estado da solidariedade conjugal. Se esta é muito forte, os vínculos que unem os esposos são numerosos e complexos, e, por conseguinte, a regulamentação matrimonial que tem por objeto defini-los é, ela mesma, muito desenvolvida. Se, pelo contrário, a sociedade conjugal carece de coesão, se as relações entre o homem e a mulher são instáveis e intermitentes, não podem adquirir uma forma bem determinada, o casamento se reduz, por conseguinte, a um pequeno número de regras sem rigor e sem precisão. O estado do casamento nas sociedades em que os dois sexos são pouco diferenciados atesta, pois, que a própria solidariedade conjugal é muito frágil nelas.

Ao contrário, à medida que avançamos nos tempos modernos, vemos o casamento se desenvolver. A rede de vínculos que ele cria se estende cada vez mais, as obrigações que sanciona se multiplicam. As condições em que pode ser contraído e dissolvido se delimitam com uma precisão crescente, assim como os efeitos dessa dissolução. O dever de fidelidade se organiza; imposto primeiramente apenas à mulher, torna-se mais tarde recíproco. Quando aparece o dote, regras bastante complexas vêm fixar os direitos respectivos de cada esposo sobre sua própria fortuna e a do cônjuge. Basta, aliás, dar uma olhada em nossos códigos para vermos que posição importante o casamento ocupa neles. A união dos dois esposos cessou de ser efêmera; não é mais um contato exterior, passageiro e parcial, mas uma associação íntima, duradoura, muitas vezes indissolúvel até, de duas existências inteiras.

Ora, é certo que, ao mesmo tempo, o trabalho sexual tornou-se cada vez mais dividido. Limitado a princípio apenas às funções sexuais, estendeu-se pouco a pouco a vários outros. Faz tempo que a mulher retirou-se da guerra e dos negócios públicos e que sua vida concentrou-se inteira no interior da família. Desde então, seu papel especializou-se cada vez mais. Hoje, entre os povos cultos, a mulher leva uma existência totalmente diferente da do homem. Dir-se-ia que as duas grandes funções da vida psíquica como que se dissociaram, que um dos sexos monopolizou as funções afetivas e o outro as funções intelectuais. Vendo-se, em certas classes, as mulheres se dedicarem à arte e à literatura como os homens, poder-se-ia crer, é verdade, que as ocupações dos dois sexos tendem a se tornar homogêneas. Mas, mesmo nessa esfera de ação, a mulher traz sua natureza própria, e seu papel permanece muito especial, bem diferente do papel do homem. Além disso, enquanto a arte e as letras começam a se tornar coisas femininas, o outro sexo parece deixá-las de lado para se dedicar especialmente à ciência. Portanto, poderia muito bem acontecer que essa aparente volta à homogeneidade primitiva nada mais fosse que o começo de uma nova diferenciação. Por sinal, essas diferenças funcionais são tornadas materialmente sensíveis pelas diferenças morfológicas que determinaram. Não só a estatura, o peso, as formas gerais são muito dessemelhantes entre o homem e a mulher, mas o Dr. Lebon demonstrou, como vimos, que, com o progresso da civilização, o cérebro dos dois sexos se diferencia cada vez mais. Segundo esse observador, esse hiato progressivo dever-se-ia, ao mesmo tempo, ao considerável desenvolvimento dos crânios masculinos e a um estacionamento ou mesmo uma regressão dos crânios femininos. “Enquanto a média dos crânios parisienses masculinos coloca-os entre os maiores crânios conhecidos, a média dos crânios femininos coloca-os entre os menores crânios observados, bem abaixo do crânio das chinesas e apenas acima do crânio das mulheres da Nova Caledônia”, diz ele[16].

Em todos esses exemplos, o mais notável efeito da divisão do trabalho não é aumentar o rendimento das funções divididas, mas torná-las solidárias. Seu papel, em todos esses casos, não é simplesmente embelezar ou melhorar sociedades existentes, mas tornar possíveis sociedades que, sem elas, não existiriam. Façam a divisão do trabalho sexual regredir além de certo ponto, e a sociedade conjugal desaparece, deixando subsistir apenas relações sexuais eminentemente efêmeras; mesmo se os sexos não fossem em nada separados, toda uma forma da vida social sequer teria nascido. É possível que a utilidade econômica da divisão do trabalho tenha algo a ver com esse resultado, mas, em todo caso, ele supera infinitamente a esfera dos interesses puramente econômicos, pois consiste no estabelecimento de uma ordem social e moral *sui generis*. Há indivíduos ligados uns aos outros que, não fosse esse vínculo, seriam independentes; em vez de se desenvolverem separadamente, concertam seus esforços; são solidários, e de uma solidariedade que não age apenas nos curtos instantes em que os serviços se intercambiam, mas que se estende bem além disso. A solidariedade conjugal, por exemplo, tal como existe hoje entre os povos mais cultos, acaso não faz sentir sua ação em cada momento e em todos os detalhes da vida? Por outro lado, essas sociedades que a divisão do trabalho cria não podem deixar de trazer a marca desta. Por terem essa origem especial, não podem se assemelhar àquelas determinadas pela atração de um semelhante por outro; elas devem ser constituídas de outra maneira, repousar em outras bases, apelar para outros sentimentos.

Se, com freqüência, fez-se as relações sociais a que dá nascimento a divisão do trabalho consistirem apenas na troca, foi por se ter desconhecido o que a troca implica e o que dela resulta. Ela supõe que dois seres dependam mutuamente um do outro, por serem ambos incompletos, e apenas traduz exteriormente essa dependência mútua. Portanto, nada mais é que a expressão superficial de um estado interno e mais profundo. Precisamente por ser constante, esse estado suscita todo um mecanismo de imagens que funciona com uma continuidade que a troca não possui. A imagem daquele que nos completa se torna, em nós mesmos, inseparável da nossa, não apenas porque é freqüentemente associada a ela, mas sobretudo porque é seu complemento natural: ela se torna, pois, parte integrante e permanente de nossa consciência, a tal ponto que não podemos mais dispensá-la e que buscamos tudo o que pode aumentar sua energia. É por isso que apreciamos a companhia daquele que ela representa, porque a presença do objeto que ela exprime, fazendo-a passar ao estado de percepção atual, lhe dá maior relevo. Ao contrário, sofremos com todas as circunstâncias que, como a distância ou a morte, podem ter por efeito impedir seu retorno ou diminuir sua vivacidade.

Por mais curta que seja essa análise, ela basta para mostrar que esse mecanismo não é idêntico ao que serve de base aos sentimentos de simpatia, cuja fonte é a semelhança. Sem dúvida, só pode haver solidariedade entre outrem e nós se a imagem desse outrem se une à nossa. Mas quando a união resulta da semelhança das duas imagens, ela consiste numa aglutinação. As duas representações tornam-se solidárias porque, sendo indistintas, no todo ou em parte, se confundem e se tornam uma só coisa, e só são solidárias na medida em que se confundem. Ao contrário, no caso da divisão do trabalho, estão fora uma da outra e só são ligadas por serem distintas. Portanto, os sentimentos não poderiam ser os mesmos nos dois casos, nem as relações sociais que deles derivam.

Somos levados, assim, a nos perguntar se a divisão do trabalho não desempenharia o mesmo papel em grupos mais extensos, se, nas sociedades contemporâneas, em que teve o desenvolvimento que sabemos, ela não teria a função de integrar o corpo social, assegurar sua unidade. É legítimo supor que os fatos que acabamos de observar se reproduzem nelas, mas com maior amplitude; que essas grandes sociedades políticas também só se podem manter em equilíbrio graças à especialização das tarefas; que a divisão do trabalho é a fonte, se não única, pelo menos principal da solidariedade social. Já foi nesse ponto de vista que Comte se colocou. De todos os sociólogos, a nosso conhecimento, ele foi o primeiro a assinalar na divisão do trabalho algo mais que um fenômeno puramente econômico. Viu nela "a condição mais essencial da vida social", contanto que a concebamos "em toda a sua extensão racional, isto é, que a apliquemos ao conjunto de todas as nossas diversas operações, em vez de limitá-la, como se faz de ordinário, a simples usos materiais". Considerada sob esse aspecto, diz ele, a divisão do trabalho "leva imediatamente a encarar não apenas os indivíduos e as classes, mas também, sob muitos aspectos, os diferentes povos, como participantes, ao mesmo tempo e de acordo com um modo próprio e um grau especial, exatamente determinados, de uma obra imensa e comum, cujo inevitável desenvolvimento gradual também liga, aliás, os atuais cooperadores à série de seus predecessores e mesmo à série de seus diversos sucessores. Portanto, é a repartição contínua dos diferentes trabalhos humanos que constitui principalmente a solidariedade social e que se torna a causa elementar da extensão e da complicação crescente do organismo social".[17]

Se essa hipótese fosse demonstrada, a divisão do trabalho teria um papel muito mais importante do que aquele que de ordinário lhe atribuímos. Ela não serviria apenas a dotar nossas sociedades de um luxo, invejável talvez, mas supérfluo; ela seria uma condição de sua existência. Por ela, ou, pelo menos, sobretudo por ela, é que seria garantida sua coesão; ela é que determinaria as características essenciais da sua constituição. Por isso mesmo, e embora ainda não estejamos em condições de resolver a questão com rigor, podemos porém entrever desde já que, se é esta de fato a função da divisão do trabalho, ela deve ter um caráter moral, porque as necessidades de ordem, de harmonia, de solidariedade social são geralmente tidas como morais.

No entanto, antes de examinarmos se essa opinião comum tem fundamento, é necessário verificarmos a hipótese que acabamos de emitir sobre o papel da divisão do trabalho. Vejamos se, de fato, nas sociedades em que vivemos, é dela que deriva essencialmente a solidariedade social.

III

Mas como proceder a essa verificação?

Não temos apenas de procurar se, nessas espécies de sociedades, existe uma solidariedade social proveniente da divisão do trabalho. É uma verdade evidente, pois a divisão do trabalho é muito desenvolvida nelas e produz a solidariedade. Mas é preciso determinar, sobretudo, em que medida a solidariedade que ela produz contribui para a integração geral da sociedade, pois somente então saberemos até que ponto essa solidariedade é necessária, se é um fator essencial da coesão social, ou então, ao contrário, se nada mais é que uma condição acessória e secundária. Para responder a essa questão é preciso, portanto, comparar esse vínculo social aos outros, a fim de medir a parte que lhe cabe no efeito total, sendo para isso indispensável começar por classificar as diferentes espécies de solidariedade social.

A solidariedade social, porém, é um fenômeno totalmente moral, que, por si, não se presta à observação exata, nem, sobretudo, à medida. Para proceder tanto a essa classificação quanto a essa comparação, é necessário, portanto, substituir o fato interno que nos escapa por um fato externo que o simbolize e estudar o primeiro através do segundo.

Esse símbolo visível é o direito. De fato, onde existe a solidariedade social, apesar de seu caráter imaterial, ela não permanece no estado de pura potencialidade, mas manifesta sua presença através de efeitos sensíveis. Onde é forte, inclina fortemente os homens uns para os outros, coloca-os freqüentemente em contato, multiplica as ocasiões que têm de se relacionar. Falando com exatidão, no ponto a que chegamos, é difícil dizer se é ela que produz esses fenômenos ou, ao contrário, resulta deles; se os homens se aproximam por ser ela enérgica, ou se ela é enérgica porque eles se aproximaram uns dos outros. Mas não é necessário, por enquanto, elucidar a questão; basta constatar que essas duas ordens de fatos estão ligadas e variam ao mesmo tempo e no mesmo sentido. Quanto mais os membros de uma sociedade são solidários, mais mantêm relações diversas seja uns com os outros, seja com o grupo tomado coletivamente, pois, se seus encontros fossem raros, só dependeriam uns dos outros de maneira intermitente e fraca. Por outro lado, o número dessas relações é necessariamente proporcional ao das regras jurídicas que as determinam. De fato, a vida social, onde quer que exista de maneira duradoura, tende inevitavelmente a tomar uma forma definida e a se organizar, e o direito nada mais é que essa mesma organização no que ela tem de mais estável e de mais preciso[18]. A vida geral da sociedade não pode se estender num ponto sem que a vida jurídica nele se estenda ao mesmo tempo e na mesma proporção. Portanto, podemos estar certos de encontrar refletidas no direito todas as variedades essenciais da solidariedade social.

Poder-se-ia objetar, é verdade, que as relações sociais podem fixar-se sem adquirir, com isso, uma forma jurídica. Há relações cuja regulamentação não chega a esse grau de consolidação e de precisão; nem por isso elas permanecem indeterminadas, mas, em vez de serem reguladas pelo direito, só o são pelos costumes. Portanto, o direito reflete apenas uma parte da vida social e, por conseguinte, só nos proporciona dados incompletos para resolver o problema. Há mais: acontece com freqüência que os costumes não estão de acordo com o direito; diz-se sem cessar que eles temperam os rigores do direito, que corrigem seus excessos formalistas, por vezes até que são animados de um espírito bem diferente. Não seria possível, então, que eles manifestem tipos de solidariedade social diferentes dos que o direito positivo exprime?

Mas essa oposição só se produz em circunstâncias totalmente excepcionais. Para isso é preciso que o direito não corresponda mais ao presente estado da sociedade e que, não obstante, ele se mantenha, sem razão de ser, pela força do hábito. Com efeito, nesse caso, as novas relações que se estabelecem apesar dele não deixam de se organizar, pois elas não podem mesmo durar sem procurar se consolidar. Mas como se acham em conflito com o antigo direito que persiste, elas não superam o estágio dos costumes e não conseguem penetrar na vida jurídica propriamente dita. É assim que o antagonismo irrompe. Mas ele só pode se produzir nos casos raros e patológicos, que não podem durar sem perigo. Normalmente, os costumes não se opõem ao direito, mas, ao contrário, são sua base. Às vezes acontece, é verdade, que, sobre essa base, nada se eleva. Pode haver relações sociais que não comportam mais que essa regulamentação difusa originária dos costumes; mas é porque carecem de importância e de continuidade, salvo, é claro, os casos anormais que acabamos de mencionar. Portanto, se pode haver tipos de solidariedade social que tão-somente os costumes manifestam, esses tipos são bastante secundários; ao contrário, o direito reproduz todos os que são essenciais, e são eles os únicos que precisamos conhecer.

Ir-se-á mais longe e sustentar-se-á que a solidariedade social não se encontra integralmente em suas manifestações sensíveis; que estas só a exprimem parcial e imperfeitamente; que, além do direito e dos costumes, há o estado interno de que ela deriva e que, para conhecê-la de fato, é necessário alcançá-la em si mesma e sem intermediários? Mas só podemos conhecer cientificamente as causas pelos efeitos que elas produzem; e, para melhor determinar sua natureza, a ciência apenas escolhe entre esses resultados os que são mais objetivos e que melhor se prestam à medida. Ela estuda o calor através das variações de volume que as mudanças de temperatura produzem nos corpos, a eletricidade através de seus efeitos físico-químicos, a força através do movimento. Por que a solidariedade social seria uma exceção?

Aliás, o que subsiste dela uma vez que a despojamos de suas formas sociais? O que lhe proporciona suas características específicas é a natureza do grupo cuja unidade ela assegura, e é por isso que ela varia segundo os tipos sociais. Ela não é a mesma no seio da família e nas sociedades políticas; não somos apegados a nossa pátria da mesma maneira que o romano era à cidade ou o germano à sua tribo. Mas já que essas diferenças decorrem de causas sociais, não podemos apreendê-las senão através das diferenças que os efeitos sociais da solidariedade apresentam. Portanto, se desprezamos esses últimos, todas essas variedades tornam-se indiscerníveis e só podemos perceber o que é comum a todas, a saber, a tendência geral à sociabilidade, tendência que é sempre e em toda parte a mesma e não está ligada a nenhum tipo social particular. Mas esse resíduo nada mais é que uma abstração; pois a sociabilidade em si não é encontrada em parte alguma. O que existe e vive realmente são as formas particulares da solidariedade, a solidariedade doméstica, a solidariedade profissional, a solidariedade nacional, a de ontem, a de hoje, etc. Cada uma tem sua própria natureza; por conseguinte, essas generalidades só poderiam dar do fenômeno uma explicação bastante incompleta, pois elas deixam necessariamente escapar o que há de concreto e de vivo.

O estudo da solidariedade pertence, pois, ao domínio da sociologia. É um fato social que só pode ser bem conhecido por intermédio de seus efeitos sociais. Se tantos moralistas e psicólogos puderam abordar a questão sem seguir esse método, foi porque contornaram a dificuldade. Eles eliminaram do fenômeno tudo o que ele tem de mais especialmente social, para reter apenas o germe psicológico de que é o desenvolvimento. De fato, é certo que a solidariedade, ao mesmo tempo que é, antes de mais nada, um fato social, depende de nosso organismo individual. Para que possa existir, é preciso que nossa constituição física e psíquica a comporte. Portanto, podemos, a rigor, contentar-nos com estudá-la sob esse aspecto. Mas, nesse caso, só se vê sua parte mais indistinta e menos especial; não é sequer ela, falando propriamente, mas antes o que a torna possível.

E ainda assim esse estudo abstrato não conseguiria ser muito fecundo em resultados. Porque, enquanto permanece no estado de simples predisposição de nossa natureza psíquica, a solidariedade é algo demasiado indefinido para que se possa alcançá-la facilmente. É uma virtualidade intangível que não dá margem à observação. Para que assuma uma forma apreensível, é preciso que algumas conseqüências sociais traduzam-na exteriormente. Além disso, mesmo nesse estado de indeterminação, ela depende de condições sociais que a expliquem e das quais, portanto, não pode ser separada. Por isso é muito raro que algumas concepções sociológicas não se vejam envolvidas nessas análises de pura psicologia. Por exemplo, dizem-se algumas palavras acerca da influência do *estado gregário* sobre a formação do sentimento social em geral[19]; ou indicam-se rapidamente as principais relações sociais de que a sociabilidade depende da maneira mais aparente[20]. Sem dúvida, essas considerações complementares, introduzidas sem método, a título de exemplos e segundo os acasos da sugestão, não poderiam bastar para elucidar muito a natureza social da solidariedade. Elas demonstram pelo menos que o ponto de vista sociológico se impõe inclusive aos psicólogos.

Nosso método já está traçado, pois. Uma vez que o direito reproduz as formas principais da solidariedade social, só nos resta classificar as diferentes espécies de direito para descobrirmos, em seguida, quais são as diferentes espécies de solidariedade social que correspondem a elas. É provável, desde já, que haja uma que simbolize essa solidariedade especial, de que a divisão do trabalho é a causa. Feito isso, para medir a importância desta última, bastará comparar a quantidade de regras jurídicas que a exprimem com o volume total do direito.

Para esse trabalho, não podemos utilizar as distinções correntes entre os jurisconsultos. Imaginadas para a prática, elas podem ser muito cômodas desse ponto de vista, mas a ciência não pode se contentar com essas classificações empíricas e aproximadas. A mais difundida é a que divide o direito em direito público e privado. Ao primeiro caberia regular as relações entre o indivíduo e o Estado; ao segundo, as dos indivíduos entre si. Mas quando se procura examinar os termos de perto, a linha de demarcação, que parecia tão nítida à primeira vista, se apaga. Todo direito é privado, no sentido de que são sempre e em toda parte indivíduos que se encontram em presença e que agem; mas, sobretudo, todo direito é público, no sentido de que o direito é uma função social e de que todos os indivíduos são, embora a títulos diferentes, funcionários da sociedade. As funções maritais, paternas, etc. não são nem delimitadas, nem organizadas de maneira diferente das funções ministeriais e legislativas, e não é sem razão que o direito romano qualificava a tutela de *munus publicum*. Aliás, o que é o Estado? Onde começa e onde acaba? Sabe-se quão controvertida é essa questão; não é científico fazer uma classificação fundamental basear-se numa noção tão obscura e mal-analisada.

Para proceder de forma metódica, precisamos encontrar uma característica que, ao mesmo tempo em que é essencial aos fenômenos jurídicos, seja capaz de variar quando eles variam. Ora, todo preceito do direito pode ser definido: uma regra de conduta sancionada. Por outro lado, é evidente que as sanções mudam segundo a gravidade atribuída aos preceitos, à posição que ocupam na consciência pública, ao papel que desempenham na sociedade. Portanto, convém classificar as regras jurídicas de acordo com as diferentes sanções que são ligadas a elas.

Há dois tipos de sanções. Umas consistem essencialmente numa dor, ou, pelo menos, numa diminuição infligida ao agente; elas têm por objeto atingi-lo em sua fortuna, ou em sua honra, ou em sua vida, ou em sua liberdade, privá-lo de algo de que desfruta. Diz-se que são repressivas – é o caso do direito penal. É verdade que as que se prendem às regras puramente morais têm o mesmo caráter, só que são distribuídas de uma maneira difusa por todo o mundo indistintamente, enquanto as do direito penal são aplicadas apenas por intermédio de um órgão definido: elas são organizadas. Quanto ao outro tipo, ele não implica necessariamente um sofrimento do agente, mas consiste apenas na *reparação das coisas*, no restabelecimento das relações perturbadas sob sua forma normal, quer o ato incriminado seja reconduzido à força ao tipo de que desviou, quer seja anulado, isto é, privado de todo e qualquer valor social. Portanto, devemos dividir em duas grandes espécies as regras jurídicas, conforme tenham sanções repressivas organizadas ou sanções apenas restitutivas. A primeira compreende todo o direito penal; a segunda, o direito civil, o direito comercial, o direito processual, o direito administrativo e constitucional, fazendo-se abstração das regras penais que se podem encontrar aí.

Vejamos agora a que sorte de solidariedade social corresponde cada uma dessas espécies.

CAPÍTULO II

SOLIDARIEDADE MECÂNICA OU POR SIMILITUDES

I

O vínculo de solidariedade social a que corresponde o direito repressivo é aquele cuja ruptura constitui o crime. Chamamos por esse nome todo ato que, num grau qualquer, determina contra seu autor essa reação característica a que chamamos pena. Procurar qual é esse vínculo é, portanto, perguntar-se qual a causa da pena, ou, mais claramente, em que consiste essencialmente o crime.

Há, sem dúvida, crimes de espécies diferentes, mas, entre todas essas espécies, existe não menos seguramente algo em comum. O que o prova é que a reação que eles determinam de parte da sociedade, a saber, a pena, é, salvo diferenças de graus, sempre e em toda parte a mesma. A unidade do efeito revela a unidade da causa. Não só entre todos os crimes previstos pela legislação de uma única e mesma sociedade, mas entre todos os que foram ou que são reconhecidos e punidos nos diferentes tipos sociais, existem seguramente semelhanças essenciais.

Por mais diferentes que possam parecer à primeira vista os atos assim qualificados, é impossível não terem algum fundo comum. Porque, em toda parte, eles afetam da mesma maneira a consciência moral das nações e produzem a mesma conseqüência. São todos crimes, isto é, atos reprimidos por castigos definidos. Ora, as propriedades essenciais de uma coisa são as que observamos em toda parte em que essa coisa existe e que só a ela pertencem. Portanto, se quisermos saber em que consiste essencialmente o crime, será necessário pôr em evidência as características que se revelam idênticas em todas as variedades criminológicas dos diferentes tipos sociais. Não há uma só que possa ser desprezada. As concepções jurídicas das sociedades mais inferiores não são menos dignas de interesse do que as das mais elevadas; elas são fatos não menos instrutivos. Fazer abstração delas seria expor-nos a ver a essência do crime onde ela não está. Assim, o biólogo teria dado dos fenômenos vitais uma definição inexata se houvesse desprezado a observação dos seres unicelulares, pois, da contemplação apenas dos organismos e, sobretudo, dos organismos superiores, ele teria concluído erradamente que a vida consiste essencialmente na organização.

O meio de encontrar esse elemento permanente e geral não é, evidentemente, enumerar os atos que foram, em todos os tempos e em todos os lugares, qualificados de crimes, para observar as características que eles apresentam. Porque se, não obstante se tenha dito, há ações que foram universalmente consideradas criminosas, essas ações constituem uma ínfima minoria e, por conseguinte, tal método só poderia nos proporcionar do fenômeno uma noção singularmente truncada, visto que só se aplicaria a exceções[1]. Essas variações do direito repressivo provam, ao mesmo tempo, que esse caráter constante não se poderia encontrar entre as propriedades intrínsecas dos atos impostos ou proibidos pelas regras penais, já que esses atos apresentam tamanha diversidade, mas sim nas relações que mantêm com uma condição que lhes é exterior.

Pensou-se encontrar tal relação numa espécie de antagonismo entre essas ações e os interesses sociais gerais, e afirmou-se que as regras penais enunciavam para cada tipo social as condições fundamentais da vida coletiva. Sua autoridade viria, por conseguinte, de sua necessidade; por outro lado, como essas necessidades variam com as sociedades, seria assim explicada a variabilidade do direito repressivo. Mas já nos explicamos sobre esse ponto. Além de uma tal teoria dar ao cálculo e à reflexão uma importância demasiado grande na direção da evolução social, há uma multidão de atos que foram e ainda são considerados criminosos sem que, por si mesmos, sejam prejudiciais à sociedade. Em que medida o fato de tocar um objeto *tabu*, um animal ou um homem impuro ou consagrado, de deixar apagar-se o fogo sagrado, de comer certas carnes, de não imolar no túmulo dos parentes o sacrifício tradicional, de não pronunciar exatamente a fórmula ritual, de não celebrar certas festas, etc. pôde um dia constituir um perigo social? Sabe-se, porém, que importância tem no direito repressivo de uma multidão de povos a regulamentação do rito, da etiqueta, do cerimonial, das práticas religiosas. Basta abrir o Pentateuco para se convencer. E, como esses fatos se encontram normalmente em certas espécies sociais, é impossível ver neles simples anomalias e casos patológicos que se tem o direito de desprezar.

Embora o ato criminoso seja certamente prejudicial à sociedade, nem por isso o grau de nocividade que ele apresenta é regularmente proporcional à intensidade da repressão que recebe. No direito penal dos povos mais civilizados, o assassinato é universalmente considerado o maior dos crimes. No entanto, uma crise econômica, uma jogada na Bolsa, até mesmo uma falência podem desorganizar o corpo social de maneira muito mais grave do que um homicídio isolado. Sem dúvida, o assassinato é sempre um mal, mas nada prova que seja o mal maior. O que é um homem a menos na sociedade? O que é uma célula a menos no organismo? Diz-se que a segurança geral seria ameaçada no futuro se o ato permanecesse impune. Mas compare-se a magnitude desse perigo, por mais real que seja, com a da pena: a desproporção salta aos olhos. Enfim, os exemplos que acabamos de citar mostram que um ato pode ser desastroso para uma sociedade sem incorrer na menor repressão. Essa definição do crime é, pois, de qualquer modo, inadequada.

Dir-se-á, modificando-a, que os atos criminosos são aqueles que *parecem* prejudiciais à sociedade que os reprime; que as regras penais não exprimem as condições essenciais da vida social, mas as que *parecem* sê-lo para o grupo que as observa? Essa explicação, porém, não explica nada, porque não nos faz compreender por que razão, num número tão grande de casos, as sociedades se enganaram e impuseram práticas que, por si mesmas, sequer eram úteis. No fim das contas, essa pretensa solução do problema se reduz a um verdadeiro truísmo, porquanto, se as sociedades obrigam assim cada indivíduo a obedecer a essas regras é, evidentemente, por estimarem, com ou sem razão, que essa obediência regular e pontual lhes é indispensável, é por fazerem energicamente questão dela. Portanto, é como se se dissesse que as sociedades julgam as regras necessárias porque as julgam necessárias. O que precisaríamos dizer é por que as julgam assim. Se esse sentimento tivesse sua causa na necessidade objetiva das prescrições penais ou, pelo menos, em sua utilidade, seria uma explicação. Mas ela é contradita pelos fatos. A questão permanece intacta.

No entanto, essa última teoria não deixa de ter seu fundamento; é com razão que ela busca em certos estados do sujeito as condições constitutivas da criminalidade. De fato, a única característica comum a todos os crimes é que eles consistem – salvo algumas exceções aparentes, que serão examinadas mais abaixo – em atos universalmente reprovados pelos membros de cada sociedade. Muitos se perguntam hoje se essa reprovação é racional e se não seria mais sensato considerar o crime apenas uma doença ou um erro. Não temos, porém, de entrar nessas discussões; procuramos determinar o que é ou foi, não o que deve ser. Ora, a realidade do fato que acabamos de estabelecer não é contestável; isso significa que o crime melindra sentimentos que se encontram em todas as consciências sadias de um mesmo tipo social.

Não é possível determinar de outro modo a natureza desses sentimentos, defini-los em função de seus objetos particulares, pois esses objetos variaram infinitamente e ainda podem variar[2]. Hoje, são os sentimentos altruístas que apresentam essa característica da maneira mais acentuada; mas houve um tempo, muito próximo de nós, em que os sentimentos religiosos, domésticos e mil outros sentimentos tradicionais tinham exatamente os mesmos efeitos. Ainda agora, a simpatia por outrem está longe de ser, como quer Garofalo, a única a produzir esse resultado. Acaso, mesmo em tempo de paz, não temos pelo homem que trai a sua pátria no mínimo tanta aversão quanta pelo ladrão e o vigarista? Acaso, nos países em que o sentimento monárquico ainda é vivo, os crimes de lesa-majestade não provocam uma indignação geral? Acaso, nos países democráticos, as injúrias dirigidas ao povo não deflagram as mesmas cóleras? Logo, não seria possível fazer uma lista dos sentimentos cuja violação constitui o ato criminoso; eles só se distinguem dos outros por esta característica: a de que são comuns à grande média dos indivíduos da mesma sociedade. Por isso, as regras que proíbem esses atos e que o direito penal sanciona são as únicas a que o famoso axioma jurídico *ninguém pode ignorar a lei* se aplica sem ficção. Como estão gravadas em todas as consciências, todo o mundo as conhece e sente que são fundamentadas. Pelo menos, isso é verdade no caso do estado normal. Se há adultos que ignoram essas regras fundamentais ou não reconhecem sua autoridade, tal ignorância ou tal indocilidade são sintomas irrefutáveis de perversão patológica; ou, se uma disposição penal se mantém por algum tempo, embora seja contestada por todo o mundo, é graças a um concurso de circunstâncias excepcionais, por conseguinte anormais, e tal estado de coisas nunca pode durar.

É isso que explica a maneira particular como o direito penal se codifica. Todo direito escrito tem um duplo objeto: impor certas obrigações, definir as sanções ligadas a estas. No direito civil e, mais geralmente, em toda espécie de direito com sanções restitutivas, o legislador aborda e resolve separadamente os dois problemas. Em primeiro lugar, ele determina a obrigação, com a maior precisão possível, e só depois diz a maneira como ela deve ser sancionada. Por exemplo, no capítulo do nosso código civil consagrado aos deveres respectivos dos esposos, esses direitos e essas obrigações são enunciados de uma maneira positiva; mas não se diz o que acontece quando esses deveres são violados por uma ou outra parte. Devemos procurar a sanção em outro lugar. Às vezes, até, ela se acha totalmente subentendida. Assim, o art. 214 do Código Civil manda a mulher habitar com o marido, do que se deduz que o marido pode forçá-la a retornar ao domicílio conjugal, mas essa sanção não está formalmente indicada em parte alguma. O direito penal, ao contrário, só edita sanções, mas nada diz das obrigações a que elas se referem. Ele não manda respeitar a vida alheia, mas condenar à morte o assassino. Ele não diz, em primeiro lugar, como faz o direito civil, "eis o dever", mas de imediato: "eis a pena". Sem dúvida, se a ação é punida, é por ser contrária a uma regra obrigatória; mas essa regra não é expressamente formulada. Só pode haver um motivo para isso: o de que a regra é conhecida e aceita por todos. Quando um direito consuetudinário passa ao estado de direito escrito e se codifica, é porque questões litigiosas reclamam uma solução mais definida; se o costume continuasse a funcionar silenciosamente, sem provocar discussão nem dificuldades, não haveria motivo para ele se transformar. Já que o direito penal só se codifica para estabelecer uma escala graduada de penas, é porque apenas essa escala pode se prestar à dúvida. Inversamente, se as regras cuja violação é punida pela pena não precisam receber uma expressão jurídica, é porque não são objeto de nenhuma contestação, é porque todo o mundo sente a sua autoridade[3].

É verdade que, por vezes, o Pentateuco não edita sanções, muito embora, como veremos, só contenha disposições penais. É o caso dos dez mandamentos, tal como se acham formulados no capítulo XX do Êxodo e no capítulo V do Deuteronômio. Isso porque o Pentateuco, embora tenha servido de código, não é um código propriamente dito. Ele não tem por objeto reunir num sistema único e precisar, tendo em vista a prática, as regras penais seguidas pelo povo hebreu; tanto não é uma codificação, que as diferentes partes de que é composto parecem não ter sido redigidas na mesma época. Ele é, antes de mais nada, um sumário das tradições de todo tipo pelas quais os judeus explicavam a si mesmos, e à sua maneira, a gênese do mundo, de sua sociedade e de suas principais práticas sociais. Portanto, se enuncia certos deveres que, com certeza, eram sancionados por penas, não é porque fossem ignorados ou desconhecidos dos hebreus, nem porque fosse necessário revelá-los a eles; ao contrário, já que o livro nada mais é que um tecido de lendas nacionais, podemos estar certos de que tudo o que ele contém estava escrito em todas as consciências. Mas é que se tratava, essencialmente, de reproduzir, fixando-as, as crenças populares relativas à origem desses preceitos, às circunstâncias históricas em que pretende-se tenham sido promulgados, às fontes da sua autoridade. Ora, desse ponto de vista, a determinação da pena torna-se acessória[4].

É por essa mesma razão que o funcionamento da justiça repressiva sempre tende a permanecer mais ou menos difuso. Em tipos sociais bastante diferentes, ela não se exerce pelo órgão de um magistrado especial, mas a sociedade inteira participa numa medida mais ou menos vasta. Nas sociedades primitivas, em que, como veremos, o direito é inteiramente penal, é a assembléia do povo que administra a justiça. É o que acontece entre os antigos germanos[5]. Em Roma, enquanto os casos civis dependiam do pretor, os casos criminais eram julgados pelo povo, primeiro pelos comícios por cúrias e, a partir da lei das XII Tábuas, pelos comícios por centúrias; até o fim da República e conquanto, na verdade, tenha delegado seus poderes a comissões permanentes, o povo permanece em princípio o juiz supremo para essas espécies de processos[6]. Em Atenas, sob a legislação de Sólon, a jurisdição criminal pertencia em parte aos 'Ηλιαὶα, vasto colégio que, nominalmente, compreendia todos os cidadãos de mais de trinta anos[7]. Enfim, entre as nações germano-latinas, a sociedade intervém no exercício dessas mesmas funções, representada pelo júri. O estado de difusão em que se encontra, assim, essa parte do poder judiciário seria inexplicável se as regras cuja observância assegura e, por conseguinte, os sentimentos a que essas regras correspondem não estivessem imanentes em todas as consciências. É verdade que, em outros casos, ele é detido por uma classe privilegiada ou por magistrados particulares. Mas esses fatos não diminuem o valor demonstrativo dos precedentes, porque do fato de que os sentimentos coletivos não reagem mais a não ser através de certos intermediários, não resulta que tenham cessado de ser coletivos, para se localizarem num número restrito de consciências. Mas essa delegação pode dever-se seja à maior multiplicidade dos casos, que requer a instituição de funcionários especiais, seja à enorme importância adquirida por certas personagens ou certas classes, que faz delas intérpretes autorizadas dos sentimentos coletivos.

Entretanto, não se definiu o crime quando se disse que ele consiste numa ofensa aos sentimentos coletivos, pois há, dentre estes últimos, alguns que podem ser ofendidos sem que haja crime. Assim, o incesto é objeto de uma aversão bastante geral, mas é uma ação simplesmente imoral. O mesmo vale para os atentados à honra sexual que a mulher comete fora do estado de casamento, pelo fato de alienar totalmente sua liberdade entre as mãos de outrem ou de aceitar de outrem essa alienação. Os sentimentos coletivos a que corresponde o crime devem, pois, singularizar-se dos outros por alguma propriedade distintiva: devem ter uma certa intensidade média. Eles não são apenas gravados em todas as consciências: são fortemente gravados. Não são veleidades hesitantes e superficiais, mas emoções e tendências fortemente arraigadas em nós. O que o prova é a extrema lentidão com a qual o direito penal evolui. Não só ele se modifica mais dificilmente do que os costumes, mas é a parte do direito positivo mais refratária à mudança. Observe-se, por exemplo, o que fez o legislador desde o começo do século nas diferentes esferas da vida jurídica: as inovações nas matérias de direito penal são extremamente raras e restritas, enquanto, ao contrário, uma multidão de novas disposições introduziu-se no direito civil, no direito comercial, no direito administrativo e constitucional. Compare-se o direito penal, tal como a lei das XII Tábuas fixou-o em Roma, com o estado em que se encontra na época clássica; as mudanças que se podem constatar são pouquíssimas, se comparadas com as que o direito civil sofreu durante o mesmo tempo. Desde a época das XII Tábuas, diz Mainz, os principais crimes e delitos estão constituídos: "Durante dez gerações, o rol dos crimes públicos só foi aumentado por algumas leis que punem o peculato, a associação para conseguir vantagens merecidas e, talvez, o *plagium*."[8] Quanto aos delitos privados, só foram reconhecidos dois novos: a rapina (*actio bonorum vi raptorum*) e o dano injustamente causado (*damnum injuria datum*). Encontramos o mesmo fato por toda parte. Nas sociedades inferiores, o direito, como veremos, é quase exclusivamente penal; por isso, é sobremodo estacionário. De modo geral, o direito religioso é sempre repressivo: é essencialmente conservador. Essa fixidez do direito penal atesta a força de resistência dos sentimentos coletivos a que corresponde. Inversamente, a maior plasticidade das regras puramente morais e a rapidez relativa de sua evolução demonstram a menor energia dos sentimentos que são sua base: ou eles são mais recentemente adquiridos e ainda não têm tempo de penetrar profundamente nas consciências, ou estão se arraigando e sobem do fundo para a superfície.

Uma última adição ainda é necessária para que nossa definição seja exata. Embora, em geral, os sentimentos protegidos por sanções simplesmente morais, isto é, difusas, sejam menos intensos e menos solidamente organizados do que os protegidos pelas penas propriamente ditas, há exceções. Assim, não há motivo algum para se admitir que a piedade filial média ou mesmo as formas elementares da compaixão para com as misérias mais aparentes sejam hoje sentimentos mais superficiais do que o respeito pela propriedade ou pela autoridade pública; no entanto, o mau filho e mesmo o egoísta mais empedernido não são tratados como criminosos. Não basta, pois, que os sentimentos sejam fortes, é necessário que sejam precisos. De fato, cada um deles é relativo a uma prática bem definida. Essa prática pode ser simples ou complexa, positiva ou negativa, isto é, consistir numa ação ou numa abstenção, mas é sempre determinada. Trata-se de fazer ou não fazer isto ou aquilo, não matar, não ferir, pronunciar determinada fórmula, cumprir determinado rito, etc. Ao contrário, sentimentos como o amor filial ou a caridade são aspirações vagas por objetos bastante gerais. Por isso as regras penais são notáveis por sua nitidez e precisão, enquanto as regras puramente morais têm, em geral, algo de impreciso. Sua natureza indecisa faz até que, com freqüência, seja difícil dar-lhes uma fórmula taxativa. Podemos dizer, decerto, de maneira bastante geral, que deve-se trabalhar, deve-se ter piedade de outrem, etc., mas não podemos determinar de que maneira nem em que medida. Por conseguinte, há espaço aqui para variações e nuances. Ao contrário, por serem determinados, os sentimentos que encarnam as regras penais têm uma uniformidade muito maior; como não podem ser entendidos de maneiras diferentes, são os mesmos em toda parte.

Agora estamos em condição de concluir.

O conjunto das crenças e dos sentimentos comuns à média dos membros de uma mesma sociedade forma um sistema determinado que tem vida própria; podemos chamá-lo de *consciência coletiva* ou *comum*. Sem dúvida, ela não tem por substrato um órgão único; ela é, por definição, difusa em toda a extensão da sociedade, mas tem, ainda assim, características específicas que fazem dela uma realidade distinta. De fato, ela é independente das condições particulares em que os indivíduos se encontram: eles passam, ela permanece. É a mesma no Norte e no Sul, nas grandes e nas pequenas cidades, nas diferentes profissões. Do mesmo modo, ela não muda a cada geração, mas liga umas às outras as gerações sucessivas. Ela é, pois, bem diferente das consciências particulares, conquanto só seja realizada nos indivíduos. Ela é o tipo psíquico da sociedade, tipo que tem suas propriedades, suas condições de existência, seu modo de desenvolvimento, do mesmo modo que os tipos individuais, muito embora de outra maneira. A esse título, ela tem, pois, o direito de ser designada por uma palavra especial. A que empregamos acima, é verdade, tem alguma ambigüidade. Como os termos coletivo e social muitas vezes são empregados um pelo outro, é-se induzido a crer que a consciência coletiva é toda a consciência social, isto é, se estende tão longe quanto a vida psíquica da sociedade, ao passo que, sobretudo nas sociedades superiores, não é senão uma parte bastante restrita desta. As funções judiciais, governamentais, científicas, industriais, numa palavra, todas as funções especiais, são de ordem psíquica, pois consistem em sistemas de representações e de ações; no entanto, elas estão evidentemente fora da consciência comum. Para evitar uma confusão[9] que já foi cometida, o melhor, talvez, seria criar uma expressão técnica que designasse especialmente o conjunto das similitudes sociais. Todavia, como o emprego de uma palavra nova, quando ela não é absolutamente necessária, tem os seus inconvenientes, manteremos a expressão mais usada de consciência coletiva ou comum, mas lembrando sempre o sentido estrito em que a empregamos.

Portanto, resumindo a análise que precede, podemos dizer que um ato é criminoso quando ofende os estados fortes e definidos da consciência coletiva[10].

A letra dessa proposição não é contestada, mas costuma-se dar-lhe um sentido muito diferente do que deve ter. Costuma-se entendê-la como se ela exprimisse não a propriedade essencial do crime, mas uma das suas repercussões. Sabe-se muito bem que o crime ofende sentimentos bastante gerais e enérgicos, mas crê-se que essa generalidade e essa energia provêm da natureza criminosa do ato, que, por conseguinte, está inteiramente por ser definido. Não se contesta que todo delito seja universalmente reprovado, mas dá-se por admitido que a reprovação de que é objeto resulta da sua delituosidade. No entanto, fica-se, em seguida, em grande embaraço para dizer em que essa delituosidade consiste. Numa imoralidade particularmente grave? Admitamos. Mas isso seria responder à pergunta com outra pergunta e pôr uma palavra no lugar de outra, porque se trata precisamente de saber o que é a imoralidade, e sobretudo essa imoralidade particular que a sociedade reprime por meio de penas organizadas e que constitui a criminalidade. Evidentemente, ela só pode provir de uma ou várias características comuns a todas as variedades criminológicas; ora, a única que satisfaz essa condição é essa oposição existente entre o crime, qualquer que seja, e certos sentimentos coletivos. Portanto, é essa oposição que faz o crime, estando muito longe de derivar dele. Em outras palavras, não se deve dizer que um ato ofenda a consciência comum por ser criminoso, mas que é criminoso porque ofende a consciência comum. Não o reprovamos por ser um crime, mas é um crime porque o reprovamos. Quanto à natureza intrínseca desses sentimentos, é impossível especificá-la; eles têm os mais diversos objetos e não se poderia dar, deles, uma fórmula única. Não se pode dizer que eles se relacionam nem aos interesses vitais da sociedade, nem a um mínimo de justiça; todas essas definições são inadequadas. Mas, pelo simples fato de um sentimento, quaisquer que sejam sua origem e seu fim, se encontrar em todas as consciências com certo grau de força e precisão, todo ato que o ofende é um crime. A psicologia contemporânea retorna cada vez mais à idéia de Spinoza, segundo a qual as coisas são boas porque as amamos, não é que as amamos por serem boas. O que é primitivo é a tendência, a inclinação; o prazer e a dor são apenas fatos derivados. O mesmo acontece na vida social. Um ato é socialmente ruim por ser rejeitado pela sociedade. Mas, dir-se-á, acaso não há sentimentos coletivos que resultam do prazer ou da dor que a sociedade sente em contato com os objetos de tais sentimentos? Sem dúvida, mas nem todos têm essa origem. Muitos, se não a maioria, derivam de outras causas. Tudo o que determina a atividade a tomar uma forma definida pode dar origem a hábitos de que resultam tendências que é preciso, a partir de então, satisfazer. Além disso, apenas essas últimas tendências são verdadeiramente fundamentais. As outras não são mais que formas especiais e melhor determinadas; porque, para achar encantador este ou aquele objeto, é preciso que a sensibilidade coletiva já esteja constituída de maneira a poder apreciá-lo. Se os sentimentos correspondentes são abolidos, o ato mais funesto à sociedade poderá ser não apenas tolerado, mas estimado e proposto como exemplo. O prazer é incapaz de criar integralmente uma propensão; ele apenas pode vincular as que existem a determinada finalidade particular, contanto que esta esteja relacionada à sua natureza inicial.

Há, no entanto, casos em que a explicação precedente não parece se explicar. Existem atos que são mais severamente reprimidos do que fortemente reprovados pela opinião pública. Assim, a coligação dos funcionários, a invasão das competências das autoridades administrativas pelas autoridades judiciárias, das funções civis pelas autoridades religiosas são objeto de uma repressão desproporcional à indignação que provocam nas consciências. O roubo de peças públicas nos deixa indiferentes, e no entanto recebe punições bastante elevadas. Às vezes até acontece que o ato punido não ofende diretamente nenhum sentimento coletivo; nada há em nós contra o fato de pescar e caçar em época proibida ou contra veículos demasiado pesados trafegarem numa via pública. No entanto, não há razão alguma para separar completamente esses delitos dos outros; toda distinção radical[11] seria arbitrária, pois todos eles apresentam, em diversos graus, o mesmo critério exterior. Sem dúvida, em nenhum desses exemplos, a pena parece injusta; se ela não for repelida pela opinião pública, esta, entregue a si mesma, ou não a reclamaria, ou se mostraria menos exigente. Portanto, isso se dá porque, em todos os casos desse gênero, a delituosidade não deriva, ou não deriva integralmente, da vivacidade dos sentimentos coletivos ofendidos, mas reconhece outra causa.

De fato, é certo que, uma vez que um poder governamental é instituído, ele tem por si mesmo força bastante para ligar espontaneamente a certas regras de conduta uma sanção penal. Ele é capaz, por sua ação própria, de criar certos delitos ou de agravar o valor criminológico de alguns outros. Por isso, todos os atos que acabamos de citar apresentam a característica comum de serem dirigidos contra algum dos órgãos diretores da vida social. Deve-se, então, admitir que há dois gêneros de crimes decorrentes de duas causas diferentes? Não poderíamos nos deter em semelhante hipótese. Por numerosas que sejam suas variedades, o crime é, em toda parte, essencialmente o mesmo, pois determina em toda parte o mesmo efeito, a saber, a pena, que, se pode ser mais ou menos intensa, nem por isso muda de natureza. Ora, um mesmo fato não pode ter duas causas, a menos que essa dualidade seja apenas aparente e que, no fundo, ambas sejam uma só coisa. O poder de reação que é próprio do Estado deve, pois, ser da mesma natureza do que aquele que é difuso na sociedade.

E, com efeito, de onde ele viria? Da gravidade dos interesses que o Estado gere e que precisam ser protegidos de uma maneira de todo particular? Mas nós sabemos que apenas a lesão de interesses, mesmo que estes sejam consideráveis, não basta para determinar a reação penal; além disso, ela precisa ser sentida de uma certa maneira. Por que, aliás, o menor dano ao órgão governamental é punido, ao passo que desordens muito mais temíveis em outros órgãos sociais são reparadas civilmente? A menor infração ao código de trânsito é multada; a violação, mesmo se repetida, dos contratos e a constante falta de delicadeza nas relações econômicas obrigam apenas à reparação do prejuízo. Sem dúvida, o aparelho de direção desempenha um papel eminente na vida social, mas há outros cujo interesse não deixa de ser vital e cujo funcionamento não é, no entanto, garantido dessa maneira. O cérebro tem sua importância, mas o estômago também é um órgão essencial, e as doenças de um são tão ameaçadoras para a vida como as do outro. Por que esse privilégio concedido ao que às vezes é chamado de cérebro social?

A dificuldade se resolve facilmente se observarmos que, onde quer que um poder diretor se estabeleça, sua primeira e principal função é fazer respeitar as crenças, as tradições, as práticas coletivas, isto é, defender a consciência comum contra todos os inimigos de dentro como de fora. Torna-se, assim, um símbolo, a expressão viva aos olhos de todos. Por isso, a vida que existe nela se comunica a ele, do mesmo modo que as afinidades das idéias se comunicam às palavras que as representam, e é assim que ele adquire um caráter que o torna ímpar. Não é mais uma função social mais ou menos importante, é o tipo coletivo encarnado. Portanto, ele participa da autoridade que este último exerce sobre as consciências, e é daí que vem sua força. Mas, uma vez constituída, sem se libertar da fonte de que mana e em que continua a se alimentar, esta autoridade se torna um fator autônomo da vida social, capaz de produzir espontaneamente movimentos próprios que nenhum impulso externo determina, precisamente por causa dessa supremacia que ela conquistou. Como, por outro lado, ela nada mais é que uma derivação da força imanente à consciência comum, ela tem necessariamente as mesmas propriedades e reage da mesma maneira, ao passo que esta última não reage totalmente em uníssono. Portanto, ela repele toda força antagônica, como a alma difusa da sociedade faria, mesmo que esta não sinta esse antagonismo ou não o sinta de maneira tão viva, isto é, mesmo que a autoridade taxe de crimes atos que a ofendem sem, no entanto, ofenderem no mesmo grau os sentimentos coletivos. Mas é destes últimos que ela recebe toda a energia que lhe permite criar crimes e delitos. Além de não poderem provir de outra fonte e de, não obstante, não poderem provir do nada, os fatos seguintes, que serão amplamente desenvolvidos em toda a seqüência desta obra, confirmam essa explicação. A amplitude da ação que o órgão governamental exerce sobre o número e sobre a qualificação dos atos criminosos depende da força que ele contém. Esta, por sua vez, pode ser medida seja pela extensão da autoridade que exerce sobre os cidadãos, seja pelo grau de gravidade reconhecido aos crimes dirigidos contra ele. Ora, veremos que é nas sociedades inferiores que essa autoridade é maior e essa gravidade mais elevada, e, de outro lado, que é nesses mesmos tipos sociais que a consciência coletiva tem mais força[12].

Portanto, é sempre a essa última que convém tornar. É dela que, direta ou indiretamente, decorre toda criminalidade. O crime não é apenas a lesão de interesses, inclusive consideráveis, é uma ofensa a uma autoridade de certa forma transcendente. Ora, experimentalmente, não há força moral superior ao indivíduo, salvo a força coletiva.

Existe, por sinal, uma maneira de verificar o resultado a que acabamos de chegar. O que caracteriza o crime é o fato de ele determinar a pena. Portanto, se nossa definição do crime for exata, ela deverá explicar todas as características da pena. Vamos proceder a essa verificação.

Antes, porém, precisamos estabelecer quais são essas características.

II

Em primeiro lugar, a pena consiste numa reação passional. Essa característica é tanto mais aparente quanto menos cultas são as sociedades. De fato, os povos primitivos punem por punir, fazem o culpado sofrer unicamente para fazê-lo sofrer e sem esperar, para si, nenhuma vantagem do sofrimento que lhe impõem. Prova-o o fato de não procurarem punir de maneira justa ou útil, mas apenas punir. Assim, castigam os animais que cometeram o ato reprovado[13] e até os seres inanimados que foram o instrumento passivo desse ato[14]. Mesmo que a pena seja aplicada apenas a pessoas, muitas vezes ela vai bem além do culpado e atinge inocentes: sua mulher, seus filhos, seus vizinhos, etc.[15]. Porque a paixão, que é a alma da pena, só se detém uma vez esgotada. Portanto, se, depois de ter destruído aquele que a suscitou de maneira mais imediata, lhe restarem forças, ela se estenderá mais longe, de uma maneira totalmente mecânica. Mesmo quando é moderada o bastante para se ater ao culpado, faz sentir sua presença pela tendência que possui a superar em gravidade o ato contra o qual reage. É daí que vêm os requintes de dor acrescentados ao último suplício. Em Roma, mais uma vez, o ladrão devia não apenas restituir o objeto roubado, mas pagar, além disso, uma multa equivalente ao duplo ou ao quádruplo do valor deste[16]. Aliás, a pena tão generalizada de talião porventura não é uma satisfação dada à paixão da vingança?

Mas hoje, dizem, a natureza da pena mudou; não é mais para se vingar que a sociedade pune, é para se defender. A dor que ela inflige não é mais, em suas mãos, senão um instrumento metódico de proteção. Ela pune, não porque o castigo lhe oferece, por si mesmo, alguma satisfação, mas para que o temor da pena paralise as más vontades malignas. Não é mais a cólera, mas a previdência refletida que determina a repressão. As observações precedentes não poderiam, pois, ser generalizadas; elas diriam respeito apenas à forma primitiva da pena e não poderiam ser estendidas à sua forma atual.

Mas para que tenhamos o direito de distinguir de maneira tão radical essas duas espécies de penas, não basta constatar que são empregadas tendo em vista fins diferentes. A natureza de uma prática não muda necessariamente porque as intenções conscientes dos que a aplicam se modificam. Ela já podia, com efeito, desempenhar o mesmo papel outrora, mas sem que isso fosse percebido. Nesse caso, por que se transformaria pelo simples fato de que se percebem melhor os efeitos que ela produz? Ela se adapta às novas condições de existência que lhe são assim criadas sem mudanças essenciais. É o que acontece com a pena.

Com efeito, é um erro crer que a vingança seja apenas uma crueldade inútil. É bem possível que, em si mesma, ela consista numa reação mecânica e sem objetivo, num movimento passional e ininteligente, numa necessidade irracional de destruir; mas, de fato, o que ela tende a destruir era uma ameaça para nós. Ela constitui, pois, na realidade, um verdadeiro ato de defesa, conquanto instintivo e irrefletido. Só nos vingamos do que nos fez mal, e o que nos fez mal é sempre um perigo. O instinto da vingança nada mais é, em suma, do que o instinto de conservação exasperado pelo perigo. Assim, a vingança está longe de ter tido, na história da humanidade, o papel negativo e estéril que lhe é atribuído. É uma arma defensiva que tem seu preço; mas é uma arma grosseira. Como ela não tem consciência dos serviços que presta automaticamente, não pode regular-se em conseqüência deles; em vez disso, difunde-se um pouco ao acaso, ao sabor das causas cegas que a impelem e sem que nada modere seus arrebatamentos. Hoje, como conhecemos melhor o objetivo a alcançar, sabemos utilizar melhor os meios de que dispomos; protegemo-nos com mais método e, por conseguinte, com maior eficácia. Mas, desde o princípio, esse resultado era obtido, conquanto de maneira mais imperfeita. Entre a pena de hoje e a de outrora não há, portanto, um abismo; por conseguinte, não era necessário que a primeira se tornasse outra coisa que não ela mesma para se acomodar ao papel que desempenha em nossas sociedades civilizadas. Toda a diferença vem do fato de que ela produz seus efeitos com maior consciência do que faz. Ora, ainda que exerça uma certa influência sobre a realidade que ilumina, a consciência individual ou social não tem o poder de mudar sua natureza. A estrutura interna dos fenômenos permanece a mesma, sejam eles conscientes ou não. Portanto, podemos esperar que os elementos essenciais da pena sejam os mesmos de outrora.

E, de fato, a pena permaneceu, pelo menos em parte, uma obra de vingança. Diz-se que não fazemos o culpado sofrer por sofrer; não é menos verdade, porém, que achamos justo que sofra. Talvez estejamos errados; mas não é isso que está em questão. Procuramos, por enquanto, definir a pena tal como é ou foi, não tal como deve ser. Ora, é certo que essa expressão de vindita pública, que retorna sem cessar na linguagem dos tribunais, não é uma palavra vã. Supondo-se que a pena possa realmente servir para nos proteger futuramente, estimamos que ela deve ser, antes de mais nada, uma *expiação* do passado. Prova disso são as minuciosas precauções que tomamos para proporcioná-la, com a maior exatidão possível, à gravidade do crime; tais precauções seriam inexplicáveis se não acreditássemos que o culpado deve sofrer por ter cometido o mal e na mesma medida. De fato, essa graduação não é necessária se a pena não for mais que um meio de defesa. Sem dúvida, seria perigoso para a sociedade se os atentados mais graves fossem assimilados a simples delitos; mas só poderia haver vantagem, na maioria dos casos, em que os segundos fossem assimilados aos primeiros. Contra um inimigo, não se poderiam tomar demasiadas precauções. Alguém dirá que os autores dos malefícios menores têm naturezas menos perversas e que, para neutralizar seus maus instintos, bastam penas menos fortes? Mas se suas tendências são menos perversas, nem por isso são menos intensas. Os ladrões são tão fortemente propensos ao roubo quanto os assassinos ao homicídio; a resistência que os primeiros oferecem não é inferior à dos segundos; por conseguinte, para vencê-las, deveríamos recorrer aos mesmos meios. Se, como foi dito, se tratasse unicamente de reprimir uma força nociva mediante uma força contrária, a intensidade da segunda deveria ser medida unicamente segundo a intensidade da primeira, sem que a qualidade desta fosse levada em conta. A escala penal deveria compreender, pois, apenas um pequeno número de graus; a pena só deveria variar conforme o criminoso fosse mais ou menos empedernido, e não segundo a natureza do ato criminoso. Um ladrão incorrigível seria tratado como um assassino incorrigível. Ora, na verdade, mesmo se ficasse patente que um culpado é definitivamente incurável, ainda nos sentiríamos obrigados a não lhe aplicar um castigo excessivo. É a prova de que permanecemos fiéis ao princípio de talião, embora o entendamos num sentido mais elevado do que outrora. Já não medimos de uma maneira tão material e grosseira nem a extensão do erro, nem a do castigo; mas pensamos sempre que deve haver uma equação entre esses dois termos, tenhamos ou não vantagem em estabelecer esse equilíbrio. Portanto, a pena permaneceu, para nós, o que era para nossos pais: ainda é um ato de vingança, já que é uma expiação. O que vingamos, o que o criminoso expia, é o ultraje à moral.

Há sobretudo uma pena em que esse caráter passional é mais manifesto do que em outras: é a vergonha, que dobra a maioria das penas e que cresce com elas. Na maioria dos casos, a nada serve. Para que estigmatizar um homem que não deve mais viver na companhia de seus semelhantes e que provou abundantemente, por sua conduta, que as mais temíveis ameaças não bastam para intimidá-lo? Compreende-se o estigma quando não há outra pena, ou como complemento de uma pena material bastante fraca; caso contrário, ela é supérflua. Pode-se mesmo dizer que a sociedade só recorre aos castigos legais quando os outros são insuficientes; mas, então, por que mantê-los? Eles são uma espécie de suplício suplementar e sem finalidade, ou que não pode ter outra causa além da necessidade de compensar o mal pelo mal. É a tal ponto um produto de sentimentos instintivos e irresistíveis, que eles se estendem com freqüência a inocentes; assim, o local do crime, os instrumentos que serviram a ele, ou os parentes do culpado por vezes participam do opróbrio com que marcamos este último. Ora, as causas que determinam essa repressão difusa também são as da repressão organizada que acompanha a primeira. Basta, aliás, ver nos tribunais como a pena funciona, para reconhecer que seu móvel é totalmente passional; porque é a paixões que se dirigem tanto o magistrado que acusa, como o advogado que defende. Este procura suscitar a simpatia pelo culpado, aquele, despertar os sentimentos sociais que o ato criminoso ofendeu, e é sob a influência dessas paixões contrárias que o juiz pronuncia sua sentença.

Assim, a natureza da pena não mudou essencialmente. Tudo o que se pode dizer é que a necessidade de vingança está mais bem dirigida hoje do que ontem. O espírito de previdência que se despertou não deixa mais o campo tão livre à ação cega da paixão; ele a contém em certos limites, opõe-se às violências absurdas, aos estragos sem razão de ser. Mais esclarecida, ela se difunde menos casualmente; já não a vemos, para satisfazer-se apesar de tudo, voltar-se contra inocentes. Ela continua sendo, porém, a alma da penalidade. Podemos dizer, portanto, que a pena consiste numa reação passional de intensidade graduada[17].

Mas de onde emana essa reação? Do indivíduo ou da sociedade?

Todo o mundo sabe que é a sociedade que pune; mas poderia acontecer que não o fizesse por sua conta. O que põe fora de dúvida o caráter social da pena é que, uma vez pronunciada, ela só pode ser suspensa pelo governo em nome da sociedade. Se fosse uma satisfação concedida aos particulares, estes sempre poderiam suspendê-la, pois não se concebe um privilégio imposto e ao qual o beneficiário não possa renunciar. Se apenas a sociedade dispõe da repressão, é porque ela é atingida ao mesmo tempo que os indivíduos, e o atentado dirigido contra ela é que é reprimido pela pena.

No entanto, podemos citar casos em que a execução da pena depende da vontade dos particulares. Em Roma, certos malefícios eram punidos com uma multa em benefício da parte lesada, que podia renunciar a ela ou torná-la objeto de transação: era o roubo não manifesto, a rapina, a injúria, o prejuízo injustamente causado[18]. Esses delitos, chamados de privados (*delicta privata*), opunham-se aos crimes propriamente ditos, cuja repressão era perseguida em nome da cidade. Encontramos a mesma distinção na Grécia e entre os hebreus[19]. Entre os povos mais primitivos, a pena parece ser, às vezes, uma coisa ainda mais completamente privada, como tende a prová-lo o uso da *vendetta*. Essas sociedades são compostas de agregados elementares, de natureza quase familiar, que são comodamente designados pela expressão de clãs. Ora, quando um atentado é cometido por um ou vários membros de um clã contra outro, é este último que pune a ofensa sofrida[20]. Do ponto de vista da doutrina, o que aumenta ainda mais, ao menos em aparência, a importância desses fatos é que se sustentou com freqüência que a *vendetta* fora primitivamente a única forma da pena: esta teria portanto consistido, em primeiro lugar, em atos de vingança privada. Mas, então, se hoje a sociedade se acha armada do direito de punir, só pode ser, ao que parece, em virtude de uma espécie de delegação dos indivíduos. Ela não é mais que a mandatária destes. São os interesses deles que ela gere em seu lugar, provavelmente porque os gere melhor, mas não são os dela própria. No início, os próprios indivíduos se vingavam; agora, é ela que os vinga. Mas, como o direito penal não pode ter mudado de natureza em conseqüência dessa simples transferência, ele não teria nada de propriamente social, portanto. Se a sociedade parece desempenhar um papel preponderante, é apenas como substituta dos indivíduos.

Contudo, por mais difundida que seja, essa teoria é contrária aos fatos mais bem estabelecidos. Não se pode citar uma só sociedade em que a *vendetta* tenha sido a forma primitiva da pena. Muito ao contrário, é certo que o direito penal era, na origem, essencialmente religioso. É este um fato evidente nos casos da Índia e da Judéia, já que o direito aí praticado era tido como revelado[21]. No Egito, os dez livros de Hermes, que continham o direito criminal com todas as outras leis relativas ao governo do Estado, eram chamados sacerdotais, e Eliano afirma que os sacerdotes egípcios exerceram desde sempre o poder judiciário[22]. O mesmo se dava na antiga Germânia[23]. Na

Grécia, a justiça era considerada uma emanação de Júpiter, e o sentimento, uma vingança do deus[24]. Em Roma, as origens religiosas do direito penal são evidenciadas tanto por velhas tradições[25], como por práticas arcaicas que subsistiram até bem tarde e como pela própria terminologia jurídica[26]. Ora, a religião é coisa essencialmente social. Longe de perseguir fins individuais, ela exerce sobre o indivíduo uma coerção permanente. Ela o obriga a práticas que o incomodam, a sacrifícios, pequenos ou grandes, que lhe custam. Ele deve tirar de seus bens as oferendas com que deve presentear a divindade; deve tirar do tempo de seu trabalho ou de suas distrações os momentos necessários à consumação dos ritos; deve se impor toda sorte de privações que lhe forem ordenadas, até mesmo renunciar à vida, se os deuses ordenarem. A vida religiosa é toda ela feita de abnegação e desinteresse. Portanto, se o direito criminal é, primitivamente, um direito religioso, podemos estar certos de que os interesses a que serve são sociais. São as ofensas a eles próprios que os deuses vingam com a pena, não as dos particulares; ora, as ofensas contra os deuses são ofensas contra a sociedade.

Por isso, nas sociedades inferiores, os delitos mais numerosos são os que lesam a coisa pública: delitos contra a religião, contra os costumes, contra a autoridade, etc. Basta ver na Bíblia, nas leis de Manu, nos monumentos que nos restam do velho direito egípcio, a importância relativamente pequena que têm as prescrições protetoras dos indivíduos e, ao contrário, o luxuriante desenvolvimento da legislação repressiva das diferentes formas do sacrilégio, das faltas aos diversos deveres religiosos, às exigências do cerimonial, etc.[27]. Ao mesmo tempo, esses crimes são os mais severamente punidos. Entre os judeus, os atentados mais abomináveis são os cometidos contra a religião[28]. Entre os antigos germanos, apenas dois crimes eram punidos com a morte, segundo Tácito: a traição e a deserção[29]. Segundo Confúcio e Meng-Tseu, a impiedade é falta maior que o assassinato[30]. No Egito, o menor sacrilégio é punido com a morte[31]. Em Roma, no topo da escala da criminalidade se encontra o *crimen perduellionis*[32].

Mas, então, que são essas penas privadas cujos exemplos relatávamos mais acima? Elas têm uma natureza mista e estão ligadas, ao mesmo tempo, à sanção repressiva e à sanção restitutiva. Assim, o delito privado do direito romano representa uma espécie de intermediário entre o crime propriamente dito e a lesão puramente civil. Ele possui traços de ambos e flutua sobre os confins dos dois domínios. É um delito no sentido de que a sanção fixada pela lei não consiste simplesmente em restaurar as coisas; o delinqüente não é apenas obrigado a reparar o prejuízo que causou, mas deve algo mais, uma expiação. No entanto, não é exatamente um delito, pois, se é a sociedade que pronuncia a pena, não é ela que deve aplicá-la. É um direito que ela confere à parte lesada, que é a única a dispor livremente dele[33]. Do mesmo modo, a *vendetta* é, evidentemente, um castigo que a sociedade reconhece como legítimo, mas que deixa aos cuidados dos particulares infligir. Portanto, esses fatos apenas confirmam o que dissemos sobre a natureza da penalidade. Se essa espécie de sanção intermediária é, em parte, uma coisa privada, na mesma medida não é uma pena. Seu caráter penal é tanto menos pronunciado, quanto mais apagado é o caráter social, e vice-versa. Portanto, a vingança privada está longe de ser o protótipo da pena; ao contrário, ela nada mais é que uma pena imperfeita. Longe dos atentados contra as pessoas terem sido os primeiros a ser reprimidos, a princípio eles se encontram apenas no limiar do direito penal. Só se elevaram na escala da criminalidade na medida em que a sociedade se apossou mais completamente deles, e essa operação, que não nos cabe descrever, decerto não se reduziu a uma simples transferência. Muito ao contrário, a história dessa penalidade nada mais é que uma série contínua de intromissões da sociedade nas atribuições do indivíduo, ou, antes, dos grupos elementares que ela encerra em seu seio, e o resultado dessas intromissões é colocar cada vez mais no lugar do direito dos particulares aquele da sociedade[34].

Mas as características precedentes pertencem tanto à repressão difusa, que sucede às ações simplesmente imorais, quanto à repressão legal. O que distingue esta última é, como dissemos, o fato de ser organizada; mas em que consiste essa organização?

Quando pensamos no direito penal tal como funciona em nossas sociedades atuais, imaginamos um código em que penas bem definidas são atribuídas a crimes igualmente definidos. O juiz dispõe, sim, de certa latitude para aplicar a cada caso particular essas disposições gerais; mas, em suas linhas essenciais, a pena é predeterminada para cada categoria de atos defeituosos. No entanto, essa sábia organização não é constitutiva da pena, pois há muitas sociedades em que esta existe sem ser fixada de antemão. Há na Bíblia inúmeras proibições que não poderiam ser mais imperativas e que, no entanto, não são sancionadas por nenhum castigo expressamente formulado. Não obstante, seu caráter penal não dá margem a dúvidas, pois, se os textos são mudos sobre a pena, ao mesmo tempo exprimem tamanho horror pelo ato proibido que não se pode suspeitar um só instante que ele permanecesse impune[35]. Temos, pois, razão de crer que esse silêncio da lei se deve simplesmente a que a repressão não era determinada. De fato, muitos relatos do Pentateuco nos ensinam que havia atos cujo valor criminoso era inconteste e cuja pena só era estabelecida pelo juiz que a aplicava. A sociedade sabia muito bem que se encontrava em presença de um crime; mas a sanção penal que devia ser vinculada a ele ainda não era definida[36]. Além disso, mesmo entre as penas que são enunciadas pelo legislador, muitas há que não são especificadas com precisão. Assim, sabemos que havia diferentes sortes de suplícios que não eram postos em pé de igualdade; no entanto, num grande número de casos, os textos falam apenas da morte de maneira geral, sem dizerem que gênero de morte devia ser infligido. Segundo Sumner Maine, o mesmo acontecia na Roma primitiva; os *crimina* eram perseguidos diante da assembléia do povo, que fixava soberanamente a pena por uma lei, ao mesmo tempo que estabelecia a realidade do fato incriminado[37]. De resto, mesmo até o século XVI, o princípio geral da penalidade "é que sua aplicação era deixada ao arbítrio do juiz, *arbitrio et officio judicis*... Mas não é permitido ao juiz inventar penas diversas das que são de uso"[38]. Outro efeito desse poder do juiz era fazer depender inteiramente de sua apreciação até mesmo a qualificação do ato criminoso, que, por conseguinte, era ela mesma indeterminada[39].

Portanto, não é na regulamentação da pena que consiste a organização distintiva desse gênero de repressão. Tampouco é na instituição de um procedimento criminal: os fatos que acabamos de citar demonstram bastante claramente que ela faltou por muito tempo. A única organização que se encontra onde quer que haja pena propriamente dita reduz-se, pois, ao estabelecimento de um tribunal. Como quer que este seja composto, quer compreenda todo o povo ou apenas uma elite, quer siga ou não um procedimento regular, tanto na instrução da causa como na aplicação da pena, pelo simples fato de que a infração, em vez de ser julgada por cada um, é submetida à apreciação de um corpo constituído, pelo simples fato de ter como intermediário um órgão definido, a reação coletiva deixa de ser difusa: passa a ser organizada. A organização poderá ser mais completa, mas desde esse momento existe.

A pena consiste, pois, essencialmente, numa reação passional, de intensidade graduada, que a sociedade exerce por intermédio de um corpo constituído contra aqueles de seus membros que violaram certas regras de conduta.

Ora, a definição que demos do crime explica facilmente todas essas características da pena.

III

Todo estado forte da consciência é uma fonte de vida, é um fator essencial de nossa vitalidade geral. Por conseguinte, tudo o que tende a enfraquecê-lo nos diminui e nos deprime; resulta daí uma impressão de confusão e de mal-estar análoga à que sentimos quando uma função importante é suspensa ou retardada. É inevitável, pois, que reajamos energicamente contra a causa que nos ameaça com tal diminuição, que nos esforcemos por afastá-la, a fim de mantermos a integridade de nossa consciência.

No primeiro plano das causas que produzem esse resultado, devemos colocar a representação de um estado contrário. Uma representação não é, com efeito, uma simples imagem da realidade, uma sombra inerte projetada em nós pelas coisas, mas uma força que ergue a seu redor todo um turbilhão de fenômenos orgânicos e psíquicos. Não somente a corrente nervosa que acompanha a ideação se irradia nos centros corticais em torno do ponto em que se originou e passa de um plexo a outro, mas ressoa nos centros motores, onde determina movimentos, nos centros sensoriais, onde desperta imagens, excita por vezes começos de ilusões e pode até afetar as funções vegetativas[40]; esse ressoar é tanto mais considerável quanto mais intensa for a própria representação, quanto mais desenvolvido for o seu elemento emocional. Assim, a representação de um sentimento contrário ao nosso age em nós no mesmo sentido e da mesma maneira que o sentimento que ela substitui; é como se ele mesmo tivesse entrado em nossa consciência. Ela tem, de fato, as mesmas afinidades, embora menos vivas; ela tende a despertar as mesmas idéias, os mesmos movimentos, as mesmas emoções. Ela opõe, pois, uma resistência ao jogo de nosso sentimento pessoal e, por conseguinte, o debilita, atraindo numa direção contrária toda uma parte de nossa energia. É como se uma força estranha se houvesse introduzido em nós, de modo a desconcertar o livre funcionamento de nossa vida psíquica. Eis por que uma convicção oposta à nossa não pode se manifestar em nossa presença sem nos perturbar: é que, ao mesmo tempo, ela penetra em nós e, encontrando-se em antagonismo com tudo o que em nós encontra, determina verdadeiras desordens. Sem dúvida, enquanto o conflito só se manifesta entre idéias abstratas, nada há de muito doloroso, pois nada há de muito profundo. A região dessas idéias é, ao mesmo tempo, a mais elevada e a mais superficial da consciência, e as mudanças que nela sobrevêm, não tendo repercussões extensas, afetam-nos apenas debilmente. No entanto, quando se trata de uma crença que nos é cara, não permitimos e não podemos permitir que seja impunemente ofendida. Toda ofensa dirigida contra ela suscita uma reação emocional, mais ou menos violenta, que se volta contra o ofensor. Nós nos arrebatamos, nos indignamos contra ele, ficamos com raiva, e os sentimentos assim provocados não podem deixar de se traduzir por atos; fugimos dele, mantemo-lo à distância, banimo-lo de nossa companhia, etc.

Sem dúvida, não pretendemos que toda convicção forte seja necessariamente intolerante; a observação corrente basta para demonstrar o contrário. Mas isso porque as causas externas neutralizam, então, aquelas cujos efeitos acabamos de analisar. Por exemplo, pode haver entre os adversários uma simpatia geral que contenha seu antagonismo e o atenue. Mas é preciso que essa simpatia seja mais forte do que esse antagonismo, de outro modo não sobrevive a ele. Ou, então, as duas partes em presença renunciam à luta, quando fica claro que esta é incapaz de levar ao que quer que seja, e se contentam com manter suas respectivas situações, toleram-se mutuamente, não podendo entredestruir-se. A tolerância recíproca que por vezes encerra as guerras religiosas costuma ser dessa natureza. Em todos esses casos, se o conflito dos sentimentos não engendra suas conseqüências naturais, não é porque não as contenha, é porque é impedido de produzi-las.

Aliás, elas são úteis ao mesmo tempo que necessárias. Além de derivarem forçosamente das causas que as produzem, elas contribuem para mantê-las. Todas essas emoções violentas constituem, na realidade, uma convocação de forças suplementares que vêm restituir ao sentimento atacado a energia que a contradição lhe retira. Foi dito, algumas vezes, que a cólera era inútil, por ser tão-só uma paixão destrutiva, mas isso é vê-la apenas sob um de seus aspectos. De fato, ela consiste numa sobreexcitação de forças latentes e disponíveis que vêm ajudar nosso sentimento pessoal a encarar os perigos, reforçando-as. No estado de paz, se assim podemos falar, esse sentimento não se encontra suficientemente armado para a luta e poderia, portanto, sucumbir, se reservas passionais não entrassem em ação no momento necessário; a cólera nada mais é que uma mobilização dessas reservas. Pode até acontecer que, se o socorro assim evocado supera as necessidades, a discussão tenha por efeito fortalecer-nos ainda mais em nossas convicções, longe de nos abalar.

Ora, sabe-se que grau de energia pode alcançar uma crença ou um sentimento, pelo simples fato de serem sentidos por uma comunidade de homens em relação uns com os outros; as causas desse fenômeno são hoje bem conhecidas[41]. Do mesmo modo que estados de consciência contrários se enfraquecem reciprocamente, estados de consciência idênticos, intercambiando-se, fortalecem-se uns aos outros. Enquanto os primeiros se subtraem, os segundos se adicionam. Se alguém exprime diante de nós uma idéia que já era nossa, a representação que fazemos dela vem se somar à nossa própria idéia, superpor-se a ela, confundir-se com ela, comunica-lhe o que ela própria tem de vitalidade; dessa fusão sai uma nova idéia, que absorve as precedentes e, em conseqüência, é mais viva do que cada uma delas considerada isoladamente. Eis por que, nas assembléias numerosas, uma emoção pode adquirir tamanha violência: é que a vivacidade com a qual ela se produz em cada consciência ressoa em todas as demais. Não é sequer necessário que já sintamos por nós mesmos, em virtude apenas de nossa natureza individual, um sentimento coletivo, para que ele adquira em nós tamanha intensidade; porque o que a ele acrescentamos é, em suma, bem pouca coisa. Basta que não sejamos um terreno demasiado refratário para que, penetrando do exterior com a força que traz de suas origens, imponha-se a nós. Portanto, dado que os sentimentos que o crime ofende são, no seio de uma mesma sociedade, os mais universalmente coletivos possível, por serem inclusive estados particularmente fortes da consciência comum, é impossível que tolerem a contradição. Se, sobretudo, essa contradição não for puramente teórica, se ela se afirmar não apenas por palavras, mas também por atos, sendo então levada a seu auge, não poderemos deixar de nos elevar apaixonadamente contra ela. Uma simples restauração da ordem perturbada não seria capaz de nos bastar: precisamos de uma satisfação mais violenta. A força contra a qual o crime vem se chocar é demasiado intensa para reagir com tanta moderação. Aliás, ela não poderia fazê-lo sem se enfraquecer, porque é graças à intensidade da reação que ela se recupera e se mantém no mesmo grau de energia.

Pode-se explicar, assim, um caráter dessa reação que foi freqüentemente assinalado como sendo irracional. É certo que, no fundo da noção de expiação, há a idéia de uma satisfação concedida a alguma força, real ou ideal, que nos é superior. Quando reclamamos a repressão do crime, não é a nós que queremos pessoalmente vingar, mas a algo sagrado que sentimos de maneira mais ou menos confusa, fora e acima de nós. Esse algo, nós o concebemos de maneiras diferentes segundo os tempos e os ambientes; às vezes, é uma simples idéia, como a moral, o dever; mais freqüentemente, representamo-lo sob a forma de um ou vários seres concretos: os ancestrais, a divindade. Aí está por que o direito penal não só é essencialmente religioso, em sua origem, como também guarda sempre certa marca de religiosidade: os atos que ele castiga parecem ser atentados contra algo transcendental, ser ou conceito. É por essa mesma razão que explicamos a nós mesmos como eles nos parecem reclamar uma sanção superior à simples reparação com que nos contentamos na ordem dos interesses puramente humanos.

Seguramente, essa representação é ilusória; em certo sentido, somos nós mesmos que nos vingamos, nós que nos satisfazemos, pois é em nós e apenas em nós que se encontram os sentimentos ofendidos. Mas essa ilusão é necessária. Como, em conseqüência da sua origem coletiva, da sua universalidade, da sua permanência no tempo, da sua intensidade intrínseca, esses sentimentos têm uma força excepcional, eles se separam radicalmente do resto da nossa consciência, cujos estados são muito mais fracos. Eles nos dominam, têm, por assim dizer, algo de sobre-humano e, ao mesmo tempo, nos prendem a objetos que se encontram fora da nossa vida temporal. Apresentam-se, portanto, a nós como o eco em nós de uma força que nos é estranha e que, ademais, é superior à que somos. Necessitamos, assim, projetá-los fora de nós, relacionar a algum objeto exterior o que lhes diz respeito; sabemos, hoje, como se fazem essas alienações parciais da personalidade. Essa miragem é tão inevitável que, sob uma forma ou outra, ela se produzirá enquanto houver um sistema repressivo. Porque, para que fosse de outro modo, seria necessário que existissem em nós apenas sentimentos coletivos de uma intensidade medíocre – e, nesse caso, não haveria mais pena. Alguém dirá que o erro se dissipará por si mesmo, assim que os homens dele tomarem consciência. Mas, apesar de sabermos que o sol é um globo imenso, sempre o vemos sob o aspecto de um disco de algumas polegadas. O entendimento pode nos ensinar a interpretar nossas sensações, mas não pode mudá-las. De resto, o erro é apenas parcial. Uma vez que esses sentimentos são coletivos, não é a nós que eles representam em nós, mas à sociedade. Portanto, vingando-os, é ela e não nós mesmos que vingamos; e, por outro lado, ela é algo superior ao indivíduo. Portanto, é erradamente que se ataca esse caráter quase religioso da expiação para fazer dela uma espécie de redundância parasitária. Ao contrário, ele é um elemento integrante da pena. Sem dúvida, ele exprime a natureza de maneira apenas metafórica, mas a metáfora não é desprovida de verdade.

Por outro lado, compreende-se que a reação penal não seja uniforme em todos os casos, pois as emoções que a determinam nem sempre são as mesmas. Elas são, de fato, mais ou menos vivas segundo a vivacidade do sentimento ofendido e, também, segundo a gravidade da ofensa sofrida. Um estado forte reage mais que um estado fraco, e dois estados de mesma intensidade reagem desigualmente conforme sejam mais ou menos violentamente contraditos. Essas variações se produzem necessariamente e, além disso, elas são úteis, pois é bom que o apelo de forças seja proporcional à magnitude do perigo. Fraco demais, ele seria insuficiente; violento demais, ter-se-ia uma perda inútil. Já que a gravidade do ato criminoso varia em função dos mesmos fatores, a proporcionalidade que observamos em toda parte entre o crime e o castigo se estabelece, pois, com uma espontaneidade mecânica, sem que seja necessário fazer sábias suputações para calculá-la. O que faz a graduação dos crimes é também o que faz a das penas; por conseguinte, as duas escalas não podem deixar de se corresponder, e essa correspondência, por ser necessária, não deixa, ao mesmo tempo, de ser útil.

Quanto ao caráter social dessa reação, ele deriva da natureza social dos sentimentos ofendidos. Dado que estes se encontram em todas as consciências, a infração cometida provoca, em todos os que a testemunham ou que sabem da sua existência, uma mesma indignação. Todo o mundo é atingido, logo todo o mundo se eleva contra o ataque. A reação não só é geral, como é coletiva, o que não é a mesma coisa; ela não se produz isoladamente em cada um, mas com um conjunto e uma unidade, variáveis, por sinal, conforme os casos. De fato, do mesmo modo que sentimentos contrários se repelem, sentimentos semelhantes se atraem, e isso com tanto maior força quanto mais forem intensos. Como a contradição é um perigo que os exaspera, ela amplifica sua força de atração. Nunca se sente tanto a necessidade de rever seus compatriotas como quando se está no estrangeiro; nunca o crente se sente tão fortemente ligado a seus correligionários como nas épocas de perseguição. Sem dúvida, apreciamos em qualquer tempo a companhia dos que pensam e sentem como nós; mas é com paixão, e não mais apenas com prazer, que a buscamos ao sairmos de discussões em que nossas crenças comuns foram vivamente combatidas. Portanto, o crime aproxima as consciências honestas e as concentra. Basta ver o que se produz, sobretudo numa pequena cidade, quando algum escândalo moral acaba de ser cometido. As pessoas se param na rua, se visitam, encontram-se nos lugares combinados para falar do acontecimento e se indignam em comum. De todas essas impressões similares que se trocam, de todas as cóleras que se exprimem, desprende-se uma cólera única, mais ou menos determinada, conforme o caso, que é a de todo o mundo sem ser a de ninguém em particular. É a cólera pública.

Só ela, aliás, pode servir para alguma coisa. Com efeito, os sentimentos que estão em jogo extraem toda a sua força do fato de serem comuns a todo o mundo, são enérgicos por serem incontestes. O que causa o respeito particular de que são objeto é o fato de serem universalmente respeitados. Ora, o crime só é possível se esse respeito não for verdadeiramente universal; por conseguinte, ele implica que esses sentimentos não são absolutamente coletivos e compromete essa unanimidade, fonte de sua autoridade. Portanto, se, quando o crime se produz, as consciências que ele ofende não se unissem para se atestar que permanecem em comunhão, que esse caso particular é uma anomalia, elas não poderiam deixar de ser abaladas a longo prazo. Mas é preciso que elas se reconfortem, garantindo-se mutuamente que estão sempre em uníssono; o único meio para isso é reagirem em comum. Numa palavra, já que é a consciência comum que é atingida, cumpre também que seja ela que resista e que, por conseguinte, a resistência seja coletiva.

Falta dizer por que ela se organiza.

Explicar-nos-emos essa última característica se observarmos que a repressão organizada não se opõe à repressão difusa, mas distingue-se desta apenas por diferenças de graus: na primeira a reação tem maior unidade. Ora, a maior intensidade e a natureza mais definida dos sentimentos que a pena propriamente dita vinga explicam com facilidade essa unificação mais perfeita. De fato, se o estado negado for fraco ou negado apenas debilmente, só poderá determinar uma fraca concentração das consciências ultrajadas; ao contrário, se for forte, se a ofensa for grave, todo o grupo atingido se contrai diante do perigo e se agrupa, por assim dizer, em si mesmo. Já não se contentam com trocar impressões quando têm oportunidade de fazê-lo, com se aproximarem aqui e ali segundo os acasos ou a maior comodidade dos encontros, mas a emoção que foi crescendo pouco a pouco impele violentamente, uns em direção aos outros, todos os que se assemelham e os reúne num mesmo lugar. Essa concentração material do agregado, ao tornar mais íntima a penetração mútua dos espíritos, também torna mais fáceis todos os movimentos de conjunto; as reações emocionais, de que cada consciência é o teatro, se encontram, pois, nas condições mais favoráveis para se unificar. No entanto, se elas fossem demasiado diversas, seja em quantidade, seja em qualidade, seria impossível uma fusão completa entre esses elementos parcialmente heterogêneos e irredutíveis. Mas nós sabemos que os sentimentos que as determinam são muito definidos e, por conseguinte, muito uniformes. Elas participam, pois, da mesma uniformidade e, por conseguinte, vêm naturalmente perder-se umas nas outras, confundir-se numa resultante única que lhes serve de substituta e que é exercida, não por cada um isoladamente, mas pelo corpo social assim constituído.

Muitos fatos tendem a provar que foi essa, historicamente, a gênese da pena. Sabe-se, de fato, que, originalmente, era a assembléia de todo o povo que exercia a função de tribunal. Se o leitor se reportar aos exemplos que citávamos há pouco a partir do Pentateuco[42], verá as coisas acontecerem como acabamos de descrevê-las. Desde que a notícia do crime se difunde, o povo se reúne e, muito embora a pena não seja predeterminada, a reação se faz com unidade. Era inclusive, em certos casos, o próprio povo que executava coletivamente a sentença logo depois de tê-la pronunciado[43]. Depois, onde a assembléia se encarnou na pessoa de um chefe, este se tornou totalmente, ou em parte, órgão da reação penal, e a organização prosseguiu em conformidade com as leis gerais de todo desenvolvimento orgânico.

Portanto, é bem a natureza dos sentimentos coletivos que explica a pena e, por conseguinte, o crime. Ademais, vê-se de novo que o poder de reação de que as funções governamentais dispõem, uma vez que fizeram sua aparição, nada mais é que uma emanação do poder que está difuso na sociedade, pois é dele que nasce. Um nada mais é que o reflexo do outro; a extensão do primeiro varia de acordo com a do segundo. Acrescentemos, aliás, que a instituição desse poder serve para manter a própria consciência comum, porque ela se debilitaria se o órgão que a representa não compartilhasse o respeito que ela inspira e a autoridade particular que ela exerce. Ora, ele não pode compartilhar sem que todos os atos que o ofendem sejam reprimidos e combatidos, assim como os que ofendem a consciência coletiva, e isso mesmo que ela não seja diretamente afetada por eles.

IV

Assim, a análise da pena confirmou nossa definição do crime. Começamos estabelecendo, de forma indutiva, que este consistia essencialmente num ato contrário aos estados fortes e definidos da consciência comum; acabamos de ver que todas as características da pena derivam, de fato, dessa natureza do crime. Portanto, isso acontece porque as regras que ela sanciona exprimem as similitudes sociais mais essenciais.

Vê-se, assim, que espécie de solidariedade o direito penal simboliza. Todo o mundo sabe, de fato, que existe uma coesão social cuja causa está numa certa conformidade de todas as consciências particulares a um tipo comum que não é outro senão o tipo psíquico da sociedade. Com efeito, nessas condições, não só todos os membros do grupo são individualmente atraídos uns pelos outros, por se assemelharem, mas também são apegados ao que é a condição de existência desse tipo coletivo, isto é, a sociedade que formam por sua reunião. Não apenas os cidadãos se amam e se procuram entre si, preferindo-se aos estrangeiros, mas amam sua pátria. Eles a querem como querem a si mesmos, desejam que ela dure e prospere, porque, sem ela, há toda uma parte da sua vida psíquica cujo funcionamento seria entravado. Inversamente, a sociedade deseja que eles apresentem todas essas semelhanças fundamentais, porque se trata de uma condição de sua coesão. Há em nós duas consciências: uma contém apenas estados que são pessoais a cada um de nós e nos caracterizam, ao passo que os estados que a outra compreende são comuns a toda a sociedade[44]. A primeira representa apenas nossa personalidade individual e a constitui; a segunda representa o tipo coletivo e, por conseguinte, a sociedade sem a qual ele não existiria. Quando é um dos elementos desta última que determina nossa conduta, não agimos tendo em vista o nosso interesse pessoal, mas perseguimos finalidades coletivas. Ora, embora distintas, essas duas consciências são ligadas uma à outra, pois, em suma, elas constituem uma só coisa, tendo para as duas um só e mesmo substrato orgânico. Logo, elas são solidárias. Daí resulta uma solidariedade *sui generis* que, nascida das semelhanças, vincula diretamente o indivíduo à sociedade; poderemos mostrar melhor, no próximo capítulo, por que propomos chamá-la mecânica. Essa solidariedade não consiste apenas num apego geral e indeterminado do indivíduo ao grupo, mas também torna harmônico o detalhe dos movimentos. De fato, como são os mesmos em toda parte, esses móbiles coletivos produzem em toda parte os mesmos efeitos. Por conseguinte, cada vez que entram em jogo, as vontades se movem espontaneamente e em conjunto no mesmo sentido.

É essa solidariedade que o direito repressivo exprime, pelo menos no que ela tem de vital. De fato, os atos que ele proíbe e qualifica de crimes são de dois tipos: ou manifestam diretamente uma dessemelhança demasiado violenta contra o agente que as realiza e o tipo coletivo, ou ofendem o órgão da consciência comum. Num caso como no outro, a força que é chocada pelo crime e que o reprime é, portanto, a mesma; ela é um produto das similitudes sociais mais essenciais e tem por efeito manter a coesão social que resulta dessas similitudes. É essa força que o direito penal protege contra qualquer debilitamento, ao mesmo tempo exigindo de cada um de nós um mínimo de semelhanças, sem as quais o indivíduo seria uma ameaça para a unidade do corpo social, e impondo-nos o respeito ao símbolo que exprime e resume essas semelhanças, ao mesmo passo que as garante.

Explica-se, assim, porque certos atos foram considerados criminosos e punidos como tais sem que, por si mesmos, sejam maléficos para a sociedade. De fato, do mesmo modo que o tipo individual, o tipo coletivo formou-se sob o império de causas muito diversas, e até de encontros fortuitos. Produto do desenvolvimento histórico, ele traz a marca de circunstâncias de toda sorte que a sociedade atravessou em sua história. Portanto, seria milagroso se tudo o que nela se encontra fosse ajustado a algum fim útil; mas não é possível que não se tenham introduzido nela elementos mais ou menos numerosos, que não têm relação alguma com a utilidade social. Entre as inclinações, as tendências, que o indivíduo recebeu de seus ancestrais ou que formou em seu percurso, muitas certamente ou não servem para nada, ou custam mais do que rendem. Sem dúvida, a maioria delas não poderia ser prejudicial, pois, nessas condições, o ser não poderia viver; mas algumas há que se mantêm sem ser úteis, e aquelas mesmas cujos serviços são os mais incontestes muitas vezes têm uma intensidade desproporcional à sua utilidade, porque essa intensidade provém em parte de outras causas. O mesmo vale para as paixões coletivas. Todos os atos que as ofendem não são, portanto, perigosos em si mesmos, ou, pelo menos, não são tão perigosos quanto reprovados. No entanto, a reprovação de que são objeto não deixa de ter uma razão de ser, porque, qualquer que seja a origem desses sentimentos, uma vez que fazem parte do tipo coletivo e, sobretudo, se são elementos essenciais deste, tudo o que contribui para abalá-los abala, com isso, a coesão social e compromete a sociedade. Não era em absoluto útil que nascessem; mas, uma vez que duraram, torna-se necessário que persistam, apesar da sua irracionalidade. Eis por que é bom, em geral, que os atos que os ofendem não sejam tolerados. Sem dúvida, raciocinando no abstrato, pode-se muito bem demonstrar que não há motivo para que uma sociedade proíba comer esta ou aquela carne, por si mesma inofensiva. Mas, uma vez que se tornou parte integrante da consciência comum, o horror a esse alimento não pode desaparecer sem que o vínculo social se distenda, e é isso que as consciências sadias sentem obscuramente[45].

O mesmo se dá com a pena. Muito embora proceda de uma reação totalmente mecânica, de movimentos passionais e em grande parte irrefletidos, ela não deixa de desempenhar um papel útil. Mas esse papel não está onde costuma ser visto. A pena não serve, ou só serve de maneira muito secundária, para corrigir o culpado ou intimidar seus possíveis imitadores; desse duplo ponto de vista, sua eficácia é justamente duvidosa e, em todo caso, medíocre. Sua verdadeira função é manter intacta a coesão social, mantendo toda a vitalidade da consciência comum. Negada de maneira tão categórica, esta perderia necessariamente parte de sua energia, se uma reação emocional da comunidade não viesse compensar essa perda, e daí resultaria um relaxamento da solidariedade social. Portanto, é necessário que ela se afirme com vigor no momento em que for contradita, e o único meio de se afirmar é exprimir a aversão unânime, que o crime continua a inspirar, mediante um ato autêntico que só pode consistir numa dor infligida ao agente. Assim, ao mesmo tempo em que é um produto necessário das causas que a geram, essa dor não é uma crueldade gratuita. É o sinal a atestar que os sentimentos são sempre coletivos, que a comunhão dos espíritos na mesma fé permanece íntegra e, com isso, repara o mal que o crime fez à sociedade. Eis por que tem-se razão de dizer que o criminoso deve sofrer proporcionalmente a seu crime, eis por que as teorias que recusam à pena qualquer caráter expiatório parecem, para tantos espíritos, subversivas da ordem social. É que, de fato, essas doutrinas só poderiam ser praticadas numa sociedade em que toda e qualquer consciência comum fosse quase abolida. Sem essa satisfação necessária, o que se chama consciência moral não poderia ser conservado. Pode-se dizer, portanto, sem paradoxo, que o castigo é sobretudo destinado a agir sobre as pessoas honestas, pois, visto que serve para curar os ferimentos provocados nos sentimentos coletivos, só pode ter esse papel onde esses sentimentos existem e na medida em que são vivos. Sem dúvida, prevenindo nos espíritos já abalados um novo debilitamento da alma coletiva, o castigo pode muito bem impedir que os atentados se multipliquem; mas esse resultado, útil de resto, nada mais é que um reflexo particular. Numa palavra, para se ter uma idéia exata da pena, é preciso reconciliar as duas teorias contrárias que foram oferecidas para ela: a que vê nela uma expiação e a que faz dela uma arma de defesa social. Com efeito, é certo que a pena tem como função proteger a sociedade, mas isso porque é expiatória; e, por outro lado, se ela deve ser expiatória, não é porque, em conseqüência de não sei que virtude mística, a dor redima a falta, mas porque a pena só pode produzir seu efeito socialmente útil sob essa necessária condição[46].

Resulta deste capítulo que existe uma solidariedade social proveniente do fato de que certo número de estados de consciência são comuns a todos os membros da mesma sociedade. É ela que o direito repressivo figura materialmente, pelo menos no que ela tem de essencial. O papel que ela representa na integração geral da sociedade depende, evidentemente, da maior ou menor extensão da vida social que a consciência comum abraça e regulamenta. Quanto mais houver relações diversas em que esta última faz sentir sua ação, mais ela cria vínculos que ligam o indivíduo ao grupo; e mais, por conseguinte, a coesão social deriva completamente dessa causa e traz a sua marca. Contudo, por outro lado, o número dessas relações é ele mesmo proporcional ao das regras repressivas; determinando que fração do aparelho jurídico representa o direito penal, mediremos, portanto, ao mesmo tempo, a importância relativa dessa solidariedade. É verdade que, procedendo dessa maneira, não levaremos em conta certos elementos da consciência coletiva que, por causa de sua menor energia ou de sua indeterminação, permanecem estranhos ao direito repressivo, ao mesmo tempo em que contribuem para garantir a harmonia social; são aqueles que são protegidos por penas simplesmente difusas. O mesmo vale, porém, para as outras partes do direito. Não há nenhuma delas que não seja completada por usos e costumes, e, como não há razão de supor que a relação entre o direito e os costumes não seja a mesma nessas diferentes esferas, essa eliminação não corre o risco de alterar os resultados da nossa comparação.

CAPÍTULO III

A SOLIDARIEDADE DEVIDA À DIVISÃO DO TRABALHO OU ORGÂNICA

I

A própria natureza da sanção restitutiva basta para mostrar que a solidariedade social a que esse direito corresponde é de uma espécie bem diferente.

O que distingue essa sanção é que ela não é expiatória, mas se reduz a uma simples *restauração*. Um sofrimento proporcional a seu malefício não é infligido a quem violou o direito ou o menospreza; este é simplesmente condenado a submeter-se a ele. Se já há fatos consumados, o juiz os restabelece tal como deveriam ter sido. Ele enuncia o direito, não enuncia as penas. As indenizações por perdas e danos não têm caráter penal, são somente um meio de voltar ao passado para restituí-lo, na medida do possível, sob sua forma normal. Tarde acreditou, é verdade, encontrar uma espécie de penalidade civil na condenação aos custos, que são sempre arcados pela parte que perde a causa[1]. Mas, tomada nesse sentido, essa palavra passa a ter apenas um valor metafórico. Para que houvesse pena, seria necessário pelo menos que houvesse alguma proporção entre o castigo e a falta, e, para tanto, seria necessário que o grau de gravidade desta última fosse seriamente estabelecido. Ora, de fato, quem perde o processo paga as custas, mesmo que suas intenções fossem puras, mesmo que só fosse culpado de ignorância. Os motivos dessa regra parecem ser outros, portanto: dado que a justiça não é ministrada gratuitamente, parece eqüitativo que as despesas sejam arcadas por aquele que as ocasionou. É possível, aliás, que a perspectiva dessas despesas detenha o demandista temerário, mas isso não basta para transformá-las em pena. O temor à ruína que, de ordinário, acompanha a preguiça ou a negligência pode tornar o negociante ativo e aplicado, mas a ruína não é, no sentido próprio da palavra, a sanção penal de suas faltas.

A inobservância dessas regras sequer é punida por uma pena difusa. O pleiteante que perdeu seu processo não é humilhado, sua honra não é enodoada. Podemos até imaginar que essas regras sejam diferentes do que são, sem que isso nos revolte. A idéia de que o assassinato possa ser tolerado nos indigna, mas aceitamos muito bem que o direito sucessório seja modificado, e muitos até concebem que ele possa ser suprimido. É pelo menos um problema que não nos recusamos a discutir. Do mesmo modo, admitimos sem dificuldade que o direito das servidões ou o direito dos usufrutos seja organizado de outra maneira, que as obrigações do vendedor e do comprador sejam determinadas de outro modo, que as funções administrativas sejam distribuídas de acordo com outros princípios. Como essas prescrições não correspondem, em nós, a nenhum sentimento e como, em geral, não conhecemos cientificamente suas razões de ser, pois essa ciência não é feita, elas não têm raízes na maioria de nós.

Sem dúvida, existem exceções. Não toleramos a idéia de que um compromisso contrário aos costumes ou obtido quer pela violência, quer pela fraude, possa vincular os contratantes. Por isso, quando se encontra em presença de casos desse gênero, a opinião pública se mostra menos indiferente do que dizíamos há pouco e agrava com sua crítica a sanção legal. É que os diferentes domínios da vida moral não estão radicalmente separados uns dos outros; ao contrário, eles são contínuos e, por conseguinte, há entre eles regiões limítrofes em que se encontram ao mesmo tempo características diferentes. No entanto, a proposição precedente permanece verdadeira na grande maioria dos casos. É a prova de que as regras com sanção restitutiva ou não fazem em absoluto parte da consciência coletiva, ou são apenas estados fracos desta. O direito repressivo corresponde ao que é o cerne, o centro da consciência comum; as regras puramente morais já são uma parte menos central; enfim, o direito restitutivo tem origem em regiões bastante excêntricas e se estende muito além daí. Quanto mais se torna ele mesmo, mais se afasta.

Essa característica, aliás, é tornada manifesta pela maneira como funciona. Enquanto o direito repressivo tende a permanecer difuso na sociedade, o direito restitutivo cria órgãos cada vez mais especiais: tribunais consulares, tribunais trabalhistas, tribunais administrativos de toda sorte. Mesmo em sua parte mais geral, a saber, o direito civil, ele só entra em exercício graças a funcionários particulares: magistrados, advogados, etc., que se tornaram aptos a esse papel graças a uma cultura toda especial.

Mas, conquanto estejam mais ou menos fora da consciência coletiva, essas regras não dizem respeito apenas aos particulares. Se assim fosse, o direito restitutivo nada teria em comum com a solidariedade social, pois as relações que regula ligariam os indivíduos uns aos outros sem vinculá-los à sociedade. Seriam simples acontecimentos da vida privada, como são, por exemplo, as relações de amizade. Mas a sociedade não está ausente dessa esfera da vida jurídica, muito ao contrário. É verdade que, em geral, ela não intervém por si mesma e por sua iniciativa; ela tem de ser solicitada pelos interessados. Mas por ser provocada, sua intervenção não deixa de ser uma engrenagem essencial do mecanismo, pois é apenas ela que o faz funcionar. É ela que diz o direito por intermédio de seus representantes.

Sustentou-se, contudo, que esse papel nada tinha de propriamente social, mas se reduzia ao de conciliador dos interesses privados; que, por conseguinte, qualquer particular poderia desempenhá-lo e que, se a sociedade dele se encarregava, era unicamente por motivos de comodidade. No entanto, nada é mais inexato do que fazer da sociedade uma espécie de árbitro entre as partes. Quando ela é chamada a intervir, não é para acordar interesses individuais; ela não procura a solução mais vantajosa para os adversários e não lhes propõe compromissos, mas aplica ao caso particular que lhe é submetido as regras gerais e tradicionais do direito. Ora, o direito é uma coisa social por excelência e tem um objeto bem diferente do interesse dos litigantes. O juiz que examina um pedido de divórcio não se preocupa em saber se essa separação é verdadeiramente desejável para os esposos, mas se as causas invocadas se enquadram numa das categorias previstas pela lei.

Todavia, para apreciar devidamente a importância da ação social, é preciso observá-la não apenas no momento em que a sanção se aplica, em que a relação perturbada é restabelecida, mas também quando ela se institui.

De fato, ela é necessária seja para fundar, seja para modificar inúmeras relações jurídicas que esse direito rege e que o consentimento dos interessados não basta nem para criar, nem para mudar. São essas, notadamente, as que dizem respeito ao estado das pessoas. Conquanto o casamento seja um contrato, os esposos não podem nem estabelecê-lo, nem rescindi-lo a seu bel-prazer. O mesmo se dá com todas as outras relações domésticas e, com maior razão, com todas aquelas que o direito administrativo regulamenta. É verdade que as obrigações propriamente contratuais podem se fazer e se desfazer pelo simples acordo das vontades. Mas não se deve esquecer que, se o contrato tem o poder de ligar, é a sociedade que lhe confere esse poder. Suponham que ela não sancione as obrigações contratadas; estas se tornariam simples promessas sem mais nenhuma autoridade moral[2]. Portanto, todo contrato pressupõe que, por trás das partes que o estabelecem, há a sociedade pronta para intervir a fim de fazer respeitar os compromissos assumidos; por isso, ela só presta essa força obrigatória aos contratos que, por si mesmos, têm um valor social, isto é, que são conformes às regras do direito. Veremos inclusive que, por vezes, sua intervenção é ainda mais positiva. Portanto, ela está presente em todas as relações que o direito restitutivo determina, inclusive naquelas que parecem o mais completamente privadas, e, mesmo que não seja sentida, sua presença, pelo menos no estado normal, não é menos essencial[3].

Já que as regras com sanção restitutiva são estranhas à consciência comum, as relações que elas determinam não são das que atingem indistintamente todo o mundo; ou seja, elas se estabelecem imediatamente, não entre o indivíduo e a sociedade, mas entre partes restritas e especiais da sociedade, que ligam entre si. Por outro lado, porém, dado que esta não está ausente dessas relações, é necessário que esteja mais ou menos interessada nelas, que sinta seus reflexos. Então, segundo a vivacidade com que os sente, intervém mais ou menos de perto e mais ou menos ativamente, por intermédio de órgãos especiais encarregados de representá-la. Essas relações são, portanto, bem diferentes das que o direito repressivo regulamenta, pois ligam diretamente e sem intermediário a consciência particular à consciência coletiva, isto é, o indivíduo à sociedade.

Mas essas relações podem adquirir duas formas muito diferentes: ora são negativas e se reduzem a uma pura abstenção, ora são positivas ou de cooperação. Às duas classes de regras que determinam umas e outras correspondem duas espécies de solidariedade social que é necessário distinguir.

II

A relação negativa que pode servir de modelo para as outras é a que une a coisa à pessoa.

De fato, as coisas fazem parte da sociedade tanto quanto as pessoas e nela representam um papel específico; por isso, é necessário que suas relações com o organismo social sejam determinadas. Pode-se dizer, pois, que há uma solidariedade das coisas cuja natureza é bastante especial para se traduzir exteriormente por conseqüências jurídicas de caráter bastante particular.

De fato, os juristas distinguem duas espécies de direitos: eles dão a uns o nome de reais, a outros o de pessoais. O direito de propriedade e a hipoteca pertencem à primeira espécie, o direito de crédito à segunda. O que caracteriza os direitos reais é que só eles dão origem a um direito de preferência e de conseqüência. Nesse caso, o direito que tenho sobre a coisa exclui qualquer outro direito que viesse se estabelecer depois do meu. Se, por exemplo, um bem foi sucessivamente hipotecado a dois credores, a segunda hipoteca não pode restringir em nada os direitos da primeira. Por outro lado, se meu devedor aliena a coisa sobre a qual tenho um direito de hipoteca, este não é afetado, mas o comprador é obrigado a me pagar, ou a perder o que adquiriu. Ora, para que seja assim, é preciso que o vínculo de direito una diretamente, sem a intermediação de nenhuma outra pessoa, essa coisa determinada à minha personalidade jurídica. Essa situação privilegiada é, pois, a conseqüência da solidariedade própria das coisas. Ao contrário, quando o direito é pessoal, a pessoa que tem obrigações para comigo pode, contraindo novas obrigações, me dar co-credores, cujo direito é igual ao meu e, conquanto eu tenha como garantia todos os bens do meu devedor, se ele os alienar, eles saem da minha garantia saindo do seu patrimônio. A razão disso está em que não há relação especial entre esses bens e eu, mas entre a pessoa de seu proprietário e minha própria pessoa[4].

Vê-se em que consiste essa solidariedade real: ela liga diretamente as coisas às pessoas, mas não as pessoas entre si. A rigor, podemos exercer um direito real crendo-nos sozinhos no mundo, fazendo abstração dos outros homens. Por conseguinte, como é apenas por intermédio das pessoas que as coisas são integradas na sociedade, a solidariedade que resulta dessa integração é totalmente negativa. Ela não faz que as vontades se movam em direção a fins comuns, mas apenas que as coisas gravitem com ordem em torno das vontades. Por serem assim delimitados, os direitos reais não entram em conflitos; as hostilidades são prevenidas, mas não há concurso ativo, não há *consenso*. Suponham um acordo assim, o mais perfeito possível; a sociedade em que ele reina – se reina só – parecerá uma imensa constelação em que cada astro se move em sua órbita sem perturbar os movimentos dos astros vizinhos. Portanto, semelhante solidariedade não faz dos elementos que ela aproxima um todo capaz de agir em conjunto; ela não contribui em nada para a unidade do corpo social.

De acordo com o que precede, é fácil determinar qual é o papel do direito restitutivo a que essa solidariedade corresponde: é o conjunto dos direitos reais. Ora, da própria definição que dele foi dada, resulta que o direito de propriedade é seu tipo mais perfeito. De fato, a relação mais completa capaz de existir entre uma coisa e uma pessoa é a que coloca a primeira sob a inteira dependência da segunda. Mas essa relação é, ela mesma, muito complexa, e os diversos elementos de que é formada podem se tornar objeto de igual número de direitos reais secundários, como o usufruto, as servidões, o uso e a habitação. Pode-se portanto dizer, em suma, que os direitos reais compreendem o direito de propriedade sob suas diversas formas (propriedade literária, artística, industrial, mobiliária, imobiliária) e suas diferentes modalidades, tais como o segundo livro de nosso Código Civil as regulamenta. Fora desse livro, nosso direito ainda reconhece quatro outros direitos reais, mas que são apenas auxiliares e substitutos eventuais de direitos pessoais: a fiança, a anticrese, o privilégio e a hipoteca (art. 2071-2203). Convém acrescentar tudo o que é relativo ao direito sucessório, ao direito de testar e, por conseguinte, à ausência, pois ela cria, quando declarada, uma espécie de sucessão provisória. Com efeito, a herança é uma coisa ou um conjunto de coisas sobre as quais os herdeiros e os legatários possuem um direito real, quer este seja adquirido *ipso facto* pelo falecimento do proprietário, quer só se abra em conseqüência de um ato jurídico, como acontece com os herdeiros indiretos e os legatários a título particular. Em todos os casos, a relação jurídica é diretamente estabelecida não entre uma pessoa e outra, mas entre uma pessoa e uma coisa. O mesmo se dá com a doação testamentária, que nada mais é que o exercício do direito real que o proprietário tem sobre seus bens, ou, pelo menos, sobre a porção destes que se acha disponível.

Mas há relações de pessoa a pessoa que, apesar de não serem reais, são tão negativas quanto as precedentes e exprimem uma solidariedade de mesma natureza.

Em primeiro lugar, são elas que o exercício dos direitos reais propriamente ditos ocasiona. De fato, é inevitável que o funcionamento destes últimos coloque em presença, por vezes, as próprias pessoas de seus detentores. Por exemplo, quando uma coisa vem se somar a outra, o proprietário da que é considerada a principal se torna, com isso, proprietário da segunda, só que "tem de pagar ao outro o valor da coisa que foi acrescentada" (art. 566). Essa obrigação é evidentemente pessoal. Do mesmo modo, todo proprietário de um muro divisório que quer elevá-lo é obrigado a pagar ao co-proprietário a indenização pela taxa (art. 658). Um legatário a título particular é obrigado a se dirigir ao legatário universal para obter a liberação da coisa legada, conquanto tenha um direito sobre esta desde o falecimento do testador (art. 1014). Mas a solidariedade que essas relações exprimem não difere da que acabamos de falar; de fato, elas só se estabelecem para reparar ou para prevenir uma lesão. Se o detentor de cada direito real sempre pudesse exercê-lo sem nunca ultrapassar seus limites, cada um ficando em seus domínios, não haveria espaço para nenhum comércio jurídico. Mas, na realidade, acontece o tempo todo que esses diferentes direitos são tão enredados uns nos outros, que não se pode valorizar um sem invadir os que o limitam. Aqui, a coisa sobre a qual eu tenho um direito se encontra nas mãos de outro: é o que acontece no caso do legado. Ali, não posso desfrutar de meu direito sem prejudicar o direito alheio: é o caso de certas servidões. Portanto, são necessárias certas relações para reparar o prejuízo, se consumado, ou para impedi-lo; mas elas nada têm de positivo. Elas não fazem as pessoas postas em contato concorrerem; não implicam nenhuma cooperação, simplesmente restauram ou mantêm, nas novas condições que se produziram, essa solidariedade negativa cujo funcionamento as circunstâncias vieram perturbar. Longe de unir, elas só ocorrem para melhor separar o que está unido pela força das coisas, para restabelecer os limites que foram violados e recolocar cada um em sua esfera própria. Elas são tão idênticas às relações da coisa com a pessoa que os redatores do Código não lhes criaram um lugar à parte, mas trataram-nas ao mesmo tempo que os direitos reais.

Enfim, as obrigações que nascem do delito e do quase-delito têm exatamente o mesmo caráter[5]. De fato, elas obrigam cada um a reparar o prejuízo que causou, com sua falta, aos interesses legítimos de outrem. Portanto, são pessoais; mas a solidariedade a que correspondem é evidentemente negativa, pois elas não consistem em servir, mas em não prejudicar. O vínculo cuja ruptura sancionam é totalmente exterior. Toda a diferença que existe entre essas relações e as precedentes está em que, num caso, a ruptura provém de uma falta e, no outro, de circunstâncias determinadas e previstas pela lei. Mas a ordem perturbada é a mesma; ela resulta não de um concurso, mas de uma pura abstenção[6]. Aliás, os próprios direitos cuja lesão dá origem a essas obrigações são reais, pois sou proprietário de meu corpo, de minha saúde, de minha honra, de minha reputação, ao mesmo título e da mesma maneira que das coisas materiais que me são submetidas.

Em resumo, as regras relativas aos direitos reais e às relações pessoais que se estabelecem em sua ocasião formam um sistema definido que tem por função, não ligar as diferentes partes da sociedade umas às outras, mas, ao contrário, pôr umas fora das outras, assinalar nitidamente as barreiras que as separam. Portanto, elas não correspondem a um vínculo social positivo; a própria expressão de solidariedade negativa de que nos servimos não é perfeitamente exata. Não é uma solidariedade verdadeira, com uma existência própria e uma natureza especial, mas antes o lado negativo de toda espécie de solidariedade. A primeira condição para que um todo seja coerente é que as partes que o compõem não se choquem em movimentos discordantes. Mas esse acordo externo não faz a sua coesão; ao contrário, a supõe. A solidariedade negativa só é possível onde existe uma outra, de natureza positiva, de que é, ao mesmo tempo, a resultante e a condição.

Com efeito, os direitos dos indivíduos, tanto sobre si mesmos como sobre as coisas, só podem ser determinados graças a compromissos e a concessões mútuas, pois tudo o que é concedido a uns é necessariamente abandonado pelos outros. Foi dito, algumas vezes, que se podia deduzir a extensão normal do desenvolvimento do indivíduo seja do conceito da personalidade humana (Kant), seja da noção do organismo individual (Spencer). É possível, embora o rigor desses raciocínios seja contestável. Em todo caso, o que é certo é que, na realidade histórica, não foi sobre essas considerações abstratas que se fundou a ordem moral. De fato, para que o homem reconhecesse direitos a outrem, não apenas em lógica, mas na prática da vida, foi necessário que ele consentisse limitar os seus e, por conseguinte, essa limitação mútua só pôde ser feita num espírito de entendimento e concórdia. Ora, se se supõe uma multidão de indivíduos sem vínculos prévios entre si, que motivo poderia levá-los a esses sacrifícios recíprocos? A necessidade de viver em paz? Mas a paz pela paz não é mais desejável do que a guerra. Esta tem seus ônus e suas vantagens. Acaso não houve povos, acaso não há em todos os tempos indivíduos de que ela é a paixão? Os instintos a que ela corresponde não são menos fortes do que aqueles que a paz satisfaz. Sem dúvida, o cansaço pode muito bem pôr fim por algum tempo às hostilidades, mas essa simples trégua não pode ser mais duradoura do que a lassidão temporária que a determina. Com maior razão, o mesmo se dá com os desenlaces devidos ao simples triunfo da força; eles são tão provisórios e precários quanto os tratados que põem fim às guerras internacionais. Os homens só necessitam da paz na medida em que já são unidos por algum vínculo de sociabilidade. Nesse caso, de fato, os sentimentos que os inclinam uns para os outros moderam naturalmente os arrebatamentos do egoísmo e, por outro lado, a sociedade que os envolve, não podendo viver senão com a condição de não ser a cada instante abalada por conflitos, descarrega sobre eles todo o seu peso para obrigá-los a se fazer as concessões necessárias. É verdade que vemos, às vezes, sociedades independentes se entenderem para determinar a extensão de seus direitos respectivos sobre as coisas, isto é, sobre seus territórios. Mas, justamente, a extrema instabilidade dessas relações é a melhor prova de que a solidariedade negativa não pode ser suficiente. Se hoje, entre povos cultos, ela parece ter mais força, se essa parte do direito internacional que regula o que poderíamos chamar de direitos reais das sociedades européias talvez tenha mais autoridade do que outrora, é porque as diferentes nações da Europa também são muito menos independentes umas das outras; é porque, sob certos aspectos, todas elas fazem parte de uma mesma sociedade, ainda incoerente, é verdade, mas que adquire cada vez mais consciência de si. O que se chama equilíbrio europeu é um começo de organização dessa sociedade.

Costuma-se distinguir com cuidado a justiça da caridade, isto é, o simples respeito dos direitos de outrem, de qualquer ato que ultrapasse essa virtude puramente negativa. Vêem-se nessas duas espécies de práticas como que duas camadas independentes da moral: a justiça, por si só, constituiria suas bases fundamentais; a caridade seria seu coroamento. A distinção é tão radical que, segundo os partidários de certa moral, só a justiça seria necessária ao bom funcionamento da vida social; o desinteresse nada mais seria que uma virtude privada, que é bonito, para o particular, buscar, mas que a sociedade pode muito bem dispensar. Muitos até a vêem, com certa inquietação, intervir na vida pública. Pelo que precede, vê-se o quanto essa concepção é pouco conforme aos fatos. Na realidade, para que os homens se reconheçam e se garantam mutuamente direitos, é preciso em primeiro lugar que se amem, que, por alguma razão, se apeguem uns aos outros e a uma mesma sociedade de que fazem parte. A justiça é cheia de caridade, ou, para retomar nossas expressões, a solidariedade negativa nada mais é que uma emanação de outra solidariedade de natureza positiva: é a repercussão na esfera dos direitos reais de sentimentos sociais que vêm de outra fonte. Portanto, ela nada tem de específico, mas é o acompanhamento necessário de toda espécie de solidariedade. Ela se encontra necessariamente onde quer que os homens vivam uma vida comum, resulte esta da divisão do trabalho social ou da atração do semelhante pelo semelhante.

III

Se separarmos do direito restitutivo as regras de que acabamos de falar, o que resta constitui um sistema não menos definido que compreende o direito doméstico, o direito contratual, o direito comercial, o direito processual, o direito administrativo e constitucional. As relações aí regulamentadas são de uma natureza totalmente diferente das precedentes; elas exprimem um concurso positivo, uma cooperação que deriva essencialmente da divisão do trabalho.

As questões que o direito doméstico resolve podem ser reduzidas aos dois tipos seguintes:

1.º Quem é encarregado das diferentes funções domésticas? Quem é o esposo, o pai, o filho legítimo, o tutor, etc.?

2.º Qual o tipo normal dessas funções e suas relações?

É à primeira dessas perguntas que respondem as disposições que determinam as qualidades e as condições requeridas para contrair matrimônio, as formalidades necessárias para que o casamento seja válido, as condições da filiação legítima, natural, adotiva, a maneira como o tutor deve ser escolhido, etc.

É, por sua vez, a segunda questão que é resolvida pelos capítulos sobre os direitos e os deveres respectivos dos esposos, sobre o estado de suas relações em caso de divórcio, de anulação do casamento, de separação de corpos e de bens, sobre o poder paterno, os efeitos da adoção, a administração do tutor e suas relações com o pupilo, sobre o papel do conselho de família em relação ao primeiro e ao segundo, sobre o papel dos pais nos casos de interdição e de conselho judicial.

Essa parte do direito civil tem, pois, como objeto determinar a maneira como se distribuem as diferentes funções familiares e o que elas devem ser em suas relações mútuas; isso quer dizer que exprime a solidariedade particular que une entre si os membros da família em conseqüência da divisão do trabalho doméstico. É verdade que não estamos acostumados a encarar a família sob esse aspecto; na maioria das vezes, acreditamos que o que faz a sua coesão é exclusivamente a comunidade dos sentimentos e das crenças. De fato, há tantas coisas em comum entre os membros do grupo familiar, que o caráter especial das tarefas que cabem a cada um deles nos escapa facilmente. É isso que levava A. Comte a dizer que a união doméstica exclui "qualquer pensamento de cooperação direta e contínua por um objetivo qualquer"[7]. Mas a organização jurídica da família, cujas linhas essenciais acabamos de lembrar sumariamente, demonstra a realidade dessas diferenças funcionais e a sua importância. A história da família, a partir das origens, nada mais é que um movimento ininterrupto de dissociação, no curso do qual essas diversas funções, a princípio indivisas e confundidas umas nas outras, separaram-se pouco a pouco, constituíram-se à parte, repartidas entre os diferentes parentes, segundo seu sexo, sua idade, suas relações de dependência, de maneira a fazer de cada um deles um funcionário especial da sociedade doméstica[8]. Longe de não ser mais que um fenômeno acessório e secundário, essa divisão do trabalho familiar domina, ao contrário, todo o desenvolvimento da família.

A relação entre a divisão do trabalho e o direito contratual não é menos acentuada.

De fato, o contrato é, por excelência, a expressão jurídica da cooperação. Há, é verdade, os contratos ditos de beneficência, em que apenas uma das partes é vinculada. Se dou sem condições alguma coisa a outrem, se me encarrego gratuitamente de um depósito ou de um mandato, daí resultam para mim obrigações precisas e determinadas. No entanto, não há concurso propriamente dito entre os contratantes, pois só há encargos de um lado. Apesar disso, a cooperação não está ausente do fenômeno; ela apenas é gratuita ou unilateral. O que é, por exemplo, a doação, se não uma troca sem obrigações recíprocas? Portanto, essas espécies de contratos não são mais que uma variedade dos contratos verdadeiramente cooperativos.

De resto, eles são raríssimos, pois só excepcionalmente os atos de beneficência se enquadram na regulamentação legal. Quanto aos outros contratos, que são a imensa maioria, as obrigações a que dão origem são correlatas ou de obrigações recíprocas, ou de prestações já efetuadas. O compromisso de uma parte resulta ou do compromisso assumido pela outra, ou de um serviço já prestado por esta última[9]. Ora, essa reciprocidade só é possível onde há cooperação, e esta, por sua vez, não existe sem a divisão do trabalho. Cooperar, de fato, é dividir uma tarefa comum. Se esta última é dividida em tarefas qualitativamente similares, conquanto indispensáveis umas às outras, há divisão do trabalho simples ou de primeiro grau. Caso sejam de natureza diferente, há divisão do trabalho composta, especialização propriamente dita.

Esta última forma da cooperação é, aliás, de longe, a que exprime mais geralmente o contrato. O único com outro significado é o contrato de sociedade e, talvez, também o contrato de casamento, na medida em que determina a parte contributiva dos esposos nas despesas do casal. No entanto, para ser assim, é necessário que o contrato de sociedade coloque todos os associados no mesmo nível, que suas contribuições sejam idênticas, que suas funções sejam as mesmas, e este é um caso que nunca se apresenta exatamente nas relações matrimoniais, em conseqüência da divisão do trabalho conjugal. Ponha-se diante dessas espécies raras a multiplicidade dos contratos que têm por objeto ajustar umas às outras funções especiais e diferentes: contratos entre o comprador e o vendedor, contratos de troca, contratos entre empresários e operários, entre locatário e locador, entre quem dá e quem toma um empréstimo, entre depositário e depositante, entre o hoteleiro e o viajante, entre o mandatário e o mandante, entre o credor e a caução do devedor, etc. De uma maneira geral, o contrato é o símbolo da troca; por isso, Spencer pôde, não sem pertinência, qualificar de contrato fisiológico a troca de materiais que se faz a cada instante entre os diferentes órgãos do corpo vivo[10]. Ora, é claro que a troca sempre supõe alguma divisão do trabalho mais ou menos desenvolvida. É verdade que os contratos que acabamos de citar ainda têm um caráter um pouco geral. Mas não se deve esquecer que o direito apenas figura os contornos gerais, as linhas mestras das relações sociais, as que se encontram identicamente em diferentes esferas da vida coletiva. Por isso, cada um desses tipos de contratos supõe uma multidão de outros, mais particulares, de que ele é como que a marca comum e que, ao mesmo tempo, ele regulamenta, mas em que as relações se estabelecem entre funções mais especiais. Portanto, apesar da simplicidade relativa desse esquema, ele é suficiente para manifestar a extrema complexidade dos fatos que resume.

Essa especialização das funções é, aliás, mais imediatamente aparente no Código Comercial, que regulamenta sobretudo os contratos específicos do comércio: contratos entre o comissionado e o comitente, entre o transportador e o expedidor, entre o portador da carta de câmbio e seu emissor, entre o proprietário do navio e seus credores, entre o primeiro e o capitão e a tripulação, entre o armador e o fretador, entre quem concede e quem toma um empréstimo, entre o segurador e o segurado. No entanto, ainda aqui, há uma grande defasagem entre a generalidade relativa das prescrições jurídicas e a diversidade das funções particulares cujas relações elas regulam, como prova o papel de destaque dado ao costume no direito comercial.

Quando o Código Comercial não regulamenta contratos propriamente ditos, ele determina o que devem ser certas funções especiais, como as do agente de câmbio, do corretor, do capitão, do juiz comissário em caso de falência, a fim de garantir a solidariedade de todas as partes do aparelho comercial.

O direito processual – quer se trate de processo criminal, civil ou comercial – desempenha o mesmo papel no aparelho judiciário. As sanções das regras jurídicas de toda sorte só podem ser aplicadas graças ao concurso de certo número de funções, funções dos magistrados, dos defensores, dos advogados, dos jurados, dos pleiteantes e dos defensores, etc. O processo fixa a maneira segundo a qual elas devem entrar em jogo e em relações. Ele diz o que elas devem ser e qual o papel de cada uma na vida geral do órgão.

Parece-nos que, numa classificação racional das regras jurídicas, o direito processual só deveria ser considerado como uma variedade do direito administrativo: não vemos que diferença radical separa a administração da justiça do resto da administração. Como quer que seja, o direito administrativo propriamente dito regulamenta as funções mal-definidas ditas administrativas[11], do mesmo modo que o precedente faz no caso das funções judiciárias. Ele determina seu tipo normal e suas relações seja umas com as outras, seja com as funções difusas da sociedade. Seria necessário apenas separar delas um certo número de regras que costumam ser incluídas nessa rubrica, muito embora tenham um caráter penal[12]. Enfim, o direito constitucional faz o mesmo no caso das funções governamentais.

Talvez cause espanto ver reunidos numa mesma classe o direito administrativo e político e o que é chamado, ordinariamente, de direito privado. Antes de mais nada, porém, essa aproximação se impõe, se adotarmos como base da classificação a natureza das sanções, e não nos parece que seja possível adotar outra, se quisermos proceder de forma científica. Ademais, para separar completamente essas duas espécies de direito, seria necessário admitir que há verdadeiramente um direito privado, e acreditamos que todo direito é público, porque todo direito é social. Todas as funções da sociedade são sociais, assim como todas as funções do organismo são orgânicas. As funções econômicas têm essas características, assim como as demais. Aliás, mesmo entre as mais difusas, não há nenhuma que não seja mais ou menos submetida à ação do aparelho governamental. Portanto, desse ponto de vista, entre elas só há diferenças de grau.

Em resumo, as relações que o direito cooperativo com sanções restitutivas regula e a solidariedade que elas exprimem resultam da divisão do trabalho social. É fácil entender, aliás, que, em geral, as relações cooperativas não comportam outras sanções. De fato, pertence à natureza das tarefas especiais escapar da ação da consciência coletiva; porque, para que uma coisa seja objeto de sentimentos comuns, a primeira condição é que seja comum, isto é, que esteja presente em todas as consciências e que todas possam representá-la de um só e mesmo ponto de vista. Sem dúvida, enquanto as funções têm certa generalidade, todo o mundo pode ter algum sentimento a seu respeito; no entanto, quanto mais se especializam, mais também se circunscreve o número dos que têm consciência de cada uma delas; e mais, por conseguinte, elas vão além da consciência comum. As regras que as determinam não podem, pois, ter essa força superior, essa autoridade transcendente que, quando é ofendida, reclama uma expiação. É também da opinião pública que lhes vem sua autoridade, do mesmo modo que a das regras penais, mas de uma opinião localizada em regiões restritas da sociedade.

Ademais, mesmo nos círculos especiais em que se aplicam e em que, por conseguinte, são representadas nos espíritos, elas não correspondem a sentimentos vivos, nem mesmo, na maioria das vezes, a nenhuma espécie de estado emocional. Porque, como estabelecem a maneira pela qual as diferentes funções devem concorrer nas diversas combinações de circunstâncias que podem se apresentar, os objetos a que elas se referem nem sempre estão presentes nas consciências. Não se tem sempre de administrar uma tutela, uma curadoria[13], nem exercer seus direitos de credor ou comprador, etc. nem, sobretudo, de exercê-los nesta ou naquela condição. Ora, os estados de consciência só são fortes na medida em que são permanentes. A violação dessas regras não atinge, pois, em suas partes vivas, nem a alma comum da sociedade, nem mesmo, pelo menos em geral, a desses grupos especiais e, por conseguinte, só pode determinar uma reação muito moderada. Tudo de que necessitamos é que as funções concorram de maneira regular; portanto, se essa regularidade for perturbada, basta-nos que seja restabelecida. Isso não significa, por certo, que o desenvolvimento da divisão do trabalho não possa ecoar no direito penal. Como já sabemos, há funções administrativas e governamentais que têm certas relações administrativas e governamentais reguladas pelo direito repressivo, por causa do caráter particular que marca o órgão da consciência comum e tudo o que a ele se refere. Em outros casos ainda, os vínculos de solidariedade que unem certas funções sociais podem ser tais, que de sua ruptura resultam repercussões gerais o bastante para suscitar uma reação penal. Mas, pela razão que dissemos, esses reflexos são excepcionais.

Em definitivo, esse direito tem na sociedade um papel análogo ao do sistema nervoso no organismo. De fato, este tem por tarefa regular as diferentes funções do corpo, de maneira a fazê-las concorrer harmonicamente; ele exprime, assim, naturalmente, o estado de concentração a que chegou o organismo, em conseqüência da divisão do trabalho fisiológico. Por isso, pode-se medir, nos diferentes níveis da escala animal, o grau dessa concentração segundo o desenvolvimento do sistema nervoso. Isso quer dizer que se pode igualmente medir o grau de concentração a que chegou uma sociedade, em conseqüência da divisão do trabalho social, segundo o desenvolvimento do direito cooperativo com sanções restitutivas. São previsíveis todos os serviços que esse critério nos prestará.

IV

Já que a solidariedade negativa não produz, por si mesma, nenhuma integração e que, aliás, ela nada tem de específico, reconheceremos apenas duas espécies de solidariedades positivas, que as seguintes características distinguem:

1.º A primeira liga diretamente o indivíduo à sociedade, sem nenhum intermediário. Na segunda, ele depende da sociedade, porque depende das partes que a compõem.

2.º A sociedade não é vista sob o mesmo aspecto nos dois casos. No primeiro, o que chamamos por esse nome é um conjunto mais ou menos organizado de crenças e de sentimentos comuns a todos os membros do grupo: é o tipo coletivo. Ao contrário, a sociedade de que somos solidários no segundo caso é um sistema de funções diferentes e especiais unidas por relações definidas. Aliás, essas duas sociedades são uma só coisa. São duas faces de uma única e mesma realidade, mas que, ainda assim, pedem para ser distinguidas.

3.º Dessa segunda diferença decorre outra, que vai nos servir para caracterizar e denominar esses dois tipos de solidariedade.

A primeira só pode ser forte na medida em que as idéias e as tendências comuns a todos os membros da sociedade superem em número e intensidade as que pertencem pessoalmente a cada um deles. Ela é tanto mais enérgica quanto mais considerável é esse excedente. Ora, o que faz nossa personalidade é o que cada um de nós tem de próprio e de característico, o que nos distingue dos outros. Portanto, essa solidariedade só pode crescer na razão inversa da personalidade. Há em cada uma de nossas consciências, como dissemos, duas consciências: uma, que é comum a nós e ao nosso grupo inteiro e que, por conseguinte, não é nós mesmos, mas a sociedade que vive e age em nós; a outra, que, ao contrário, só nos representa no que temos de pessoal e distinto, no que faz de nós um indivíduo[14]. A solidariedade que deriva das semelhanças se encontra em seu apogeu quando a consciência coletiva recobre exatamente nossa consciência total e coincide em todos os pontos com ela. Mas, nesse momento, nossa individualidade é nula. Ela só pode nascer se a comunidade ocupar menos lugar em nós. Temos aí duas forças contrárias, uma centrípeta, a outra centrífuga, que não podem crescer ao mesmo tempo. Não podemos nos desenvolver ao mesmo tempo em dois sentidos tão opostos. Se temos uma viva inclinação a pensar e agir por nós mesmos, não podemos ser fortemente inclinados a pensar e agir como os outros. Se o ideal é ter uma fisionomia própria e pessoal, esse ideal não poderia ser parecer-se com todo o mundo. Ademais, no momento em que essa solidariedade exerce sua ação, nossa personalidade se esvai, podemos dizer, por definição, pois não somos mais nós mesmos, e sim o ser coletivo.

As moléculas sociais que só seriam coerentes dessa maneira não poderiam, pois, mover-se em conjunto, a não ser na medida em que não têm movimentos próprios, como fazem as moléculas dos corpos inorgânicos. É por isso que propomos chamar de mecânica essa espécie de solidariedade. Essa palavra não significa que ela seja produzida por meios mecânicos e de modo artificial. Só a denominamos assim por analogia com a coesão que une entre si os elementos dos corpos brutos, em oposição à que faz a unidade dos corpos vivos. O que acaba de justificar essa denominação é que o vínculo que une assim o indivíduo à sociedade é de todo análogo ao que liga a coisa à pessoa. A consciência individual, considerada sob esse aspecto, é uma simples dependência do tipo coletivo e segue todos os seus movimentos, como o objeto possuído segue aqueles que seu proprietário lhe imprime. Nas sociedades em que essa solidariedade é muito desenvolvida, o indivíduo não se pertence, como veremos adiante; ele é, literalmente, uma coisa de que a sociedade dispõe. Por isso, nesses mesmos tipos sociais, os direitos pessoais ainda não se distinguem dos direitos reais.

Bem diverso é o caso da solidariedade produzida pela divisão do trabalho. Enquanto a precendente implica que os indivíduos se assemelham, esta supõe que eles diferem uns dos outros. A primeira só é possível na medida em que a personalidade individual é absorvida na personalidade coletiva; a segunda só é possível se cada um tiver uma esfera de ação própria, por conseguinte, uma personalidade. É necessário, pois, que a consciência coletiva deixe descoberta uma parte da consciência individual, para que nela se estabeleçam essas funções especiais que ela não pode regulamentar; e quanto mais essa região é extensa, mais forte é a coesão que resulta dessa solidariedade. De fato, de um lado, cada um depende tanto mais estreitamente da sociedade quanto mais dividido for o trabalho nela e, de outro, a atividade de cada um é tanto mais pessoal quanto mais for especializada. Sem dúvida, por mais circunscrita que seja, ela nunca é completamente original; mesmo no exercício de nossa profissão, conformamo-nos a usos, a práticas que são comuns a nós e a toda a nossa corporação. Mas, mesmo nesse caso, o jugo que sofremos é muito menos pesado do que quando a sociedade inteira pesa sobre nós, e ele proporciona muito mais espaço para o livre jogo de nossa iniciativa. Aqui, pois, a individualidade do todo aumenta ao mesmo tempo que a das partes; a sociedade torna-se mais capaz de se mover em conjunto, ao mesmo tempo em que cada um de seus elementos tem mais movimentos próprios. Essa solidariedade se assemelha à que observamos entre os animais superiores. De fato, cada orgão aí tem sua fisionomia especial, sua autonomia, e contudo a unidade do organismo é tanto maior quanto mais acentuada essa individuação das partes. Devido a essa analogia, propomos chamar de orgânica a solidariedade devida à divisão do trabalho.

Ao mesmo tempo, este capítulo e o precedente proporcionam-nos os meios de calcular a parte que cabe a cada um desses dois vínculos sociais no resultado total e comum, para cuja produção concorrem por diferentes caminhos. De fato, sabemos sob que formas exteriores são simbolizados esses dois tipos de solidariedade, isto é, qual é o corpo de regras jurídicas que corresponde a cada uma delas. Por conseguinte, para conhecer sua importância respectiva num tipo social dado, basta comparar a extensão respectiva dos dois tipos de direito que as exprimem, pois o direito sempre varia de acordo com as relações sociais que rege[15].

CAPÍTULO IV

OUTRA PROVA DO QUE PRECEDE

No entanto, dada a importância dos resultados que precedem, é bom, antes de prosseguir, confirmá-los uma última vez. Essa nova verificação é ainda mais útil porque vai nos proporcionar a ocasião de estabelecer uma lei que, ao mesmo tempo que lhes serve de prova, servirá também para esclarecer tudo o que se seguirá.

Se ambos os tipos de solidariedade que acabamos de distinguir possuem de fato a expressão jurídica que dissemos, a preponderância do direito repressivo sobre o direito cooperativo deve ser tanto maior quanto mais pronunciado for o tipo coletivo e quanto mais rudimentar for a divisão do trabalho. Inversamente, à medida que os tipos individuais se desenvolvem e que as tarefas se especializam, a proporção entre a extensão desses dois direitos deve tender a se inverter. Ora, a realidade dessa relação pode ser demonstrada experimentalmente.

I

Quanto mais primitivas são as sociedades, mais há semelhanças entre os indivíduos que as formam. Hipócrates, em seu escrito *De Aere et Locis,* já dissera que os citas têm um tipo étnico e não têm tipos pessoais. Humboldt nota em suas *Neuspanien*[1] que, entre os povos bárbaros, encontramos muito mais uma fisionomia própria à horda do que fisionomias individuais, fato que foi confirmado por grande número de observadores. "Do mesmo modo que os romanos encontravam entre os velhos germanos enormes semelhanças, os chamados selvagens produzem o mesmo efeito no europeu civilizado. Para dizer a verdade, a falta de tirocínio pode ser, com freqüência, a principal causa a determinar esse juízo de parte do viajante; (...) no entanto, essa inexperiência dificilmente poderia produzir tal conseqüência, se as diferenças a que o homem civilizado está acostumado em seu meio natal não fossem realmente mais importantes do que as que ele encontra entre os povos primitivos. Bem conhecida e citada com freqüência é a afirmação de Ulloa, de que quem viu um indígena da América viu todos."[2] Ao contrário, entre os povos civilizados, dois indivíduos se distinguem um do outro à primeira vista e sem que seja necessária para tanto uma iniciação prévia.

O Dr. Lebon pôde estabelecer de maneira objetiva essa homogeneidade crescente à medida que remontamos em direção às origens. Ele comparou os crânios pertencentes a raças e sociedades diferentes e descobriu "que as diferenças de volume craniano existentes entre indivíduos da mesma raça... são tanto maiores quanto mais alto se acha a raça na escala da civilização. Após haver agrupado o volume dos crânios de cada raça por séries progressivas, tendo o cuidado de só estabelecer comparações com base em séries bastante numerosas para que os termos sejam ligados de maneira gradual, reconheci", diz ele, "que a diferença de volume entre os maiores e os menores crânios masculinos adultos é, em números redondos, de 200 centímetros cúbicos no gorila, 280 entre os párias da Índia, 310 entre os australianos, 350 entre os egípcios antigos, 470 entre os parisienses do século XII, 600 entre os parisienses modernos, 700 entre os alemães"[3]. Há inclusive alguns povos em que essas diferenças são nulas. "Os andamanos e os todas são todos semelhantes. Podemos dizer quase a mesma coisa dos groenlandeses. Cinco crânios de patagônios, que o laboratório de Broca possui, são idênticos."[4]

Não é duvidoso que essas similitudes orgânicas correspondam a similitudes psíquicas. "É certo", diz Waitz, "que essa grande semelhança física dos indígenas provém essencialmente da ausência de qualquer individualidade psíquica forte, do estado de inferioridade da cultura intelectual em geral. A homogeneidade dos caracteres (*Gemüthseigenschaften*) no seio de um povo negro é inconteste. No Egito superior, o mercador de escravos só se informa com precisão do lugar de origem do escravo, não sobre seu caráter individual, pois uma longa experiência ensinou-lhe que as diferenças entre indivíduos da mesma tribo são insignificantes, comparadas com as que derivam da raça. Assim, os nubas e galos são tidos como muito fiéis, os abissínios do norte como traidores e pérfidos, a maioria dos outros como bons escravos domésticos, mas pouco utilizáveis para o trabalho braçal, os de Fertit como selvagens e prontos para a vingança."[5] Por isso, a originalidade não só é rara, como, por assim dizer, não tem espaço. Todo o mundo então admite e pratica, sem discutir, a mesma religião; as seitas e as dissidências são desconhecidas: não seriam toleradas. Ora, nesse momento, a religião abrange tudo, estende-se a tudo. Ela encerra, num estado de mistura confusa, além das crenças propriamente religiosas, a moral, o direito, os princípios da organização política e até mesmo a ciência, ou, pelo menos, o que faz as vezes desta. Ela regulamenta até os detalhes da vida privada. Por conseguinte, dizer que as consciências religiosas são, então, idênticas – e que essa identidade é absoluta – é dizer implicitamente que, salvo as sensações que se referem ao organismo e aos estados do organismo, todas as consciências individuais são mais ou menos compostas dos mesmos elementos. Mas as impressões sensíveis não devem proporcionar uma grande diversidade, por causa das semelhanças físicas que os indivíduos apresentam.

No entanto, é uma idéia ainda bastante difundida a de que, ao contrário, a civilização tem por efeito aumentar as similitudes sociais. "À medida que as aglomerações humanas se estendem", diz Tarde, "a difusão das idéias segundo uma progressão geométrica regular é mais acentuada."[6] De acordo com Hale[7], é um erro atribuir aos povos primitivos certa uniformidade de caráter, e ele dá como prova disso o fato de que a raça amarela e a raça negra do oceano Pacífico, que habitam lado a lado, se distinguem mais uma da outra do que dois povos europeus. Do mesmo modo, acaso as diferenças que separam o francês do inglês ou do alemão não são menores hoje do que outrora? Em quase todas as sociedades européias, o direito, a moral, os costumes e até as instituições políticas fundamentais são mais ou menos idênticas. Note-se igualmente que, num mesmo país, hoje já não encontramos os contrastes que encontrávamos outrora. A vida social não varia mais, ou não varia mais tanto, de uma província a outra. Em países unificados, como a França, ela é mais ou menos a mesma em todas as regiões, e esse nivelamento é máximo nas classes cultivadas[8].

Esses fatos, entretanto, não infirmam em absoluto nossa proposição. É certo que as diferentes sociedades tendem a se assemelhar mais; mas o mesmo não é verdade para os indivíduos que compõem cada uma delas. Há, hoje, menos distância que outrora entre o francês e o inglês em geral, mas isso não impede que os franceses de hoje difiram entre si muito mais do que os franceses de outrora. Do mesmo modo, é bem verdade que cada província tende a perder sua fisionomia distintiva; mas isso não impede cada indivíduo de adquirir cada vez mais uma que lhe é pessoal. O normando é menos diferente do gascão, este do loreno e do provençal, e todos eles só têm em comum doravante os traços comuns a todos os franceses; mas a diversidade que estes últimos, tomados em conjunto, apresentam não deixa de ter aumentado. Porque, se os poucos tipos provinciais que existiam outrora tendem a se fundir uns com os outros e a desaparecer, há, em seu lugar, uma multidão muito mais considerável de tipos individuais. Já não há tantas diferenças quantas são as grandes regiões, mas há quase tantas quantos são os indivíduos. Inversamente, onde cada província tem sua personalidade, o mesmo não se dá com os indivíduos. Elas podem ser muito heterogêneas umas em relação às outras, mas ser formadas apenas por elementos semelhantes, e é isso que se produz igualmente nas sociedades políticas. Do mesmo modo, no mundo biológico, os protozoários são tão distintos uns dos outros que é impossível classificá-los em espécies[9]; no entanto, cada um deles é composto de uma matéria perfeitamente homogênea.

Portanto, essa opinião se baseia numa confusão entre os tipos individuais e os tipos coletivos, tanto provinciais como nacionais. É incontestável que a civilização tende a nivelar os segundos; mas concluiu-se erroneamente daí que ela tem o mesmo efeito sobre os primeiros e que a uniformidade se torna geral. Longe de essas duas sortes de tipos variarem no mesmo sentido, veremos que a anulação de uns é a condição necessária para o aparecimento dos outros[10]. Ora, nunca há mais que um número restrito de tipos coletivos no seio de uma mesma sociedade, pois ela só pode compreender um pequeno número de raças e de regiões bastante diferentes para produzir tais dessemelhanças. Ao contrário, os indivíduos são capazes de se diversificar ao infinito. A diversidade é, pois, tanto maior quanto mais desenvolvidos forem os tipos individuais.

O que precede se aplica identicamente aos tipos profissionais. Há motivos para supor que eles perdem seu antigo relevo, que o abismo que separava outrora as profissões, sobretudo certas profissões entre si, está sendo preenchido. O que é certo, porém, é que, no interior de cada uma delas, as diferenças aumentaram. Cada um tem, cada vez mais acentuada, sua maneira de pensar e de fazer, aceita menos completamente a opinião comum da corporação. Ademais, se entre uma profissão e outra as diferenças são menos nítidas, elas são, em todo caso, mais numerosas, porque os próprios tipos profissionais se multiplicaram, à medida que o trabalho se dividia mais e mais. Se não se distinguem mais uns dos outros, salvo por simples nuances, pelo menos essas nuances são mais variadas. Assim, a diversidade não diminuiu, mesmo desse ponto de vista, muito embora já não se manifeste sob a forma de contrastes violentos e conflitantes.

Portanto, podemos estar certos de que, quanto mais recuamos na história, maior é a homogeneidade; por outro lado, quanto mais nos aproximamos dos tipos sociais mais elevados, mais se desenvolve a divisão do trabalho. Vejamos agora como variam, nos diversos graus da escala social, as duas formas do direito que distinguimos.

II

Tanto quanto possamos julgar o estado do direito nas sociedades totalmente inferiores, ele parece ser totalmente repressivo. "O selvagem", diz Lubbock, "não é livre em parte alguma. No mundo inteiro, a vida cotidiana do selvagem é regulada por grande quantidade de costumes (tão imperiosos quanto leis), complicados e não raro bastante incômodos, proibições e privilégios absurdos. Numerosos regulamentos severíssimos, muito embora não sejam escritos, englobam todos os atos da sua vida."[11] De fato, sabe-se com que facilidade, entre os povos primitivos, as maneiras de agir se consolidam em práticas tradicionais e, por outro lado, quão grande é, neles, a força da tradição. Os costumes dos ancestrais são cercados de tanto respeito, que não se pode fugir deles sem ser punido.

No entanto, tais observações carecem necessariamente de precisão, pois nada é tão difícil de se apreender quanto costumes tão instáveis. Para que nossa experiência seja conduzida com método, é preciso fazer que seja centrada, na medida do possível, em direitos escritos.

Os quatro últimos livros do Pentateuco – o Êxodo, o Levítico, os Números e o Deuteronômio – representam o mais antigo monumento desse gênero que possuímos[12]. Desses quatro ou cinco mil versículos, só num número relativamente ínfimo são expressas regras que, a rigor, podem ser consideradas não-repressivas. Eles se referem aos seguintes objetos:

Direito de propriedade: direito de resgate; jubileu; propriedade dos levitas (Levítico, XXV, 14-25, 29-34 e XXVII, 1-34).

Direito doméstico: casamento (Deut., XXI, 11-14; XXIII, 5; XXV, 5-10; Lev., XXI, 7, 13, 14); direito sucessório (Números,

XXVII, 8-11, e XXVI, 8; Deut., XXI, 15-17); escravidão de indígenas e estrangeiros (Deut., XV, 12-17; Êxodo, XXI, 2-11; Lev., XIX, 20; XXV, 39-44; XXXVI, 44-54).

Empréstimos e salários (Deut., XV, 7-9; XXIII, 19-20; XXIV, 6 e 10-13; XXV, 15).

Quase-delitos (Êxodo, XXI, 18-33 e 33-35; XXII, 6 e 10-17)[13].

Organização das funções públicas. Das funções dos sacerdotes (Números, X); dos levitas (Números, III e IV); dos anciãos (Deut., XXI, 19; XXII, 15; XXV, 7; XXX, 1; Lev., IV, 15); dos juízes (Êxodo, XVIII, 25; Deut., 1, 15-17).

O direito restitutivo e, sobretudo, o direito cooperativo reduzem-se, pois, a muito pouca coisa. Não é tudo. Entre as regras que acabamos de citar, muitas não são tão estranhas ao direito penal quanto se poderia crer à primeira vista, pois todas elas são marcadas por um caráter religioso. Todas emanam igualmente da divinidade; violá-las é ofendê-la, e tais ofensas são faltas que devem ser expiadas. O livro não distingue entre este ou aquele mandamento, mas todos são palavras divinas a que não se pode desobedecer impunemente. "Se não tiverdes cuidado de guardar todas as palavras desta lei, escritas neste livro, para temeres este nome glorioso e terrível, o Senhor teu Deus, então o Senhor fará terríveis as tuas pragas e as pragas de tua descendência" (Deut., XXVIII, 58-59). A inobservância, mesmo por motivo de erro, de um preceito qualquer constitui um pecado e reclama uma expiação. Ameaças desse gênero, cuja natureza penal não é duvidosa, sancionam inclusive diretamente algumas dessas regras que atribuímos ao direito restitutivo. Depois de ter decidido que a mulher divorciada não poderá mais ser retomada pelo marido se, depois de se ter casado de novo, ela se divorciar de novo, o texto acrescenta: "pois é abominação perante o Senhor; *assim não farás pecar a terra* que o Senhor teu Deus te dá por herança" (Deut., XXIV, 4). Do mesmo modo, eis o versículo em que é acertada a maneira como devem ser pagos os salários: "No seu dia lhe darás o seu salário, antes do pôr-do-sol; porquanto é pobre e disso depende a sua vida; *para que não clame contra ti ao Senhor e haja em ti pecado*" (Deut., XXIV, 15). As indenizações a que dão origem os quase-delitos parecem igualmente apresentadas como verdadeiras expiações. Assim, lê-se no Levítico: "Quem matar a alguém, será morto. Mas quem matar um animal, o restituirá: igual por igual... fratura por fratura, olho por olho, dente por dente."[14] A reparação do dano causado parece ser assimilada ao castigo do assassínio e ser vista como uma aplicação da lei de talião.

É verdade que há um certo número de preceitos cuja sanção não é especialmente indicada; mas já sabemos que ela é certamente penal. A natureza das expressões empregadas basta para prová-lo. Aliás, a tradição nos ensina que era infligido um castigo corporal a quem violasse um preceito negativo, quando a lei não enunciava formalmente uma pena[15]. Em resumo, em diversos graus, todo o direito hebreu, como o Pentateuco o dá a conhecer, está marcado por uma característica essencialmente repressiva. Ela é mais acentuada em certos lugares, mais latente em outros, mas sentimo-la presente em toda parte. Pois que todas as prescrições que o livro encerra são mandamentos de Deus, situados, por assim dizer, sob sua garantia direta, todas elas devem a essa origem um prestígio extraordinário, que as torna sacrossantas; por isso, quando são violadas, a consciência pública não se contenta com uma simples reparação, mas exige uma expiação que a vingue. Já que o que faz a natureza própria do direito penal é a autoridade das regras que ele sanciona e já que os homens nunca conheceram nem imaginaram autoridade mais alta que a que o crente atribui a seu Deus, um direito que se presume ser a palavra do próprio Deus não pode deixar de ser essencialmente repressivo. Pudemos dizer inclusive que todo direito penal é mais ou menos religioso, porque o que é sua alma é um sentimento de respeito por uma força superior ao homem individual, por um poder de certa forma transcendental, qualquer que seja o símbolo sob o qual ela se faça sentir às consciências, e esse sentimento também está na base de toda religiosidade. Eis por que, de maneira geral, a repressão domina todo o direito nas sociedades inferiores: porque a religião penetra toda a sua vida jurídica, como, de resto, toda a vida social.

Por isso, essa característica ainda é bastante acentuada nas leis de Manu. Basta ver a posição eminente que atribuem à justiça criminal no conjunto das instituições nacionais. "Para ajudar o rei em suas funções", diz Manu, "o Senhor produziu desde o princípio o gênio do castigo, protetor de todos os seres, executor da justiça, seu próprio filho, e cuja essência é toda divina. É o temor do castigo que permite que todas as criaturas móveis e imóveis desfrutem do que lhes é próprio e que as impede de se afastar de seus deveres... Todas as classes se corromperiam, todas as barreiras seriam derrubadas, o universo não seria mais que confusão, se o castigo não cumprisse mais seu dever."[16]

A lei das XII Tábuas se relaciona a uma sociedade já muito mais avançada[17] e mais próxima de nós do que era o povo hebreu. O que o prova é que a sociedade romana só chegou ao tipo da cidade depois de ter passado por aquele em que a sociedade judaica ficara fixada e de tê-lo superado; teremos a prova disso mais longe[18]. Outros fatos, aliás, atestam esse menor afastamento. Em primeiro lugar, encontramos na lei das XII Tábuas todos os principais germes de nosso direito atual, enquanto, por assim dizer, nada há em comum entre o direito hebraico e o nosso[19]. Em seguida, a lei das XII Tábuas é absolutamente laica. Se, na Roma primitiva, pretendeu-se que legisladores como Numa receberam sua inspiração da divindade e se, por conseguinte, o direito e a religião eram então intimamente mesclados, no momento em que foram redigidas as XII Tábuas essa aliança certamente cessara, porque esse monumento jurídico foi apresentado desde a origem como uma obra totalmente humana e que só visava às relações humanas. Encontramos aí apenas algumas disposições que concernem às cerimônias religiosas e, ainda assim, elas parecem ter sido admitidas na qualidade de leis suntuárias. Ora, o estado de dissociação mais ou menos completa em que se encontram o elemento jurídico e o elemento religioso é um dos melhores signos pelos quais podemos reconhecer se uma sociedade é mais ou menos desenvolvida do que outra[20].

Por isso, o direito criminal já não ocupa todo o espaço. As regras que são sancionadas por penas e as que têm apenas sanções restitutivas são, desta vez, bem distintas umas das outras. O direito restitutivo desprendeu-se do direito repressivo, que o absorvia primitivamente; ele agora tem suas características próprias, sua constituição pessoal, sua individualidade. Existe como espécie jurídica distinta, munida de órgãos especiais, de um processo especial. O próprio direito cooperativo faz sua aparição: encontramos nas XII Tábuas um direito doméstico e um direito contratual.

Todavia, se o direito penal perdeu sua preponderância primitiva, seu papel continua sendo grande. Dos 115 fragmentos dessa lei que Voigt conseguiu reconstituir, apenas 66 podem ser atribuídos ao direito restitutivo e 49 têm um caráter penal acentuado[21]. Por conseguinte, o direito penal representa quase a metade desse código, tal como chegou até nós; no entanto, o que dele nos resta só pode nos proporcionar uma idéia bastante incompleta da importância que o direito repressivo tinha no momento em que foi redigido. Porque foram as partes consagradas a esse direito que devem ter se perdido mais facilmente. É quase exclusivamente aos juristas da época clássica que devemos os fragmentos que nos foram conservados; ora, eles se interessavam muito mais pelos problemas do direito civil do que pelas questões do direito criminal. Este não se presta às belas controvérsias que, em todos os tempos, foram a paixão dos juristas. Essa indiferença geral de que era objeto deve ter tido por efeito fazer cair no esquecimento boa parte do antigo direito penal de Roma. Aliás, mesmo o texto autêntico e completo da lei das XII Tábuas não o continha, por certo, integralmente. Porque ela não falava nem dos crimes religiosos, nem dos crimes domésticos, que eram julgados, ambos, por tribunais particulares, nem dos atentados contra os costumes. Enfim, é preciso levar em conta a preguiça que o direito penal tem, por assim dizer, para se codificar. Como está gravado em todas as consciências, não se sente a necessidade de escrevê-lo para fazê-lo conhecer. Por todas essas razões, temos o direito de presumir que, mesmo no século IV de Roma, o direito penal ainda representava a maior parte das regras jurídicas.

Essa preponderância é ainda muito mais certa e mais acentuada se a compararmos não a todo o direito restitutivo, mas apenas à parte desse direito que corresponde à solidariedade orgânica. Com efeito, nesse momento, a única organização já bem avançada é a do direito doméstico; o direito processual, por ser incômodo, não é nem variado, nem complexo; o direito contratual apenas começa a nascer. "O pequeno número de contratos reconhecido pelo direito antigo", diz Voigt, "contrasta da maneira mais notável com a multidão das obrigações que nascem do delito."[22] Quanto ao direito público, além de ser bastante simples, ele possui, em grande parte, um caráter penal, porque conservou um caráter religioso.

A partir dessa época, o direito repressivo não parou de perder sua importância relativa. Por um lado, supondo-se inclusive que não tenha regredido em grande número de pontos, que muitos atos originalmente tidos como criminosos não tenham cessado de ser reprimidos – e o contrário é certo, no que concerne aos delitos religiosos –, pelo menos ele não aumentou sensivelmente: sabemos que os principais tipos criminológicos do direito romano estão constituídos desde a época das XII Tábuas. Já o direito contratual, o direito processual e o direito público adquiriram uma extensão cada vez maior. À medida que avançamos, vemos as raras e magras fórmulas que a lei das XII Tábuas continha sobre esses diferentes pontos se desenvolverem e se multiplicarem até se transformarem nos volumosos sistemas da época clássica. O próprio direito doméstico se complica e se diversifica à medida que, ao direito civil primitivo, vem se somar pouco a pouco o direito pretoriano.

A história das sociedades cristãs oferece-nos outro exemplo do mesmo fenômeno. Sumner Maine já conjeturara que, comparando umas às outras as diferentes leis bárbaras, veríamos que a importância do direito penal é tanto maior quanto mais antigas são essas leis[23]. Os fatos confirmam essa presunção.

A lei sálica refere-se a uma sociedade menos desenvolvida do que era a Roma do século IV. Porque, se, como esta última, ela já superou o tipo social em que se detivera o povo hebreu, está, no entanto, menos completamente separada deste. Os vestígios são muito mais aparentes, como mostraremos adiante. Assim, o direito penal tinha uma importância muito maior. Dos 293 artigos de que é composto o texto da lei sálica, tal como está editado por Waitz[24], apenas 25 (ou seja, cerca de 9%) não possuem esse caráter repressivo: são os artigos referentes à constituição da família franca[25]. O contrato ainda não está emancipado do direito penal, porque a recusa a executar no dia estabelecido o compromisso contratado dá lugar a uma multa. Mas a lei sálica contém apenas uma parte do direito penal dos francos, pois concerne unicamente aos crimes e delitos para os quais é permitida a composição. Ora, havia certamente crimes e delitos que não podiam ser resgatados. Basta pensar que a *Lex* não contém uma só palavra nem sobre os crimes contra o Estado, nem sobre os crimes militares, nem sobre os crimes contra a religião, e a preponderância do direito repressivo se mostrará mais considerável ainda[26].

Ela já é menor na lei dos burgúndios, que é mais recente. Dos 311 artigos, contamos 98, isto é, cerca de um terço, que não apresentam nenhum caráter penal. Mas o aumento refere-se apenas ao direito doméstico, que se complicou, tanto no que concerne ao direito das coisas, quanto no que diz respeito ao das pessoas. O direito contratual não é muito mais desenvolvido do que na lei sálica.

Enfim, a lei dos visigodos, cuja data é ainda mais recente e que se refere a um povo ainda mais cultivado, atesta um novo progresso no mesmo sentido. Conquanto o direito penal nela ainda predomine, o direito restitutivo tem uma importância quase igual. De fato, encontramos nela todo um código processual (liv. I e II), um direito matrimonial e um direito doméstico já bastante desenvolvidos (liv. III, tít. I e VI; liv. IV). Enfim, pela primeira vez, todo um livro, o quinto, é consagrado às transações.

A ausência de codificação não nos permite observar com a mesma precisão esse duplo desenvolvimento em toda a seqüência de nossa história, mas é incontestável que ele prosseguiu na mesma direção. Desde essa época, de fato, o catálogo jurídico dos crimes e delitos já é bastante completo. Ao contrário, o direito doméstico, o direito contratual, o direito processual e o direito público desenvolveram-se sem interrupção, e foi assim que, finalmente, a relação entre as duas partes do direito que comparamos se inverteu.

O direito repressivo e o direito cooperativo variam, pois, exatamente como previa a teoria, que se acha assim confirmada. É verdade que se atribuiu, por vezes, a uma outra causa essa predominância do direito penal nas sociedades inferiores; ela foi explicada "pela violência habitual nas sociedades que começam a escrever suas leis. O legislador, segundo se diz, dividiu sua obra proporcionalmente à freqüência de certos acidentes da vida bárbara"[27]. Sumner Maine, que cita essa explicação, não a acha completa; na realidade, ela não é apenas incompleta, ela é errada. Em primeiro lugar, ela faz do direito uma criação artificial do legislador, pois teria sido instituído para contradizer os usos públicos e reagir contra eles. Ora, essa concepção não é mais sustentável hoje em dia. O direito exprime os costumes e, se reage contra eles, é com a força que deles tirou. Onde os atos de violência são freqüentes, eles são tolerados; sua delituosidade é inversamente proporcional à sua freqüência. Assim, entre os povos inferiores, os crimes contra as pessoas são mais ordinários do que em nossas sociedades civilizadas; por isso, eles se encontram no último grau da escala penal. Quase podemos dizer que os atentados são tanto mais severamente punidos quanto mais raros forem. Ademais, o que explica o estado pletórico do direito penal primitivo não é que nossos crimes de hoje sejam, nele, objeto de disposições mais extensas, e sim que existe uma criminalidade luxuriante, própria dessas sociedades, a qual não poderia ser explicada pela pretendida violência delas: delitos contra a fé religiosa, contra o rito, contra o cerimonial, contra as tradições de todo tipo, etc. A verdadeira razão desse desenvolvimento das regras repressivas é, pois, que, nesse momento da evolução, a consciência coletiva é extensa e forte, ao passo que o trabalho ainda não é dividido.

Colocados esses princípios, a conclusão vai emanar deles por si mesma.

CAPÍTULO V

PREPONDERÂNCIA PROGRESSIVA DA SOLIDARIEDADE ORGÂNICA E SUAS CONSEQÜÊNCIAS

I

De fato, basta dar uma olhada em nossos Códigos para constatar a reduzida importância que o direito repressivo ocupa em relação ao direito cooperativo. O que é o primeiro comparado a esse vasto sistema formado pelo direito doméstico, o direito contratual, o direito comercial, etc.? Portanto, o conjunto das relações submetidas a uma regulamentação penal representa apenas a menor fração da vida geral e, por conseguinte, os vínculos que nos ligam à sociedade e que derivam da comunidade das crenças e dos sentimentos são muito menos numerosos do que os que resultam da divisão do trabalho.

É verdade, como já observamos, que a consciência comum e a solidariedade que ela produz não são expressas integralmente pelo direito penal: a primeira cria vínculos diferentes daqueles cuja ruptura ele reprime. Há estados menos fortes ou mais vagos da consciência coletiva que fazem sentir sua ação por intermédio dos costumes, da opinião pública, sem que nenhuma sanção legal seja vinculada a eles e que, no entanto, contribuem para assegurar a coesão da sociedade. Mas o direito cooperativo tampouco exprime todos os vínculos que a divisão do trabalho engendra, porque ele igualmente só nos proporciona, de toda essa parte da vida social, uma representação esquemática. Numa multidão de casos, as relações de dependência mútua que unem as funções divididas são reguladas apenas pelos usos, e essas regras não escritas por certo superam em número as que servem de prolongamento ao direito repressivo, porque elas devem ser tão diversas quanto as próprias funções sociais. A relação entre umas e outras é, portanto, a mesma que a dos dois direitos que elas completam; por conseguinte, podemos fazer abstração dela sem que o resultado do cálculo seja modificado.

No entanto, se só tivéssemos constatado essa relação em nossas sociedades atuais e no momento preciso de sua história a que chegamos, poderíamos nos perguntar se ela não se deve a causas temporárias e, quem sabe, patológicas. Mas acabamos de ver que, quanto mais próximo do nosso é um tipo social, mais o direito cooperativo torna-se predominante; ao contrário, o direito penal ocupa uma posição tanto maior quanto mais nos afastamos de nossa organização atual. Portanto, isso se explica por esse fenômeno estar ligado, não a alguma causa acidental e mais ou menos mórbida, mas à estrutura de nossas sociedades no que ela tem de mais essencial, pois ele se desenvolve tanto mais, quanto mais ela se determina. Assim, a lei que estabelecemos em nosso capítulo precedente nos é duplamente útil. Além de ter confirmado os princípios em que se baseia nossa conclusão, ela nos permite estabelecer a generalidade desta última.

Contudo, dessa simples comparação ainda não podemos deduzir qual é a parte da solidariedade orgânica na coesão geral da sociedade. De fato, o que faz que o indivíduo seja mais ou menos intimamente ligado a seu grupo não é apenas a multiplicidade maior ou menor dos pontos de vinculação, mas também a intensidade variável das forças que o mantêm vinculado a eles. Portanto, seria possível que os vínculos resultantes da divisão do trabalho, apesar de mais numerosos, fossem mais fracos que os demais e que a energia superior destes compensasse sua inferioridade numérica. Mas a verdade é o contrário.

De fato, o que mede a força relativa dos dois vínculos sociais é a facilidade desigual com a qual se rompem. O menos resistente é, evidentemente, o que se rompe com a menor pressão. Ora, é nas sociedades inferiores, em que a solidariedade por semelhanças é a única ou quase a única, que essas rupturas são mais freqüentes e mais fáceis. "No início, muito embora seja, para o homem, uma necessidade unir-se a um grupo, ele não é obrigado a permanecer unido a esse mesmo grupo", diz Spencer. "Os calmucos e os mongóis abandonam seu chefe quando acham sua autoridade opressiva e bandeiamse a outros. Os abipones deixam seu chefe sem lhe pedir permissão e sem que este denote descontentamento com isso, e vão com a família para onde lhes apraz."[1] Na África do Sul, os balondas passam sem cessar de uma parte a outra do país. Mac Culloch observou os mesmos fatos entre os kukis. Entre os germanos, todo homem que apreciava a guerra podia fazer-se soldado sob um chefe de sua escolha. "Nada era mais ordinário e parecia mais legítimo. Um homem se erguia no meio de uma assembléia; anunciava que ia fazer uma expedição em determinado lugar, contra determinado inimigo; os que tinham confiança nele e que desejavam o butim aclamavam-no como chefe e o seguiam... O vínculo social era demasiado fraco para reter os homens, a seu malgrado, contra as tentações da vida errante e do ganho."[2] Waitz diz de uma maneira geral das sociedades inferiores que, mesmo onde um poder dirigente está constituído, cada indivíduo conserva independência bastante para se separar num instante de seu chefe "e se erguer contra ele, se for bastante poderoso para tanto, sem que tal ato seja tido como criminoso"[3]. Mesmo que o governo seja despótico, diz o mesmo autor, cada um sempre tem a liberdade de fazer secessão com sua família. A regra segundo a qual o romano, feito prisioneiro pelos inimigos, deixava de fazer parte da cidade, acaso também não se explicaria pela facilidade com a qual o vínculo social então podia ser rompido?

Bem diferentes são as coisas à medida que o trabalho se divide. As diversas partes do agregado, por cumprirem funções diferentes, não podem ser facilmente separadas. "Caso se separasse do Middlesex os seus arredores", diz Spencer, "todas as suas operações se deteriam ao cabo de alguns dias, por falta de materiais. Separem de Liverpool e dos outros centros, o distrito em que se trabalha o algodão, e sua indústria parará, pois sua população perecerá. Separem as populações mineiras das populações vizinhas, que fundem metais ou fabricam tecidos de vestuário à máquina, e logo estas morrerão socialmente, pois morrerão individualmente. Sem dúvida, quando uma sociedade civilizada sofre tamanha divisão que uma de suas partes permanece privada de uma agência central que exerça a autoridade, ela não tarda a criar outra; mas corre um grande risco de dissolução e, antes de reconstituir uma autoridade suficiente, a reorganização está exposta a permanecer por muito tempo num estado de desordem e de fraqueza."[4] É por esse motivo que as anexações violentas, tão freqüentes outrora, tornam-se cada vez mais operações delicadas e de êxito incerto. É que, hoje, arrancar uma província de um país equivale a retirar um ou vários órgãos de um organismo. A vida da região anexada é profundamente perturbada, separada que fica dos órgãos essenciais de que dependia; ora, tais mutilações e tais perturbações determinam necessariamente dores duradouras cuja lembrança não se apaga. Mesmo para o indivíduo isolado, não é fácil mudar de nacionalidade, apesar da maior similitude das diferentes civilizações[5].

A experiência inversa não seria menos demonstrativa. Quanto mais débil a solidariedade, isto é, quanto mais frouxa a trama social, mais deve ser fácil também a incorporação dos elementos estrangeiros nas sociedades. Ora, entre os povos inferiores, a naturalização é a operação mais simples do mundo. Entre os índios da América do Norte, todo membro do clã tem o direito de nele introduzir novos membros por meio da adoção. "Os cativos capturados na guerra ou são mortos, ou adotados pelo clã. As mulheres e crianças feitas prisioneiras são regularmente objeto da clemência. A adoção não confere apenas os direitos da gentilidade (direitos do clã), mas também a nacionalidade da tribo."[6] Sabe-se com que facilidade, em Roma, concedia-se originalmente o direito de cidadania à gente sem asilo e aos povos que ela conquistou[7]. Foi, aliás, por meio de incorporações desse gênero que as sociedades primitivas cresceram. Para que fossem tão penetráveis assim, era necessário que não tivessem de sua unidade e de sua personalidade um sentimento muito forte[8]. O fenômeno contrário observa-se onde as funções são especializadas. O estrangeiro, sem dúvida, pode muito bem se introduzir de forma provisória na sociedade, mas a operação pela qual é assimilado, a saber, a naturalização, torna-se longa e complexa. Ela não é mais possível sem um assentimento do grupo, solenemente manifestado e subordinado a condições especiais[9].

Pode causar surpresa que um vínculo que prenda o indivíduo à comunidade, a ponto de absorvê-lo, possa se romper ou se atar com essa facilidade. Mas o que faz a rigidez de um vínculo social não é o que faz sua força de resistência. Do fato de que as partes do agregado, quando unidas, só se movem em conjunto, não decorre que sejam obrigadas a permanecer unidas ou perecer. Ao contrário, como não necessitam umas das outras, como cada um traz em si tudo o que faz a vida social, pode transportá-la a outro lugar, tanto mais facilmente por essas secessões se fazerem em geral por bandos; porque o indivíduo é, então, constituído de tal sorte que só pode mover-se em grupo, inclusive para se separar de seu grupo. Por sua vez, a sociedade exige de cada um de seus membros, enquanto dela fizerem parte, a uniformidade das crenças e das práticas; mas, como pode perder certo número de seus sujeitos sem que a economia de sua vida interior fique perturbada com isso, porque o trabalho social está pouco dividido, ela não se opõe fortemente a essas diminuições. Do mesmo modo, onde a solidariedade deriva apenas das semelhanças, quem não se afasta demais do tipo coletivo é, sem resistência, incorporado ao agregado. Não há motivos para repeli-lo e, mesmo, se há lugares vazios, há razões para atraí-lo. Mas onde a sociedade forma um sistema de partes diferenciadas e que se completam mutuamente, novos elementos não podem inserir-se nos antigos sem perturbar essa harmonia, sem alterar essas relações e, por conseguinte, o organismo oferece resistência contra intrusões que não se podem produzir sem perturbações.

II

Não só, de maneira geral, a solidariedade mecânica liga os homens menos fortemente do que a solidariedade orgânica, como também, à medida que avançamos na evolução social, ela vai se afrouxando cada vez mais.

De fato, a força dos vínculos sociais que têm essa origem varia em função das três condições seguintes:

1.º A relação entre o volume da consciência comum e o da consciência individual. Sua energia é tanto maior quanto mais completamente a primeira se sobrepõe à segunda.

2.º A intensidade média dos estados da consciência coletiva. Supondo-se igual, a relação dos volumes, a consciência coletiva age tanto mais sobre o indivíduo quanto maior for a sua vitalidade. Se, ao contrário, for constituída apenas de impulsos fracos, ela o arrasta fracamente para o sentido coletivo. Portanto, o indivíduo terá tanto maior facilidade para seguir seu sentido próprio, e a solidariedade será menos forte.

3.º A determinação maior ou menor desses mesmos estados. Com efeito, quanto mais definidas as crenças e as práticas, menos elas deixam espaço para as divergências individuais. Elas são moldes uniformes em que vazamos todos, uniformemente, nossas idéias e nossas ações. Portanto, o consenso é tão perfeito quanto possível; todas as consciências vibram em uníssono. Inversamente, quanto mais as regras de conduta e as regras do pensamento são gerais e indeterminadas, mais a reflexão individual deve intervir para aplicá-las aos casos particulares. Ora, ela não pode despertar sem que as dissidências se manifestem, porque, como varia de um homem a outro em qualidade e quantidade, tudo o que ela produz tem o mesmo caráter. As tendências centrífugas vão se multiplicando, pois, à custa da coesão social e da harmonia dos movimentos.

Por outro lado, os estados fortes e definidos da consciência comum são raízes do direito penal. Ora, veremos que o número destas últimas é menor hoje do que outrora e que ele diminui progressivamente à medida que as sociedades se aproximam de nosso tipo atual. Isso significa, pois, que a intensidade média e o grau médio de determinação dos estados coletivos diminuíram. Disso, é verdade, não podemos concluir que a extensão total da consciência comum tenha se estreitado, pois pode acontecer que a região a que o direito penal corresponde se tenha contraído e que o resto, ao contrário, tenha-se dilatado. Pode haver menos estados fortes e definidos, e, em compensação, um número maior de outros estados. Mas esse aumento, se é real, é no máximo equivalente àquele que se produziu na consciência individual, porque esta pelo menos ampliou-se nas mesmas proporções. Se há mais coisas comuns a todos, também há muito mais que são pessoais a cada um. Há mesmo toda razão de crer que as últimas aumentaram mais que as outras, porque as dessemelhanças entre os homens se tornaram mais pronunciadas à medida que eles se cultivaram. Acabamos de ver que as atividades especiais se desenvolveram mais do que a consciência comum; portanto, é pelo menos provável que, em cada consciência particular, a esfera pessoal tenha-se ampliado muito mais do que a outra. Em todo caso, a relação entre elas no máximo permaneceu a mesma; por conseguinte, desse ponto de vista, a solidariedade mecânica não ganhou nada, se é que nada perdeu. Portanto, se, por um lado, estabelecemos que a consciência coletiva tornou-se mais fraca e mais vaga, poderemos estar certos de que há um enfraquecimento dessa solidariedade, pois, das três condições de que depende sua força de ação, pelo menos duas perdem sua intensidade, permanecendo a terceira imutada.

Para fazer essa demonstração, de nada nos serviria comparar o número de regras à sanção repressiva nos diferentes tipos sociais, pois ele não varia exatamente como o dos sentimentos que elas representam. Um mesmo sentimento pode, com efeito, ser ofendido de várias maneiras diferentes e dar origem, assim, a várias regras, sem se diversificar com isso. Como há, agora, mais maneiras de adquirir a propriedade, também há mais maneiras de roubar; no entanto, o sentimento do respeito à propriedade alheia nem por isso se multiplicou. Como a personalidade individual se desenvolveu e compreende maior número de elementos, há mais atentados possíveis contra ela; mas o sentimento que estes ofendem é sempre o mesmo. Logo, não temos de enumerar as regras, mas sim de agrupá-las em classes e subclasses, segundo se refiram ao mesmo sentimento ou a sentimentos diferentes, ou a variedades diferentes de um mesmo sentimento. Constituiremos, assim, os tipos criminológicos e suas variedades essenciais, cujo número é necessariamente igual ao dos estados fortes e definidos da consciência comum. Quanto mais estes são numerosos, mais também deve haver espécies criminais e, por conseguinte, mais as variações de umas refletem exatamente as dos outros. Para fixar as idéias, reunimos no quadro seguinte os principais desses tipos e as principais variedades que foram reconhecidos nas diferentes espécies de sociedades. É evidente que tal classificação não poderia ser nem muito completa, nem perfeitamente rigorosa; no entanto, para a conclusão que queremos tirar, sua exatidão é suficiente. De fato, ela compreende certamente todos os tipos criminológicos atuais; corremos apenas o risco de haver omitido alguns dos que desapareceram. Mas, como queremos justamente demonstrar que seu número diminuiu, essas omissões seriam tão-só um argumento a mais a favor de nossa proposição.

Regras que proíbem atos contrários a sentimentos coletivos

I
COM OBJETOS GERAIS

- *Sentimentos religiosos*
  - Positivos (Impondo a prática da religião)
  - Negativos[10]
    - Relativos às crenças sobre o divino
    - – ao culto
    - – aos órgãos do culto
      - Santuário
      - Sacerdotes

- *Sentimentos nacionais*
  - Positivos (Obrigações cívicas positivas)
  - Negativos (Traição, guerra civil etc.)

- *Sentimentos domésticos*
  - Positivos
    - Paternos e filiais
    - Conjugais
    - De parentesco em geral
  - Negativos – Os mesmos

- *Sentimentos relativos às relações sexuais*
  - Uniões proibidas
    - Incesto
    - Sodomia
    - Casamentos desiguais
  - Prostituição
  - Atentado ao pudor público
  - Atentado ao pudor dos menores

- *Sentimentos relativos ao trabalho*
  - Mendicidade
  - Vagabundagem
  - Alcoolismo[11]
  - Regulamentação penal do trabalho

- *Sentimentos tradicionais diversos*
  - Relativos a certos usos profissionais.
  - – à sepultura
  - – à alimentação
  - – ao costume
  - – ao cerimonial
  - – aos usos das mais diversas espécies

Sentimentos relativos ao órgão da consciência comum	Enquanto ofendidos diretamente	Lesa-majestade. Complôs contra o poder legítimo. Ultrajes, violências contra a autoridade. Rebelião.
	Indiretamente[12]	Intromissão dos particulares nas funções públicas. Usurpação. Estelionato. Prevaricação dos funcionários e diversas faltas profissionais. Fraudes em detrimento do Estado. Desobediências de todo tipo (contravenções administrativas).

II
COM OBJETOS INDIVIDUAIS

Sentimentos relativos à pessoa do indivíduo	Assassinatos, ferimentos – Suicídio	
	Liberdade Individual	Física Moral (pressão no exercício dos direitos cívicos)
	Honra	Injúrias, calúnias Falsos testemunhos

As coisas do indivíduo	Roubos, Vigarice, Abuso de confiança Fraudes diversas

Sentimentos relativos a uma generalidade de indivíduos, seja em suas pessoas, seja em seus bens	Falsificação de moeda. Falência Incêndio Banditismo. Pilhagem Saúde pública

III

Basta dar uma olhada nesse quadro para reconhecer que um grande número de tipos criminológicos dissolveu-se progressivamente.

Hoje, a regulamentação da vida doméstica quase inteira perdeu todo e qualquer caráter penal. As únicas exceções são as proibições do adultério e da bigamia. Ainda assim, o adultério ocupa na lista de nossos crimes uma posição totalmente excepcional, pois o marido tem o direito de isentar da pena a mulher condenada. Quanto aos deveres dos demais membros da família, não têm mais sanção repressiva. Não era assim antigamente. O decálogo faz da piedade filial uma obrigação social. Assim, o fato de bater em seus pais[13] ou amaldiçoá-los[14], ou de desobedecer ao pai[15], era punido com a morte.

Na cidade ateniense, que, embora pertencendo ao mesmo tipo da cidade romana, representa uma variedade mais primitiva, da mesma, a legislação sobre esse ponto tinha o mesmo caráter. As faltas para com os deveres familiares davam motivo a uma queixa especial, a [γραφὴ κακώσεως]. "Os que maltratavam ou insultavam seus pais ou seus ascendentes, que não lhes proporcionavam os meios de existência de que necessitavam, que não lhes davam funerais proporcionais à dignidade de suas famílias... podiam ser perseguidos pela [γραφὴ κακώσεως]."[16] Os deveres dos parentes para com o órfão ou a órfã eram sancionados por ações do mesmo gênero. No entanto, as penas sensivelmente menores que puniam esses delitos atestam que os sentimentos correspondentes não tinham, em Atenas, a mesma força ou a mesma determinação que na Judéia[17].

Enfim, em Roma, uma nova e ainda mais acentuada regressão se manifesta. As únicas obrigações familiares que a lei penal consagra são as que vinculam o cliente ao patrono e reciprocamente[18]. Quanto às outras faltas domésticas, só são punidas disciplinarmente pelo pai de família. Sem dúvida, a autoridade de que ele dispõe permite-lhe reprimi-las de forma severa; mas, quando ele usa assim de seu poder, não o faz como funcionário público, como magistrado encarregado de fazer respeitar em sua casa a lei geral do Estado, mas é como particular que age[19]. Essas variedades de infração tendem, pois, a se tornar problemas puramente privados, de que a sociedade se desinteressa. Assim, pouco a pouco, os sentimentos domésticos saíram da parte central da consciência comum[20].

Foi essa a evolução dos sentimentos relativos às relações entre os sexos. No Pentateuco, os atentados contra os costumes ocupam um espaço considerável. Uma multidão de atos que nossa legislação não mais reprime são tratados como crimes: a corrupção da noiva (Deuteronômio, XXII, 23-27), a união com uma escrava (Levítico, XIX, 20-22), a fraude da moça deflorada que se apresenta como virgem no casamento (Deuteronômio, XXII, 13-21), a sodomia (Levítico, XVIII, 22), a bestialidade (Êxodo, XXII, 19), a prostituição (Levítico, XIX, 29), em especial a prostituição das filhas de sacerdotes (*ibid.*, XXI, 19), e o incesto – o Levítico (XVII) conta nada menos de dezessete casos de incesto. Todos esses crimes são, ademais, objeto de penas severíssimas; na maioria dos casos, a morte. Já são menos numerosos no direito ateniense, que não reprime senão a pederastia paga, o proxenetismo, o comércio com uma cidadã honesta fora do casamento, enfim, o incesto, conquanto estejamos mal-informados sobre as características constitutivas do ato incestuoso. As penas também eram, geralmente, menos elevadas. Na cidade romana, a situação é mais ou menos a mesma, conquanto toda essa parte da legislação seja mais indeterminada: dir-se-ia que ela perde seu destaque. "A pederastia, na cidade primitiva", diz Rein, "sem ser prevista pela lei, era punida pelo povo, os censores ou o pai de família, com a morte, a multa ou a infâmia."[21] Mais ou menos a mesma coisa sucedia com o *stuprum* ou comércio ilegítimo com uma matrona. O pai tinha o direito de punir sua filha; o povo punia com uma multa ou com o exílio o mesmo crime, com base em queixa dos edis[22]. Parece que a repressão desses delitos já é, em parte, coisa doméstica e privada. Enfim, hoje, esses sentimentos não têm mais eco no direito penal, a não ser em dois casos: quando são ofendidos publicamente ou na pessoa de um menor, incapaz de se defender[23].

A classe das regras penais que designamos na rubrica *tradições diversas* representa, na realidade, uma multidão de tipos criminológicos distintos, correspondentes a sentimentos coletivos diferentes. Ora, todos eles, ou quase todos, desapareceram progressivamente. Nas sociedades simples, em que a tradição é onipotente e em que quase tudo é em comum, os usos mais pueris tornam-se, pela força do hábito, deveres imperativos. Em Tonquim, há um grande número de faltas para com o decoro que são mais severamente reprimidas do que graves atentados contra a sociedade[24]. Na China, pune-se o médico que não redigiu regularmente sua receita[25]. O Pentateuco está cheio de prescrições do mesmo gênero. Sem falar num grande número de práticas semi-religiosas, cuja origem é evidentemente histórica e cuja força vem toda da tradição, a alimentação[26], o vestuário[27], mil detalhes da vida econômica são submetidos a uma regulamentação extensa[28]. A mesma coisa sucedia, até certo ponto, nas cidades gregas. "O Estado", diz Fustel de Coulanges, "exercia sua tirania até nas menores coisas. Em Locres, a lei vedava aos homens beber vinho puro. Era comum que o vestuário fosse invariavelmente fixado pelas leis de cada cidade; a legislação de Esparta regulamentava o penteado das mulheres e a de Atenas lhes proibia levar em viagem mais de três vestidos. Em Rodes, a lei proibia que os homens se barbeassem; em Bizâncio, ela punia com uma multa quem tivesse em casa uma navalha; em Esparta, ao contrário, ela exigia que os homens raspassem o bigode."[29] Mas o número desses delitos já é bem menor; em Roma, não se cita nenhum, salvo algumas prescrições suntuárias relativas às mulheres. Em nossos dias, cremos seria difícil descobrir tais prescrições em nosso direito.

Mas a perda mais importante do direito penal é a que se deve ao desaparecimento total, ou quase total, dos crimes religiosos. Eis, pois, todo um mundo de sentimentos que deixou de contar entre os estados fortes e definidos da consciência comum. Sem dúvida, quando nos contentamos em comparar nossa legislação sobre essa matéria com a dos tipos sociais inferiores tomados em bloco, essa regressão parece tão acentuada que até duvidamos que seja normal e duradoura. Contudo, quando seguimos de perto o desenvolvimento dos fatos, constatamos que essa eliminação foi regularmente progressiva. Vemo-la tornar-se cada vez mais completa, à medida que se passa de um tipo social a outro mais elevado; por conseguinte, é impossível que ela se deva a um acidente fortuito.

Não poderíamos enumerar todos os crimes religiosos que o Pentateuco distingue e reprime. O hebreu devia obedecer a todos os mandamentos da Lei, sob pena de supressão. "Mas a pessoa que fizer alguma coisa atrevidamente... será eliminada do meio do seu povo."[30] A esse título, não só ele era obrigado a não fazer nada que fosse proibido, mas ainda a fazer tudo o que era prescrito, circuncidar a si e aos seus, celebrar o sábado, as festas, etc. Não precisamos lembrar quão numerosas são essas prescrições e com que penas terríveis são sancionadas.

Em Atenas, a importância da criminalidade religiosa ainda era muito grande; havia uma acusação especial, a [γραφὴ ἀσεβείας], destinada a processar os atentados contra a religião nacional. Sua esfera era certamente bastante extensa. "De acordo com todas as aparências, o direito ático não definira nitidamente os crimes e os delitos que deviam ser qualificados de ἀσέβεια, de tal sorte que era deixada grande latitude para a apreciação do juiz."[31] No entanto, sua lista era decerto menos longa do que no direito hebraico. Ademais, são todos, ou quase todos, delitos de ação, não de abstenção. Os principais citados são, com efeito, os seguintes: a negação das crenças relativas aos deuses, à sua existência, a seu papel nos assuntos humanos; a profanação das festas, dos sacrifícios, dos jogos, dos templos e dos altares; a violação do direito de asilo, as faltas aos deveres para com os mortos, a omissão ou a alteração das práticas rituais pelo sacerdote, o fato de iniciar o vulgo no segredo dos mistérios, de arrancar oliveiras sagradas, a freqüentação dos templos pelas pessoas às quais o acesso a eles é vedado[32]. Portanto, o crime não consistia em não celebrar o culto, mas em perturbá-lo com atos positivos ou palavras[33]. Enfim, não está provado que a introdução de novas divindades tivesse regularmente a necessidade de ser autorizada e fosse tratada de impiedade, muito embora a elasticidade natural dessa acusação houvesse por vezes permitido fazê-lo em tal caso[34]. É evidente, aliás, que a consciência religiosa devia ser menos intolerante na pátria dos sofistas e de Sócrates do que numa sociedade teocrática como era o povo hebreu. Para que a filosofia nela tenha podido nascer e desenvolver-se, foi preciso que as crenças tradicionais não fossem fortes o bastante para impedir sua eclosão.

Em Roma, elas pesam muito menos ainda sobre as consciências individuais. Fustel de Coulanges insistiu justamente sobre o caráter religioso da sociedade romana; mas, comparado com os povos anteriores, o Estado romano era muito menos penetrado de religiosidade[35]. As funções políticas, separadas muito cedo das funções religiosas, subordinaram-nas a si. "Graças a essa preponderância do princípio político e ao caráter político da religião romana, o Estado só prestava à religião seu apoio na medida em que os atentados dirigidos contra ela ameaçavam-no indiretamente. As crenças religiosas de Estados estrangeiros ou de estrangeiros que viviam no Império romano eram toleradas, caso se encerrassem em seus limites e não comprometessem muito intimamente o Estado."[36] Mas este intervinha se cidadãos se voltassem para divindades estrangeiras e, com isso, prejudicassem a religião nacional. "Todavia, esse ponto era tratado menos como uma questão de direito do que como um interesse da alta administração; intervinha-se contra esses atos, conforme a exigência das circunstâncias, por meio de editos de advertência e de proibição, ou por castigos que iam até a morte."[37] Os processos religiosos certamente não tiveram tanta importância na justiça criminal de Roma quanto na de Atenas. Não encontramos aí nenhuma instituição jurídica que recorde a γραφὴ ἀσεβείας.

Não apenas os crimes contra a religião são mais nitidamente determinados e menos numerosos, como muitos deles decaíram um ou vários graus. De fato, os romanos não os colocavam todos no mesmo pé, mas distinguiam os *scelera expiabilia* dos *scelera inexpiabilia*. Os primeiros necessitavam apenas de uma expiação, que consistia num sacrifício oferecido aos deuses[38]. Sem dúvida, esse sacrifício era uma pena, na medida em que o Estado podia exigir sua consumação, porque a nódoa com que o culpado se maculara contaminava a sociedade e corria o risco de atrair sobre esta a cólera dos deuses. Mas é uma pena de caráter bem diferente da morte, do confisco, do exílio etc. Ora, essas faltas tão facilmente remissíveis estavam entre as que o direito ateniense reprimia com a maior severidade. Eram elas:

1.º A profanação de qualquer *locus sacer*;

2.º A profanação de qualquer *locus religiosus*;

3.º O divórcio em caso de casamento *per confarreationem*;

4.º A venda de um filho nascido de tal casamento;

5.º A exposição de um morto aos raios do sol;

6.º A consumação, sem má intenção, de qualquer um dos *scelera inexpiabilia*.

Em Atenas, a profanação dos templos, a mais ínfima perturbação das cerimônias religiosas, por vezes até a menor infração ao ritual[39] eram punidos com o último suplício.

Em Roma, só havia penas verdadeiras contra os atentados que eram, ao mesmo tempo, muito graves e intencionais. Os *scelera inexpiabilia* eram, na verdade, os seguintes:

1.º Qualquer falta intencional ao dever dos funcionários encarregados de tomar os auspícios e realizar os sacra, ou ainda sua profanação;

2.º O fato, para um magistrado, de consumar intencionalmente uma *legis actio* num dia nefasto;

3.º A profanação intencional das *feriae* por atos proibidos em semelhantes casos;

4.º O incesto cometido por uma vestal ou com uma vestal[40].

O cristianismo foi muitas vezes criticado por sua intolerância. No entanto, ele realizava, desse ponto de vista, um progresso considerável em relação às religiões anteriores. A consciência religiosa das sociedades cristãs, mesmo na época em que a fé se encontra no auge, só determina uma reação penal quando alguém se insurge contra ela por alguma ação notável, quando alguém a nega e quanto alguém a ataca frontalmente. Separada da vida temporal muito mais completamente do que estava mesmo em Roma, ela não pode mais se impor com a mesma autoridade e tem de se encerrar ainda mais numa atitude defensiva. Ela não reclama mais repressão para infrações de detalhe, como as que lembrávamos há pouco, mas apenas quando é ameaçada em algum de seus princípios fundamentais; e seu número não é muito grande, porque a fé, espiritualizando-se, tornando-se mais geral e mais abstrata, ao mesmo tempo simplificou-se. O sacrilégio, de que a blasfêmia nada mais é que uma variedade, a heresia sob suas diferentes formas são, desde então, os únicos crimes religiosos[41]. A lista continua, pois, a diminuir, atestando assim que os sentimentos fortes e definidos se tornam menos numerosos. Como, aliás, pode não ser assim? Todo o mundo reconhece que a religião cristã é a mais idealista que já existiu. Isso significa, portanto, que ela é muito mais feita de artigos de fé bastante amplos e gerais, do que de crenças particulares e de práticas determinadas. É por isso que o despertar do livre pensamento no seio do cristianismo foi relativamente precoce. Desde a origem, escolas diferentes se fundam e até mesmo seitas opostas. Mal as sociedades cristãs começam a se organizar, na Idade Média, aparece a escolástica, primeiro esforço metódico da livre reflexão, primeira fonte de dissidências. Os direitos da discussão são reconhecidos em princípio. Não é necessário demonstrar que o movimento só se acentuou daí em diante. Assim, a criminalidade religiosa acabou saindo completamente, ou quase, do direito penal.

IV

Eis, pois, inúmeras variedades criminológicas que desapareceram progressivamente e sem compensação, porque não se constituíram outras que fossem absolutamente novas. Proibimos a mendicidade, enquanto Atenas punia o ócio[42]. Não há sociedade em que os atentados aos sentimentos ou às instituições nacionais tenham sido algum dia tolerados; a repressão parece até ter sido mais severa outrora e, por conseguinte, é lícito crer que os sentimentos correspondentes se tenham debilitado. O crime de lesa-majestade, tão fértil outrora em aplicações, tende cada vez mais a desaparecer.

No entanto, diz-se às vezes que os crimes contra a pessoa individual não eram reconhecidos pelos povos inferiores, que o roubo e o assassinato eram até honrados. Lombroso procurou recentemente retomar essa tese. Ele sustentou "que o crime, entre os selvagens, não é uma exceção, mas a regra geral ... que ele é considerado por ninguém um crime"[43]. Mas, para apoiar essa afirmação, cita apenas alguns fatos raros e equívocos, que interpreta sem crítica. Assim, é reduzido a identificar o roubo com a prática do comunismo ou com o banditismo internacional[44]. Ora, do fato de a propriedade ser indivisa entre todos os membros do grupo, não decorre em absoluto que o direito ao roubo seja reconhecido; mais ainda, só pode haver roubo na medida em que há propriedade[45]. Do mesmo modo, se uma sociedade não achar revoltante o saque das nações vizinhas, não se pode concluir que ela tolere as mesmas práticas em suas relações internas e não proteja seus nacionais uns contra os outros. Ora, é essa impunidade do banditismo interno que seria necessário estabelecer. Há, é verdade, um texto de Diodoro e outro de Aulo Gélio[46] que poderiam levar-nos a crer que essa licença existiu no Egito antigo. Mas esses textos são contraditos por tudo o que sabemos sobre a civilização egípcia: "Como admitir", diz muito apropriadamente Thonissen, "a tolerância do roubo num país em que ... as leis pronunciavam a pena de morte contra quem vivia de ganhos ilícitos, em que a simples alteração de um peso ou de uma medida era punida com a perda das duas mãos?"[47] Podemos procurar reconstituir, por meio de conjeturas[48], os fatos que os escritores nos relataram de maneira inexata, mas a inexatidão de seu relato não é duvidosa.

Quanto aos homicídios de que fala Lombroso, são sempre consumados em circunstâncias excepcionais. São ora fatos de guerra, ora sacrifícios religiosos ou o resultado do poder absoluto exercido, seja por um déspota bárbaro sobre seus súditos, seja por um pai sobre seus filhos. Ora, o que seria necessário demonstrar é a ausência de qualquer regra que, em princípio, proscreva o assassinato. Entre esses exemplos particularmente extraordinários, não há um só que comporte tal conclusão. O fato de que, em condições especiais, o homicídio escape dessa regra não prova que ela não existe. Aliás, acaso semelhantes exceções não se encontram inclusive em nossas sociedades contemporâneas? Acaso o general que envia um regimento a uma morte certa para salvar o resto do exército age de modo diferente do sacerdote que imola uma vítima para aplacar o deus nacional? Acaso não se mata na guerra? Acaso o marido que mata a mulher adúltera não goza, em certos casos, de uma impunidade relativa, quando não absoluta? A simpatia de que por vezes os assassinos e os ladrões são objeto não é mais demonstrativa. Os indivíduos podem admirar a coragem do homem sem que o ato seja tolerado em princípio.

De resto, a concepção que serve de base para essa doutrina é contraditória em termos. De fato, ela supõe que os povos primitivos são destituídos de toda e qualquer moralidade. Ora, a partir do momento em que os homens formam uma sociedade, por mais rudimentar que seja, há necessariamente regras a presidir suas relações e, por conseguinte, uma moral que, mesmo não se assemelhando à nossa, ainda assim existe. Por outro lado, se há uma regra comum a todas essas morais, é certamente a que proíbe os atentados contra a pessoa; porque os homens que se assemelham não podem viver juntos sem que cada um sinta por seus semelhantes uma simpatia que se opõe a qualquer ato capaz de fazê-los sofrer[49].

Tudo o que há de verdadeiro nessa teoria é, em primeiro lugar, que as leis protetoras da pessoa deixavam, outrora, fora de sua ação uma parte da população, a saber, as crianças e os escravos. Em segundo lugar, é legítimo crer que essa proteção é garantida agora com um cuidado mais zeloso e, por conseguinte, que os sentimentos coletivos que correspondem a ela tornaram-se mais fortes. Mas nesses dois fatos nada há que infirme nossa conclusão. Se todos os vínculos que, a um título qualquer, fazem parte da sociedade, são hoje igualmente protegidos, essa atenuação dos costumes se deve não ao aparecimento de uma regra penal verdadeiramente nova, mas à extensão de uma regra antiga. Desde o princípio, era proibido atentar contra a vida dos membros do grupo, mas essa qualidade de membro era recusada às crianças e aos escravos. Agora que já não fazemos semelhantes distinções, certos atos que não eram criminosos tornaram-se puníveis. Mas isso ocorre simplesmente porque há mais pessoas na sociedade, não porque haja mais sentimentos coletivos. Não foram eles que se multiplicaram, mas o objeto a que se referem. Se, porém, há razões para admitir que o respeito da sociedade pelo indivíduo tornou-se mais forte, disso não decorre que a região central da consciência comum tenha-se ampliado. Nela não entraram elementos novos, pois em todos os tempos esse sentimento existiu e em todos os tempos teve energia bastante para não tolerar que o ofendessem. A única mudança que se produziu foi que um elemento antigo tornou-se mais intenso. Mas esse simples reforço não seria capaz de compensar as múltiplas e graves perdas que constatamos.

Assim, no conjunto, a consciência comum conta cada vez menos sentimentos fortes e determinados. Isso significa que a intensidade média e o grau médio de determinação dos estados coletivos vão sempre diminuindo, como havíamos anunciado. Mesmo o crescimento bastante restrito que acabamos de observar não faz mais que confirmar esse resultado. De fato, é notável que os únicos sentimentos coletivos que se tornaram mais intensos são os que têm por objeto não coisas sociais, mas o indivíduo. Para que seja assim, é necessário que a personalidade individual tenha se tornado um elemento muito mais importante da vida da sociedade, e, para que tenha podido adquirir essa importância, não basta que a consciência pessoal de cada um tenha aumentado em valor absoluto, mas ainda que ela tenha aumentado mais do que a consciência comum. É necessário que ela se tenha emancipado do jugo desta última e, por conseguinte, que esta tenha perdido o domínio e a ação determinante que exercia a princípio. De fato, se a relação entre esses dois termos tivesse permanecido a mesma, se ambas se tivessem desenvolvido em volume e em vitalidade nas mesmas proporções, os sentimentos coletivos que se referem ao indivíduo também teriam permanecido os mesmos – principalmente, não teriam sido os únicos a crescer. Porque dependem unicamente do valor social do fator individual, e este, por sua vez, é determinado não pelo desenvolvimento absoluto desse fator, mas pela extensão relativa do papel que lhe cabe no conjunto dos fenômenos sociais.

V

Poderíamos ainda verificar essa proposição procedendo segundo um método que apenas indicaremos de modo sumário.

Não possuímos atualmente uma noção científica do que seja a religião; de fato, para obtê-la, seria necessário ter tratado o problema por esse mesmo método comparativo que aplicamos à questão do crime, e esta é uma tentativa que ainda não foi feita. Diz-se com freqüência que a religião era, em cada momento da história, o conjunto das crenças e dos sentimentos de todo tipo relativos às relações do homem com um ser ou seres cuja natureza vê como superior à sua. Mas essa definição é manifestamente inadequada. De fato, há uma multidão de regras, seja de conduta, seja de pensamento, que são certamente religiosas e que, no entanto, se aplicam a relações de um tipo totalmente diferente. A religião proíbe que o judeu coma certas carnes, manda-lhe vestir-se de uma maneira determinada; ela impõe determinada opinião sobre a natureza do homem e das coisas, sobre as origens do mundo; ela rege com freqüência as relações jurídicas, morais e econômicas. Sua esfera de ação se estende, pois, muito além do comércio do homem com o divino. Garante-se, aliás, que existe pelo menos uma religião sem deus[50]. Bastaria que esse simples fato fosse bem estabelecido para que não se tivesse mais o direito de definir a religião em função da idéia de Deus. Enfim, se a autoridade extraordinária que o crente empresta à divindade pode explicar o prestígio particular de tudo o que é religioso, resta esclarecer como os homens foram levados a atribuir tal autoridade a um ser que, segundo todo o mundo, é, em muitos casos, se não sempre, um produto de sua imaginação. Nada vem de nada: é necessário, pois, que essa força que ele tem venha de algum lugar; por conseguinte, tal fórmula não nos faz conhecer a essência do fenômeno.

Uma vez afastado, porém, esse elemento, a única característica que todas as idéias, assim como todos os sentimentos religiosos apresentam igualmente é, parece, serem comuns a certo número de indivíduos que vivem juntos e, além disso, terem uma intensidade média bastante elevada. Com efeito, é um fato constante o de que, quando uma convicção um pouco forte é partilhada por uma mesma comunidade de homens, ela adquire inevitavelmente uma característica religiosa, ela inspira nas consciências o mesmo respeito reverencial que as crenças propriamente religiosas. Portanto, é muitíssimo provável – esta breve exposição, sem dúvida, não poderia constituir uma demonstração rigorosa – que a religião corresponda a uma região igualmente bastante central da consciência comum. Faltaria, é verdade, circunscrever essa região, distingui-la da que corresponde ao direito penal e com a qual, aliás, ela se confunde com freqüência em totalidade ou em parte. São questões a serem estudadas, mas cuja solução não diz diretamente respeito à conjetura bastante verossímil que acabamos de fazer.

Ora, se há uma verdade que a história pôs fora de dúvida é a de que a religião engloba uma porção cada vez menor da vida social. Originalmente, ela se estende a tudo; tudo o que é social é religioso, as duas palavras são sinônimas. Depois, pouco a pouco, as funções políticas, econômicas e científicas se emancipam da função religiosa, constituem-se à parte e adquirem um caráter temporal cada vez mais acentuado. Deus, se é que podemos nos exprimir assim, que antes estava presente em todas as relações humanas, retira-se progressivamente delas; ele abandona o mundo aos homens e a suas disputas. Pelo menos, se ele continua a dominá-lo é do alto e de longe, e a ação que exerce, tornando-se mais geral e mais indeterminada, deixa um espaço cada vez maior ao livre jogo das forças humanas. Portanto, o indivíduo sente-se, e é realmente menos *agido*; torna-se muito mais uma fonte de atividade espontânea. Numa palavra, não somente o domínio da religião não aumenta ao mesmo tempo que o da vida temporal e na mesma medida, mas vai se estreitando cada vez mais. Essa regressão não começou em determinado momento da história, mas podemos seguir suas fases desde as origens da evolução social. Logo, ela está ligada às condições fundamentais do desenvolvimento das sociedades e atesta, assim, que há um número cada vez menor de crenças e de sentimentos coletivos que são tanto bastante coletivos como bastante fortes para adquirir um caráter religioso. Isso significa que a própria intensidade média da consciência comum vai se enfraquecendo.

Essa demonstração tem uma vantagem em relação à precedente: ela permite estabelecer que a mesma lei de regressão se aplica ao elemento representativo da consciência comum, bem como ao elemento afetivo. Através do direito penal, só podemos atingir fenômenos de sensibilidade, ao passo que a religião compreende, além dos sentimentos, idéias e doutrinas.

A diminuição do número de provérbios, adágios, ditados, etc., à medida que as sociedades se desenvolvem, é outra prova de que as representações coletivas também vão ficando indeterminadas.

Entre os povos primitivos, de fato, as fórmulas desse gênero são numerosíssimas. "A maioria das raças do Oeste da África", diz Ellis, "possui uma abundante coleção de provérbios; há pelo menos um para cada circunstância da vida, particularidade que é comum a eles e à maioria dos povos que fizeram poucos progressos na civilização."[51] As sociedades mais avançadas só são um pouco fecundas desse ponto de vista durante os primeiros tempos da sua existência. Mais tarde, não apenas não se produzem novos provérbios, como os antigos se apagam pouco a pouco, perdem sua acepção própria e acabam até não sendo mais ouvidos. O que mostra que é sobretudo nas sociedades inferiores que encontram seu terreno de predileção é que, hoje, eles só se conseguem manter nas classes menos altas[52]. Ora, um provérbio é a expressão condensada de uma idéia ou de um sentimento coletivo, relativo a uma categoria determinada de objetos. É impossível até que haja crenças ou sentimentos dessa natureza sem que se fixem sob essa forma. Como todo pensamento tende a uma expressão que lhe seja adequada, se ela é comum a um certo número de indivíduos, acaba necessariamente fechando-se numa fórmula que lhes é igualmente comum. Toda função duradoura cria para si um órgão à sua imagem. Foi erroneamente, pois, que, para explicar a decadência dos provérbios, invocou-se nosso gosto realista e nosso humor científico. Não trazemos à linguagem da conversa semelhante preocupação com a precisão, nem semelhante desdém pelas imagens; ao contrário, encontramos muito sabor nos velhos provérbios que nos são conservados. Aliás, a imagem não é um elemento inerente do provérbio, é um dos meios, mas não o único, pelo qual se condensa o pensamento coletivo. Mas essas fórmulas breves acabam se tornando demasiado estreitas para conter a diversidade dos sentimentos individuais. Sua unidade não está mais relacionada com as divergências que se produziram. Por isso, elas não conseguem mais se manter, senão adquirindo um significado mais geral, e desaparecem pouco a pouco. O órgão se atrofia porque a função já não se exerce, isto é, porque há menos representações coletivas bastante definidas para se encerrarem numa forma determinada.

Assim, tudo concorre para provar que a evolução da consciência comum se faz no sentido que indicamos. Muito verossimilmente, ela progride menos que as consciências individuais; em todo caso, ela se torna mais fraca e mais vaga em seu conjunto. O tipo coletivo perde seu relevo, as formas são cada vez mais abstratas e indecisas. Sem dúvida, se essa decadência fosse, como se é levado a crer com freqüência, um produto original de nossa civilização mais recente e um acontecimento único na história das sociedades, poderíamos nos perguntar se ela será duradoura; mas, na realidade, ela continua de uma maneira ininterrupta desde os tempos mais remotos. É o que procuramos demonstrar. O individualismo, o livre-pensamento não datam nem de nossos dias, nem de 1789, nem da reforma, nem da escolástica, nem da queda do politeísmo greco-latino ou das teocracias orientais. É um fenômeno que não começa em lugar nenhum, mas que se desenvolve, sem parar, ao longo de toda a história. Seguramente, esse desenvolvimento não é retilíneo. As novas sociedades que substituem os tipos sociais extintos nunca começam sua carreira no ponto preciso em que aqueles cessaram a deles. Como seria possível? O que o filho continua não é a velhice ou a idade madura dos pais, mas sua própria infância. Portanto, se quisermos nos dar conta do caminho percorrido, só devemos considerar as sociedades sucessivas na mesma época de sua vida. É necessário, por exemplo, comparar as sociedades cristãs da Idade Média com a Roma primitiva, esta com a cidade grega das origens, etc. Constataremos, então, que esse progresso, ou, se quiserem, essa regressão consumou-se, por assim dizer, sem solução de continuidade. Temos aí, portanto, uma lei inelutável contra a qual seria absurdo se insurgir.

Isso não quer dizer, de resto, que a consciência comum esteja ameaçada de desaparecer totalmente. Mas ela consiste cada vez mais em maneiras de pensar e de sentir muito gerais e indeterminadas, que deixam o espaço livre para uma multidão crescente de dissidências individuais. Há um lugar em que ela se consolidou e se precisou: aquele pelo qual ela vê o indivíduo. À medida que todas as outras crenças e todas as outras práticas assumem um caráter cada vez menos religioso, o indivíduo torna-se objeto de uma espécie de religião. Temos pela dignidade da pessoa um culto que, como todo culto forte, já tem suas superstições. Trata-se, pois, se se quiser, de uma fé comum. Mas, em primeiro lugar, ela só é possível pela ruína das outras e, por conseguinte, não poderia produzir os mesmos efeitos dessa multidão de crenças extintas. Não há compensação. Ademais, se ela é comum enquanto partilhada pela comunidade, é individual por seu objeto. Se ela orienta todas as vontades para um mesmo fim, esse fim não é social. Ela tem, portanto, uma situação totalmente excepcional na consciência coletiva. É da sociedade que ela tira toda a força que possui, mas não é à sociedade que ela nos prende: é a nós mesmos. Por conseguinte, ela não constitui um vínculo social verdadeiro. É por isso que se pôde acusar, com razão, os teóricos que fizeram desse sentimento a base exclusiva de sua doutrina moral de dissolver a sociedade. Portanto, podemos concluir dizendo que todos os vínculos sociais que resultam da similitude se afrouxam progressivamente.

Por si só, essa lei já basta para mostrar toda a grandeza do papel da divisão do trabalho. De fato, uma vez que a solidariedade mecânica vai se enfraquecendo, é preciso ou que a vida propriamente social diminua, ou que outra solidariedade venha pouco a pouco substituir a que se vai. Acabamos de provar que esses dois termos variam no sentido inverso um do outro. No entanto, o progresso social não consiste numa dissolução contínua; muito ao contrário, quanto mais se avança, mais as sociedades têm um profundo sentimento de si e de sua unidade. Portanto, é necessário que exista algum outro vínculo social que produza esse resultado; ora, não pode haver outro além daquele que deriva da divisão do trabalho.

Se, além disso, nos lembrarmos de que, mesmo onde é mais resistente, a solidariedade mecânica não vincula os homens com a mesma força da divisão do trabalho, que, aliás, ela deixa fora de sua ação a maior parte dos fenômenos sociais atuais, ficará ainda mais evidente que a solidariedade social tende a se tornar exclusivamente orgânica. É a divisão do trabalho que, cada vez mais, cumpre o papel exercido outrora pela consciência comum; é principalmente ela que mantém juntos os agregados sociais dos tipos superiores.

Eis uma função da divisão do trabalho muito mais importante do que a que lhe é de ordinário reconhecida pelos economistas.

CAPÍTULO VI

PREPONDERÂNCIA PROGRESSIVA DA SOLIDARIEDADE ORGÂNICA E SUAS CONSEQÜÊNCIAS *(cont.)*

I

É, pois, uma lei da história a de que a solidariedade mecânica, que, a princípio, é única ou quase, perde terreno progressivamente e que a solidariedade orgânica se torna pouco a pouco preponderante. Mas quando a maneira como os homens são solidários se modifica, a estrutura das sociedades não pode deixar de mudar. A forma de um corpo se transforma necessariamente quando as afinidades moleculares não são mais as mesmas. Por conseguinte, se a proposição precedente é exata, deve haver dois tipos sociais que correspondem a essas duas sortes de solidariedade.

Se tentarmos constituir com o pensamento o tipo ideal de uma sociedade cuja coesão resultaria exclusivamente das semelhanças, deveremos concebê-la como uma massa absolutamente homogênea, cujas partes não se distinguiriam umas das outras e, por conseguinte, não seriam arranjadas entre si, uma massa que, em síntese, seria desprovida de qualquer forma definida e de qualquer organização. Seria o verdadeiro protoplasma social, o germe de que sairiam todos os tipos sociais. Propomos chamar de *horda* o agregado assim caracterizado.

É verdade que ninguém ainda observou, de maneira totalmente autêntica, sociedades que correspondam ponto por ponto a essas características. No entanto, o que faz que tenhamos o direito de postular sua existência, é que as sociedades inferiores, por conseguinte aquelas que estão mais próximas desse estágio primitivo, são formadas por uma simples repetição de agregados desse gênero. Encontramos um modelo quase perfeitamente puro dessa organização social entre os índios da América do Norte. Cada tribo iroquesa, por exemplo, é formada por certo número de sociedades parciais (a mais volumosa compreende oito), que apresentam todas as características que acabamos de indicar. Os adultos de ambos os sexos são iguais uns aos outros. Os caciques e chefes que se encontram à frente de cada um desses grupos e cujo conselho administra os negócios comuns da tribo não gozam de nenhuma superioridade. A própria parentela não é organizada, porque não se pode dar esse nome à distribuição da massa por camadas de gerações. Na época tardia em que esses povos foram observados, havia algumas obrigações especiais que uniam o filho a seus parentes maternos, mas essas relações se reduziam ainda a pouca coisa e não se distinguiam sensivelmente das que a criança mantinha com os outros membros da sociedade. Em princípio, todos os indivíduos da mesma idade eram parentes uns dos outros no mesmo grau[1]. Em outros casos, aproximamo-nos mais da horda. Fison e Howitt descrevem tribos australianas que só compreendem duas dessas divisões[2].

Damos o nome de *clã* à horda que deixou de ser independente para se tornar um elemento de um grupo mais extenso, e o de *sociedades segmentárias à base de clãs* aos povos que são constituídos por uma associação de clãs. Dizemos que essas sociedades são segmentárias, para indicar que são formadas pela repetição de agregados semelhantes entre si, análogos aos anéis do anelídeo, e que esse agregado elementar é um clã, porque essa palavra exprime bem a natureza mista, ao mesmo tempo familiar e política. É uma família, no sentido de que todos os membros que a compõem se consideram parentes, e de que, de fato, são consangüíneos em sua maioria. São principalmente as afinidades que a comunidade do sangue gera as que os mantêm unidos. Ademais, eles sustentam entre si relações que podemos qualificar de domésticas, pois encontramo-las alhures, em sociedades cujo caráter familiar não é contestado: estou falando da vindita coletiva, da responsabilidade coletiva e, desde que a propriedade individual começa a aparecer, da herança mútua. Mas, de outro lado, não é uma família no sentido próprio da palavra; porque, para fazer parte dela, não é necessário ter com os demais membros do clã relações de consangüinidade definidas. Basta apresentar um critério externo que consiste, geralmente, no fato de ter o mesmo nome. Muito embora esse signo deva denotar uma origem comum, semelhante registro civil constitui, na realidade, uma prova muito pouco demonstrativa e facílima de se imitar. Por isso, o clã conta muitos estrangeiros, que é o que lhe permite alcançar dimensões que uma família propriamente dita nunca tem: ele compreende, com freqüência, vários milhares de pessoas. Aliás, é a unidade política fundamental; os chefes de clãs são as únicas autoridades sociais[3].

Portanto, também se poderia qualificar essa organização de político-familiar. Não apenas o clã tem por base a consangüinidade, mas os diferentes clãs de um mesmo povo se consideram com freqüência parentes uns dos outros. Entre os iroqueses, eles se tratavam, segundo o caso, de irmãos ou primos[4]. Entre os hebreus, que apresentam, como veremos, os traços mais característicos da mesma organização social, o ancestral de cada um dos clãs que compõem a tribo é tido como descendente do fundador desta última, que é visto, por sua vez, como um dos filhos do pai da raça. Mas essa denominação tem, em relação à precedente, o inconveniente de não colocar em relevo o que constitui a estrutura própria dessas sociedades.

Como quer que a denominemos, porém, essa organização, tal como a da horda, de que não é mais que um prolongamento, não comporta evidentemente outra solidariedade além da que deriva das similitudes, pois a sociedade é formada de segmentos similares e estes, por sua vez, compreendem apenas elementos homogêneos. Sem dúvida, cada clã tem uma fisionomia própria e, por conseguinte, se distingue dos outros; mas também a solidariedade é tanto mais frágil quanto mais são heterogêneos, e vice-versa. Para que a organização segmentária seja possível, é necessário, ao mesmo tempo, que os segmentos se pareçam, sem o que eles não seriam unidos, e que difiram, sem o que eles se perderiam uns nos outros e desapareceriam. Conforme as sociedades, essas duas necessidades contrárias são satisfeitas em proporções diferentes, mas o tipo social permanece o mesmo.

Dessa vez, saímos do domínio da pré-história e das conjeturas. Não só esse tipo social nada tem de hipotético, mas é quase o mais difundido entre as sociedades inferiores, e sabemos que estas são as mais numerosas. Já vimos que ele era generalizado na América e na Austrália. Post assinala-o como muito freqüente entre os negros da África[5]; os hebreus atardaram-se nele e os cabilas não o superaram[6]. Por isso, Waitz, querendo caracterizar de uma maneira geral a estrutura desses povos, a que chama *Naturvoelker*, fornece deles o seguinte retrato, em que encontraremos as linhas gerais da organização que acabamos de descrever: "Em regra geral, as famílias vivem umas ao lado das outras numa grande independência e se desenvolvem pouco a pouco, de modo a formar pequenas sociedades [*leiam clãs*][7] que não têm constituição definida, enquanto as lutas internas ou um perigo externo, a saber, a guerra, não levam um ou vários homens a se destacar da massa da sociedade e a se colocar à sua frente. A influência destes, que repousa unicamente em títulos pessoais, só se estende e só dura nos limites assinalados pela confiança e a paciência dos outros. Todo adulto permanece, diante desse chefe, num estado de perfeita independência. É por isso que vemos esses povos, sem outra organização interna, só se manterem unidos pelo efeito das circunstâncias exteriores e em conseqüência do hábito da vida comum."[8]

A disposição dos clãs no interior da sociedade e, por conseguinte, a configuração desta podem, é verdade, variar. Ora eles são simplesmente justapostos de maneira a formarem como que uma série linear (é o caso em muitas tribos indígenas da América do Norte)[9], ora, o que é o sinal de uma organização mais elevada, cada um deles se encaixa num grupo mais vasto que, formado pela reunião de vários clãs, tem uma vida própria e um nome especial; cada um desses grupos, por sua vez, pode ser encaixado junto com vários outros num outro agregado, ainda mais extenso, e é dessa série de encaixes sucessivos que resulta a unidade da sociedade total. Assim, entre os cabilas, a unidade política é o clã, fixado na forma de aldeia (*djemmaa* ou *thaddart*); várias *djemmaa* formam uma tribo (*arch'*) e várias tribos formam a confederação (*thak'ebilt*), a mais alta sociedade política que os cabilas conhecem. Do mesmo modo, entre os hebreus, o clã é o que os tradutores chamam impropriamente de *família*, vasta sociedade que compreendia milhares de pessoas, descendentes, segundo a tradição, de um mesmo ancestral[10]. Certo número de *famílias* compunha a tribo, e a reunião das doze tribos formava o conjunto do povo hebreu.

Essas sociedades são a tal ponto o terreno por excelência da solidariedade mecânica, que é dela que derivam suas principais características fisiológicas.

Sabemos que a religião aí penetra toda a vida social, mas isso porque a vida social é feita quase exclusivamente de crenças e práticas comuns que extraem de uma adesão unânime uma intensidade bem particular. Remontando, exclusivamente pela análise dos textos clássicos, a uma época totalmente análoga à de que falamos, Fustel de Coulanges descobriu que a organização primitiva das sociedades era de natureza familiar e que, por outro lado, a constituição da família primitiva tinha como base a religião. Mas ele tomou a causa pelo efeito. Depois de ter colocado a idéia religiosa sem fazê-la derivar de nada, dela deduziu os arranjos sociais que observava[11], quando, ao contrário, são estes últimos que explicam a força e a natureza da idéia religiosa. Dado que todas essas massas sociais eram formadas de elementos homogêneos, isto é, dado que o tipo coletivo era bem desenvolvido nelas e os tipos individuais eram rudimentares, era inevitável que toda a vida psíquica da sociedade assumisse um caráter religioso.

É também daí que vem o comunismo, que foi assinalado com tanta freqüência nesses povos. De fato, o comunismo é o produto necessário dessa coesão especial que absorve o indivíduo no grupo, a parte no todo. A propriedade nada mais é, em última análise, do que a extensão da pessoa nas coisas. Logo, onde a personalidade coletiva é a única que existe, a propriedade mesma não pode deixar de ser coletiva. Ela só poderá tornar-se individual quando o indivíduo, diferenciando-se da massa, também se tiver tornado um ser pessoal e distinto, não apenas enquanto organismo, mas enquanto fator da vida social[12].

Esse tipo pode até se modificar sem que a natureza da solidariedade social mude com isso. De fato, nem todos os povos primitivos apresentam essa ausência de centralização que acabamos de observar; ao contrário, existem alguns que são submetidos a um poder absoluto. A divisão do trabalho fez aí, portanto, a sua aparição. Entretanto, o vínculo que, nesse caso, une o indivíduo ao chefe é idêntico ao que, hoje em dia, liga a coisa à pessoa. As relações do déspota bárbaro com seus súditos, assim como a do senhor com seus escravos, do pai de família romano com seus descendentes, não se distinguem das do proprietário com o objeto que possui. Elas nada têm dessa reciprocidade que a divisão do trabalho produz. Disse-se com razão que elas são unilaterais[13]. A solidariedade que elas exprimem permanece mecânica, portanto. Toda a diferença está em que ela liga o indivíduo não mais diretamente ao grupo, mas àquele que é a imagem deste. No entanto, a unidade do todo é, como antes, exclusiva da individualidade das partes.

Se essa primeira divisão do trabalho, por mais importante que seja sob outros aspectos, não tem por efeito atenuar a solidariedade social, como se poderia esperar, é por causa das condições particulares nas quais se efetua. De fato, é uma lei geral a de que o órgão eminente de toda sociedade participa da natureza do ser coletivo que ele representa. Portanto, onde a sociedade tem esse caráter religioso e, por assim dizer, sobre-humano, cuja fonte mostramos na constituição da consciência comum, ele se transmite necessariamente ao chefe que a dirige e que se vê, assim, elevado muito acima do resto dos homens. Onde os indivíduos são simples dependências do tipo coletivo, eles se tornam naturalmente dependências da autoridade central que encarna esse tipo. Do mesmo modo, também o direito de propriedade que a comunidade exercia sobre as coisas de uma maneira indivisa transfere-se integralmente para a personalidade superior, que se acha, assim, constituída. Os serviços propriamente profissionais que esta última presta têm, pois, pouco a ver com a força extraordinária de que é investida. Se, nessas sortes de sociedades, o poder dirigente tem tamanha autoridade não é, como foi dito, porque elas necessitam mais especialmente de uma direção enérgica; essa autoridade é, toda ela, uma emanação da consciência comum, e é grande porque a própria consciência comum é muito desenvolvida. Suponham que esta seja mais fraca ou apenas que ela abrace uma parte ínfima da vida social, e a necessidade de uma função reguladora suprema não será menor. No entanto, o resto da sociedade não estará mais, diante daquele que será encarregado dessa função, no mesmo estado de inferioridade. Eis por que a solidariedade ainda é mecânica enquanto a divisão do trabalho não é mais desenvolvida. Por sinal, é nessas condições que ela atinge sua energia máxima, porque a ação da consciência comum é mais forte quando se exerce, não mais de uma maneira difusa, mas por intermédio de um órgão definido.

Existe, portanto, uma estrutura social de natureza determinada à qual corresponde a solidariedade mecânica. O que a caracteriza é que ela é um sistema de segmentos homogêneos e semelhantes entre si.

II

Bem diferente é a estrutura das sociedades em que a solidariedade orgânica é preponderante.

Elas são constituídas não por uma repetição de segmentos similares e homogêneos, mas por um sistema de órgãos diferentes, cada um dos quais tem um papel especial e que são formados, eles próprios, de partes diferenciadas. Ao mesmo tempo que não têm a mesma natureza, os elementos sociais não estão dispostos da mesma maneira. Eles não são nem justapostos linearmente, como os anéis de um anelídeo, nem encaixados uns nos outros, mas coordenados e subordinados uns aos outros em torno de um mesmo órgão central, que exerce sobre o resto do organismo uma ação moderadora. Esse próprio órgão não tem mais o mesmo caráter que no caso precedente, porque, se os outros dependem dele, por sua vez ele depende dos outros. Sem dúvida, ele ainda tem uma situação particular e, se quiserem, privilegiada; mas ela se deve à natureza do papel que desempenha e não a alguma causa alheia a suas funções, a alguma força que lhe é comunicada de fora. Por isso, nada mais tem que não seja temporal e humano; entre ele e os outros órgãos existem apenas diferenças de graus. Assim, no animal, a preeminência do sistema nervoso sobre os outros sistemas se reduz ao direito, se é que se pode falar assim, de receber uma alimentação mais escolhida e apropriar-se da parte que lhe cabe antes dos outros; mas necessita deles, como eles dele necessitam.

Esse tipo social baseia-se em princípios tão diferentes do precedente que ele só se pode desenvolver na medida em que aquele se apaga. De fato, nele, os indivíduos não mais são agrupados segundo suas relações de descendência, mas segundo a natureza particular da atividade social a que se consagram. Seu meio natural e necessário não é mais o meio natal, mas o meio profissional. Não é mais a consangüinidade, real ou fictícia, que assinala a posição de cada um, mas a função que ele desempenha. Sem dúvida, quando essa nova organização começa a aparecer, ela tenta utilizar a que existe e assimilá-la. A maneira como as funções se dividem se calca, então, da maneira mais fiel possível, no modo como a sociedade já é dividida. Os segmentos, ou, pelo menos, alguns grupos de segmentos unidos por afinidades especiais, tornam-se órgãos. Assim, os clãs cujo conjunto forma a tribo dos levitas se apropriam, no povo hebreu, das funções sacerdotais. De modo geral, as classes e as castas não têm, verossimilmente, nem outra origem, nem outra natureza: elas provêm da mistura da organização profissional nascente com a organização familiar preexistente. Mas esse arranjo misto não pode durar muito tempo, pois, entre os dois termos que ele procura conciliar, há um antagonismo que acaba necessariamente por se manifestar. Nada mais há que uma divisão do trabalho bastante rudimentar, capaz de se adaptar a esses moldes rígidos, definidos e que não são feitos para ela. Ela só pode aumentar quando emancipada desses marcos que a encerram. Assim que supera certo grau de desenvolvimento, não há mais relação nem entre o número imutável dos segmentos e o número sempre crescente das funções que se especializam, nem entre as propriedades hereditariamente fixadas dos primeiros e as novas aptidões que as segundas reclamam[14]. É preciso, pois, que a matéria social entre em combinações inteiramente novas, para se organizar em bases totalmente diferentes. Ora, a antiga estrutura, enquanto persiste, se opõe a tanto, por isso é necessário que desapareça.

A história desses dois tipos mostra, de fato, que um progrediu unicamente à medida que o outro regredia.

Entre os iroqueses, a constituição social à base de clãs se encontra no estado de pureza, e o mesmo ocorre com os hebreus, tais como no-los mostra o Pentateuco, com a exceção da ligeira alteração que acabamos de assinalar. Assim, o tipo organizado não existe nem entre os primeiros, nem entre os segundos, conquanto talvez se possa perceber seus primeiros germes na sociedade judaica.

O mesmo já não se dá entre os francos da lei sálica. Aqui, esse tipo se apresenta com suas características próprias, livres de todo compromisso. De fato, encontramos nesse povo, além de uma autoridade central regular e estável, todo um aparelho de funções administrativas e judiciárias; por outro lado, a existência de um direito contratual, ainda muito pouco desenvolvido, é verdade, atesta que as próprias funções econômicas começam a se dividir e a se organizar. Por isso, a constituição político-familiar é seriamente abalada. Sem dúvida, a última molécula social, a saber, a aldeia, ainda é um clã transformado. Prova-o o fato de existirem entre os habitantes de uma mesma aldeia relações que são, evidentemente, de natureza doméstica e que, em todo caso, são características do clã. Todos os membros da aldeia têm, uns em relação aos outros, um direito de herança na ausência de parentes propriamente ditos[15]. Um texto que encontramos nos *Capita extravagantia legis salicae* (art. 9) informa-nos, também, que, em caso de assassinato cometido na aldeia, os vizinhos eram coletivamente solidários. Por outro lado, a aldeia é um sistema muito mais hermeticamente fechado para o exterior e voltado para si mesmo do que seria uma simples circunscrição territorial, porque ninguém pode se estabelecer aí sem o consentimento unânime, expresso ou tácito, de todos os habitantes[16]. Mas, sob essa forma, o clã perdeu algumas das suas características essenciais: não só desapareceu toda lembrança de uma origem comum, como abandonou quase completamente toda importância política. A unidade política é a *centena*. "A população", diz Waitz, "habita nas aldeias, mas se reparte, ela e seu domínio, segundo as centenas, que, para todos os assuntos da guerra e da paz, formam a unidade que serve de fundamento a todas as relações."[17]

Em Roma, esse duplo movimento de progressão e de regressão prossegue. O clã romano é a *gens*, e é certo que a *gens* era a base da antiga constituição romana. Desde a fundação da república, porém, ela cessou quase completamente de ser uma instituição pública. Não é mais nem uma unidade territorial definida, como a aldeia dos francos, nem uma unidade política. Não a encontramos nem na configuração do território, nem na estrutura das assembléias do povo. Os *comitia curiata*, em que ela representava um papel social[18], são substituídos ou pelos *comitia centuriata* ou pelos *comitia tributa*, que eram organizados com base em princípios bem diferentes. Não é mais que uma associação privada que se mantém pela força do hábito, mas que é destinada a desaparecer, porque não corresponde mais a nada na vida dos romanos. Mas também, desde a época da lei das XII Tábuas, a divisão do trabalho era muito mais avançada em Roma do que entre os povos precedentes, e a estrutura organizada, mais desenvolvida. Já encontramos aí importantes corporações de funcionários (senadores, cavaleiros, colégio de pontífices, etc.) e de ofício[19], ao mesmo tempo que a noção do estado laico decanta.

Acha-se assim justificada a hierarquia que estabelecemos segundo outros critérios, menos metódicos, entre os tipos sociais que comparamos precedentemente. Se pudemos dizer que os hebreus do Pentateuco pertenciam a um tipo social menos elevado do que os francos da lei sálica e que estes, por sua vez, estavam abaixo dos romanos das XII Tábuas, é porque, em regra geral, quanto mais a organização segmentária à base de clãs é aparente e forte num povo, mais também é de espécie inferior; de fato, um povo não pode se elevar mais alto antes de ter vencido este primeiro estágio. É pela mesma razão que a cidade ateniense, embora pertença ao mesmo tipo da cidade romana, é no entanto uma forma mais primitiva de cidade: é que a organização político-familiar desapareceu aí muito menos depressa. Ela persistiu quase até a véspera da decadência[20].

Mas o tipo organizado está longe de subsistir só, no estado de pureza, uma vez que o clã desapareceu. A organização à base de clãs não é mais, de fato, que uma espécie de um gênero mais extenso: a organização segmentária. A distribuição da sociedade em compartimentos similares corresponde a necessidades que persistem, mesmo nas sociedades novas em que a vida social se estabelece, mas que produzem seus efeitos sob outra forma. A massa da população não se divide mais de acordo com as relações de consangüinidade, reais ou fictícias, mas segundo a divisão do território. Os segmentos não são mais agregados familiares, mas circunscrições territoriais.

É, aliás, por uma evolução lenta que se fez a passagem de um estado a outro. Quando a lembrança da origem comum se apaga, quando as relações domésticas que derivam daí, mas sobrevivem a ela, como vimos, também desaparecem, o clã não tem mais consciência de si, a não ser como um grupo de indivíduos que ocupam uma mesma porção do território. Ele se torna a aldeia propriamente dita. É assim que todos os povos que superaram a fase do clã são formados de distritos territoriais (marcas, comunas, etc.), que, do mesmo modo que a *gens* romana se integrava na cúria, inserem-se em outros distritos de mesma natureza, porém mais vastos, chamados aqui centena, ali círculo ou distrito, e que, por sua vez, são freqüentemente envolvidos por outros, ainda mais extensos (condado, província, departamentos), cuja reunião forma a sociedade[21]. A inserção pode, de resto, ser mais ou menos hermética; do mesmo modo, os vínculos que unem entre si os distritos mais gerais podem ser ou muito estreitos, como nos países centralizados da Europa atual, ou mais frouxos, como nas simples confederações. Mas o princípio da estrutura é o mesmo, e é por isso que a solidariedade mecânica persiste até nas sociedades mais elevadas.

Mas, assim como não é mais preponderante, o arranjo por segmentos já não é, como antes, a ossatura única, nem mesmo a ossatura essencial da sociedade. Em primeiro lugar, as divisões territoriais têm necessariamente algo de artificial. Os vínculos que resultam da coabitação não possuem, no coração do homem, uma fonte tão profunda quanto os que vêm da consangüinidade. Por isso, apresentam uma força de resistência muito menor. Quando se nasceu num clã, não se pode mais mudar, por assim dizer, de parentes. As mesmas razões não se opõem a que se mude de cidade ou de província. Sem dúvida, a distribuição geográfica coincide, em geral e a grosso modo, com uma certa distribuição moral da população. Por exemplo, cada província, cada divisão territorial tem usos e costumes especiais, uma vida que lhe é própria. Ela exerce, assim, sobre os indivíduos que são imbuídos de seu espírito, uma atração que tende a mantê-los no lugar e, ao contrário, a repelir os outros. Mas, dentro de um mesmo país, essas diferenças não poderiam ser nem muito numerosas, nem muito nítidas. Os segmentos são, portanto, mais abertos uns aos outros. De fato, desde a Idade Média, "depois da formação das cidades, os artesãos estrangeiros circulam tão facilmente e tão longe quanto as mercadorias"[22]. A organização segmentária perdeu seu relevo.

Ela o perde cada vez mais à medida que as sociedades se desenvolvem. É, de fato, uma lei geral a de que os agregados parciais que fazem parte de um agregado mais vasto vêem sua individualidade se tornar cada vez menos distinta. Ao mesmo tempo que a organização familiar, as religiões locais desapareceram irreversivelmente; mas subsistem costumes locais. Pouco a pouco, esses costumes se fundem uns nos outros e se unificam, ao mesmo tempo que os dialetos vêm resolver-se numa só língua nacional, que a administração regional perde sua autonomia. Viu-se nesse fato uma simples conseqüência da lei da imitação[23]. Parece, porém, que se trata, antes, de um nivelamento análogo ao que se produz entre massas líquidas postas em comunicação. As paredes que separam os diversos alvéolos da vida social, sendo menos espessas, são atravessadas com maior freqüência; sua permeabilidade também aumenta por serem mais atravessadas. Em conseqüência, elas perdem sua consistência, ruem progressivamente e, na mesma medida, os meios se confundem. Ora, as diversidades locais só podem se manter na medida em que a diversidade dos meios subsiste. As divisões territoriais são, portanto, cada vez menos baseadas na natureza das coisas e, por conseguinte, perdem sua significação. Quase se pode dizer que um povo é tanto mais evoluído quanto mais elas possuem um caráter superficial.

Por outro lado, ao mesmo tempo que a organização segmentária desaparece, assim, por si só, a organização profissional cobre-a cada vez mais completamente com sua trama. A princípio, é verdade, ela só se estabelece nos limites dos segmentos mais simples, sem se estender além. Cada cidade, com seus arredores imediatos, forma um grupo no interior do qual o trabalho é dividido, mas que se esforça por ser auto-suficiente. "A cidade torna-se, na medida do possível, o centro eclesiástico, político e militar das aldeias vizinhas", diz Schmoller. "Ela aspira a desenvolver todas as indústrias para abastecer o campo, do mesmo modo que procura concentrar em seu território o comércio e os transportes."[24] Ao mesmo tempo, no interior da cidade, os habitantes são agrupados de acordo com sua profissão; cada corporação de ofício é como uma cidade que tem sua vida própria[25]. Esse é o estado em que as cidades da Antiguidade ficaram até uma época relativamente tardia e de onde partiram as sociedades cristãs. Mas estas superaram essa etapa bem cedo. Desde o século XIV, a divisão inter-regional do trabalho se desenvolve: "Cada cidade tinha, originalmente, tantos fabricantes de tecidos quantos necessitava. Mas os fabricantes de tecido cinzento de Basiléia sucumbem, já antes de 1362, ante a concorrência dos alsacianos; em Estrasburgo, Frankfurt e Leipzig, a fiação de lã é arruinada por volta de 1500... O caráter de universalidade industrial das cidades de outrora se via irreparavelmente aniquilado."

Desde então, o movimento apenas se alastrou. "Na capital, concentram-se, hoje mais que outrora, as forças ativas do governo central, as artes, a literatura, as grandes operações de crédito; nos grandes portos concentram-se mais que antes todas as exportações e importações. Centenas de pequenas praças de comércio, traficando grãos e gado, prosperam e crescem. Ao passo que, outrora, cada cidade tinha muralhas e fossos, agora algumas grandes fortalezas se encarregam de proteger todo o país. Do mesmo modo que a capital, as capitais provinciais crescem pela concentração da administração provincial, pelos estabelecimentos provinciais, as coletorias e as escolas. Os alienados e doentes de certa categoria, que outrora estavam dispersos, são recolhidos num só lugar, para toda uma província e todo um departamento. As diferentes cidades tendem cada vez mais a certas especialidades, de tal modo que hoje as distinguimos em cidades de universidades, de funcionários, de fábricas, de comércio, de águas, de gente que vive de rendas. Em certos pontos ou em certas regiões, concentram-se as grandes indústrias: construção de máquinas, fiações, manufaturas de tecidos, curtumes, altos-fornos, indústria açucareira, que trabalham para todo o país. Aí se estabeleceram escolas especiais, aí a população operária se instala, aí a construção das máquinas se concentra, enquanto as comunicações e a organização do crédito se acomodam às circunstâncias particulares."[26]

Sem dúvida, em certa medida, essa organização profissional esforça-se por adaptar-se à que existia antes dela, como fizera primitivamente no caso da organização familiar; é o que sobressai da descrição precedente. É, aliás, um fato bastante generalizado o de que as novas instituições tomam, primeiramente, o molde das antigas. As circunscrições territoriais tendem, pois, a se especializar na forma de tecidos, órgãos ou aparelhos diferentes, do mesmo modo que os clãs de outrora. Mas, tal como estes últimos, elas são, na realidade, incapazes de representar esse papel. De fato, uma cidade sempre encerra ou órgãos, ou partes de órgãos diferentes; e, inversamente, não há órgãos que sejam compreendidos por inteiro nos limites de um distrito determinado, qualquer que seja a extensão deste. Quase sempre ultrapassa esses limites. Do mesmo modo, conquanto os órgãos mais intimamente solidários tendam com freqüência a se aproximar, em geral, porém, sua proximidade material só reflete muito inexatamente a maior ou menor intimidade de suas relações. Alguns, que dependem diretamente uns dos outros, são muito distantes; outros, cujas relações são apenas mediatas e distantes, estão muito próximos. O modo de agrupamento dos homens que resulta da divisão do trabalho é, pois, bem diferente do que exprime a repartição da população no espaço. O meio profissional já não coincide nem com o meio territorial, nem com o meio familiar. É um novo contexto, que substitui os outros; por isso, a substituição só é possível na medida em que estes últimos são anulados.

Portanto, se esse tipo social não se observa em lugar nenhum no estado de pureza absoluta, do mesmo modo que em lugar nenhum a solidariedade orgânica se encontra só, pelo menos ele se diferencia cada vez mais de todo amálgama, do mesmo modo que ela se torna cada vez mais preponderante. Essa predominância é tanto mais rápida e tanto mais completa quanto mais indistinta a outra se torna, no mesmo momento em que essa estrutura mais se afirma. O segmento tão definido que o clã formava é substituído pela circunscrição territorial. Pelo menos a princípio, esta correspondia, embora de maneira vaga e apenas aproximada, à divisão real e moral da população; mas ela perde pouco a pouco esse caráter para não ser mais que uma combinação arbitrária e convencional. Ora, à medida que vão caindo, essas barreiras são cobertas por sistemas de órgãos cada vez mais desenvolvidos. Portanto, se a evolução social permanece submetida à ação das mesmas causas determinantes – e veremos mais longe que essa hipótese é a única concebível –, é permitido prever que esse duplo movimento continuará no mesmo sentido e que virá o dia em que toda a nossa organização social e política terá uma base exclusivamente, ou quase exclusivamente, profissional.

De resto, as pesquisas que se seguirão[27] estabelecerão que essa organização profissional não é, nem mesmo hoje, tudo o que deve ser; que causas anormais impediram-na de alcançar o grau de desenvolvimento reclamado desde já por nosso estado social. Podemos julgar, por isso, a importância que ela deve adquirir no futuro.

III

A mesma lei preside o desenvolvimento biológico.

Hoje, sabe-se que os animais inferiores são formados por segmentos similares, dispostos seja em massas irregulares, seja em séries lineares; mesmo no grau mais baixo da escala, esses elementos não apenas são semelhantes entre si, mas estão em composição homogênea. Em geral, se lhes dá o nome de *colônias*. Mas essa expressão, que, por sinal, é um tanto equívoca, não significa que essas associações não sejam organismos individuais, porque "toda colônia cujos membros estão em continuidade de tecidos é, na realidade, um indivíduo"[28]. De fato, o que caracteriza a individualidade de um agregado qualquer é a existência de operações efetuadas em comum por todas as partes. Ora, entre os membros da colônia, há a colocação em comum dos materiais nutritivos e a impossibilidade de se mover de outro modo que por movimentos do conjunto, enquanto a colônia não se dissolve. Há mais. O ovo saído de um dos segmentos associados reproduz não esse segmento, mas a colônia inteira de que fazia parte: "Entre as colônias de pólipos e os animais mais elevados não há, desse ponto de vista, nenhuma diferença."[29] O que, aliás, torna impossível qualquer separação radical é que não há organismos, por mais centralizados que sejam, que não apresentem, em diversos graus, a constituição colonial. Até mesmo nos vertebrados, na composição de seu esqueleto, de seu aparelho urogenital, etc., encontramos vestígios dela; sobretudo, seu desenvolvimento embrionário fornece a prova certa de que nada mais são do que colônias modificadas[30].

Portanto, há no mundo animal uma individualidade "que se produz fora de qualquer combinação de órgãos"[31]. Ora, ela é idêntica à das sociedades que chamamos de segmentárias. Não apenas o plano estrutural é evidentemente o mesmo, mas a solidariedade é da mesma natureza. De fato, como as partes que compõem uma colônia animal são ligadas mecanicamente umas às outras, elas só podem agir em conjunto, pelo menos enquanto permanecem unidas. A atividade, nela, é coletiva. Numa sociedade de pólipos, como todos os estômagos se comunicam, um indivíduo não pode comer sem que os outros comam; é, diz Perrier, o comunismo na plena acepção da palavra[32]. Um membro da colônia, sobretudo quando ela é flutuante, não pode se contrair sem implicar em seu movimento os pólipos a que está unido, e esse movimento se comunica progressivamente[33]. Num verme, cada anel depende dos outros de maneira rígida, e isso apesar de poder destacar-se sem perigo.

No entanto, do mesmo modo que o tipo segmentário se apaga à medida que avançamos na evolução social, o tipo colonial desaparece à medida que nos elevamos na escala dos organismos. Já comprometido entre os anelídeos, embora ainda bastante aparente, torna-se quase imperceptível nos moluscos e, por fim, somente a análise do cientista consegue descobrir seus vestígios nos vertebrados. Não nos cabe mostrar as analogias existentes entre o tipo que substitui o precedente e o das sociedades orgânicas. Num caso como no outro, a estrutura deriva da divisão do trabalho, assim como da solidariedade. Cada parte do animal, tendo se tornado um órgão, tem sua esfera de ação própria em que se move com independência, sem se impor às demais; no entanto, de um outro ponto de vista, elas dependem muito mais intimamente umas das outras do que numa colônia, pois não podem separar-se sem perecer. Enfim, na evolução orgânica, como na evolução social, a divisão do trabalho começa por utilizar os marcos da organização segmentária, mas para se emancipar em seguida e se desenvolver de maneira autônoma. Se, com efeito, o órgão algumas vezes nada mais é que um segmento transformado, isso não é a regra, mas a exceção[34].

Em resumo, havíamos distinguido dois tipos de solidariedade e acabamos de reconhecer que existem dois tipos sociais correspondentes àqueles. Do mesmo modo que os primeiros se desenvolvem na razão inversa um do outro, dos dois tipos sociais correspondentes um regride regularmente à medida que o outro progride, e este último é o que se define pela divisão do trabalho social. Além de confirmar os que precedem, esse resultado acaba, pois, por nos mostrar toda a importância da divisão do trabalho. Do mesmo modo que, na maioria dos casos, é ela que torna coerentes as sociedades no seio das quais vivemos, é também ela que determina as características constitutivas de sua estrutura, e tudo faz prever que, no futuro, seu papel, desse ponto de vista, só irá crescer.

IV

A lei que estabelecemos nos dois últimos capítulos pôde, sob um aspecto, mas apenas um, recordar aquela que domina a sociologia de Spencer. Como ele, dissemos que a importância do indivíduo na sociedade, de nula que era no princípio, ia crescendo com a civilização. Mas esse fato inconteste se nos apresentou sob um aspecto bem diferente do que ao filósofo inglês, de modo que, finalmente, nossas conclusões se opõem às dele, mais do que as repetem.

Em primeiro lugar, segundo ele, essa absorção do indivíduo pelo grupo seria o resultado de uma coerção e de uma organização artificial requerida pelo estado de guerra em que vivem, de maneira crônica, as sociedades inferiores. Com efeito, é sobretudo na guerra que a união é necessária ao sucesso. Um grupo só pode se defender contra outro grupo ou subjugá-lo se agir em conjunto. Logo, é necessário que todas as forças individuais estejam concentradas de maneira permanente num feixe indissolúvel. Ora, o único meio de produzir essa concentração de todos os instantes é instituir uma autoridade bastante forte, à qual os indivíduos sejam absolutamente submetidos. É necessário que, "como a vontade do soldado fica suspensa, a tal ponto que ele se torna, em tudo, o executor da vontade de seu oficial, assim também a vontade dos cidadãos fica diminuída pela do governo"[35]. Trata-se, portanto, de um despotismo organizado que aniquilaria os indivíduos, e, como essa organização é essencialmente militar, é pelo militarismo que Spencer define essas espécies de sociedades.

Vimos, ao contrário, que essa anulação do indivíduo tem por lugar de origem um tipo social caracterizado por uma ausência completa de qualquer centralização. É um produto desse estado de homogeneidade que distingue as sociedades primitivas. Se o indivíduo não é distinto do grupo, é porque a consciência individual quase não é distinta da consciência coletiva. Spencer e outros sociólogos, com ele, parecem ter interpretado esses fatos distantes com idéias de todo modernas. O sentimento tão pronunciado que cada um de nós tem hoje de sua individualidade levou-os a crer que os direitos pessoais só podiam ser restritos a esse ponto por uma organização coercitiva. Somos tão apegados à nossa individualidade que pareceu-lhes que o homem não podia tê-la abandonado por sua livre e espontânea vontade. De fato, se nas sociedades inferiores é dado um espaço tão reduzido à personalidade individual, não é que esta tenha sido comprimida ou reprimida artificialmente, mas simplesmente que, nesse momento da história, *ela não existia*.

Aliás, o próprio Spencer reconhece que, entre essas sociedades, muitas possuem uma constituição tão pouco militar e autoritária, que ele próprio as qualifica de democráticas[36]; contudo, quer ver nelas um primeiro prelúdio dessas sociedades que o futuro chama de industriais. Mas, para tanto, tem de menosprezar o fato de que, tanto nessas sociedades como nas que são submetidas a um governo despótico, o indivíduo não possui uma esfera de ação própria, como prova a instituição geral do comunismo; do mesmo modo, as tradições, os preconceitos, os usos coletivos de todo tipo não caem sobre ele com menos peso do que teria uma autoridade constituída. Por isso, não as podemos tratar de democráticas, a não ser desviando a palavra de seu sentido ordinário. Por outro lado, se elas estivessem realmente marcadas pelo individualismo precoce que lhes é atribuído, chegaríamos à estranha conclusão de que a evolução social, desde o primeiro passo, procurou produzir os tipos mais perfeitos, pois "nenhuma força governamental existe a princípio, salvo a da vontade comum expressa pela horda reunida"[37]. Seria, então, o movimento da história circular e o progresso consistiria num retrocesso?

De uma maneira geral, é fácil compreender que os indivíduos só podem ser submetidos a um despotismo coletivo, pois os membros de uma sociedade só podem ser dominados por uma força superior, e só uma tem essa qualidade: a do grupo. Uma personalidade qualquer, por mais forte que seja, nada poderia sozinha contra uma sociedade inteira; esta, portanto, não pode ser subjugada contra sua vontade. É por isso que, como vimos, a força dos governos autoritários não lhes vem de si mesmos, mas deriva da própria constituição da sociedade. Se, aliás, o individualismo era a esse ponto congênito à humanidade, não vemos como os povos primitivos teriam podido submeter-se tão facilmente à autoridade despótica de um chefe, em toda a parte onde isso foi necessário. As idéias, os costumes, as próprias instituições ter-se-iam necessariamente oposto a uma transformação tão radical. Ao contrário, tudo se explica quando se compreende a natureza dessas sociedades, pois, então, essa mudança não é mais tão profunda quanto parece. Em vez de se subordinarem ao grupo, os indivíduos subordinaram-se àquele que o representava e, como a autoridade coletiva, quando difusa, era absoluta, a autoridade do chefe, que nada mais é que uma organização da precedente, adquiriu naturalmente a mesma característica.

Longe de se poder datar da instituição de um poder despótico a anulação do indivíduo, deve-se, ao contrário, ver nesse poder o primeiro passo na direção do individualismo. De fato, os chefes são as primeiras personalidades individuais que se diferenciaram da massa social. Sua situação excepcional, fazendo-os sem igual, cria para eles uma fisionomia distinta e lhes confere, em conseqüência, uma individualidade. Dominando a sociedade, não são mais obrigados a seguir todos os movimentos desta. Sem dúvida, é do grupo que eles extraem sua força; porém, uma vez que esta é organizada, ela se torna autônoma e torna-os capazes de uma atividade pessoal. Assim, acha-se aberta uma fonte de iniciativa que até então não existia. A partir de então, há alguém que pode produzir algo de novo e, até, em certa medida, subtrair-se aos usos coletivos. O equilíbrio está rompido[38].

Se insistimos nesse ponto, foi para estabelecer duas proposições importantes.

Em primeiro lugar, todas as vezes que estamos em presença de um aparelho governamental dotado de grande autoridade, é preciso descobrir sua razão de ser, não na situação particular dos governantes, mas na natureza das sociedades que eles governam. É preciso observar quais são as crenças comuns, os sentimentos comuns que, encarnando-se numa pessoa ou numa família, comunicaram-lhe tal força. Quanto à superioridade pessoal do chefe, ela tem nesse processo um papel apenas secundário; ela explica por que a força coletiva concentrou-se nessas mãos, não naquelas, e não sem intensidade. A partir do momento em que essa força, em vez de permanecer difusa, é obrigada a se delegar, só pode fazê-lo em benefício de indivíduos que já atestaram, por outra via, alguma superioridade; mas se esta assinala o sentido em que a corrente se dirige, não o cria. Se o pai de família, em Roma, desfruta de um poder absoluto, não é por ser mais velho, ou mais sábio, ou mais experiente, mas porque, em conseqüência das circunstâncias em que a família romana se achou, ele encarnou o velho comunismo familiar. O despotismo, pelo menos quando não é um fenômeno patológico e de decadência, nada mais é que um comunismo transformado.

Em segundo lugar, vê-se pelo que precede quão errônea é a teoria segundo a qual o egoísmo é o ponto de partida da humanidade e o altruísmo, ao contrário, uma conquista recente.

O que dá autoridade a essa hipótese em certos espíritos é o fato de parecer uma conseqüência lógica dos princípios do darwinismo. Em nome do dogma da concorrência vital e da seleção natural, pintam-nos com as mais tristes cores essa humanidade primitiva, de que a fome e a sede, mal satisfeitas de resto, teriam sido as únicas paixões; tempos sombrios em que os homens não teriam tido outra preocupação e outra ocupação que a de disputarem entre si sua miserável comida. Para reagir contra esses devaneios retrospectivos da filosofia do século XVIII e também contra certas doutrinas religiosas, para demonstrar com mais clareza que o paraíso perdido não é anterior a nós e que nosso passado nada tem que devamos lamentar, crêem ser necessário torná-lo sombrio e rebaixá-lo sistematicamente. Nada é menos científico do que esse *parti pris* em sentido contrário. Se as hipóteses de Darwin são utilizáveis em moral, o são com ainda mais reserva e comedimento do que nas outras ciências. De fato, elas fazem abstração do elemento essencial da vida moral, a saber, a influência moderadora que a sociedade exerce sobre seus membros e que tempera e neutraliza a ação brutal da luta pela vida e da seleção. Onde quer que haja sociedades, há altruísmo, porque há solidariedade.

Por isso, nós o encontramos desde o início da humanidade, inclusive sob uma forma verdadeiramente intemperante; porque essas privações que o selvagem se impõe para obedecer à tradição religiosa, a abnegação com a qual ele sacrifica sua vida desde que a sociedade reclama seu sacrifício, a inclinação irresistível que leva a viúva da Índia a seguir seu marido na morte, o gaulês a não sobreviver a seu chefe de clã, o velho celta a livrar seus companheiros de uma boca inútil mediante uma morte voluntária, acaso isso tudo não é altruísmo? Chamarão essas práticas de superstição? Que importa, contanto que elas atestem uma aptidão a se dar? E, aliás, onde começam e onde acabam as superstições? Ficaríamos embaraçados para responder e dar do fato uma definição científica. Acaso também não é uma superstição o apego que temos pelos lugares em que já vivemos, pelas pessoas com as quais tivemos relações duradouras? No entanto, essa força de se apegar acaso não é o indício de uma constituição moral sadia? Rigorosamente falando, toda a vida da sensibilidade é feita apenas de superstições, pois ela precede e domina o juízo, mais do que depende dele.

Cientificamente, uma conduta é egoísta na medida em que é determinada por sentimentos e representações que nos são exclusivamente pessoais. Portanto, se nos lembramos a que ponto, nas sociedades inferiores, a consciência do indivíduo é invadida pela consciência coletiva, seremos até mesmo tentados a crer que ela é toda outra coisa que não ela, que é toda altruísmo, como diria Condillac. Essa conclusão, porém, seria exagerada, pois há uma esfera da vida psíquica que, qualquer que seja o desenvolvimento do tipo coletivo, varia de um homem a outro e pertence em particular a cada um: a que é formada pelas representações, os sentimentos e as tendências que se referem ao organismo e aos estados do organismo; é o mundo das sensações internas e externas e dos movimentos que são diretamente ligados a elas. Essa primeira base de toda individualidade é inalienável e não depende do estado social. Portanto, não se deve dizer que o altruísmo nasceu do egoísmo: semelhante derivação só seria possível por uma criação *ex nihilo*. Mas, rigorosamente falando, esses dois propulsores da conduta acharam-se presentes desde o início em todas as consciências humanas, porque não pode haver consciência que não reflita, ao mesmo tempo, coisas que se relacionam ao indivíduo e coisas que não lhe são pessoais.

Tudo o que podemos dizer é que, no selvagem, essa parte inferior de nós mesmos representa uma fração mais considerável do ser total, porque, sendo as esferas superiores da vida psíquica menos desenvolvidas neste, sua extensão é menor; portanto, ela tem maior importância relativa e, em conseqüência, maior domínio sobre a vontade. Mas, por outro lado, no caso de tudo o que ultrapassa esse círculo das necessidades físicas, a consciência primitiva, segundo uma forte expressão de Espinas, está toda fora de si. Ao contrário, no civilizado, o egoísmo se introduz até o seio das representações superiores: cada um de nós tem suas opiniões, suas crenças, suas aspirações próprias, e se apega a elas. O egoísmo chega até a se misturar com o altruísmo, porque acontece termos uma maneira própria de ser altruístas que decorre de nosso caráter pessoal, do estilo de nosso espírito e da qual nos recusamos a nos afastar. Sem dúvida, não se deve concluir daí que o papel do egoísmo tornou-se maior no conjunto da vida, porque cumpre levar em conta o fato de que toda a consciência se estendeu. Não é menos verdade que o individualismo desenvolveu-se em valor absoluto, penetrando regiões que, originalmente, lhe eram vedadas.

Mas esse individualismo, fruto do desenvolvimento histórico, não é tampouco o que Spencer descreveu. As sociedades ditas industriais não se assemelham mais às sociedades organizadas do que as sociedades militares às sociedades segmentárias de base familiar. É o que veremos no próximo capítulo.

CAPÍTULO VII

SOLIDARIEDADE ORGÂNICA E SOLIDARIEDADE CONTRATUAL

I

É verdade que, nas sociedades industriais de Spencer, bem como nas sociedades organizadas, a harmonia social deriva essencialmente da divisão do trabalho[1]. O que a caracteriza é que ela consiste numa cooperação que se produz automaticamente, pelo simples fato de que cada um persegue seus próprios interesses. Basta que cada indivíduo se consagre a uma função especial para se encontrar, pela força das coisas, solidário dos outros. Acaso não é esse um sinal distintivo das sociedades organizadas?

Mas se Spencer assinalou com justeza qual era, nas sociedades superiores, a causa principal da solidariedade social, ele se enganou sobre o modo como essa causa produz seu efeito e, em conseqüência, sobre a natureza deste último.

De fato, para ele, a solidariedade industrial, como a chama, apresenta as duas características seguintes:

Como é espontânea, não é necessário nenhum aparelho coercitivo nem para produzi-la, nem para mantê-la. Portanto, a sociedade não precisa intervir para garantir uma colaboração que se estabelece sozinha. "Cada homem pode se manter por seu trabalho, trocar seus produtos pelos de outrem, prestar sua assistência e receber um pagamento, entrar para esta ou aquela associação a fim de realizar um empreendimento, pequeno ou grande, sem obedecer à direção da sociedade em seu conjunto."[2] A esfera da ação social iria, pois, se estreitando cada vez mais, porque já não teria outro objetivo além de impedir que os indivíduos se intrometam nos assuntos alheios e se prejudiquem reciprocamente – isto é, ela passaria a ser apenas negativamente reguladora.

Nessas condições, o único vínculo que permanece entre os homens é a troca absolutamente livre. "Todos os negócios industriais ... se fazem por meio da livre troca. Essa relação se torna predominante na sociedade à medida que a atividade individual se torna predominante."[3] Ora, a forma normal da troca é o contrato. É por isso que "à medida que, com o declínio do militarismo e a ascensão do industrialismo, tanto o poder como o alcance da autoridade diminuem e que a livre ação aumenta, a relação do contrato se torna geral; enfim, no tipo industrial plenamente desenvolvido, essa relação se torna universal"[4].

Com isso, Spencer não quer dizer que a sociedade se baseia num contrato implícito ou formal. A hipótese de um contrato social é, ao contrário, inconciliável com o princípio da divisão do trabalho; quanto mais se aumenta o papel deste último, mais completamente se deve renunciar ao postulado de Rousseau. Porque, para que tal contrato seja possível, é preciso que, num momento dado, todas as vontades individuais se entendam sobre as bases comuns da organização social e, por conseguinte, que cada consciência particular se coloque o problema político em toda a sua generalidade. Mas, para tanto, é preciso que cada indivíduo saia da sua esfera especial, que todos representem igualmente o mesmo papel, o de estadista e de constituintes. Representem-se o instante em que a sociedade faz seu contrato: se a adesão for unânime, o conteúdo de todas as consciências será idêntico. Portanto, na medida em que a solidariedade social provém de tal causa, ela não tem nenhuma relação com a divisão do trabalho.

Sobretudo, nada se assemelha menos a essa solidariedade espontânea e automática que, segundo Spencer, distingue as sociedades industriais, porque ele vê, ao contrário, nessa busca consciente dos fins sociais, a característica das sociedades militares[5]. Tal contrato supõe que todos os indivíduos possam representar-se as condições gerais da vida coletiva, a fim de realizar uma opção com conhecimento de causa. Ora, Spencer sabe muito bem que tal representação ultrapassa a ciência em seu estado atual e, por conseguinte, a consciência. Ele está a tal ponto convencido da inutilidade da reflexão, quando ela se aplica a essas matérias, que, longe de submetê-las à opinião comum, quer subtraí-las até mesmo à reflexão do legislador. Ele estima que a vida social, como toda vida em geral, não pode se organizar naturalmente a não ser por uma adaptação inconsciente e espontânea, sob a pressão imediata das necessidades, e não de acordo com um plano meditado da inteligência refletida. Portanto, ele não imagina que as sociedades superiores possam ser construídas com base num programa solenemente debatido.

Assim, a concepção do contrato social é bem difícil de ser defendida hoje em dia, pois não guarda relação com os fatos. O observador não a encontra, por assim dizer, em seu caminho. Não só não há sociedades que tenham tal origem, como não há sociedade cuja estrutura apresente o menor vestígio de uma organização contratual. Portanto, não é nem uma conquista da história, nem uma tendência que se decanta no desenvolvimento histórico. Por isso, para rejuvenescer essa doutrina e tornar a lhe dar algum crédito, foi necessário qualificar de contrato a adesão que cada indivíduo, uma vez adulto, dá à sociedade em que nasceu, pelo simples fato de continuar a viver nela. Mas, então, é preciso chamar de contratual todo procedimento do homem que não é determinado pela coerção[6]. Em tais condições, não há sociedade, nem no presente, nem no passado, que não seja ou não tenha sido contratual, pois não há sociedade que possa subsistir pelo simples efeito da compressão. Mostramos mais acima a razão disso. Se se acreditou, por vezes, que a coerção foi maior outrora do que é hoje, foi em virtude da ilusão que levou a se atribuir a um regime coercitivo a pequena importância dada à liberdade individual nas sociedades inferiores. Na realidade, a vida social, onde é normal, é espontânea; e se é anormal, não pode durar. É espontaneamente que o indivíduo abdica – e, mesmo, não é justo falar de abdicação onde nada há a abdicar. Portanto, se se dá a essa palavra essa acepção ampla e um tanto abusiva, não há distinção alguma a fazer entre os diferentes tipos sociais; e, se entendemos por isso apenas o vínculo jurídico bem definido que essa expressão designa, podemos garantir que nenhum vínculo desse gênero jamais existiu entre os indivíduos e a sociedade.

Mas, se as sociedades superiores não se baseiam num contrato fundamental que tenha por objeto os princípios gerais da vida política, elas teriam ou tenderiam a ter por base única, segundo Spencer, o vasto sistema de contratos particulares que ligam os indivíduos entre si.

Estes só dependeriam do grupo na medida em que dependeriam uns dos outros, e não dependeriam uns dos outros senão na medida assinalada pelas convenções privadas e livremente estabelecidas. A solidariedade social não seria, pois, outra coisa que o acordo espontâneo dos interesses individuais, acordo de que todos os contratos são a expressão natural. O modelo das relações sociais seria a relação econômica, desembaraçada de toda regulamentação e tal como resulta da iniciativa inteiramente livre das partes. Numa palavra, a sociedade não seria mais que a colocação em relação de indivíduos que trocam os produtos de seu trabalho e sem que nenhuma ação propriamente social venha regular essa troca.

Será essa a característica das sociedades cuja unidade é produzida pela divisão do trabalho? Se assim fosse, poderíamos duvidar com razão de sua estabilidade. Porque, se o interesse aproxima os homens, nunca o faz mais que por alguns instantes e só pode criar entre eles um vínculo exterior. No fato da troca, os diversos agentes permanecem exteriores uns aos outros e, uma vez terminada a operação, cada um se reencontra e se reapropria de si por inteiro. As consciências são postas apenas superficialmente em contato: nem se penetram, nem aderem fortemente umas às outras. Se olharmos as coisas a fundo, veremos que toda harmonia de interesses encerra um conflito latente ou simplesmente adiado. Porque, onde o interesse reina sozinho, como nada vem refrear os egoísmos em presença, cada eu se encontra face ao outro em pé de guerra e uma trégua nesse eterno antagonismo não poderia ser de longa duração. De fato, o interesse é o que há de menos constante no mundo. Hoje, me é útil unir-me a você; amanhã, a mesma razão fará de mim seu inimigo. Portanto, uma tal causa só pode dar origem a aproximações passageiras e a associações de um dia. Vê-se quanto é necessário examinar se é essa, efetivamente, a natureza da solidariedade orgânica.

Em parte alguma, como confessa Spencer, a sociedade industrial existe em estado puro; ela é um tipo em parte ideal, que se individua cada vez mais com a evolução, mas que ainda não foi completamente realizado. Por conseguinte, para ter o direito de lhe atribuir as características que acabamos de dizer, seria necessário estabelecer metodicamente que as sociedades apresentam-nas de uma maneira tanto mais completa quanto mais são elevadas, fazendo-se abstração dos casos de regressão.

Afirma-se em primeiro lugar que a esfera da atividade social diminui cada vez mais em benefício da do indivíduo. Mas para poder demonstrar essa proposição por uma experiência verdadeira, não basta, como faz Spencer, citar alguns casos em que o indivíduo emancipou-se efetivamente da influência coletiva. Esses exemplos, por mais numerosos que possam ser, só podem servir de ilustração e são, por si mesmos, desprovidos de qualquer força demonstrativa. Porque é bem possível que, num ponto, a ação social tenha regredido, mas que, em outros, se tenha estendido e que, finalmente, tome-se uma transformação por um desaparecimento. A única maneira de dar objetivamente a prova disso não é citar alguns fatos ao acaso da sugestão, mas seguir em sua história, desde suas origens até os tempos mais recentes, o aparelho pelo qual se exerce essencialmente a ação social e ver se, com o tempo, seu volume aumentou ou diminuiu. Sabemos que esse aparelho é o direito. As obrigações que a sociedade impõe a seus membros, por menor que seja sua importância e sua duração, assumem uma forma jurídica; por conseguinte, as dimensões relativas desse aparelho permitem que se meça com exatidão a extensão relativa da ação social.

Ora, é por demais evidente que, longe de diminuir, esse aparelho vai crescendo e se complicando progressivamente. Quanto mais primitivo um código, menor seu volume; ao contrário, esse volume é tanto mais considerável quanto mais recente o código. Sobre esse ponto, não há dúvida possível. Claro, daí não resulta que a esfera da atividade individual se torne menor. De fato, não se deve esquecer que, se há mais vida regulamentada, também há mais vida em geral. Isso é, porém, uma prova suficiente de que a disciplina social não se está afrouxando. É verdade, uma das formas que ela afeta tende a regredir, como nós mesmos estabelecemos; mas outras, muito mais ricas e muito mais complexas, se desenvolvem em seu lugar. Se o direito repressivo perde terreno, o direito restitutivo, que não existia originalmente, não pára de aumentar. A intervenção social não tem mais por efeito impor a todo o mundo certas práticas uniformes, mas consiste muito mais em definir e regular as relações especiais das diferentes funções sociais, e ela não é menor por ser outra.

Spencer responderá que não afirmou a diminuição de qualquer espécie de controle, mas apenas do controle positivo. Admitamos essa distinção. Seja positivo ou negativo, esse controle não é menos social, e a questão principal está em saber se ele ampliou-se ou contraiu-se. Seja para ordenar, seja para proibir, para dizer *faça isso* ou *não faça aquilo*, se a sociedade intervém mais, não se tem o direito de dizer que a espontaneidade individual basta cada vez mais a tudo. Se as regras que determinam a conduta se multiplicam, sejam elas imperativas ou proibitivas, não é verdade que ela dependa cada vez mais da iniciativa privada.

Mas acaso essa distinção mesma tem fundamento? Por controle positivo, Spencer entende aquele que força à ação, enquanto o controle negativo força apenas à abstenção. "Um homem tem uma terra; eu a cultivo para ele em totalidade ou em parte, ou imponho-lhe em todo ou em parte o modo de cultura que ele deverá seguir: eis um controle positivo. Ao contrário, não lhe dou ajuda nem conselhos para sua cultura, impeço-o apenas de tocar na colheita do vizinho, de passar pela terra do vizinho ou de depositar nela seus detritos: eis o controle negativo. É bastante nítida a diferença entre encarregar-se de perseguir, em lugar de um cidadão, determinado objetivo que lhe pertence ou ocupar-se dos meios que esse cidadão emprega para persegui-lo, e, por outro lado, impedi-lo de incomodar outro cidadão que persegue o objetivo de sua escolha."[7] Se é esse o sentido dos termos, esse controle positivo está longe de desaparecer.

Sabemos, de fato, que o direito restitutivo não cessa de crescer; ora, na grande maioria dos casos, ou ele assinala ao cidadão o objetivo que este deve perseguir, ou se ocupa dos meios que esse cidadão emprega para alcançar o objetivo da sua escolha. Ele resolve, a propósito de cada relação jurídica, as duas questões seguintes: 1º em que condições e sob que forma essa relação normalmente existe? 2º quais são as obrigações que ela acarreta? A determinação da forma e das condições é essencialmente positiva, pois obriga o indivíduo a observar determinado procedimento para chegar a seu fim. Quanto às obrigações, se elas se reduzissem em princípio à proibição de não perturbar outrem no exercício das suas funções, a tese de Spencer seria verdadeira, pelo menos em parte. No entanto, elas consistem, na maior parte dos casos, em prestações de serviços, de natureza positiva.

Mas entremos no detalhe.

II

É bem verdade que as relações contratuais, que eram raras no início ou completamente ausentes, se multiplicam à medida que o trabalho social se divide. Mas o que Spencer parece não ter percebido é que as relações não contratuais se desenvolvem ao mesmo tempo.

Examinemos em primeiro lugar essa parte do direito impropriamente qualificada de privado e que, na realidade, rege as relações das funções sociais difusas, ou, dizendo com outras palavras, a vida visceral do organismo social.

Em primeiro lugar, sabemos que o direito doméstico, de simples que era de início, tornou-se cada vez mais complexo, isto é, as diferentes espécies de relações jurídicas a que dá origem a vida familiar são muito mais numerosas do que outrora. Ora, de um lado, as obrigações que daí resultam são de natureza eminentemente positiva; é uma reciprocidade de direitos e de deveres. De outro, elas não são contratuais, pelo menos em sua forma típica. As condições de que dependem se vinculam a nosso estatuto pessoal, que, por sua vez, depende de nosso nascimento, de nossas relações de consangüinidade e, por conseguinte, dos fatos que são alheios à nossa vontade.

No entanto, o casamento e a adoção são fontes de relações domésticas e são contratos. Mas ocorre, justamente, que, quanto mais nos aproximamos dos tipos sociais mais elevados, mais essas duas operações jurídicas perdem seu caráter propriamente contratual.

Não apenas nas sociedades inferiores, mas na própria Roma, até o fim do Império, o casamento é um assunto inteiramente privado. Em geral, é uma venda, real nos povos primitivos, fictícia mais tarde, mas que é válida pelo simples consentimento das partes, devidamente atestado. Nem formas solenes, nem intervenção de uma autoridade qualquer eram necessárias então. Foi apenas com o cristianismo que o casamento assumiu outro caráter. Bem cedo os cristãos adotaram o costume de fazer sua união ser abençoada por um sacerdote. Uma lei do imperador Leão, o Filósofo, converteu esse uso em lei para o Oriente; o concílio de Trento fez o mesmo para o Ocidente. A partir de então, o casamento já não é contraído livremente, mas por intermédio de um poder público, a saber, a Igreja, e o papel desta não é mais apenas o de uma testemunha, mas é ela, e apenas ela, que cria o vínculo jurídico que a vontade dos particulares bastava até então para estabelecer. Sabe-se como, mais tarde, a autoridade civil substituiu nessa função a autoridade religiosa e como, ao mesmo tempo, o papel da intervenção social e das formalidades necessárias foi estendido[8].

A história do contrato de adoção é ainda mais demonstrativa.

Já vimos com que facilidade e em que larga escala se praticava a adoção nos clãs indígenas da América do Norte. Ela podia dar origem a todas as formas de parentesco. Se o adotado fosse da mesma idade que o adotante, tornavam-se irmãos ou irmãs; se o primeiro fosse uma mulher já mãe, tornava-se mãe de quem a adotava.

Entre os árabes, antes de Maomé, a adoção servia com freqüência para fundar verdadeiras famílias[9]. Era comum várias pessoas adotarem-se mutuamente; elas, então, tornavam-se irmãos ou irmãs, e o parentesco que as unia era tão forte quanto se tivessem descendido de uma origem comum. Encontramos o mesmo gênero de adoção entre os eslavos. Com freqüência, membros de famílias diferentes se tomam por irmãos e irmãs e formam o que se chama uma confraria (*probatinstvo*). Essas sociedades são contraídas livremente e sem formalidades: o entendimento é suficiente para fundá-las. No entanto, o vínculo que une esses irmãos eletivos é mais forte até do que o que deriva da fraternidade natural[10].

É provável que, entre os germanos, a adoção tenha sido igualmente fácil e freqüente. Cerimônias bastante simples bastavam para constituí-la[11]. Mas, na Índia, na Grécia, em Roma, já estava subordinada a condições determinadas. Era necessário que o adotante tivesse certa idade, que não fosse parente do adotado num grau que não lhe tivesse permitido ser seu pai natural; enfim, essa mudança de família tornava-se uma operação jurídica muito complexa, que requeria a intervenção do magistrado. Ao mesmo tempo, o número dos que desfrutavam do direito de adoção tornava-se mais restrito. Somente o pai de família ou o celibatário *sui juris* podiam adotar, e o primeiro só o podia se não tivesse filhos legítimos.

Em nosso direito atual, as condições restritivas multiplicaram-se ainda mais. É necessário que o adotado seja maior, que o adotante tenha mais de cinqüenta anos, que tenha tratado o adotado como seu próprio filho durante muito tempo. É necessário acrescentar, além disso, que, mesmo assim limitada, a adoção tornou-se um acontecimento raríssimo. Antes da redação do nosso Código, ela chegara inclusive a cair completamente em desuso, e ainda hoje certos países, como a Holanda e o Baixo Canadá, não a admitem.

Ao mesmo tempo que se tornava mais rara, a adoção perdia sua eficácia. No início, a parentela adotiva era, em todos os aspectos, semelhante à parentela natural. Em Roma, a semelhança era ainda muito grande; no entanto, já não havia identidade perfeita[12]. No século XVI, ela não dava mais direito à sucessão *ab intestat* do pai adotivo[13]. Nosso Código restabeleceu esse direito; mas a parentela a que a adoção dá lugar não se estende além do adotante e do adotado.

Vê-se quão insuficiente é a explicação tradicional que atribui esse uso da adoção nas sociedades antigas à necessidade de garantir a perpetuidade do culto dos ancestrais. Os povos que a praticaram da maneira mais ampla e mais livre, como os índios da América, os árabes e os eslavos, não conheciam esse culto; ao contrário, foi em Roma, em Atenas, isto é, nos países em que a religião doméstica estava em seu apogeu, que esse direito foi, pela primeira vez, submetido a um controle e a restrições. Portanto, se ele pôde servir para satisfazer a essas necessidades, não foi para satisfazê-las que se estabeleceu; e, inversamente, se tende a desaparecer, não é que nos preocupemos menos em garantir a perpetuidade de nosso nome e de nossa raça. É na estrutura das sociedades atuais e na posição que a família nela ocupa que se deve buscar a causa determinante dessa mudança.

Outra prova dessa verdade é que ficou ainda mais impossível sair de uma família por um ato de autoridade privada do que entrar nela. Do mesmo modo que não resulta de um compromisso contratual, o vínculo de parentesco não pode ser rompido como um compromisso desse gênero. Entre os iroqueses, vê-se às vezes uma parte do clã deixá-lo para ir aumentar o clã vizinho[14]. Entre os eslavos, um membro da Zadruga que esteja cansado da vida em comum pode se separar do resto da família e tornar-se, para ela, juridicamente um estrangeiro, do mesmo modo que pode ser excluído por ela[15]. Entre os germanos, uma cerimônia pouco complicada permitia que todo franco que assim o desejasse se desligasse completamente de todas as obrigações do parentesco[16]. Em Roma, o filho não podia sair da família por sua simples vontade, e por essa característica reconhecemos um tipo social mais elevado. Mas esse vínculo que o filho não podia romper podia ser quebrado pelo pai; é nessa operação que consistia a emancipação. Hoje, nem o pai, nem o filho podem modificar o estado natural das relações domésticas; elas permanecem tais como o nascimento as determina.

Em resumo, ao mesmo tempo que as obrigações domésticas se tornam mais numerosas, elas assumem, como se diz, um caráter público. Não só, em princípio, elas não têm uma origem contratual, como o papel que o contrato representa diminui progressivamente; ao contrário, o controle social sobre a maneira como se atam, se desatam, se modificam, não pára de aumentar. O motivo disso está no desaparecimento progressivo da organização segmentária. Com efeito, a família é, por algum tempo, um verdadeiro segmento social. Originalmente, ela se confunde com o clã; se, mais tarde, dele se distingue, é como a parte do todo; ela é o produto de uma segmentação secundária do clã, idêntica à que deu origem ao próprio clã e, quando este último desaparece, mantém-se ainda nessa mesma qualidade. Ora, tudo o que é segmento tende cada vez mais a ser absorvido na massa social. É por isso que a família é obrigada a se transformar. Em vez de permanecer uma sociedade autônoma no seio da sociedade grande, ela é atraída sempre e cada vez mais para o sistema dos órgãos sociais. Ela mesma se torna um desses órgãos, encarregada de funções especiais e, em conseqüência, tudo o que acontece nela é suscetível de repercussões gerais. É isso que faz que os órgãos reguladores da sociedade necessitem intervir, a fim de exercer sobre a maneira como a família funciona uma ação moderadora ou, mesmo, em certos casos, positivamente excitadora[17].

Mas não é apenas fora das relações contratuais, é sobre o jogo dessas mesmas relações que a ação social se faz sentir. Pois nem tudo é contratual no contrato. Os únicos compromissos que merecem esse nome são os que foram desejados pelos indivíduos e que não têm outra origem além dessa livre vontade. Inversamente, toda obrigação que não foi mutuamente consentida nada tem de contratual. Ora, onde quer que o contrato exista, é submetido a uma regulamentação que é obra da sociedade e não dos particulares, e que se torna cada vez mais volumosa e mais complicada.

É verdade que os contratantes podem se entender para escapar, em certos pontos, das disposições da lei. Mas, em primeiro lugar, seus direitos a esse respeito não são ilimitados. Por exemplo, a convenção das partes não pode fazer que um contrato que não satisfaça às condições de validade exigidas pela lei seja válido. Sem dúvida, na grande maioria dos casos, o contrato já não está, agora, submetido a formas determinadas; mas não se deve esquecer que ainda existem, em nossos Códigos, contratos solenes. Mas se a lei, em geral, não tem mais as exigências formalistas de outrora, ela submete o contrato a obrigações de outro gênero. Ela recusa qualquer força obrigatória aos compromissos contratados por um incapaz, ou sem objeto, ou cuja causa é ilícita, ou firmados por uma pessoa que não pode vender, ou relativos a uma coisa que não pode ser vendida. Entre as obrigações que faz decorrer dos diversos contratos, há algumas que não podem ser mudadas por nenhuma estipulação. Assim, o vendedor não pode faltar à obrigação de garantir o comprador contra qualquer evicção que resulte de um fato que lhe seja pessoal (art. 1628), nem à de restituir o preço em caso de evicção, qualquer que seja a sua origem, contanto que o comprador não tivesse conhecimento do perigo (art. 1629), nem à de explicar claramente em que se compromete (art. 1602). Do mesmo modo, em certa medida pelo menos, não pode ser dispensado da garantia dos vícios ocultos (arts. 1641 e 1643), sobretudo se os conhecia. Se se tratar de imóveis, é o comprador que tem o dever de não se aproveitar da situação para impor um preço demasiado abaixo do valor real da coisa (art. 1674), etc. Por outro lado, tudo o que concerne à prova, à natureza das ações a que o contrato dá direito, aos prazos em que elas devem ser movidas, é absolutamente subtraído às transações individuais.

Em outros casos, a ação social não se manifesta apenas pela recusa de reconhecer um contrato formado em violação à lei, mas por uma intervenção positiva. Assim, o juiz pode, quaisquer que sejam os termos da convenção, conceder em certas circunstâncias um prazo maior ao devedor (arts. 1184, 1244, 1655 e 1900), ou então obrigar o tomador a restituir ao emprestador sua coisa antes do prazo combinado, se este último dela tiver necessidade urgente (art. 1189). Mas o que mostra melhor ainda que os contratos dão origem a obrigações que não foram contratadas está em que eles "obrigam não apenas ao que neles está expresso, mas também a todas as conseqüências que a eqüidade, o uso ou a lei dão à obrigação, de acordo com a sua natureza" (art. 1135). Em virtude desse princípio, devem ser supridas no contrato "as cláusulas de uso, embora não sejam expressas nele" (art. 1160).

No entanto, mesmo que a ação social não se exprima sob essa forma expressa, ela não deixa de ser real. Na verdade, essa possibilidade de fugir à lei, que parece reduzir o direito contratual ao papel de eventual substituto dos contratos propriamente ditos, é, na grande generalidade dos casos, puramente teórica. Para se convencer disso, basta representar-se em que ele consiste.

Sem dúvida, quando os homens se unem pelo contrato, é que, em conseqüência da divisão do trabalho, simples ou complexa, eles necessitam uns dos outros.

Mas, para que cooperem harmoniosamente, não basta que entrem em relação, nem mesmo que sintam o estado de mútua dependência em que se encontram. É necessário, além disso, que as condições dessa cooperação sejam estabelecidas para toda a duração de suas relações. É necessário que os deveres e os direitos de cada um sejam definidos, não apenas em vista da situação, tal como se apresenta no momento em que o contrato é celebrado, mas em previsão das circunstâncias que podem se produzir e modificá-la. De outro modo, haveria a cada instante novos conflitos e tensões. De fato, não se deve esquecer que, se a divisão do trabalho torna os interesses solidários, ela não os confunde; ela os deixa distintos e rivais. Do mesmo modo que, no interior do organismo individual, cada órgão está em antagonismo com os demais, ao mesmo passo que com eles coopera, cada um dos contratantes, apesar de necessitar do outro, procura obter, com os mínimos custos, aquilo de que necessita, isto é, adquirir o maior número de direitos possível, em troca do mínimo possível de obrigações.

É necessário, pois, que a divisão entre ambos seja predeterminada, mas ela só se pode fazer segundo um plano preconcebido. Não há nada na natureza das coisas de que se possa deduzir que as obrigações de um ou do outro devam ir até determinado limite, em vez de até um outro qualquer. Mas toda determinação desse gênero só pode resultar de um compromisso; é um meio termo entre a rivalidade dos interesses em presença e sua solidariedade. É uma posição de equilíbrio que só se pode encontrar após tentativas mais ou menos laboriosas. Ora, é evidente que não podemos nem recomeçar essas tentativas, nem restaurar com novos custos esse equilíbrio todas as vezes que nos comprometamos em alguma relação contratual. Tudo nos falta para isso. Não é no momento em que as dificuldades surgem que se deve resolvê-las, no entanto não podemos nem prever a variedade das circunstâncias possíveis através das quais se desenrolará nosso contrato, nem estabelecer de antemão, com ajuda de um simples cálculo mental, quais serão, em cada caso, os direitos e os deveres de cada um, salvo nas matérias de que tenhamos uma prática de todo particular. Aliás, as condições materiais da vida se opõem a que tais operações possam ser repetidas. Porque, a cada instante e não raro inesperadamente, sucede-nos contrair esses vínculos, seja ao comprarmos, seja ao vendermos, seja ao viajarmos, seja ao hospedar-nos num hotel, etc. A maioria das nossas relações com outrem são de natureza contratual. Portanto, se a cada vez fosse necessário instituir novamente as lutas e as negociações necessárias para se estabelecerem adequadamente todas as condições do acordo no presente e no futuro, ficaríamos imobilizados. Por todas essas razões, se fôssemos ligados apenas pelos termos de nossos contratos, tal como foram debatidos, resultaria daí tão-somente uma solidariedade precária.

Mas o direito contratual aí está, para determinar as conseqüências jurídicas de nossos atos, que não determinamos. Ele exprime as condições normais do equilíbrio, tais como se cristalizaram por si mesmas e pouco a pouco, a partir da média dos casos. Resumo de experiências numerosas e variadas, o que não podemos prever individualmente está previsto aí, o que não podemos regular aí é regulamentado, e essa regulamentação se impõe a nós, conquanto não seja nossa obra, mas da sociedade e da tradição. Ela nos submete a obrigações que não contraímos, no sentido exato da palavra, pois não as deliberamos, nem mesmo, por vezes, as conhecemos de antemão. Sem dúvida, o ato inicial é sempre contratual; mas tem conseqüências, mesmo imediatas, que extravasam mais ou menos os âmbitos do contrato. Cooperamos porque quisemos, mas nossa cooperação voluntária nos cria deveres que não havíamos desejado.

Desse ponto de vista, o direito dos contratos aparece sob um aspecto bem diferente. Não é mais simplesmente um complemento útil das convenções particulares, é sua norma fundamental. Impondo-se a nós com a autoridade da experiência tradicional, ele constitui a base de nossas relações contratuais. Só podemos nos afastar dele parcial e acidentalmente. A lei nos confere direitos e nos sujeita a deveres como derivados de determinado ato da nossa vontade. Podemos, em certos casos, abandonar uns ou nos desfazer dos outros. Nem por isso, ambos deixam de ser o tipo normal dos direitos e dos deveres que a circunstância comporta, sendo necessário um ato especial para modificá-lo. Por isso, as modificações são relativamente raras; em princípio, é a regra que se aplica, as inovações são excepcionais. O direito contratual exerce portanto sobre nós uma ação reguladora da mais alta importância, pois predetermina o que devemos fazer e o que podemos exigir. É uma lei que pode ser modificada pelo simples entendimento das partes; mas enquanto não é ab-rogada ou substituída, ela conserva toda a sua autoridade e, por outro lado, só podemos atuar como legisladores de maneira muito intermitente. Portanto, há apenas uma diferença de grau entre a lei que regula as obrigações que o contrato engendra e as que fixam os outros deveres dos cidadãos.

Enfim, fora dessa pressão organizada e definida que o direito exerce, há uma outra que vem dos costumes. Na maneira como celebramos nossos contratos e como os executamos, somos obrigados a nos conformar com regras que, por não serem sancionadas, nem direta, nem indiretamente, por nenhum código, nem por isso são menos imperativas. Há obrigações profissionais puramente morais, e que no entanto são bastante estritas. Elas são aparentes sobretudo nas profissões ditas liberais e se, talvez, são menos numerosas nas outras, há motivos para nos indagarmos, como veremos, se isso não é o efeito de um estado mórbido. Ora, embora mais difusa do que a precedente, essa ação é igualmente social; por outro lado, ela é necessariamente tanto mais extensa, quanto mais desenvolvidas são as relações contratuais, porque se diversifica como os contratos.

Em resumo, pois, o contrato não basta por si, mas só é possível graças a uma regulamentação que é de origem social. Ele a implica, primeiramente porque tem muito menos por função criar novas regras do que diversificar, nos casos particulares, as regras gerais preestabelecidas; em seguida, porque não tem, nem pode ter, o poder de vincular, senão em certas condições que é necessário definir. Se, em princípio, a sociedade lhe confere uma força obrigatória, é porque, em geral, o acordo das vontades particulares basta para assegurar, sob as reservas precedentes, o concurso harmonioso das funções sociais difusas. Mas se ele for contra seu objetivo, se for capaz de perturbar o jogo regular dos órgãos, se, como se diz, não for justo, é necessário que, sendo desprovido de todo e qualquer valor social, seja também destituído de toda e qualquer autoridade. O papel da sociedade não poderia pois, em nenhum caso, reduzir-se a fazer cumprir passivamente os contratos: esse papel é também o de determinar em que condições os contratos são executórios e, se for o caso, restaurá-los sob sua forma normal. O entendimento das partes não pode tornar justa uma causa que, por si mesma, não o é, e há regras de justiça cuja violação a justiça social deve prevenir, mesmo que tal violação tenha sido consentida pelos interessados.

Assim, é necessária uma regulamentação cuja extensão não pode ser previamente limitada. O contrato, diz Spencer, tem por objeto garantir ao trabalhador o equivalente da despesa que seu trabalho lhe causou[18]. Se é esse de fato o papel do contrato, ele só poderá ser cumprido se for muito mais minuciosamente regulamentado do que é hoje, pois seria um verdadeiro milagre se bastasse para produzir com segurança essa equivalência. De fato, é ora o ganho que supera a despesa, ora a despesa que supera o ganho, e a desproporção costuma ser notável. Mas, responde toda uma escola, se os ganhos são baixos demais, a função será trocada por outras; se são demasiado elevados, ela será buscada e a concorrência diminuirá os lucros. Esquece-se que toda uma parte da população não pode deixar assim seu trabalho, porque nenhum outro lhe é acessível. Mesmo os que têm maior liberdade de movimento não podem retomá-la instantaneamente: semelhantes revoluções sempre demoram para consumar-se. Enquanto isso, contratos injustos, insociais por definição, foram executados com o concurso da sociedade e, quando o equilíbrio foi restabelecido num ponto, não há razão para que não se rompa em outro.

Não é necessário demonstrar que essa intervenção, sob suas diferentes formas, é de natureza eminentemente positiva, pois tem por efeito determinar a maneira como devemos cooperar. Não é ela, por certo, que dá impulso às funções concorrentes; mas, uma vez iniciado o concurso, ela o regula. Assim que realizamos um primeiro ato de cooperação, comprometemo-nos e a ação reguladora da sociedade se exerce sobre nós. Se Spencer qualificou-a de negativa, é porque, para ele, o contrato consiste unicamente na troca. Mas, mesmo desse ponto de vista, a expressão que ele emprega não é exata. Sem dúvida, quando, depois de ter recebido um objeto ou aproveitado um serviço, recuso-me a fornecer o equivalente combinado, tomo de alguém o que lhe pertence, e pode-se dizer que a sociedade, obrigando-me a cumprir minha promessa, apenas previne uma lesão, uma agressão indireta. Mas, se simplesmente prometi um serviço, sem ter recebido previamente a remuneração, sou igualmente obrigado a manter meu compromisso; no entanto, nesse caso, não me enriqueço em detrimento de outrem, apenas recuso-me a ser-lhe útil. Ademais, a troca, como vimos, não é todo o contrato, mas há também a boa harmonia das funções concorrentes. Não apenas essas funções ficam em contato durante o curto instante em que as coisas passam de uma mão à outra, como daí resultam relações mais extensas, no curso das quais é importante que sua solidariedade não seja perturbada.

Mesmos as comparações biológicas em que Spencer baseia de bom grado sua teoria do contrato livre são antes a sua refutação. Ele compara, como fizemos, as funções econômicas com a vida visceral do organismo individual, e nota que esta última não depende diretamente do sistema cérebro-espinhal, mas de um aparelho especial cujos ramos principais são o simpático e o pneumo-gástrico. Mas, se dessa comparação pode-se induzir, com alguma verossimilhança, que as funções econômicas não são de tal natureza que se coloquem sob a influência imediata do cérebro social, disso não decorre que possam ser emancipadas de qualquer influência reguladora, porque, muito embora seja, em certa medida, independente do cérebro, o simpático domina os movimentos das vísceras, do mesmo modo que o cérebro faz com o movimento dos músculos. Portanto, se há na sociedade um aparelho do mesmo gênero, ele deve ter sobre os órgãos que lhe são submetidos uma ação análoga.

O que corresponde a isso, segundo Spencer, é essa

troca de informações que se produz sem cessar de um lugar a outro sobre o estado da oferta e da procura e que, por conseqüência, pára ou estimula a produção[19]. Mas não há nisso nada que se assemelhe a uma ação reguladora. Transmitir uma notícia não é comandar movimentos. Essa função é a dos nervos aferentes, mas nada tem em comum com a dos gânglios nervosos; ora, são estes últimos que exercem a dominação de que acabamos de falar. Interpostos no trajeto das sensações, é exclusivamente por seu intermédio que estas podem refletir-se em movimentos. É bem verossímil que, se o estudo desses gânglios estivesse mais avançado, víssemos que seu papel, quer sejam centrais, quer não, é de assegurar o concurso harmonioso das funções que governam, o qual seria a todo instante desorganizado se devesse variar a cada variação das impressões excitadoras. O simpático social deve compreender, portanto, além de um sistema de vias de transmissão, órgãos verdadeiramente reguladores, que, encarregados de combinar os atos intestinais, como o gânglio central combina os atos externos, tenham o poder ou de deter as excitações, ou de ampliálas, ou de moderá-las, conforme as necessidades.

Essa comparação induz até a pensar que a ação reguladora a que está submetida atualmente a vida econômica não é a que deveria ser normalmente. Sem dúvida, ela não é nula, como acabamos de mostrar. Mas ou é difusa, ou emana diretamente do Estado. Em nossas sociedades contemporâneas, encontraremos dificilmente centros reguladores análogos aos gânglios do simpático. Seguramente, se essa dúvida não tivesse outra base além dessa falta de simetria entre o indivíduo e a sociedade, não valeria a pena deter-nos nela. Mas não se deve esquecer que, até tempos bastante recentes, esses órgãos intermediários existiam: eram as corporações de ofício.

Não nos cabe discutir aqui suas vantagens e inconvenientes. Aliás, semelhantes discussões dificilmente são objetivas, porque não podemos resolver essas questões de utilidade prática, a não ser de acordo com nossos sentimentos pessoais. Mas pelo simples fato de uma instituição ter sido necessária durante séculos a diversas sociedades, parece pouco verossímil que estas se tenham bruscamente achado em condições de dispensá-las. Sem dúvida, elas mudaram, mas é legítimo presumir *a priori* que as mudanças por que passaram reclamavam menos uma destruição radical dessa organização do que uma transformação. Em todo caso, faz pouquíssimo tempo que elas vivem nessas condições para que se possa decidir se esse estado é normal e definitivo ou simplesmente acidental e mórbido. Mesmo os mal-estares que se fazem sentir desde essa época nessa esfera da vida social não parecem predispor a uma resposta favorável. Encontraremos na seqüência deste trabalho outros fatos que confirmam essa presunção[20].

III

Há, enfim, o direito administrativo. Chamamos assim o conjunto das regras que determinam primeiro as funções do órgão central e suas relações, em seguida as dos órgãos que são imediatamente subordinados ao precedente, suas relações umas com as outras, com os primeiros e com as funções difusas da sociedade. Se continuarmos a tomar emprestado da biologia uma linguagem que, por ser metafórica, não é menos cômoda, diremos que elas regulamentam a maneira como funciona o sistema cérebro-espinhal do organismo social. É esse sistema que, na língua corrente, é designado pelo nome de Estado.

Que a ação social que se exprime sob essa forma seja de natureza positiva, é elas inconteste. De fato, ela tem por objeto fixar de que modo devem cooperar essas funções especiais. Sob certos aspectos, até impõe a cooperação, porque esses diversos órgãos só podem ser mantidos por meio de contribuições que são exigidas imperativamente de cada cidadão. Mas, segundo Spencer, esse aparelho regulador regrediria, à medida que o tipo industrial se diferenciasse do tipo militar e, finalmente, as funções do Estado seriam destinadas a reduzir-se apenas à administração da justiça.

Mas os motivos alegados em apoio a essa proposição mostram-se de uma indigência notável: é quase unicamente de uma curta comparação entre a Inglaterra e a França, e entre a Inglaterra de outrora e a de hoje, que Spencer acredita poder induzir essa lei geral do desenvolvimento histórico[21]. No entanto, as condições da prova não são outras em sociologia e nas outras ciências. Provar uma hipótese não é mostrar que ela explica convenientemente alguns fatos lembrados a seu propósito, é constituir experiências metódicas. É mostrar que os fenômenos entre os quais se estabelece uma relação concordam universalmente, ou não subsistem um sem o outro, ou ainda variam no mesmo sentido e na mesma relação. Mas alguns exemplos expostos sem ordem não constituem uma demonstração.

Além disso, porém, esses fatos considerados em si não demonstram nada, no caso, pois tudo o que provam é que o lugar do indivíduo se torna maior e o poder governamental *menos absoluto*. Mas não há contradição alguma em que a esfera de ação individual aumente ao mesmo tempo que a do Estado, em que as funções que não são imediatamente postas sob a dependência do aparelho regulador central se desenvolvam ao mesmo tempo que este último. Por outro lado, um poder pode ser, ao mesmo tempo, absoluto e bastante simples: nada é menos complexo do que o governo despótico de um chefe bárbaro, as funções que ele desempenha são rudimentares e pouco numerosas. É que o órgão diretor da vida social pode ter absorvido em si toda esta última, por assim dizer, sem ser por isso muito desenvolvido, se a vida social também não o for. Ele tem apenas, sobre o resto da sociedade, uma supremacia excepcional, porque nada é capaz de contê-lo nem de neutralizá-lo. Mas pode muito bem se dar que ele adquira mais volume, ao mesmo tempo que se formam outros órgãos que lhe servem de contrapeso. Basta, para tanto, que o volume total do organismo tenha aumentado. Sem dúvida, a ação que ele exerce nessas condições não é mais da mesma natureza, mas os pontos sobre os quais se exerce multiplicaram-se e, ainda que seja menos violenta, não deixa de se impor de maneira igualmente formal. Os fatos de desobediência às ordens da autoridade já não são tratados como sacrilégios, nem, por conseguinte, reprimidos com a mesma severidade; mas não são mais tolerados, e essas ordens são mais numerosas e abrangem espécies mais diferentes. Ora, a questão que se coloca não é a de saber se a força coercitiva de que dispõe esse aparelho regulador é mais ou menos intensa, mas se esse mesmo aparelho se tornou mais ou menos volumoso.

Uma vez assim formulado o problema, a solução não poderia ser duvidosa. De fato, a história mostra que, de uma maneira regular, o direito administrativo é tanto mais desenvolvido quanto mais elevado o tipo a que as sociedades pertencem; ao contrário, quanto mais remontamos em direção às origens, mais ele é rudimentar. O Estado de que Spencer faz um ideal é, na realidade, a forma primitiva do Estado. De fato, as únicas funções que lhe pertencem normalmente, segundo o filósofo inglês, são as da justiça e as da guerra, pelo menos na medida em que a guerra é necessária. Ora, nas sociedades inferiores, ele não tem efetivamente outro papel. Sem dúvida, essas funções não são entendidas aí como o são atualmente; mas não são outras por isso. Toda essa intervenção tirânica que Spencer assinala nada mais é que uma das maneiras pelas quais se exerce o poder judiciário. Ao reprimir os atentados contra a religião, contra a etiqueta, contra as tradições de toda sorte, o Estado desempenha a mesma função que nossos juízes atuais, quando protegem a vida ou a propriedade dos indivíduos. Ao contrário, suas atribuições se tornam cada vez mais numerosas e variadas, à medida que nos aproximamos dos tipos sociais superiores. O próprio órgão da justiça, que é simplíssimo de início, vai se diferenciando cada vez mais; tribunais diferentes se formam, magistraturas distintas se constituem, o papel respectivo de uns e outros se determina, bem como suas relações. Uma multidão de funções que eram difusas se concentram. O cuidado de zelar pela educação da juventude, de proteger a saúde geral, de presidir o funcionamento da assistência pública, de administrar as vias de transporte e de comunicação, entra pouco a pouco na esfera de ação de órgão central. Em conseqüência, este se desenvolve e, ao mesmo tempo, estende progressivamente sobre toda a superfície do território uma rede cada vez mais densa e complexa de ramificações que substituem os órgãos locais preexistentes ou os assimilam. Serviços de estatística mantêm-no a par de tudo o que acontece nas profundezas do organismo. O aparelho das relações internacionais, quero dizer, a diplomacia, adquire proporções cada vez mais consideráveis. À medida que se formam as instituições que, como os grandes estabelecimentos de crédito, têm, por suas dimensões e pela multiplicidade das funções que lhes são solidárias, um interesse geral, o Estado exerce sobre elas uma influência moderadora. Enfim, mesmo o aparelho militar, cuja regressão Spencer afirma, parece, ao contrário, desenvolver-se e centralizar-se de maneira ininterrupta.

Essa evolução sobressai com tamanha evidência dos ensinamentos da história que não nos parece necessário entrar nos detalhes para demonstrá-la. Comparemos as tribos destituídas de qualquer autoridade central com as tribos centralizadas, estas com a cidade, a cidade com as sociedades feudais, as sociedades feudais com as sociedades atuais, e seguiremos passo a passo as principais etapas do desenvolvimento cujo andamento geral acabamos de recordar. Portanto, é contrário a qualquer método considerar as dimensões atuais do órgão governamental como um fato mórbido, devido a um concurso de circunstâncias acidentais. Tudo nos obriga a ver nelas um fenômeno normal, decorrente da própria estrutura das sociedades superiores, pois progride de uma maneira regularmente contínua, à medida que as sociedades se aproximam desse tipo.

Podemos mostrar, aliás, pelo menos em linhas gerais, como ele resulta dos próprios progressos da divisão do trabalho e da transformação que tem por efeito fazer as sociedades passarem do tipo segmentário ao tipo organizado.

Enquanto tem sua vida própria, cada segmento forma uma pequena sociedade na grande e tem, por conseguinte, seus próprios órgãos reguladores, tal como esta. Mas sua vitalidade é necessariamente proporcional à intensidade dessa vida local; portanto, eles não podem deixar de debilitar-se quando ela mesma se debilita. Ora, sabemos que essa debilitação se produz com a anulação progressiva da organização segmentária. O órgão central, encontrando diante de si menos resistência, já que as forças que o continham perderam sua energia, se desenvolve e atrai para si essas funções, semelhantes às que ele exerce, mas que já não podem ser asseguradas pelos que as detinham até então. Esses órgãos locais, em vez de conservarem sua individualidade e permanecerem difusos, vêm, pois, fundir-se no aparelho central, que, em conseqüência, cresce, e isso tanto mais quanto mais vasta for a sociedade e mais completa a fusão, o que equivale a dizer que ele é tanto mais volumoso quanto mais elevada for a espécie das sociedades.

Esse fenômeno se produz com uma necessidade mecânica e, aliás, é útil, porque corresponde ao novo estado de coisas. Na medida em que a sociedade deixa de ser formada por uma repetição de segmentos similares, o aparelho regulador deve deixar de ser formado por uma repetição de órgãos segmentários autônomos. Todavia, não queremos dizer que, normalmente, o Estado absorva em si todos os órgãos reguladores da sociedade, quaisquer que sejam, mas apenas os que têm a mesma natureza dos seus, isto é, que presidem a vida geral. Quanto aos que regem funções especiais, como as funções econômicas, estes se encontram fora da sua esfera de atração. Pode muito bem se produzir entre eles uma coalescência do mesmo gênero, mas não entre eles e ele; ou, pelo menos, se submetidos à ação dos centros superiores, permanecem distintos destes. Entre os vertebrados, o sistema cérebro-espinhal é bastante desenvolvido, tem uma influência sobre o simpático, mas concede a este último uma grande autonomia.

Em segundo lugar, enquanto a sociedade é feita de segmentos, o que se produz num deles tem tanto menos oportunidade de ecoar nos outros, quanto mais forte for a organização segmentária. O sistema alveolar se presta naturalmente à localização dos acontecimentos sociais e de suas conseqüências. Assim, numa colônia de pólipos, um dos indivíduos pode estar doente sem que os outros se ressintam disso. O mesmo não ocorre quando a sociedade é formada por um sistema de órgãos. Em conseqüência de sua dependência mútua, o que atinge um atinge os outros e, assim, toda mudança um tanto grave adquire um interesse geral.

Essa generalização é facilitada ainda por duas outras circunstâncias. Quanto mais o trabalho se divide, menos cada órgão social compreende partes distintas. À medida que a grande indústria substitui a pequena indústria, o número de empresas diferentes diminui; cada uma tem mais importância relativa por representar uma fração maior do todo e o que acontece com ela tem, portanto, conseqüências sociais muito mais extensas: o fechamento de uma pequena oficina provoca perturbações limitadas, que deixam de ser sentidas além de um pequeno círculo; enquanto a falência de uma grande sociedade industrial é, ao contrário, uma perturbação pública. Por outro lado, como o progresso da divisão do trabalho determina uma concentração maior da massa social, há entre as diferentes partes de um mesmo tecido, de um mesmo órgão ou de um mesmo aparelho, um contato mais íntimo que torna mais fáceis os fenômenos de contágio. O movimento que nasce num ponto comunica-se rapidamente aos outros. Basta ver com que velocidade, por exemplo, uma greve se generaliza hoje em dia num mesmo ramo. Ora, uma perturbação de certa generalidade não se pode produzir sem ecoar nos centros superiores. Estes, sendo dolorosamente afetados, precisam intervir, e essa intervenção é tanto mais freqüente quanto mais elevado for o tipo social. Mas, para tanto, é preciso que eles sejam organizados em conseqüência; é preciso que estendam em todos os sentidos suas ramificações, de maneira a estar em relação com as diferentes regiões do organismo, de maneira, também, a manter numa dependência mais imediata certos órgãos cujo jogo poderia ter, eventualmente, repercussões excepcionalmente graves. Numa palavra, tornando-se suas funções mais numerosas e mais complexas, é necessário que o órgão que lhes serve de substrato se desenvolva, assim como o corpo de regras jurídicas que as determinam.

À crítica que lhe foi feita com freqüência – de contradizer sua própria doutrina, admitindo que o desenvolvimento dos centros superiores se faz em sentido inverso nas sociedades e nos organismos –, Spencer responde que essas diferentes variações do órgão decorrem de variações correspondentes da função. Segundo ele, o papel do sistema cérebro-espinhal seria, essencialmente, o de regular as relações do indivíduo com o exterior, de combinar os movimentos seja para agarrar a presa, seja para escapar do inimigo[22]. Aparelho de ataque e de defesa, ele é naturalmente bastante volumoso nos organismos mais elevados, nos quais essas relações exteriores são, elas mesmas, muito desenvolvidas. O mesmo se dá com as sociedades militares, que vivem em estado de hostilidade crônica com suas vizinhas. Ao contrário, entre os povos industriais, a guerra é exceção; os interesses sociais são principalmente de ordem interna; o aparelho regulador externo, não tendo mais a mesma razão de ser, regride, pois, necessariamente.

Mas essa explicação se baseia num dúplo erro.

Em primeiro lugar, todo organismo, quer tenha instintos predadores, quer não, vive num meio com o qual tem relações tanto mais numerosas quanto mais complexo for. Portanto, se diminuem à medida que as sociedades se tornam mais pacíficas, as relações de hostilidade são substituídas por outras. Os povos industriais têm um comércio mútuo muito mais desenvolvido do que o aquele que os povos inferiores mantêm uns com os outros, por mais belicosos que sejam. Não estamos falando do comércio que se estabelece diretamente entre indivíduo e indivíduo, mas daquele que une os corpos sociais entre si. Cada sociedade tem interesses gerais a defender contra as outras, se não pelas armas, em todo caso por meio de negociações, coligações, tratados.

Ademais, não é verdade que o cérebro nada mais faça senão presidir as relações externas. Não apenas parece que ele por vezes pode modificar o estado dos órgãos por vias de todo internas, mas, mesmo que aja do exterior, é sobre o interior que exerce sua ação. De fato, mesmo as vísceras mais intestinais só podem funcionar com ajuda de materiais que lhes vêm do exterior, e como dispõe soberanamente destes últimos, o cérebro tem sobre todo o organismo uma influência constante. O estômago, diz-se, não entra em jogo por sua ordem, mas a presença dos alimentos basta para excitar os movimentos peristálticos. Contudo, se os alimentos estão presentes, é porque o cérebro assim quis, e eles o estão na quantidade que o cérebro fixou e na qualidade que escolheu. Não é ele que comanda os batimentos do coração, mas pode, por um tratamento apropriado, retardá-los ou acelerá-los. Não há tecidos que não sofram alguma das disciplinas que ele impõe, e o império que ele exerce assim é tanto mais extenso e tanto mais profundo quanto mais elevado for o tipo do animal. Isso se deve, de fato, a que seu verdadeiro papel é presidir, não apenas as relações com o exterior, mas ao conjunto da vida; portanto, essa função é tanto mais complexa quanto mais rica e concentrada for a vida. O mesmo se dá com as sociedades. O que faz que o órgão governamental seja mais ou menos considerável, não é que os povos sejam mais ou menos pacíficos; mas ele cresce à medida que, em conseqüência dos progressos da divisão do trabalho, as sociedades compreendem maior número de órgãos diferentes mais intimamente solidários uns dos outros.

IV

As seguintes proposições resumem esta primeira parte de nosso trabalho.

A vida social deriva de uma dupla fonte: a similitude das consciências e a divisão do trabalho social. O indivíduo é socializado no primeiro caso, porque, não tendo individualidade própria, confunde-se, como seus semelhantes, no seio de um mesmo tipo coletivo; no segundo, porque, tendo uma fisionomia e uma atividade pessoais que o distinguem dos outros, depende deles na mesma medida em que se distingue e, por conseguinte, da sociedade que resulta de sua união.

A similitude das consciências dá origem a regras jurídicas que, sob a ameaça de medidas repressivas, impõem a todos crenças e práticas uniformes; quanto mais for pronunciada, mais a vida social se confunde completamente com a vida religiosa, e mais as instituições econômicas são vizinhas do comunismo.

A divisão do trabalho dá origem a regras jurídicas que determinam a natureza e as relações das funções divididas, mas cuja violação acarreta apenas medidas reparadoras sem caráter expiatório.

Cada um desses corpos de regras jurídicas, aliás, é acompanhado por um corpo de regras puramente morais. Onde o direito penal é muito volumoso, a moral comum é muito extensa; isto é, há uma multidão de práticas coletivas postas sob a salvaguarda da opinião pública. Onde o direito restitutivo é muito desenvolvido, há para cada profissão uma moral profissional. No interior de um mesmo grupo de trabalhadores, existe uma opinião, difusa em toda a extensão desse agregado restrito, que, sem estar munida de sanções legais, faz-se não obstante obedecer. Há usos e costumes comuns a uma mesma ordem de funcionários e que nenhum deles pode infringir sem incorrer na censura da corporação[23]. Todavia, essa moral se distingue da precedente por diferenças análogas às que separam as duas espécies correspondentes de direitos. De fato, ela está localizada numa região limitada da sociedade; ademais, o caráter repressivo das sanções a ela ligadas é sensivelmente menos acentuado. As faltas profissionais determinam um movimento de reprovação muito mais débil do que os atentados contra a moral pública.

No entanto, as regras da moral e do direito profissionais são imperativas como as outras. Elas obrigam o indivíduo a agir visando fins que não lhe são próprios, a fazer concessões, a aceitar compromissos, a levar em conta interesses superiores aos seus. Por conseguinte, mesmo onde a sociedade repousa da maneira mais completa na divisão do trabalho, ela não se resolve numa poeira de átomos justapostos, entre os quais só se podem estabelecer contatos externos e passageiros. Mas seus membros são unidos por vínculos que se estendem muito além dos momentos tão curtos em que a troca se consuma. Cada uma das funções que eles exercem é, de maneira constante, dependente das outras e forma com elas um sistema solidário. Como conseqüência, da natureza da tarefa escolhida derivam deveres permanentes. Por cumprirmos determinada função doméstica ou social, somos pegos numa rede de obrigações de que não temos o direito de nos emancipar. Há sobretudo um órgão em relação ao qual nosso estado de dependência aumenta cada vez mais: o Estado. Os pontos pelos quais estamos em contato com ele se multiplicam, assim como as ocasiões em que ele tem por encargo chamar-nos ao sentimento da solidariedade comum.

Assim, o altruísmo não está destinado a se tornar, como quer Spencer, uma espécie de ornamento agradável de nossa vida social; ele será sempre a base fundamental da mesma. Como, de fato, poderíamos dispensá-lo? Os homens não podem viver juntos sem se entenderem e, por conseguinte, sem fazerem sacrifícios mútuos, sem se ligarem uns aos outros de maneira forte e duradoura. Toda sociedade é uma sociedade moral. Sob certos aspectos, esse caráter é até mais pronunciado nas sociedades organizadas. Como o indivíduo não se basta, é da sociedade que ele recebe tudo o que lhe é necessário, como é para ela que ele trabalha. Forma-se, assim, um sentimento fortíssimo do estado de dependência em que se encontra: ele se acostuma a estimar-se por seu justo valor, isto é, a só se ver como parte de um todo, o órgão de um organismo. Tais sentimentos são capazes de inspirar não apenas esses sacrifícios cotidianos que garantem o desenvolvimento regular da vida social cotidiana, mas também, eventualmente, atos de renúncia completa e de abnegação exclusiva. Por seu lado, a sociedade aprende a ver os membros que a compõem não mais como coisas sobre as quais tem direitos, mas como cooperadores que ela não pode dispensar e para com os quais tem deveres. É erroneamente, pois, que se opõe a sociedade que deriva da comunidade das crenças à que tem por base a cooperação, concedendo à primeira apenas um caráter moral e não vendo na segunda mais que um agrupamento econômico. Na realidade, a cooperação também tem sua moralidade intrínseca. Há apenas motivos para crer, como veremos melhor na continuação, que, em nossas sociedades atuais, essa moralidade ainda não tem todo o desenvolvimento que lhes seria necessário desde já.

Mas ela não é da mesma natureza do que a outra. Esta só é forte se o indivíduo não o for. Feita de regras que são praticadas por todos indistintamente, ela recebe dessa prática universal e uniforme uma autoridade que faz dela uma coisa sobre-humana e que a subtrai mais ou menos à discussão. A outra, ao contrário, se desenvolve à medida que a personalidade individual se fortalece. Por mais regulamentada que seja uma função, ela sempre deixa um vasto espaço à iniciativa de cada um. Mesmo muitas obrigações que são assim sancionadas têm sua origem numa opção da vontade. Somos nós que escolhemos nossa profissão e mesmo algumas de nossas funções domésticas. Sem dúvida, uma vez que nossa resolução deixou de ser interna e traduziu-se exteriormente por conseqüências sociais, estamos ligados: impõem-se a nós deveres que não quisemos expressamente. No entanto, foi de um ato voluntário que se originaram. Enfim, como essas regras de conduta se referem não às condições da vida comum, mas às diferentes formas da atividade profissional, por isso mesmo elas têm um caráter mais temporal, por assim dizer, que, ao mesmo tempo que lhes conserva sua força obrigatória, as torna mais acessíveis à ação dos homens.

Há, portanto, duas grandes correntes da vida social, a que correspondem dois tipos de estrutura não menos diferentes.

Dessas correntes, a que tem sua origem nas similitudes sociais corre a princípio só e sem rival. Nesse momento, ela se confunde com a própria vida da sociedade;

depois, pouco a pouco, canaliza-se, rarefaz-se, enquanto a segunda vai engrossando mais e mais. Do mesmo modo, a estrutura segmentária é cada vez mais recoberta pela outra, mas sem nunca desaparecer por completo.

Acabamos de estabelecer a realidade dessa relação de variação inversa. Encontraremos suas causas no livro seguinte.

LIVRO II

AS CAUSAS E AS CONDIÇÕES

CAPÍTULO I

OS PROGRESSOS DA DIVISÃO DO TRABALHO E OS PROGRESSOS DA FELICIDADE

A que causas se devem os progressos da divisão do trabalho?

Sem dúvida, não seria o caso de encontrar uma fórmula única capaz de explicar todas as modalidades possíveis da divisão do trabalho. Semelhante fórmula não existe. Cada caso particular depende de causas particulares que só podem ser determinadas por um exame especial. O problema que nos colocamos é menos vasto. Se fizermos abstração das formas variadas que a divisão do trabalho adquire segundo as condições de tempo e lugar, resta o fato geral de que ela se desenvolve regularmente à medida que avançamos na história. Esse fato depende por certo de causas igualmente constantes, que vamos pesquisar.

Essa causa não poderia consistir numa representação antecipada dos efeitos produzidos pela divisão do trabalho, contribuindo para manter o equilíbrio das sociedades. É uma conseqüência demasiado remota para que possa ser compreendido por todos; a maioria dos espíritos não tem nenhuma consciência dela. Em todo caso, ela só podia começar a se tornar sensível quando a divisão do trabalho já era muito avançada.

Segundo a teoria mais difundida, ela não teria outra origem além do desejo que tem o homem de aumentar sem cessar sua felicidade. Sabe-se, de fato, que quanto mais o trabalho se divide, mais seu rendimento é elevado. Os recursos que põe à nossa disposição são mais abundantes; também são de melhor qualidade. A ciência se faz melhor e mais depressa; as obras de arte são mais numerosas e mais refinadas; a indústria produz mais e seus produtos são mais perfeitos. Ora, o homem necessita de todas essas coisas; parece, pois, que deva ser tanto mais feliz quanto mais coisas possua e, por conseguinte, que seja naturalmente incitado a buscá-las.

Dito isso, explica-se facilmente a regularidade com a qual a divisão do trabalho progride. Basta, segundo se diz, que um concurso de circunstâncias, que é fácil imaginar, tenha advertido os homens de algumas dessas vantagens, para que eles tenham procurado estendê-la cada vez mais, a fim de tirar todo o proveito possível. Ela progrediria, pois, sob a influência de causas exclusivamente individuais e psicológicas. Para elaborar a teoria da divisão do trabalho, não seria necessário observar as sociedades e sua estrutura: o instinto mais simples e mais fundamental do coração humano bastaria para explicá-la. A necessidade da felicidade é que levaria o indivíduo a se especializar cada vez mais. Sem dúvida, como toda especialização supõe a presença simultânea de vários indivíduos e seu concurso, ela não é possível sem uma sociedade. Mas, em vez de ser sua causa determinante, a sociedade seria apenas o meio pelo qual ela se realiza, a matéria necessária à organização do trabalho dividido. Ela seria inclusive muito mais um efeito do fenômeno do que sua causa. Acaso não se repete sem cessar que foi a necessidade da cooperação que deu origem às sociedades? Estas ter-se-iam formado, então, para que o trabalho pudesse se dividir, em vez de terem-se dividido por razões sociais?

Essa explicação é clássica em economia política. Ela parece, de resto, tão simples e tão evidente, que é admitida inconscientemente por uma multidão de pensadores cujas concepções altera. É por isso que é necessário examiná-la antes de mais nada.

I

Nada está menos demonstrado do que o pretenso axioma sobre o qual ela repousa.

Não se pode atribuir nenhum limite racional à força produtiva do trabalho. Sem dúvida, ela depende do estado da técnica, dos capitais, etc. Mas esses obstáculos nunca são mais que provisórios, como prova a experiência, e cada geração afasta o limite em que se detivera a geração precedente. Ainda que devesse chegar um dia a um máximo que não poderia mais superar – o que é uma conjetura totalmente gratuita –, pelo menos é certo que, desde já, ela tem atrás de si um campo de desenvolvimento imenso. Portanto, se, como se supõe, a felicidade crescesse regularmente com ela, também seria necessário que pudesse aumentar indefinidamente ou que, pelo menos, os aumentos de que é capaz fossem proporcionais aos precedentes. Se a felicidade aumentasse à medida que os estímulos agradáveis se tornassem mais numerosos e intensos, seria natural que o homem procurasse produzir mais para gozar ainda mais. Porém, na realidade, nossa força de felicidade é muito restrita.

De fato, é uma verdade geralmente reconhecida hoje que o prazer não acompanha nem os estados de consciência demasiado intensos, nem os demasiado fracos. Há dor quando a atividade funcional é insuficiente; mas uma atividade excessiva produz os mesmos efeitos[1]. Certos fisiologistas acreditam até que a dor está ligada a uma vibração nervosa demasiado intensa[2]. Portanto, o prazer está situado entre esses dois extremos. Essa proposição, aliás, é um corolário da lei de Weber e de Fechner. Embora a exatidão da fórmula matemática que esses experimentadores propõem para ela seja contestável, há um ponto, porém, que eles tornaram indubitável: o de que as variações de intensidade pelas quais uma sensação pode passar estão compreendidas entre dois limites. Se o estímulo for demasiado fraco, não será sentido; mas se ultrapassar certo grau, os aumentos que ele receber produzirão cada vez menos efeito, até deixarem completamente de ser percebidos. Ora, essa lei é igualmente verdadeira para a qualidade da sensação a que chamamos prazer. Foi até formulada para o prazer e para a dor muito tempo antes de ter sido para os outros elementos da sensação: Bernoulli aplicou-a logo aos sentimentos mais complexos, e Laplace, interpretando-a no mesmo sentido, deu-lhe a forma de uma relação entre a fortuna física e a fortuna moral[3]. O campo das variações que a intensidade de um mesmo prazer pode percorrer é, pois, limitado.

Há mais. Se os estados de consciência de intensidade moderada são geralmente agradáveis, nem todos apresentam condições igualmente favoráveis à produção do prazer. Nas proximidades do limite inferior, as mudanças por que passa a atividade agradável são demasiado pequenas em valor absoluto para determinar sentimentos de prazer dotados de grande energia. Inversamente, quando está próxima do ponto de indiferença, isto é, de seu máximo, as grandezas de que se acresce têm um valor relativo demasiado pequeno. Um homem que possui um capital muito pequeno não pode aumentá-lo facilmente nas proporções que bastam para mudar sensivelmente sua condição. Eis por que as primeiras economias trazem consigo tão pouca alegria: elas são demasiado pequenas para melhorar a situação. As vantagens insignificantes que proporcionam não compensam as privações que custaram. Do mesmo modo, um homem cuja fortuna é excessiva só passa a encontrar prazeres em benefícios excepcionais, porque mede a importância deles comparando-os ao que já possui. O que acontece com as fortunas médias é bem diferente. Nesse caso, a grandeza absoluta e a grandeza relativa das variações estão nas melhores condições para que o prazer se produza, pois são, facilmente, bastante consideráveis – no entanto, não é preciso serem extraordinárias para serem estimadas a seu justo preço. O ponto de referência que serve para medir seu valor ainda não é elevado o bastante para que disso resulte uma forte depreciação. A intensidade de um estímulo agradável só pode aumentar *utilmente*, pois, entre limites ainda mais aproximados do que dizíamos a princípio, só produz todo o seu efeito no intervalo que corresponde à parte média da atividade agradável. Aquém e além, o prazer ainda existe, mas não tem relação com a causa que o produz, ao passo que, nessa zona temperada, as menores oscilações são saboreadas e apreciadas. Nada é perdido da energia do estímulo, que se converte toda em prazer[4].

O que acabamos de dizer sobre a intensidade de cada estimulante poderia repetir-se para sua quantidade. Eles deixam de ser agradáveis quando são demasiados ou muito pouco numerosos, assim como quando superam ou não atingem certo grau de vivacidade. Não é sem razão que a experiência humana vê na *aurea mediocritas* a condição da felicidade.

Portanto, se a divisão do trabalho só houvesse realmente progredido para aumentar nossa felicidade, faz muito tempo que teria chegado a seu limite extremo, assim como a civilização que daí resulta, e que ambas teriam parado. Porque, para pôr o homem em condições de levar essa existência modesta que é a mais favorável ao prazer, não era necessário acumular indefinidamente estímulos de toda sorte. Um desenvolvimento moderado teria bastado para garantir aos indivíduos toda a soma de prazeres de que são capazes. A humanidade teria chegado rapidamente a um estado estacionário de que não teria mais saído. Foi o que aconteceu com os animais: a maioria deles não muda faz séculos, porque chegaram a esse estado de equilíbrio.

Outras considerações conduzem à mesma conclusão.

Não se pode dizer de modo absoluto que todo estado agradável é útil, que o prazer e a utilidade sempre variam no mesmo sentido e na mesma proporção. No entanto, um organismo que, em princípio, se comprazesse com coisas que o prejudicam, não poderia evidentemente se manter. Portanto, podemos aceitar como uma verdade muito geral que o prazer não está ligado aos estados prejudiciais, isto é, que, em linhas gerais, a felicidade coincide com o estado de saúde. Só os seres que sofrem de alguma perversão fisiológica ou psicológica encontram prazer em estados doentios. Ora, a saúde consiste numa atividade média. De fato, ela implica um desenvolvimento harmonioso de todas as funções, e as funções só podem desenvolver-se harmoniosamente se se moderarem mutuamente, isto é, se se contiverem mutuamente aquém de certos limites, além dos quais a doença começa e o prazer cessa. Quanto a um aumento simultâneo de todas as faculdades, só é possível para um dado ser numa medida muito restrita, que é assinalada pelo estado congênito do indivíduo.

Compreende-se dessa maneira o que limita a felicidade humana: é a própria constituição do homem, tomado em cada momento da história. Dado o seu temperamento e o grau de desenvolvimento físico e moral a que chegou, há um máximo de felicidade, assim como um máximo de atividade, que ele não pode superar. A proposição não é contestada, enquanto se tratar apenas do organismo: todo o mundo reconhece que as necessidades do corpo são limitadas e que, em conseqüência, o prazer físico não pode aumentar indefinidamente. Mas foi dito que as funções espirituais eram exceção. "Nenhuma dor para castigar e reprimir ... os impulsos mais enérgicos da devoção e da caridade, a busca apaixonada e entusiasta do verdadeiro e do belo. Uma pessoa satisfaz sua fome com uma quantidade determinada de alimento, mas não satisfaz sua razão com uma quantidade determinada de saber."[5]

É esquecer que a consciência, assim como o organismo, é um sistema de funções que se equilibram e que, ademais, está ligada a um substrato orgânico de cujo estado ela depende. Diz-se que, se há um grau de claridade que os olhos não podem suportar, nunca há claridade suficiente para a razão. No entanto, o excesso de ciência só pode ser adquirido por um desenvolvimento exagerado dos centros nervosos superiores, que, por sua vez, não se pode produzir sem ser acompanhado de perturbações dolorosas. Há, pois, um limite máximo que não pode ser superado impunemente, e, como ele varia com o cérebro médio, era particularmente baixo no início da humanidade; por conseguinte, logo foi alcançado. Ademais, o entendimento é apenas uma de nossas faculdades. Portanto, ela não pode crescer além de certo ponto, senão em detrimento das faculdades práticas, abalando os sentimentos, as crenças, os hábitos de que vivemos, e tal ruptura de equilíbrio faz-se necessariamente acompanhar de um mal-estar. Os seguidores da religião mais grosseira encontram na cosmogonia e na filosofia rudimentares que lhes são ensinadas um prazer que lhes tiraríamos sem compensação possível, se conseguíssemos embebê-los bruscamente de nossas doutrinas científicas, por mais incontestável que seja a superioridade delas. A cada momento da história e na consciência de cada indivíduo, há para as idéias claras, para as opiniões refletidas, numa palavra, para a ciência, um lugar determinado além do qual ela não pode se estender normalmente.

O mesmo se dá com a moralidade. Cada povo tem sua moral, que é determinada pelas condições em que vive. Portanto, não se pode inculcar-lhe outra, por mais elevada que seja, sem desorganizá-lo, e tais perturbações não podem deixar de ser dolorosamente sentidas pelos indivíduos. Mas a moral de cada sociedade, considerada em si, acaso não comporta um desenvolvimento indefinido das virtudes que ela recomenda? De modo nenhum. Agir moralmente é cumprir com o seu dever, e todo dever é finito. É limitado por outros deveres. Ninguém se pode dar completamente a outrem sem abandonar a si mesmo; ninguém pode desenvolver em excesso sua personalidade sem cair no egoísmo. Por outro lado, o próprio conjunto de nossos deveres é limitado pelas outras exigências de nossa natureza. Se é necessário que certas formas da conduta sejam submetidas a essa regulamentação imperativa que é característica da moralidade, há outras, ao contrário, que são naturalmente refratárias a ela e que, no entanto, são essenciais. A moral não pode reger excessivamente as funções industriais, comerciais, etc., sem paralisá-las, e no entanto elas são vitais; assim, considerar a riqueza imoral não é um erro menos funesto do que ver na riqueza o bem por excelência. Portanto, pode haver excessos de moral, com os quais, de resto, a moral é a primeira a sofrer; porque, como ela tem por objeto imediato regular nossa vida temporal, não pode desviar-nos desta sem esgotar, ela própria, a matéria a que se aplica.

É verdade que a atividade estético-moral, por não ser regida, parece livre de qualquer freio e de qualquer limitação. Mas, na realidade, ela está estritamente circunscrita pela atividade propriamente moral, pois só pode superar certa medida em detrimento da moralidade. Se dispendemos uma parte excessiva de nossas forças no supérfluo, não sobra o suficiente para o necessário. Quando se dá um espaço excessivo para a imaginação em moral, as tarefas obrigatórias são necessariamente negligenciadas. Até mesmo qualquer disciplina parece intolerável quando se tomou em demasia o hábito de agir sem outras regras que não as que cada um impõe a si mesmo. Idealismo e elevação moral em excesso fazem muitas vezes que o homem não tenha mais gosto em cumprir com seus deveres cotidianos.

Pode-se dizer o mesmo de toda atividade estética de uma maneira geral; ela só é sadia se for moderada. A necessidade de jogar, de agir sem objetivo e pelo prazer de agir, não pode ser desenvolvida além de certo ponto sem que se desvie da vida séria. Uma sensibilidade artística demasiado grande é um fenômeno doentio que não pode se generalizar sem perigo para a sociedade. Aliás, o limite além do qual o excesso começa é variável, conforme os povos ou os meios sociais; ele começa tanto mais cedo quanto menos avançada é a sociedade ou menos culto o meio. O lavrador, se está em harmonia com suas condições de existência, é e deve ser fechado a prazeres estéticos que são normais no letrado, e o mesmo é válido para o selvagem em relação ao civilizado.

Se assim é quanto ao luxo do espírito, com maior razão o é quanto ao luxo material. Há, pois, uma intensidade normal de todas as nossas necessidades, tanto intelectuais e morais como físicas, que não pode ser superada. A cada momento da história, nossa sede de ciência, de arte, de bem-estar é definida como nossos apetites, e tudo o que ultrapassa essa medida nos deixa indiferentes ou nos faz sofrer. É o que se costuma esquecer quando se compara a felicidade de nossos pais à nossa. Raciocina-se como se todos os nossos prazeres pudessem ter sido os seus; então, pensando em todos esses requintes da civilização de que desfrutamos e que eles não conheciam, sentimo-nos inclinados a lamentar sua sorte. Esquecemos que eles não eram aptos a desfrutá-los. Portanto, se se atormentaram tanto para aumentar a força produtiva do trabalho, não foi para adquirir bens que, para eles, não tinham valor. Para apreciá-los, precisariam primeiro contrair gostos e hábitos que não tinham, isto é, mudar sua natureza.

Foi, de fato, o que fizeram, como mostra a história das transformações pelas quais a humanidade passou. Para que a necessidade de uma maior felicidade pudesse explicar o desenvolvimento da divisão do trabalho, seria necessário, pois, que ela também fosse a causa das mudanças que se consumaram progressivamente na natureza humana, que os homens se tivessem transformado a fim de se tornarem mais felizes.

Mas, mesmo supondo-se que essas transformações tenham finalmente chegado a esse resultado, é impossível que se tenham produzido com esse fim e, por conseguinte, elas dependem de outra causa.

De fato, uma mudança de existência, seja brusca ou preparada, sempre constitui uma crise dolorosa, porque viola instintos adquiridos que resistem. Todo o passado nos retém para trás, mesmo que as mais belas perspectivas nos atraiam para a frente. É uma operação sempre laboriosa, a de desarraigar hábitos que o tempo fixou e organizou em nós. É possível que a vida sedentária proporcione mais oportunidades de felicidade do que a vida nômade; mas quando, há séculos, não se levou outra vida senão esta última, não é fácil desfazer-se dela. Por isso, por pouco que tais transformações sejam profundas, uma vida individual não basta para consumá-las. Não basta uma geração para desfazer a obra das gerações, para pôr um homem novo no lugar do antigo. No estado atual de nossas sociedades, o trabalho não é apenas útil, é necessário; todo o mundo o sente bem, e já faz muito tempo que essa necessidade é sentida. No entanto, ainda são relativamente raros os que encontram seu prazer num trabalho regular e persistente. Para a maioria dos homens, o trabalho ainda é uma servidão insuportável; o ócio dos tempos primitivos não perdeu para eles seus antigos atrativos. Essas metamorfoses custam muito, pois, durante muito tempo, sem proporcionar ganho algum. As gerações que as inauguram não colhem seus frutos, se houver, porque eles chegam demasiado tarde. Seu único quinhão é o trabalho que os gera. Por conseguinte, não é a expectativa de uma maior felicidade que as arrasta em tais empresas.

Mas é de fato verdade que a felicidade do indivíduo aumenta à medida que o homem progride? Nada é mais duvidoso.

II

Seguramente, há muitos prazeres a que estamos abertos hoje e que naturezas mais simples não conhecem. Mas, em compensação, estamos expostos a muitos sofrimentos que são poupados àquelas, e não é seguro que a balança penda a nosso favor. O pensamento é, sem dúvida, uma fonte de alegrias, que podem ser muito vivas; mas, ao mesmo tempo, quantas alegrias ele perturba! Para um problema resolvido, quantas questões levantadas que permanecem sem resposta! Para uma dúvida esclarecida, quantos mistérios percebidos que nos desconcertam! Do mesmo modo, se o selvagem não conhece os prazeres que uma vida muito ativa proporciona, em compensação ele é inacessível ao tédio, esse tormento dos espíritos cultivados; ele deixa sua vida correr tranqüilamente sem sentir a perpétua necessidade de preencher seus curtos instantes com numerosos e prementes fatos. Não esqueçamos, por sinal, que o trabalho ainda é, para a maioria dos homens, tão-só uma pena e um fardo.

Objetarão que, entre os povos civilizados, a vida é mais variada e que a variedade é necessária ao prazer. Mas, ao mesmo tempo que uma maior mobilidade, a civilização traz com ela maior uniformidade; porque foi ela que impôs ao homem o trabalho monótono e contínuo. O selvagem vai de uma ocupação a outra, segundo as circunstâncias e as necessidades que o impulsionam; o homem civilizado se entrega por inteiro a uma tarefa, sempre a mesma, e que oferece tanto menor variedade quanto mais restrita for. A organização implica necessariamente uma absoluta regularidade nos hábitos, pois uma mudança não pode ocorrer na maneira como um órgão funciona sem que, por contragolpe, todo o organismo seja afetado. Por esse lado, nossa vida dá ao imprevisto um papel menor, ao mesmo tempo que, por sua instabilidade maior, tira do prazer uma parte da segurança de que ele necessita.

É verdade que nosso sistema nervoso, que se tornou mais delicado, é acessível a pequenas excitações que não atingiam o de nossos pais, porque ele era demasiado grosseiro. Mas também, muitos dos estímulos que eram agradáveis tornaram-se demasiado fortes para nós e, por conseguinte, dolorosos. Se somos sensíveis a mais prazeres, também o somos a mais dores. Por outro lado, se é verdade que, todas as coisas permanecendo iguais, o sofrimento produz no organismo um eco mais profundo do que a alegria[6], que um estímulo desagradável afeta-nos mais dolorosamente do que um estímulo agradável de mesma intensidade nos causa prazer, essa maior sensibilidade poderia muito bem ser mais contrária do que favorável à felicidade. De fato, os sistemas nervosos muito apurados vivem na dor e acabam até por se apegar a ela. Acaso não é notável que o culto fundamental das religiões mais civilizadas seja o do sofrimento humano? Sem dúvida, para que a vida possa se manter é preciso, hoje como ontem, que, na média dos casos, os prazeres sobrepujem as dores. Mas não é certo que esse excedente se tenha tornado mais considerável.

Enfim e sobretudo, não está provado que esse excedente proporcione a medida da felicidade. Sem dúvida, nessas questões obscuras e ainda mal estudadas, não se pode afirmar nada com certeza; no entanto, parece que a felicidade é outra coisa que uma soma de prazeres. É um estado geral e constante que acompanha o jogo regular de todas as nossas funções orgânicas e psíquicas. Assim, as atividades contínuas, como as da respiração e da circulação, não proporcionam prazeres positivos; no entanto, é sobretudo delas que dependem nosso bom humor e nosso ânimo. Todo prazer é uma espécie de crise; ele nasce, dura um momento e morre; a vida, ao contrário, é contínua. O que constitui seu encanto fundamental deve ser igualmente contínuo a ela. O prazer é local; é uma afecção limitada a um ponto do organismo ou da consciência; a vida não reside nem aqui, nem ali, mas está em toda parte. Nosso apego a ela deve, pois, decorrer de alguma causa igualmente geral. Numa palavra, o que a felicidade exprime não é o estado momentâneo de determinada função particular, mas a saúde da vida física e moral em seu conjunto. Como o prazer acompanha o exercício normal das funções intermitentes, ele é um elemento da felicidade, e tanto mais importante quanto maior o peso dessas funções na vida. Mas o prazer não é a felicidade; inclusive, ele só pode fazer o nível desta variar em proporções restritas. Pois ele decorre de causas efêmeras; a felicidade, de disposições permanentes. Para que acidentes locais possam afetar profundamente essa base fundamental de nossa sensibilidade, eles têm de se repetir com uma freqüência e uma seqüência excepcionais. Na maioria das vezes, ao contrário, é o prazer que depende da felicidade: conforme sejamos felizes ou infelizes, tudo nos ri ou tudo nos entristece. Teve-se razão de dizer que trazemos nossa felicidade conosco.

Contudo, se assim é, não cabe mais perguntar se a felicidade cresce com a civilização. A felicidade é o índice do estado de saúde. Ora, a saúde de uma espécie não é mais completa por ser essa espécie de um tipo superior. Um mamífero sadio não passa melhor do que um protozoário igualmente sadio. Portanto, o mesmo deve se dar com a felicidade. Ela não se torna maior porque a atividade se torna mais rica, mas é a mesma onde quer que essa atividade seja sadia. O ser mais simples e o ser mais complexo desfrutam de uma mesma felicidade, se realizam igualmente sua natureza. O selvagem normal pode ser tão feliz quanto o civilizado normal.

Assim, os selvagens sentem-se tão satisfeitos com a sua sorte quanto podemos estar com a nossa. Esse perfeito contentamento é, inclusive, uma das características distintivas de seu caráter. Eles não desejam nada além do que já possuem e não têm a menor vontade de mudar de condição. "O habitante do Norte", diz Waitz, "não busca o Sul para melhorar sua posição, e o habitante de um país quente e malsão tampouco aspira a deixá-lo por um clima mais favorável. Apesar das numerosas doenças e dos males de toda sorte a que o habitante de Darfour está exposto, ele ama sua pátria, e não só não pode emigrar, mas sente ânsia de voltar, se se encontra no estrangeiro... Em regra geral, qualquer que seja a miséria material em que um povo vive, ele não deixa de considerar seu país o melhor do mundo, seu gênero de vida o mais fecundo em prazeres que existe e se considera o primeiro de todos os povos. Essa convicção parece reinar em geral nos povos negros. Por isso, nos países que, como tantas regiões da América, foram explorados pelos europeus, os indígenas crêem firmemente que os brancos deixaram sua pátria apenas para virem buscar a felicidade na América. Cita-se, é verdade, o exemplo de alguns jovens selvagens que uma inquietude doentia levou para fora de casa em busca da felicidade, mas são raríssimas exceções."[7]

É verdade que alguns observadores pintaram-nos por vezes a vida das sociedades inferiores sob outro prisma. Mas é que eles confundiram suas impressões com as dos indígenas. Ora, uma existência que nos parece intolerável pode ser doce para homens de outra constituição física e moral. Por exemplo, quando, desde a infância, estamos habituados a expor nossa vida a cada instante e, por conseguinte, a não lhe dar importância, o que é a morte? Para nos apiedarmos com a sorte dos povos primitivos, não basta, pois, estabelecer que a higiene é mal observada por eles, que a polícia é mal feita. Só o indivíduo é competente para apreciar sua felicidade; ele é feliz se se sente feliz. Ora, "do habitante da Terra do Fogo até o hotentote, o homem, no estado natural, vive satisfeito consigo e com sua sorte"[8]. Quão mais raro é esse contentamento na Europa! Esses fatos explicam por que um homem experiente pôde dizer: "Há situações em que o homem que pensa sente-se inferior ao que apenas a natureza educou, em que ele se pergunta se suas convicções mais sólidas valem mais do que os preconceitos estreitos mais doces ao coração."[9]

Eis, porém, uma prova mais objetiva.

O único fato experimental que demonstra ser a vida geralmente boa é que a esmagadora maioria dos homens prefere-a à morte. Para que seja assim, é necessário que, na média das existências, a felicidade supere a infelicidade. Se a relação fosse invertida, não se compreenderia nem de onde poderia provir o apego dos homens à vida, nem, sobretudo, como teria podido manter-se, pisoteado a cada instante pelos fatos. É verdade que os pessimistas explicam a persistência desse fenômeno pelas ilusões da esperança. De acordo com eles, se, apesar das decepções da experiência, ainda nos apegamos à vida, é que esperamos erroneamente que o futuro resgatará o passado. Mas, admitindo até que a esperança baste para explicar o amor à vida, ela própria não se explica. Ela não caiu milagrosamente do céu em nossos corações, mas, como todos os sentimentos, teve de se formar sob a ação dos fatos. Portanto, se os homens aprenderam a esperar, se, sob os golpes da desgraça, acostumaram-se a voltar seus olhares para o futuro e a esperar deste compensações para seus sofrimentos atuais, é porque perceberam que essas compensações eram freqüentes, que o organismo humano era, ao mesmo tempo, demasiado flexível e demasiado resistente para ser facilmente abatido, que os momentos em que a desgraça se impunha eram excepcionais e que, em geral, o equilíbrio acabava se restabelecendo. Por conseguinte, qualquer que seja o papel da esperança na gênese do instinto de conservação, ela é um testemunho convincente da relativa bondade da vida. Pela mesma razão, onde ela perde seja sua energia, seja sua generalidade, podemos estar certos de que a própria vida perde seus atrativos, de que o mal aumenta, quer porque as causas do sofrimento se multiplicam, quer porque a força de resistência dos indivíduos diminui. Portanto, se possuíssemos um fato objetivo e mensurável que traduzisse as variações de intensidade pelas quais esse sentimento passa, segundo as sociedades, poderíamos ao mesmo tempo medir as variações da infelicidade média nesses mesmos meios. Esse fato é o número dos suicídios. Do mesmo modo que a raridade primitiva das mortes voluntárias é a melhor prova da força e da universalidade desse instinto, o fato de que os suicídios aumentam demonstra que ele perde terreno.

Ora, o suicídio só aparece com a civilização. Pelo menos, o único suicídio que observamos nas sociedades inferiores em estado crônico apresenta características muito particulares, que fazem dele um tipo especial cujo valor sintomático não é o mesmo. É um ato não de desespero, mas de abnegação. Se, entre os antigos dinamarqueses, os celtas e os trácios, o ancião que chega à idade avançada põe fim a seus dias, é porque é seu dever livrar seus companheiros de uma boca inútil; se a viúva da Índia não sobrevive a seu marido, nem o gaulês ao chefe de seu clã, se o budista se faz esmagar sob as rodas da carroça que leva seu ídolo, é porque as prescrições morais ou religiosas o obrigam. Em todos esses casos, o homem se mata, não porque julga a vida ruim, mas porque o ideal a que é apegado exige esse sacrifício. Essas mortes voluntárias não são, pois, suicídios, no sentido vulgar da palavra, do mesmo modo que não o é a morte do soldado ou do médico que se expõe conscientemente para cumprir com o seu dever.

Ao contrário, o verdadeiro suicídio, o suicídio triste, se encontra em estado endêmico entre os povos civilizados. Ele até se distribui geograficamente como a civilização. Nos mapas do suicídio, vemos que toda a região central da Europa é ocupada por uma vasta mancha escura compreendida entre os graus 47 e 57 de latitude e 20 e 40 de longitude. Esse espaço é o lugar de predileção do suicídio; segundo a expressão de Morselli, é a zona suicidógena da Europa. É também aí que se encontram os países em que a atividade científica, artística e econômica é levada ao máximo: a Alemanha e a França. Ao contrário, Espanha, Portugal, Rússia e os povos eslavos do Sul são relativamente indenes. A Itália, nascida ontem, ainda está um pouco protegida, mas perde sua imunidade à medida que progride. Só a Inglaterra é exceção; ainda estamos mal-informados sobre o grau exato de sua aptidão ao suicídio. No interior de cada país, constata-se a mesma relação. Em toda parte, o suicídio faz muito mais estragos nas cidades do que no campo. A civilização se concentra nas grandes cidades; o suicídio também. Chegou-se mesmo a ver, por vezes, uma espécie de doença contagiosa que teria como focos de irradiação as capitais e as cidades importantes e que, daí, se alastraria para o resto do país. Enfim, em toda a Europa, com exceção da Noruega, o número de suicídios aumenta regularmente faz um século[10]. De acordo com um cálculo, teria triplicado de 1821 a 1880[11]. A marcha da civilização não pode ser medida com a mesma precisão, mas sabe-se o quanto foi rápida durante esse tempo.

Poderíamos multiplicar as provas. As classes da população fornecem ao suicídio um contingente proporcional a seu grau de civilização. Em toda parte, são as profissões liberais as mais atingidas e a agricultura a mais poupada. O mesmo acontece com os sexos. A mulher está menos envolvida que o homem no movimento civilizador; ela participa menos deste movimento e extrai menos lucro; lembra mais certos traços das naturezas primitivas[12]; por isso, ela se mata cerca de quatro vezes menos que o homem.

Mas, objetar-se-á, se a marcha ascendente dos suicídios indica que a infelicidade progride em certos pontos, será que, ao mesmo tempo, a felicidade não poderia aumentar em outros pontos? Nesse caso, esse aumento de benefícios talvez bastasse para compensar os déficits sofridos em outros domínios. Assim, em certas sociedades, o número dos pobres aumenta sem que a fortuna pública diminua. Ela está apenas concentrada num menor número de mãos.

Mas essa hipótese mesma não é mais favorável à nossa civilização. Porque, supondo-se que tais compensações existissem, nada se poderia concluir disso, senão que a felicidade média ficou mais ou menos estacionária; ou então, se tivesse aumentado, seria apenas em pequenas quantidades, que, não tendo relação com a grandeza do esforço que o progresso custou, não poderiam explicá-lo. Mas a própria hipótese não tem fundamento.

Com efeito, quando se diz que uma sociedade é mais ou menos feliz que outra, é da felicidade média que se pretende falar, isto é, a felicidade de que a média dos membros dessa sociedade desfruta. Como são colocados em condições de existência similares, na medida em que são submetidos à ação de um mesmo meio físico e social, há necessariamente uma certa maneira de ser e, por conseguinte, uma certa maneira de ser feliz que lhes é comum. Se retirarmos da felicidade dos indivíduos tudo o que é devido a causas individuais ou locais, para reter apenas o produto das causas gerais e comuns, o resíduo assim obtido constitui precisamente aquilo que chamamos de felicidade média. É, portanto, uma grandeza abstrata, mas absolutamente una e que não pode variar em dois sentidos contrários ao mesmo tempo. Ela pode crescer ou decrescer, mas é impossível que cresça e decresça simultaneamente. Ela possui a mesma unidade e a mesma realidade do tipo médio da sociedade, do homem médio de Quételet, pois representa a felicidade que se presume seja desfrutada por esse ser ideal. Por conseguinte, do mesmo modo que ele não pode se tornar no mesmo momento maior e menor, mais moral e mais imoral, tampouco pode se tornar ao mesmo tempo mais feliz e mais infeliz.

Ora, as causas de que os progressos do suicídio dependem entre os povos civilizados têm um caráter certo de generalidade. De fato, o suicídio não se produz em pontos isolados, em certas partes da sociedade com exclusão das outras: observamo-lo em toda ela. Segundo as regiões, a marcha ascendente é mais rápida ou mais lenta, porém não conhece exceções. A agricultura sofre menos do que a indústria, mas o contingente que a primeira fornece ao suicídio é sempre crescente. Achamo-nos, pois, diante de um fenômeno que é ligado não a determinadas circunstâncias locais e particulares, mas a um estado geral do meio social. Esse estado é diversamente refratado pelos meios especiais (províncias, profissões, confissões religiosas, etc.); é por isso que sua ação não se faz sentir em toda parte com a mesma intensidade, mas não muda por isso de natureza.

Isso significa que a felicidade cuja regressão o desenvolvimento do suicídio atesta é a felicidade média. O que a maré montante das mortes voluntárias prova não é apenas que há um número maior de indivíduos demasiado infelizes para suportar a vida – o que não prejulgaria nada quanto aos outros, que, no entanto, são maioria –, mas que a felicidade geral da sociedade diminui. Por conseguinte, já que essa felicidade não pode aumentar e diminuir ao mesmo tempo, é impossível que ela aumente, como quer que possa ser, quando os suicídios se multiplicam; em outras palavras, o déficit crescente cuja existência revelam não é compensado por nada. As causas de que dependem esgotam apenas uma parte de sua energia sob a forma de suicídios; a influência que elas exercem é muito mais vasta. Onde elas não determinam o homem a se matar, suprimindo totalmente a felicidade, pelo menos reduzem em proporções variáveis o excedente normal dos prazeres em relação às dores. Sem dúvida, pode acontecer por combinações particulares de circunstâncias que, em certos casos, sua ação seja neutralizada de maneira a tornar possível até mesmo um aumento da felicidade; mas essas variações acidentais e privadas não têm efeito sobre a *felicidade social.* Aliás, que estatístico hesitaria em ver nos progressos da mortalidade geral no seio de uma sociedade determinada um sintoma seguro da debilitação da saúde pública?

Significaria isso que se deva imputar ao próprio progresso e à divisão do trabalho, que é sua condição, esses tristes resultados? Essa conclusão desalentadora não decorre necessariamente dos fatos que precedem. Ao contrário, é bem verossímil que essas duas ordens de fatos sejam simplesmente concomitantes. Mas essa concomitância basta para provar que o progresso não aumenta muito nossa felicidade, pois esta decresce, e em proporções gravíssimas, no mesmo momento em que a divisão do trabalho se desenvolve com uma energia e uma rapidez nunca antes conhecidas. Se não há razão para admitir que ela reduziu efetivamente nossa capacidade de desfrute, é mais impossível ainda acreditar que a tenha aumentado de modo sensível.

Enfim, tudo o que acabamos de dizer nada mais é que uma aplicação particular da verdade geral de que o prazer é, como a dor, uma coisa essencialmente relativa. Não há uma felicidade absoluta, objetivamente determinável, de que os homens se aproximem à medida que progridem; mas, do mesmo modo que, segundo a afirmação de Pascal, a felicidade do homem não é a da mulher, a das sociedades inferiores não poderia ser a nossa, e vice-versa. No entanto, uma não é maior que a outra. Porque não se pode medir sua intensidade relativa a não ser pela força com a qual ela nos prende à vida em geral e a nosso gênero de vida em particular. Ora, os povos mais primitivos são tão apegados à existência e à sua existência quanto nós à nossa. Eles inclusive renunciam menos facilmente a ela[13]. Portanto, não há nenhuma relação entre as variações da felicidade e os progressos da divisão do trabalho.

Essa proposição é muito importante. De fato, dela resulta que, para explicar as transformações pelas quais as sociedades passaram, não se deve procurar saber que influência exercem sobre a felicidade dos homens, pois não foi essa influência que as determinou. A ciência social deve renunciar resolutamente a comparações utilitárias com as quais se deleitou com tanta freqüência. Aliás, tais considerações são necessariamente subjetivas, porque todas as vezes que comparamos prazeres ou interesses, como falta qualquer critério objetivo, não podemos deixar de pôr na balança nossas idéias e nossas preferências próprias, e damos por verdade científica o que nada mais é que um sentimento pessoal. É um princípio que Comte já formulara com nitidez. "O espírito essencialmente relativo com que devem ser necessariamente concebidas as noções da política positiva deve, antes de mais nada," diz ele, "fazer-nos descartar aqui, como tão vã quanto ociosa, a vaga controvérsia metafísica sobre o aumento da felicidade do homem nas diversas eras da civilização... Já que a felicidade de cada um exige uma harmonia suficiente entre o conjunto do desenvolvimento de suas diferentes faculdades e o sistema local das circunstâncias que dominam sua vida, e já que, por outro lado, tal equilíbrio sempre tende espontaneamente a um certo grau, não seria conveniente, no que diz respeito à felicidade individual, comparar-se positivamente, nem por algum sentimento direto, nem por alguma via racional, situações sociais cuja comparação plena é absolutamente impossível."[14]

Mas o desejo de se tornar mais feliz é o único móvel individual capaz de dar conta do progresso; se o afastarmos, não resta outro. Por que razão o indivíduo suscitaria, por si mesmo, mudanças que sempre lhe custam alguma dificuldade, se delas não retirasse mais felicidade? Portanto, é fora dele, isto é, no meio que o cerca, que se encontram as causas determinantes da evolução social. Se as sociedades mudam e se ele muda, é porque esse meio muda.

Por outro lado, como o meio físico é relativamente constante, ele não pode explicar essa seqüência ininterrupta de mudanças. Por conseguinte, é no meio social que precisamos procurar as condições originais. As variações que nele se produzem é que provocam aquelas pelas quais passam as sociedades e os indivíduos. Eis uma regra de método que teremos a oportunidade de aplicar e de confirmar em continuação.

III

Poderíamos nos perguntar, porém, se certas variações que o prazer sofre, pelo simples fato de durar, não têm por efeito incitar espontaneamente o homem a variar e se, por conseguinte, os progressos da divisão do trabalho não podem se explicar dessa maneira. Eis como poderíamos conceber essa explicação.

Se o prazer não é a felicidade, é, no entanto, um elemento dela. Ora, ele perde sua intensidade ao se repetir; inclusive, caso se torne demasiado contínuo, desaparece completamente. O tempo é suficiente para romper o equilíbrio que tende a se estabelecer e a criar novas condições de existência às quais o homem só pode se adaptar mudando-se. À medida que adquirimos o costume de uma certa felicidade, ela foge de nós, e somos obrigados a lançar-nos em novas empresas para reencontrá-la. Temos de reavivar esse prazer que se extingue por meio de estímulos mais enérgicos, isto é, multiplicar ou tornar mais intensos aqueles de que dispomos. Mas isso só é possível se o trabalho se torna mais produtivo e, por conseguinte, se divide mais. Assim, cada progresso realizado na arte, na ciência, na indústria, obrigar-nos-ia a realizar novos progressos, unicamente para não perdermos os frutos do precedente. Portanto, ainda se explicaria o desenvolvimento da divisão do trabalho por um jogo de móveis totalmente individuais e sem fazer intervir nenhuma causa social. Sem dúvida, dir-se-ia, se nos especializamos, não é para adquirir novos prazeres, mas para reparar, à medida que se produz, a influência corrosiva que o tempo exerce sobre os prazeres adquiridos.

No entanto, por mais reais que sejam essas variações do prazer, elas não podem representar o papel que lhes é atribuído. De fato, elas se produzem onde quer que haja prazer, isto é, onde quer que haja homens. Não há sociedade em que essa lei psicológica não se aplique; ora, há sociedades em que a divisão do trabalho não progrida. Com efeito, vimos que um grande número de povos primitivos vive num estado estacionário, de que sequer sonham sair. Eles não aspiram a nada de novo. No entanto, sua felicidade é submetida à lei comum. O mesmo acontece nas regiões rurais dos povos civilizados. Nelas, a divisão do trabalho só progride lentamente, e o gosto pela mudança é sentido com pouquíssima intensidade. Enfim, no âmbito de uma mesma sociedade, a divisão do trabalho se desenvolve mais ou menos depressa, de acordo com os séculos; ora, a influência do tempo sobre os prazeres é sempre a mesma. Portanto, não é ela que determina esse desenvolvimento.

De fato, não se vê como poderia alcançar semelhante resultado. Não se pode restabelecer o equilíbrio que o tempo destrói e manter a felicidade num nível constante, sem esforços que são tanto mais penosos quanto mais nos aproximamos do limite superior do prazer, porque, na região que se aproxima do ponto máximo, os aumentos que ele recebe são cada vez menores que os do estímulo correspondente. É preciso se dar mais trabalho para se lograr o mesmo efeito. O que se ganha de um lado, perde-se do outro, e só se evita uma perda efetuando-se novos dispêndios. Por conseguinte, para que a operação fosse proveitosa, seria necessário pelo menos que essa perda fosse importante e a necessidade de repará-la fortemente sentida.

Ora, na verdade, essa necessidade possui uma energia bastante medíocre, porque a simples repetição não tira nada de essencial do prazer. De fato, não se deve confundir o encanto da variedade com o encanto da novidade. O primeiro é a condição necessária do prazer, pois um gozo ininterrupto desaparece ou se transforma em dor. Mas o tempo, por si só, não suprime a variedade; a continuidade tem de se somar a ele. Um estado que se repete com freqüência, mas de maneira descontínua, pode permanecer agradável, porque, se a continuidade destrói o prazer, é ou porque ela o torna inconsciente, ou porque o jogo de qualquer função requer um dispêndio que, prolongado sem interrupção, esgota e se torna doloroso. Portanto, se só ocorrer em intervalos bastante espaçados uns dos outros, o ato, mesmo sendo habitual, continuará a ser sentido e o dispêndio poderá ser reparado entrementes. Eis por que um adulto sadio sempre sente o mesmo prazer ao beber, comer, dormir, embora durma, beba e coma todos os dias. O mesmo se dá com as necessidades do espírito, que também são periódicas, como as funções psíquicas a que correspondem. Os prazeres proporcionados pela música, as belas-artes, a ciência, se mantêm integralmente, contanto que se alternem.

Ainda que possa o que a repetição não pode, a continuidade nem por isso nos inspira uma necessidade de novos e imprevistos estímulos. Porque, se ela abolir totalmente a consciência do estado agradável, não poderemos perceber que o prazer ligado a esse estado se dissipa ao mesmo tempo. Ele é, por sinal, substituído por essa sensação geral de bem-estar que acompanha o exercício regular das funções normalmente contínuas e que não tem um efeito menor. Portanto, não lamentamos nada. Quem de nós nunca teve vontade de sentir seu coração bater ou seus pulmões funcionarem? Se, ao contrário, há dor, aspiramos simplesmente a um estado que difere daquele que nos fatiga. Mas, para fazer cessar esse sofrimento, não é necessário muito esforço. Um objeto conhecido, que de ordinário nos deixa indiferentes, pode, mesmo nesse caso, nos causar um vivo prazer, se contrastar com aquele que nos fatiga. Portanto, nada há, no modo pelo qual o tempo afeta o elemento fundamental do prazer, que possa nos incitar a um progresso qualquer. É verdade que é bem diferente o que acontece com a novidade, cuja atração não é duradoura. Mas, se proporciona mais frescor ao prazer, ela não o constitui. É apenas uma qualidade secundária e acessória, sem a qual ele pode muito bem existir, conquanto corra, então, o risco de ser menos saboroso. Logo, quando ela se esvai, o vazio que disso resulta não é muito sensível, nem a necessidade de preenchê-lo muito intensa.

O que ainda diminui sua intensidade é o fato de ser neutralizado por um sentimento contrário, que é muito mais forte e está muito mais fortemente arraigado em nós; é a necessidade da estabilidade nos gozos e da regularidade em nossos prazeres. Ao mesmo tempo que gostamos de mudar, apegamo-nos ao que amamos e dela não podemos nos separar sem dor. Aliás, é necessário que assim seja para que a vida possa se manter: porque, se ela não é possível sem mudança, se ela é mesmo tanto mais flexível quanto mais complexo for, no entanto ela é, antes de mais nada, um sistema de funções estáveis e regulares. Existem, é verdade, indivíduos nos quais a necessidade do novo alcança uma intensidade excepcional. Nada do que existe os satisfaz; têm sede de coisas impossíveis, gostariam de pôr outra realidade no lugar da que lhes é imposta. No entanto, esses descontentes incorrigíveis são doentes, e o caráter patológico de seu caso apenas confirma o que acabamos de dizer.

Enfim, não se deve perder de vista que essa necessidade é, por sua natureza, muito indeterminada. Ela não nos vincula a nada de preciso, pois é uma necessidade de algo que não existe. Portanto, só é parcialmente constituída, porque uma necessidade completa compreende dois termos: uma tensão da vontade e um objeto certo. Como o objeto não é dado exteriormente, não pode haver outra realidade além da que a imaginação lhe presta. Esse processo é parcialmente representativo. Ele consiste muito mais em combinações de imagens, numa espécie de poesia íntima, do que num movimento efetivo da vontade. Ele não nos faz sair de nós; é apenas uma agitação interna que procura um caminho para fora, mas ainda não o encontrou. Sonhamos com novas sensações, mas é uma aspiração indecisa que se dispersa sem tomar corpo. Por conseguinte, mesmo onde é mais enérgica, essa aspiração não pode ter a força de necessidades firmes e definidas, que, dirigindo a vontade sempre no mesmo sentido e por caminhos já abertos, estimulam-na ainda mais imperiosamente por não deixarem espaço nem para as hesitações, nem para as deliberações.

Numa palavra, não se pode admitir que o progresso seja apenas um efeito do tédio[15]. Essa remodelação periódica e até, sob certos aspectos, contínua da natureza humana, foi uma obra laboriosa empreendida em meio ao sofrimento. É impossível que a humanidade se tenha imposto tanto esforço unicamente para poder variar um pouco seus prazeres e conservar-lhes seu frescor original.

CAPÍTULO II

AS CAUSAS

I

É, portanto, em algumas variações do meio social que devemos procurar a causa que explica os progressos da divisão do trabalho. Os resultados do livro precedente permitem-nos induzir de imediato em que consistem.

De fato, vimos que a estrutura organizada e, por conseguinte, a divisão do trabalho se desenvolvem regularmente à medida que a estrutura segmentária se retrai. Isso significa, pois, que essa retração é a causa desse desenvolvimento, ou que o segundo é a causa da primeira. Esta última hipótese é inadmissível, pois sabemos que o arranjo segmentário é, para a divisão do trabalho, um obstáculo insuperável que precisa desaparecer, pelo menos parcialmente, para que ela possa aparecer. Ela só pode existir na medida em que ele deixou de existir. Sem dúvida, uma vez que existe, esta pode contribuir para acelerar a regressão daquele, mas só se mostra depois de ele ter regredido. O efeito reage sobre a causa, mas não perde, com isso, a qualidade de efeito; a reação que exerce é, por conseguinte, secundária. O aumento da divisão do trabalho se deve, pois, ao fato de que os segmentos sociais perdem sua individualidade, que as paredes que os separam se tornam mais permeáveis, numa palavra, que se produz entre eles uma coalescência que torna a matéria social livre para entrar em novas combinações.

Mas o desaparecimento desse tipo pode ter essa conseqüência por uma única razão: que dele resulte uma aproximação entre indivíduos que estavam separados, ou, pelo menos, uma aproximação mais íntima do que antes. Em conseqüência, há um intercâmbio de movimentos entre partes da massa social que, até então, não se afetavam mutuamente. Quanto mais o sistema alveolar é desenvolvido, mais as relações em que cada um de nós está comprometido se encerram nos limites do alvéolo a que pertencemos. Há como que vazios morais entre os diversos segmentos. Ao contrário, esses vazios se preenchem à medida que esse sistema se nivela. A vida social, em vez de se concentrar numa multidão de pequenos focos distintos e semelhantes, se generaliza. As relações sociais – diríamos mais exatamente intra-sociais – se tornam, por conseguinte, mais numerosas, pois se estendem, de todos os lados, além de seus limites primitivos. Por conseguinte, a divisão do trabalho progride tanto mais quanto mais houver indivíduos suficientemente em contato para poderem agir e reagir uns em relação aos outros. Se conviermos em chamar de densidade dinâmica ou moral essa aproximação e o intercâmbio ativo que dela resulta, poderemos dizer que os progressos da divisão do trabalho são diretamente proporcionais à densidade moral ou dinâmica da sociedade.

Mas essa aproximação moral só pode produzir seu efeito se a própria distância real entre os indivíduos tiver diminuído, como quer que seja. Portanto, a densidade moral não pode aumentar sem que a densidade material aumente ao mesmo tempo, e esta pode servir para medir aquela. Aliás, é inútil procurar saber qual das duas determinou a outra; basta constatar que são inseparáveis.

A condensação progressiva das sociedades no decurso do desenvolvimento histórico produz-se de três maneiras principais.

1.º Enquanto as sociedades inferiores se estendem sobre áreas imensas, relativamente ao número de indivíduos que a compõem, entre os povos mais avançados a população vai se concentrando cada vez mais. "Oponhamos a população de regiões habitadas por tribos selvagens à de regiões de igual extensão da Europa", diz Spencer; "ou, então, oponhamos a densidade populacional da Inglaterra sob a Heptarquia à densidade que hoje apresenta, e reconheceremos que o crescimento produzido por união de grupos também é acompanhado por um crescimento intersticial."[1] As mudanças que se efetuaram sucessivamente na vida industrial das nações demonstram a generalidade dessa transformação. A atividade dos nômades, caçadores ou pastores, implica com efeito a ausência de toda e qualquer concentração, a dispersão sobre a maior superfície possível. A agricultura, por necessitar de uma vida sedentária, já supõe um certo estreitamento dos tecidos sociais, mas ainda bastante incompleto, pois entre cada família interpõem-se extensões de terra[2]. Na cidade, conquanto a condensação fosse maior, as casas não eram contíguas, porque a parede-meia não era conhecida no direito romano[3]. Ela nasceu em nosso solo e atesta que a trama social tornou-se menos frouxa[4]. Por outro lado, desde suas origens, as sociedades européias viram sua densidade aumentar de maneira contínua, apesar de alguns casos de regressão passageira[5].

2.º A formação das cidades e seu desenvolvimento é outro sintoma, ainda mais característico, do mesmo fenômeno. O aumento da densidade média só se pode dever ao aumento material da natalidade e, por conseguinte, pode se conciliar com uma concentração fraquíssima, uma manutenção acentuada do tipo segmentário. Mas as cidades sempre resultam da necessidade que impele os indivíduos a manterem constantemente o contato mais íntimo possível uns com os outros; elas são como pontos em que a massa social se contrai com mais força que em outras partes. Portanto, elas não podem se multiplicar e se estender, a não ser que a densidade moral aumente. Veremos, de resto, que elas se recrutam pela imigração, o que só é possível na medida em que a fusão dos segmentos sociais é avançada.

Enquanto a organização social é essencialmente segmentária, a cidade não existe. Não há cidade nas sociedades inferiores; não a encontramos nem entre os iroqueses, nem entre os antigos germanos[6]. O mesmo vale para as populações primitivas da Itália. "Os povos da Itália", afirma Marquardt, "viviam primitivamente não em cidades, mas em comunidades familiares ou aldeias (*pagi*), em que as fazendas (*vici*, οἴκοι) eram disseminadas."[7] Mas, ao cabo de um tempo bastante curto, a cidade aparece. Atenas e Roma são ou se tornam cidades, e a mesma transformação se consuma em toda a Itália. Em nossas sociedades cristãs, a cidade se mostra desde a origem, pois as que o Império romano deixara não desapareceram com ele. Desde então, elas só cresceram e se multiplicaram. A tendência dos campos afluírem para as cidades, tão geral no mundo civilizado[8], nada mais é que uma continuação desse movimento; ora, ela não data de hoje: preocupa os estadistas desde o século XVII[9].

Como as sociedades em geral começam por um período agrícola, tentou-se por vezes considerar o desenvolvimento dos centros urbanos como um sinal de velhice e decadência[10]. Mas não se deve perder de vista que essa fase agrícola é tanto mais curta quanto mais elevado é o tipo das sociedades. Enquanto na Germânia, entre os índios da América e entre todos os povos primitivos ela dura tanto quanto esses próprios povos, em Roma e Atenas ela logo cessa, e, entre nós, podemos dizer que nunca existiu em estado puro. Inversamente, a vida urbana começa mais cedo e, por conseguinte, adquire maior extensão. A aceleração regularmente crescente desse desenvolvimento demonstra que, longe de constituir uma espécie de fenômeno patológico, ele deriva da própria natureza das espécies sociais superiores. Supondo-se, pois, que tenha hoje atingido proporções ameaçadoras para nossas sociedades, que talvez já não tenham flexibilidade suficiente para se adaptar a ele, esse movimento não deixará de continuar seja através delas, seja depois delas, e os tipos sociais que se formarão depois dos nossos se distinguirão verossimilmente por uma regressão mais rápida e mais completa ainda da civilização agrícola.

3º Há, enfim, a quantidade e a rapidez das vias de comunicação e de transmissão. Suprimindo ou diminuindo os vazios que separam os segmentos sociais, elas aumentam a densidade da sociedade. Por outro lado, não é necessário demonstrar que elas são tanto mais numerosas e aperfeiçoadas quanto mais elevado é o tipo da sociedade.

Já que esse símbolo visível e mensurável reflete as variações do que chamamos de densidade moral[11], podemos substituir esta última por ele na fórmula que propusemos. Aliás, devemos repetir aqui o que dizíamos acima: se a sociedade, ao se condensar, determina o desenvolvimento da divisão do trabalho, esta, por sua vez, aumenta o adensamento da sociedade. Mas não importa, porque a divisão do trabalho permanece o fato derivado e, por conseguinte, os progressos por que passa devem-se aos progressos paralelos da densidade social, quaisquer que sejam as causas destes últimos. É tudo o que gostaríamos de estabelecer.

Mas esse fator não é o único.

Se o adensamento da sociedade produz esse resultado é que ela multiplica as relações intersociais. Mas estas serão ainda mais numerosas se, além disso, o número total dos membros da sociedade se tornar mais considerável. Se ela compreender mais indivíduos ao mesmo tempo em que estes se acham mais intimamente em contato, o efeito será necessariamente fortalecido. Portanto, o volume social tem sobre a divisão do trabalho a mesma influência da densidade.

De fato, as sociedades são geralmente tanto mais volumosas quanto mais são avançadas e, por conseguinte, quanto mais dividido é o trabalho. "As sociedades, como os corpos vivos, começam sob a forma de germes, nascem de massas extremamente tênues em comparação com as que acabam se tornando", diz Spencer. "De pequenas hordas errantes, tais como as das raças inferiores, saíram as maiores sociedades: é uma conclusão que não poderíamos negar."[12] O que dissemos sobre a constituição segmentária torna indiscutível essa verdade. De fato, sabemos que as sociedades são formadas por um certo número de segmentos de extensão desigual que se envolvem mutuamente. Ora, esses marcos não são criações artificiais, sobretudo a princípio; e, mesmo quando se tornaram convencionais, imitam e reproduzem na medida do possível as formas do arranjo natural precedente. São sociedades antigas que se mantêm sob essa forma. As mais vastas dessas subdivisões, as que compreendem as outras, correspondem ao tipo social inferior mais próximo; do mesmo modo, entre os segmentos de que, por sua vez, são compostas, os mais extensos são vestígios do tipo que vem diretamente abaixo do precedente, e assim por diante. Encontramos entre os povos mais avançados vestígios da organização social mais primitiva[13]. A tribo é, assim, formada por um agregado de hordas ou de clãs; a nação (a nação judaica, por exemplo) e a cidade, por um agregado de tribos; a cidade, por sua vez, com as aldeias que lhe são subordinadas, entra como elemento em sociedades mais compostas, etc. Portanto, o volume social não pode deixar de aumentar, pois cada espécie é constituída por uma repetição de sociedades, da espécie imediatamente anterior.

Há, no entanto, exceções. A nação judaica, antes da conquista, era verossimilmente mais volumosa do que a cidade romana do século IV; no entanto, é de uma espécie inferior. A China e a Rússia são muito mais populosas do que as mais civilizadas nações da Europa. Por conseguinte, entre esses mesmos povos a divisão do trabalho não é desenvolvida proporcionalmente ao volume social. É que, de fato, o aumento do volume não é necessariamente um sinal de superioridade, se a densidade não aumenta ao mesmo tempo e na mesma proporção. Porque uma sociedade pode alcançar dimensões enormes, por compreender um grande número de segmentos, qualquer que seja a natureza destes últimos; portanto, se mesmo os mais vastos dentre esses só reproduzirem sociedades de um tipo muito inferior, a estrutura segmentária permanecerá muito pronunciada e, em conseqüência, a organização social, pouco elevada. Mesmo um agregado imenso de clãs está abaixo da menor sociedade organizada, pois esta já percorreu estágios da evolução além dos quais se encontra. Do mesmo modo, se a quantidade das unidades sociais tem influência sobre a divisão do trabalho, isso não se dá por si e necessariamente, mas porque a quantidade das relações sociais aumenta em geral com a dos indivíduos. Ora, para que esse resultado seja alcançado, não basta que a sociedade conte muitos sujeitos, mas é preciso, além disso, que eles estejam em contato bastante íntimo para poderem agir e reagir uns sobre os outros. Se, ao contrário, eles são separados por meios opacos, só rara e penosamente podem estabelecer relações, e tudo acontece como se fossem em pequeno número. Portanto, o crescimento do volume social nem sempre acelera os progressos da divisão do trabalho, mas apenas quando a massa se contrai ao mesmo tempo e na mesma medida. Em conseqüência, ele é apenas, se quiserem, um fator adicional; mas quando ele se soma ao primeiro, amplifica seus efeitos por uma ação que lhe é própria e, por conseguinte, exige ser dele distinguido.

Podemos, pois, formular a seguinte proposição: *A divisão do trabalho varia na razão direta do volume e da densidade das sociedades, e, se ela progride de uma maneira contínua no curso do desenvolvimento social, é porque as sociedades se tornam regularmente mais densas e, em geral, mais volumosas.*

Em todos os tempos, é bem verdade, compreendeu-se que havia uma relação entre essas duas ordens de fatos; porque, para que as funções se especializem mais, é necessário que haja mais cooperadores e que eles sejam bastante próximos para poderem cooperar. Mas, de ordinário, só se costuma ver nesse estado das sociedades o meio pelo qual a divisão do trabalho se desenvolve, não a causa desse desenvolvimento. Faz-se este último depender de aspirações individuais de bem-estar e felicidade, que podem satisfazer-se tanto melhor quanto mais as sociedades são extensas e densas. A lei que acabamos de estabelecer é bem diferente. Não dizemos que o crescimento e o adensamento das sociedades *permitem*, mas que *requerem* uma divisão maior do trabalho. Eles não são um instrumento pelo qual esta se realiza, mas sua causa determinante.[14]

Como é possível, porém, representar-se a maneira como essa dupla causa produz seu efeito?

II

Segundo Spencer, se o aumento do volume social tem uma influência sobre os progressos da divisão do trabalho, isso não significa que ele os determina: apenas os acelera. Esse aumento não é mais que uma condição adjuvante do fenômeno. Instável por natureza, toda massa homogênea se torna necessariamente heterogênea, quaisquer que sejam suas dimensões; contudo, ela se diferencia mais completamente e mais depressa quando é mais extensa. De fato, como essa heterogeneidade vem de que as diferentes partes da massa são expostas à ação de forças diferentes, ela é tanto maior quanto mais partes diversamente situadas houver. É o caso das sociedades: "Quando uma comunidade, tornando-se bastante populosa, se difunde sobre uma grande extensão territorial e aí se estabelece, de tal modo que seus membros vivem e morrem em seus distritos respectivos, ela mantém suas diversas seções em circunstâncias físicas diferentes e, então, essa seções não podem mais permanecer iguais por suas ocupações. As que vivem dispersas continuam a caçar e a cultivar a terra; as que se estendem à beira-mar se dedicam a ocupações marítimas; os habitantes de uma certa localidade, escolhida, talvez por sua posição central, como ponto de reuniões periódicas, tornam-se comerciantes, e uma cidade é fundada... Uma diferença do solo e do clima faz que os habitantes dos campos, nas diversas regiões do país, tenham ocupações em parte especializadas e se distingam por produzirem bovinos, carneiros ou trigo."[15] Numa palavra, a variedade dos meios em que os indivíduos estão situados produz nestes últimos aptidões diferentes, que determinam sua especialização em sentidos divergentes e, se essa especialização cresce com as dimensões das sociedades, é porque essas diferenças externas crescem ao mesmo tempo.

Não há dúvida de que as condições externas em que os indivíduos vivem os marcam e, sendo diversas, os diferenciam. Trata-se, porém, de saber se essa diversidade, que, sem dúvida, tem suas relações com a divisão do trabalho, basta para constituí-la. Por certo, explicamo-nos que, segundo as propriedades do solo e as condições do clima, os habitantes produzem, num lugar, trigo e, noutro, carneiros ou bois. Mas as diferenças funcionais nem sempre se reduzem, como nesses dois exemplos, a simples nuances; por vezes, elas são tão nítidas que os indivíduos entre os quais o trabalho é dividido formam como que igual número de espécies distintas e, até mesmo, opostas. Dir-se-ia que eles conspiram para se afastarem o mais possível uns dos outros. Que semelhança existe entre o cérebro que pensa e o estômago que digere? Do mesmo modo, que há de comum entre o poeta todo entregue a seus sonhos, o cientista todo entregue a suas pesquisas, o operário que leva a vida torneando cabeças de alfinetes, o lavrador que maneja seu arado, o comerciante atrás do seu balcão? Por maior que seja, a variedade das condições externas não apresenta em parte alguma diferenças que sejam proporcionais a contrastes tão fortemente acentuados e que, por conseguinte, sejam capazes de explicá-las. Mesmo que comparemos, não mais certas funções bastante afastadas umas das outras, mas apenas as diversas ramificações de uma mesma função, muitas vezes é totalmente impossível perceber a que dessemelhanças externas pode se dever sua separação. O trabalho científico divide-se cada vez mais. Quais são as condições climáticas, geológicas ou até mesmo sociais capazes de ter dado origem a talentos tão diferentes quanto os do matemático, do químico, do naturalista, do psicólogo, etc.?

Porém, mesmo onde as circunstâncias externas inclinam mais fortemente os indivíduos a se especializarem num sentido definido, elas não bastam para determinar essa especialização. Por sua constituição, a mulher é predisposta a levar uma vida diferente do homem; no entanto, há sociedades em que as ocupações dos sexos são sensivelmente as mesmas. Por sua idade, pelas relações de sangue que mantém com seus filhos, o pai é indicado para exercer na família as funções dirigentes cujo conjunto constitui o pátrio poder. No entanto, na família materna, não é a ele que cabe essa autoridade. Parece de todo natural que os diferentes membros da família tenham atribuições, isto é, funções diferentes segundo o grau de parentesco; que o pai e o tio, o irmão e o primo não tenham nem os mesmos direitos, nem os mesmos deveres. No entanto, há tipos de família em que todos os adultos representam o mesmo papel e se encontram em pé de igualdade, quaisquer que sejam suas relações de consangüinidade. A situação inferior que o prisioneiro de guerra ocupa no seio de uma tribo vitoriosa parece condená-lo – se pelo menos a vida lhe é poupada – às funções sociais mais baixas. Vimos, contudo, que é freqüente ele ser assimilado aos vencedores e tornar-se um seu par.

Isso porque, de fato, se essas diferenças tornam possível a divisão do trabalho, não a requerem. Do fato de elas serem dadas, não decorre necessariamente que sejam utilizadas. Elas são pouca coisa, em suma, comparadas com as semelhanças que os homens continuam a apresentar entre si; não são mais que um germe apenas distinto. Para que delas resulte uma especialização da atividade, é necessário que sejam desenvolvidas e organizadas, e esse desenvolvimento depende, é evidente, de outras causas que não a variedade das condições exteriores. Mas, diz Spencer, ele se consumará por si mesmo, porque segue a linha da menor resistência e porque todas as forças da natureza voltam-se invencivelmente nessa direção. Por certo, *se os homens se especializarem*, fá-lo-ão no sentido assinalado por essas diferenças naturais, porque é dessa maneira que farão menos esforço e terão o maior proveito. Mas por que se especializam? O que os determina a penderem dessa forma para o lado pelo qual se distinguem uns dos outros? Spencer explica muito bem de que maneira se produzirá a evolução, se ela ocorrer; mas não nos diz qual o motivo que a produz. Na verdade, para ele, a questão sequer se coloca. Com efeito, ele admite que a felicidade aumenta com a força produtiva do trabalho. Portanto, todas as vezes que é dado um novo meio de dividir ainda mais o trabalho, parece-lhe impossível que não o adotemos. Mas sabemos que as coisas não acontecem assim. Na realidade, esse meio só tem valor para nós se dele precisarmos e, como o homem primitivo não tem necessidade alguma de todos esses produtos que o homem civilizado aprendeu a desejar e que uma organização mais complexa do trabalho tem por efeito, precisamente, fornecer-lhe, não podemos compreender de onde vem a especialização crescente das tarefas, a não ser que saibamos como essas novas necessidades se constituíram.

III

Se o trabalho se divide mais à medida que as sociedades se tornam mais volumosas e mais densas, não é porque, nelas, as circunstâncias externas sejam mais variadas, mas porque a luta pela vida é mais ardente.

Darwin observou com propriedade que a concorrência entre dois organismos é tanto mais viva quanto mais eles são análogos. Tendo as mesmas necessidades e perseguindo os mesmos objetivos, encontram-se por toda parte em rivalidade. Enquanto têm mais recursos do que necessitam, ainda podem viver lado a lado; mas se o seu número aumenta em tais proporções que todos os apetites não possam mais ser suficientemente satisfeitos, a guerra estoura, e é tanto mais violenta quanto mais acentuada for essa insuficiência, isto é, quanto maior o número dos concorrentes. Bem diferente é o que sucede se os indivíduos que coexistem forem de espécies ou de variedades diferentes. Como eles não se nutrem da mesma maneira e não levam o mesmo gênero de vida, não incomodam uns aos outros; o que faz uns prosperarem é sem valor para os outros. As ocasiões de conflitos diminuem, pois, com as ocasiões de encontro, e isso tanto mais quanto mais distantes umas das outras forem essas espécies ou variedades. "Assim", diz Darwin, "numa região pouco extensa, aberta à imigração e em que, por conseguinte, a luta de um indivíduo com outro deve ser vivacíssima, sempre se nota uma grande diversidade nas espécies que a habitam. Verifiquei que uma superfície gramada de três pés por quatro, que fora exposta durante longos anos às mesmas condições de vida, nutria vinte espécies de plantas pertencentes a dezoito gêneros e a oito ordens, o que mostra o quanto essas plantas diferiam umas das outras."[16] Todo o mundo, aliás, notou que, num mesmo campo, ao lado dos cereais, pode crescer um grande número de ervas daninhas. Os animais também se saem com tanto maior facilidade da luta quanto mais são diferentes. Num carvalho, podemos encontrar até duzentas espécies de insetos que mantêm umas com as outras apenas relações de boa vizinhança. Uns se alimentam dos frutos da árvore, outros das folhas, outros da casca e das raízes. "Seria absolutamente impossível que semelhante número de indivíduos vivesse nessa árvore", diz Haeckel, "se todos pertencessem à mesma espécie, se todos, por exemplo, vivessem à custa da casca ou apenas das folhas."[17] Do mesmo modo, também, no interior do organismo, o que atenua a concorrência entre os diferentes tecidos é que eles se alimentam de substâncias diferentes.

Os homens são sujeitos à mesma lei. Numa mesma cidade, as profissões diferentes podem coexistir sem serem obrigadas a se prejudicar reciprocamente, porque elas perseguem objetivos diferentes. O soldado busca a glória militar, o padre, a autoridade moral, o estadista, o poder, o industrial, a riqueza, o cientista, o renome científico; logo, cada um pode alcançar seu objetivo sem impedir os outros de alcançar o deles. Também assim é mesmo quando as funções são menos distantes uma das outras: o médico oculista não faz concorrência ao que trata das doenças mentais, nem o sapateiro ao chapeleiro, nem o pedreiro ao marceneiro, nem o físico ao químico, etc. Como prestam serviços diferentes, podem prestá-los paralelamente.

No entanto, quanto mais as funções se aproximam, mais há entre elas pontos de contato, mais, por conseguinte, elas são expostas a se combaterem. Como, nesse caso, elas satisfazem por meios diferentes necessidades semelhantes, é inevitável que procurem avançar mais ou menos no domínio da outra. Nunca o magistrado concorre com o industrial; mas o cervejeiro e o vinhateiro, o fabricante de tecidos e o fabricante de sedas, o poeta e o músico muitas vezes se esforçam por se suplantar um ao outro. Quanto aos que desempenham exatamente a mesma função, só podem prosperar em detrimento uns dos outros. Portanto, se representarmos essas diferentes funções sob a forma de um feixe ramificado, oriundo de um tronco comum, a luta está em seu mínimo entre os pontos extremos, aumentando regularmente à medida que nos aproximamos do centro. Assim acontece não só no interior de cada cidade, mas em toda a extensão da sociedade. As profissões similares situadas nos diferentes pontos do território movem-se uma concorrência tanto mais acirrada quanto mais são semelhantes, contanto que a dificuldade das comunicações e dos transportes não restrinja seu círculo de ação.

Posto isso, é fácil compreender que todo adensamento da massa social, sobretudo se for acompanhado de um aumento da população, determina necessariamente progressos da divisão do trabalho.

De fato, representemo-nos um centro industrial que alimenta certa região do país com um produto especial. O desenvolvimento que é capaz de alcançar é duplamente limitado, primeiro pela extensão das necessidades que se trata de satisfazer, ou, como se diz, pela extensão do mercado, em seguida pela potência dos meios de produção de que dispõe. Normalmente, ele não produz mais do que o necessário, nem muito menos mais do que pode. Mas, se lhe é impossível superar o limite assim definido, ele se esforça por alcançá-lo; porque é da natureza de uma força desenvolver toda a sua energia enquanto nada vem detê-la. Chegando a esse ponto, está adaptado a suas condições de existência, encontra-se numa posição de equilíbrio que não pode mudar, se nada mudar.

Mas eis que uma região, até então independente desse centro, é ligada a ele por uma via de comunicação que suprime parcialmente a distância. De imediato, uma das barreiras que detinham seu desenvolvimento é retirada, ou, pelo menos, recua; o mercado se amplia, há agora mais necessidades a satisfazer. Sem dúvida, se todas as empresas específicas que ele compreende já houvessem realizado o máximo de produção que podem alcançar, como não seriam capazes de se ampliar mais, as coisas permaneceriam no mesmo estado. Mas tal condição é totalmente ideal. Na realidade, sempre há um número mais ou menos grande de empresas que não alcançaram seu limite e que, por conseguinte, têm impulso para ir mais longe. Como um espaço vazio lhes é aberto, elas procuram necessariamente difundir-se nele e preenchê-lo. Se nele encontram empresas semelhantes e capazes de resistir a elas, as segundas contêm as primeiras, limitam-se mutuamente e, por conseguinte, suas relações mútuas não mudam. Há, sem dúvida, mais concorrentes; porém, como dividem entre si um mercado mais vasto, a parte de cada um dos dois campos permanece a mesma. Mas se houver concorrentes que apresentam alguma inferioridade, deverão necessariamente ceder o terreno que ocupavam até então e em que já não podem se manter nas novas condições em que a luta se trava. Então, não têm outra alternativa senão desaparecer ou transformar-se, e tal transformação deve necessariamente resultar numa nova especialização. Porque se, em vez de criarem imediatamente mais uma especialidade, os mais fracos preferissem adotar outra profissão, mas que já existia, precisariam entrar em concorrência com os que a exerceram até então. Portanto, a luta não estaria mais encerrada, mas apenas deslocada, e produziria suas conseqüências num outro ponto. Finalmente, seria necessário haver em algum lugar ou uma eliminação, ou uma nova diferenciação. Não é necessário acrescentar que, se a sociedade conta efetivamente com mais membros e que estes, ao mesmo tempo, são mais próximos uns dos outros, a luta ainda é mais acesa e a especialização que dela resulta, mais rápida e mais completa.

Em outras palavras, na medida em que a constituição social é segmentária, cada segmento tem seus órgãos próprios que são como que protegidos e mantidos a distância dos órgãos semelhantes por meio das paredes que separam os diferentes segmentos. Mas, à medida que as paredes desaparecem, é inevitável que os órgãos similares se alcancem, entrem em luta e se esforcem por substituir-se uns aos outros. Ora, como quer que se faça essa substituição, dela não pode deixar de resultar algum progresso no caminho da especialização. Porque, de um lado, o órgão segmentário que triunfa, se assim podemos falar, não pode bastar para a tarefa mais vasta que lhe cabe doravante, a não ser graças a uma maior divisão do trabalho; e, de outro lado, os vencidos só se podem manter concentrando-se apenas numa parte da função total que até então desempenhavam. O pequeno patrão torna-se contramestre, o pequeno comerciante, empregado, etc. Aliás, essa parte pode ser mais ou menos considerável, conforme a inferioridade seja mais ou menos acentuada. Acontece até de a função primitiva se dissociar simplesmente em duas frações de igual importância. Em vez de entrarem ou permanecerem em concorrência, duas empresas semelhantes encontram o equilíbrio dividindo entre si sua tarefa comum; em vez de subordinarem-se, elas se coordenam. Mas, em todos os casos, aparecem novas especialidades.

Conquanto os exemplos que precedem sejam tomados sobretudo da vida econômica, essa explicação se aplica a todas as funções sociais indistintamente. O trabalho científico, artístico, etc. não se divide de outra maneira, nem por outras razões. É também em virtude das mesmas causas que, como vimos, o aparelho regulador central absorve em si os órgãos reguladores locais e os reduz ao papel de auxiliares especiais.

De todas essas mudanças, acaso resulta um aumento da felicidade média? Não vemos a que causa ele se deveria. A maior intensidade da luta implica novos e penosos esforços, que não são de natureza a tornar os homens mais felizes. Tudo acontece mecanicamente. Uma ruptura de equilíbrio na massa social suscita conflitos que só podem ser resolvidos por uma divisão do trabalho mais desenvolvida: este é o motor do progresso. Quanto às circunstâncias externas, às combinações variadas da herança, assim como os declives do terreno determinam a direção de uma corrente, mas não a criam, elas assinalam o sentido em que se faz a especialização, onde ela é necessária, mas não a requerem. As diferenças individuais que elas produzem permaneceriam no estado de virtualidade se, para enfrentar essas novas dificuldades, fôssemos obrigados a salientá-las e desenvolvê-las.

A divisão do trabalho é, pois, um resultado da luta pela vida, mas é um seu desenlace atenuado. De fato, graças a ela, os rivais não são obrigados a se eliminarem mutuamente, mas podem coexistir uns ao lado dos outros. Por isso, à medida que se desenvolve, ela fornece a um maior número de indivíduos que, em sociedades mais homogêneas, seriam condenados a desaparecer, os meios para se manterem e sobreviverem. Em muitos povos inferiores, todo organismo imperfeito devia fatalmente perecer, pois não era utilizável para nenhuma função. Por vezes, a lei, antecipando-se aos resultados da seleção natural e, de certa forma, consagrando-os, condenava à morte os recém-nascidos doentes ou frágeis, e o próprio Aristóteles[18] achava esse uso natural. Bem diferente é o que sucede nas sociedades mais avançadas. Um indivíduo enfermiço pode encontrar nos marcos complexos da nossa organização social um lugar em que lhe seja possível prestar serviços. Se for fraco apenas de corpo, mas se o cérebro for são, consagrar-se-á ao trabalho de gabinete, às funções especulativas. Se seu cérebro é que é frágil, "deverá, sem dúvida, renunciar a enfrentar a grande concorrência intelectual, mas a sociedade tem, nos alvéolos secundários de sua colméia, lugares pequenos o bastante, que impedem-no de ser eliminado"[19]. Do mesmo modo, entre os povos primitivos, o inimigo vencido é morto; onde as funções produtivas são separadas das funções militares, ele subsiste ao lado do vencedor na qualidade de escravo.

Há certas circunstâncias em que funções diferentes entram em concorrência. Assim, no organismo individual, após um jejum prolongado, o sistema nervoso se nutre à custa dos outros órgãos, e o mesmo fenômeno se produz se a atividade cerebral adquire um desenvolvimento demasiado considerável. O mesmo acontece na sociedade. Em tempo de fome ou de crise econômica, as funções vitais são obrigadas, para se manterem, a garantir sua subsistência em detrimento das funções menos essenciais. As indústrias de luxo periclitam, e as porções da fortuna pública que serviam para mantê-las são absorvidas pelas indústrias de alimentação ou de artigos de primeira necessidade. Ou, então, pode acontecer que um organismo atinja um grau de atividade anormal, desproporcional às necessidades, e que, para provir às despesas causadas por esse desenvolvimento exagerado, lhe seja necessário tomar uma parte do que cabe aos outros. Por exemplo, há sociedades em que há funcionários demais, ou soldados demais, ou oficiais demais, ou intermediários demais, ou sacerdotes demais, etc.; as outras profissões sofrem com essa hipertrofia. Mas todos esses casos são patológicos; eles se devem ao fato de que a nutrição do organismo não se faz regularmente, ou de que o equilíbrio funcional é quebrado.

Mais uma objeção se apresenta ao espírito.

Uma indústria só pode viver se corresponder a alguma necessidade. Uma função só pode se especializar se essa especialização corresponder a uma necessidade da sociedade. Ora, toda nova especialização tem por resultado aumentar e melhorar a produção. Se essa vantagem não é a razão de ser da divisão do trabalho, é, porém, sua conseqüência necessária. Por conseguinte, um progresso só se pode estabelecer de uma maneira duradoura se os indivíduos sentirem realmente a necessidade de produtos mais abundantes ou de melhor qualidade. Enquanto a indústria dos transportes não estava constituída, cada um se deslocava com os meios de que dispunha, e as pessoas estavam acostumadas a esse estado de coisas. No entanto, para que tenha podido tornar-se uma especialidade, foi necessário que os homens deixassem de se contentar com o que até então lhes bastara e se tornassem mais exigentes. Mas de onde podem vir essas novas exigências?

Elas são um efeito da mesma causa que determina os progressos da divisão do trabalho. De fato, acabamos de ver que tais progressos se devem ao maior ardor na luta. Ora, uma luta mais violenta é inseparável de um maior emprego de forças e, por conseguinte, de maiores fadigas. Mas, para que a vida se mantenha, é sempre necessário que a reparação seja proporcional à despesa; é por isso que os alimentos que, até então, bastavam para restaurar o equilíbrio orgânico passam a ser insuficientes. É necessária uma alimentação mais abundante e mais seleta. É assim que o camponês, cujo trabalho é menos estafante do que o do operário das cidades, se mantém igualmente bem, embora com uma alimentação mais pobre. Este não pode contentar-se com uma alimentação vegetal e, ainda assim, mesmo nessas condições, tem muita dificuldade para compensar o déficit que um trabalho intenso e contínuo aprofunda a cada dia no orçamento do seu organismo[20].

Por outro lado, é sobretudo o sistema nervoso central que arca com todos esses ônus[21], pois é necessário tratar de encontrar meios para sustentar a luta, para criar novas especialidades, para aclimatá-las, etc. De maneira geral, quanto mais o ambiente está sujeito à mudança, maior se torna o papel da inteligência na vida, pois só ela pode encontrar as novas condições de um equilíbrio que se rompe sem cessar e restaurá-lo. Portanto, a vida cerebral se desenvolve ao mesmo tempo que a concorrência se torna mais acesa, e na mesma medida. Constatam-se esses progressos paralelos não apenas na elite, mas em todas as classes da sociedade. Também quanto a esse ponto, basta comparar o operário ao agricultor; é um fato conhecido que o primeiro é muito mais inteligente, apesar do caráter maquinal das tarefas a que costuma ser consagrado. Aliás, não é sem razão que as doenças mentais caminham a par e a passo com a civilização, nem que elas grassam nas cidades de preferência ao campo, e mais nas grandes cidades do que nas pequenas[22]. Ora, um cérebro mais volumoso e mais delicado tem exigências diferentes das de um encéfalo mais grosseiro. Penas ou privações que este sequer sentia abalam dolorosamente aquele. Pelo mesmo motivo, são necessários estímulos menos simples para afetar de maneira agradável esse órgão, uma vez que ele se refinou, e em maior quantidade, porque, ao mesmo tempo, ele se desenvolveu. Enfim, mais do que todas as outras, as necessidades propriamente intelectuais aumentam[23]: explicações grosseiras já não podem satisfazer aos espíritos mais apurados. Novas clarezas são reclamadas e a ciência entretém essas aspirações ao mesmo tempo que as satisfaz.

Portanto, todas essas mudanças são produzidas mecanicamente por causas necessárias. Se nossa inteligência e nossa sensibilidade se desenvolvem e se aguçam, é porque as exercemos mais; e, se as exercemos mais, é porque somos forçados a tanto pela maior violência da luta que temos de travar. Eis como, sem ter desejado, a humanidade se encontra apta a receber uma cultura mais intensa e mais variada.

Entretanto, se outro fator não interviesse, essa simples predisposição não seria capaz de suscitar por si mesma os meios de se satisfazer, pois constitui tão-somente uma aptidão a gozar e, segundo a observação de Bain, "simples aptidões a gozar não provocam necessariamente o desejo. Podemos ser constituídos de modo a sentir prazer em cultivar a música, a pintura, a ciência, mas a não desejá-lo, se sempre fomos impedidos disso"[24]. Mesmo quando somos levados em direção a um objeto por um impulso hereditário muito forte, só podemos desejá-lo depois de termos entrado em relação com ele. O adolescente que nunca ouviu falar de relações sexuais, nem das alegrias que elas proporcionam, pode muito bem sentir um mal-estar vago e indefinível; pode ter a sensação de que algo lhe está faltando, mas não sabe o quê; por conseguinte, não tem desejos sexuais propriamente ditos e, por isso, essas aspirações indeterminadas podem desviar-se facilmente de seus fins naturais e de sua direção normal. Mas, no momento em que o homem se acha em condições de desfrutar desses novos gozos e os deseja, mesmo se de maneira inconsciente, encontra-os a seu alcance, porque a divisão do trabalho, ao mesmo tempo, desenvolveu-se e forneceu-os a ele. Sem que haja nisso a menor harmonia preestabelecida, essas duas ordens de fatos se encontram, simplesmente porque são efeitos de uma mesma causa.

Eis como podemos conceber de que maneira esse encontro se dá. A atração da novidade já bastaria para levar o homem a experimentar esses prazeres. Ele é, inclusive, tanto mais naturalmente propenso a eles quanto a riqueza e a complexidade maiores desses estímulos fazem-no achar mais medíocres aqueles com que se contentara até então. Aliás, ele pode se adaptar mentalmente a eles antes de tê-los experimentado; e como, na realidade, correspondem às mudanças que se fizeram em sua constituição, pressente que os apreciará. A experiência vem, em seguida, confirmar esses pressentimentos; as necessidades que estavam adormecidas despertam, determinam-se, tomam consciência de si e se organizam. Isso não quer dizer, todavia, que essa adaptação seja, em todos os casos, tão perfeita assim, que cada novo produto, devido a novos progressos da divisão do trabalho, sempre corresponda a uma necessidade real da nossa natureza; ao contrário, é verossímil que, com muita freqüência, as necessidades só se contraem porque nos acostumamos ao objeto a que se referem. Esse objeto não era nem necessário, nem útil, mas sucedeu que o experimentamos várias vezes e nos acostumamos tanto com ele que já não podemos dispensá-lo. As harmonias que resultam de causas totalmente mecânicas nunca podem deixar de ser imperfeitas e aproximadas, mas são suficientes para manter a ordem em geral. É o que acontece com a divisão do trabalho. Os progressos que ela faz se acham, não em todos os casos, mas geralmente, em harmonia com as mudanças que ocorrem no homem, e é isso que lhes permite durar.

Porém, mais uma vez, nem por isso somos mais felizes. Sem dúvida, uma vez que essas necessidades foram estimuladas, elas não podem permanecer insatisfeitas sem que haja dor. Mas nossa felicidade não é maior por elas serem estimuladas. O ponto de referência em relação ao qual medíamos a intensidade relativa de nossos prazeres é deslocado; daí resulta uma subversão de toda a graduação. Mas essa desclassificação dos prazeres não implica um aumento. Como o ambiente já não era o mesmo, tivemos de mudar, e essas mudanças determinaram outras em nossa maneira de sermos felizes. Mas quem diz mudanças não diz necessariamente progressos.

Vê-se o quanto a divisão do trabalho nos aparece sob um aspecto diferente do que se mostra aos economistas. Para eles, ela consiste essencialmente em produzir mais. Para nós, essa maior produtividade é apenas uma conseqüência necessária, um reflexo do fenômeno. Se nos especializamos, não é para produzir mais, e sim para podermos viver nas novas condições de existência que nos são criadas.

IV

Um corolário de tudo o que precede é que a divisão do trabalho só se pode efetuar entre os membros de uma sociedade já constituída.

De fato, quando a concorrência opõe indivíduos isolados e estranhos uns aos outros, ela não pode deixar de separá-los ainda mais. Se eles dispõem livremente do espaço, evitar-se-ão; se não podem sair dos limites determinados, se diferenciarão, mas de maneira a se tornarem ainda mais independentes uns dos outros. Não podemos citar nenhum caso em que relações de pura hostilidade se tenham transformado, sem a intervenção de algum outro fator, em relações sociais. Por isso, como entre os indivíduos de uma mesma espécie animal ou vegetal não há, em geral, vínculo algum, a guerra que travam uns contra os outros tem como único resultado diversificá-los, dar origem a variedades dessemelhantes e que se afastam cada vez mais umas das outras. Foi essa disjunção progressiva que Darwin chamou de lei da divergência dos caracteres. Ora, a divisão do trabalho une ao mesmo tempo que opõe; faz convergir as atividades que diferencia; aproxima aqueles que separa. Já que a concorrência não pode ter determinado essa aproximação, é necessário que esta última tenha preexistido; é necessário que os indivíduos entre os quais a luta se trava já sejam solidários e o sintam, isto é, pertençam a uma mesma sociedade. É por isso que, onde esse sentimento de solidariedade é fraco demais para resistir à influência dispersiva da concorrência, esta gera efeitos bem diferentes da divisão do trabalho. Nos países em que a existência é demasiado difícil, em conseqüência da extrema densidade da população, os habitantes, em vez de se especializarem, retiram-se definitiva ou provisoriamente da sociedade: eles emigram para outras regiões.

Basta, aliás, representar-se o que é a divisão do trabalho para compreender que não pode ser de outro modo. De fato, ela consiste na divisão de funções até então comuns. Mas essa divisão não pode ser levada a cabo a partir de um plano preconcebido; não se pode dizer de antemão onde deve se achar a linha divisória entre as tarefas, depois de separadas; porque ela não é marcada com tal evidência na natureza das coisas, mas depende, ao contrário, de uma multidão de circunstâncias. Portanto, a divisão do trabalho tem de se fazer por si mesma e progressivamente. Por conseguinte, para que, nessas condições, uma função possa se dividir em duas frações exatamente complementares, como a natureza da divisão do trabalho requer, é indispensável que as duas partes que se especializam estejam, durante todo o tempo que essa dissociação durar, em constante comunicação: não há outro meio para que uma receba todo o movimento que a outra abandona e para que se adaptem uma à outra. Ora, do mesmo modo que uma colônia animal em que todos os membros se acham em continuidade de tecido constitui um indivíduo, todo agregado de indivíduos que estão em contato contínuo forma uma sociedade. Portanto, a divisão do trabalho só pode produzir-se no seio de uma sociedade preexistente. Com isso, não pretendemos dizer simplesmente que os indivíduos devem aderir materialmente uns aos outros, mas é necessário que exista entre eles vínculos morais. Em primeiro lugar, a continuidade material, por si só, dá origem a vínculos desse gênero, contanto que seja duradoura; porém, além disso, eles são diretamente necessários. Se as relações que começam a se estabelecer no período das hesitações não fossem submetidas a nenhuma regra, se nenhum poder moderasse o conflito dos interesses individuais, seria um caos de que não poderia sair nenhuma nova ordem. Imagina-se, é verdade, que tudo acontece então em convenções privadas e livremente debatidas; parece, pois, que toda ação social está ausente. Mas esquece-se que os contratos só são possíveis onde já existe uma regulamentação jurídica e, por conseguinte, uma sociedade.

Portanto, foi erradamente que se viu, por vezes, na divisão do trabalho o fato fundamental de toda vida social. O trabalho não se divide entre indivíduos independentes e já diferenciados, que se reúnem e se associam para porem em comum suas diferentes aptidões. Porque seria um milagre que diferenças nascidas assim, ao acaso das circunstâncias, possam se ajustar tão exatamente de modo a formar um todo coerente. Longe de precederem a vida coletiva, dela derivam. Elas só se podem produzir no âmbito de uma sociedade e sob a pressão de sentimentos e necessidades sociais; é o que as faz serem essencialmente harmoniosas. Portanto, há uma vida social fora de toda divisão do trabalho, mas que esta supõe. De fato, foi o que estabelecemos diretamente ao mostrar que há sociedades cuja coesão deve-se essencialmente à comunidade das crenças e dos sentimentos, e que foi dessas sociedades que saíram aquelas cuja unidade é assegurada pela divisão do trabalho. As conclusões do livro precedente e aquelas a que acabamos de chegar podem, pois, servir para se verificarem e se confirmarem mutuamente. A própria divisão do trabalho fisiológico está submetida a essa lei: ela nunca aparece, senão no seio de massas policelulares que já são dotadas de certa coesão.

Para muitos teóricos, é uma verdade evidente a de que toda sociedade consiste essencialmente numa cooperação. "Uma sociedade, no sentido científico da palavra", diz Spencer, "só existe quando à justaposição dos indivíduos soma-se a cooperação."[25] Acabamos de ver que esse pretenso axioma é o contrapé da verdade. Ao contrário, é evidente, como diz Augusto Comte, "que a cooperação, longe de ter podido produzir a sociedade, supõe necessariamente seu estabelecimento prévio e espontâneo"[26]. O que aproxima os homens são causas mecânicas e forças impulsivas, como a afinidade de sangue, o apego a um mesmo solo, o culto dos ancestrais, a comunidade de costumes, etc. Somente quando o grupo se formou sobre essas bases é que a cooperação se organiza.

Todavia, a única possível no princípio é tão intermitente e frágil, que a vida social, se não tivesse outra fonte, seria ela mesma sem força e sem continuidade. Com maior razão, a cooperação complexa que resulta da divisão do trabalho é um fenômeno ulterior e derivado. Ela resulta de movimentos internos que se desenvolvem no seio da massa, quando esta é constituída. É verdade que, uma vez que aparece, ela estreita os vínculos sociais e faz da sociedade uma individualidade mais perfeita. No entanto, essa integração supõe outra, que ela substitui. Para que as unidades sociais possam diferenciar-se, é necessário antes de mais nada que sejam atraídas ou agrupadas em virtude das semelhanças que apresentam. Esse procedimento de formação se observa não apenas nas origens, mas em cada estágio da evolução. De fato, sabemos que as sociedades superiores resultam da reunião de sociedades inferiores do mesmo tipo: é necessário, a princípio, que estas últimas sejam confundidas no sentido de uma só e mesma consciência coletiva para que o processo de diferenciação possa começar ou recomeçar. Assim, os organismos mais complexos se formam pela repetição de organismos mais simples, semelhantes entre si, que só se diferenciam depois de associados. Numa palavra, a associação e a cooperação são dois fatos distintos, e se o segundo, quando é desenvolvido, reage sobre o primeiro e o transforma, se as sociedades humanas se tornam cada vez mais grupos de cooperadores, a dualidade dos dois fenômenos não desaparece com isso.

Se essa importante verdade foi desprezada pelos utilitaristas, trata-se de um erro decorrente da maneira como eles concebem a gênese da sociedade. Supõem, na origem, indivíduos isolados e independentes, que, por conseguinte, só podem relacionar-se para cooperar, porque não têm outra razão para vencer o intervalo vazio que os separa e para se associarem. Mas essa teoria, tão difundida, postula uma verdadeira criação *ex nihilo*.

De fato, ela consiste em deduzir a sociedade do indivíduo; ora, nada do que conhecemos nos autoriza a crer na possiblidade de semelhante geração espontânea. Como admite Spencer, para que a sociedade possa formar-se nessa hipótese, é necessário que as unidades primitivas "passem do estado de independência perfeita ao de dependência mútua"[27]. Mas o que lhes pode ter determinado a uma transformação tão completa? A perspectiva das vantagens que a vida social oferece? Mas elas são mais que compensadas pela perda da independência, pois para seres que são destinados, por natureza, a uma vida livre e solitária, semelhante sacrifício é o mais intolerável que possa existir. Acrescentem a isso que, nos primeiros tipos sociais, ele é tão absoluto quanto possível, porque em lugar nenhum o indivíduo é mais completamente absorvido no grupo. De que modo o homem, se nasceu individualista, conforme se supõe, ter-se-ia podido resignar a uma existência que ofende de maneira tão violenta sua inclinação fundamental? Quanto a utilidade problemática da cooperação devia parecer-lhe pálida ao lado de tal degradação! Portanto, de individualidades autônomas, como as que se imagina, não pode sair nada que não seja individual e, por conseguinte, a própria cooperação, que é um fato social, submetido a regras sociais, não pode nascer delas. Assim, o psicólogo que começa a se encerrar em seu próprio eu não pode mais sair, para reencontrar seu não-eu.

A vida coletiva não nasceu da vida individual, mas, ao contrário, foi a segunda que nasceu da primeira. É apenas sob essa condição que se pode explicar como a individualidade pessoal das unidades sociais pôde formar-se e crescer sem desagregar a sociedade. De fato, como, nesse caso, ela se elabora no seio de um meio social preexistente, ela traz necessariamente o cunho deste; ela se constitui de maneira a não arruinar essa ordem coletiva de que é solidária e permanece adaptada a ela, ao mesmo passo em que se destaca. Ela nada tem de anti-social, porque é um produto da sociedade. Não é a personalidade absoluta da mônada, que é auto-suficiente e poderia dispensar o resto do mundo, mas a de um órgão ou de uma parte de órgão que tem sua função determinada, mas não pode, sem correr o risco de morte, separar-se do resto do organismo. Nessas condições, a cooperação se torna não apenas possível, mas necessária. Os utilitaristas invertem, pois, a ordem natural dos fatos, e nada é menos surpreendente do que essa inversão: ela é uma ilustração particular da verdade geral segundo a qual o que é primeiro no conhecimento é último na realidade. Precisamente porque a cooperação é o fato mais recente, é ela que primeiro atrai o olhar. Portanto, se nos ativermos às aparências, como faz o senso comum, é inevitável que a consideremos como o fato primário da vida moral e social.

Mas, se ela não é toda a moral, tampouco devemos colocá-la fora da moral, como fazem certos moralistas. Exatamente como os utilitaristas, esses idealistas fazem-na consistir exclusivamente num sistema de relações econômicas, de arranjos privados, cujo único motor é o egoísmo. Na realidade, a vida moral circula através de todas as relações que a constituem, pois ela não seria possível se sentimentos sociais e, por conseguinte, morais, não presidissem à sua elaboração.

Objetar-se-á com a divisão internacional do trabalho. Parece evidente que, pelo menos nesse caso, os indivíduos entre os quais o trabalho se divide não pertencem à mesma sociedade. Mas convém recordar que um grupo pode, conservando sua individualidade, ser envolvido por outro, mais vasto, e contendo vários do mesmo gênero. Pode-se afirmar que uma função, econômica ou outra, só pode dividir-se entre duas sociedades se estas participarem, sob certos aspectos, de uma mesma vida comum e, por conseguinte, pertencerem a uma mesma sociedade. De fato, suponham que essas duas consciências coletivas não sejam amalgamadas por algum ponto; não vemos como os dois agregados poderiam ter o contato contínuo que é necessário, nem, portanto, como um deles poderia confiar ao segundo uma das suas funções. Para que um povo se deixe penetrar por outro, é necessário que tenha cessado de encerrar-se num patriotismo exclusivo e que tenha aprendido outro, mais compreensivo.

De resto, pode-se observar diretamente essa relação dos fatos no mais contundente exemplo de divisão internacional do trabalho que a história nos proporciona. Com efeito, podemos dizer que ela só se produziu verdadeiramente na Europa e em nosso tempo. Ora, foi no fim do século passado e no início deste que começou a se formar uma consciência comum das sociedades européias. "Há um preconceito de que é importante desfazer-se", diz Sorel. "O de representar-se a Europa do antigo regime como uma sociedade de Estados regularmente constituída, em que cada um conformava sua conduta a princípios reconhecidos por todos, em que o respeito ao direito estabelecido governava as transações e ditava os tratados, em que a boa fé dirigia sua execução, em que o sentimento de solidariedade das monarquias garantia, com a manutenção da ordem pública, a duração dos compromissos contraídos pelos príncipes... Uma Europa em que os direitos de cada um resultassem dos deveres de todos era uma coisa tão estranha aos estadistas do antigo regime que foi preciso uma guerra de um quarto de século, a mais formidável que já se viu, para lhes impor sua noção e lhes demonstrar sua necessidade. A tentativa feita no congresso de Viena e nos congressos que o seguiram para dar à Europa uma organização elementar foi um progresso, não um retorno ao passado."[28] Inversamente, todo retorno de um nacionalismo estreito sempre tem por conseqüência um desenvolvimento do espírito protecionista, isto é, uma tendência dos povos a se isolarem, econômica e moralmente, uns dos outros.

Se, no entanto, em certos casos, povos que não se mantêm unidos por nenhum vínculo e que, por vezes, até se consideram inimigos[29] trocam produtos entre si de uma maneira mais ou menos regular, trata-se de simples relações de *mutualismo*, que nada têm em comum com a divisão do trabalho[30]. Porque, do fato de dois organismos diferentes terem propriedades que se ajustam proveitosamente, não decorre que haja entre eles uma divisão de funções[31].

CAPÍTULO III

OS FATORES SECUNDÁRIOS

A INDETERMINAÇÃO PROGRESSIVA DA CONSCIÊNCIA COMUM E SUAS CAUSAS

Vimos na primeira parte deste trabalho que a consciência coletiva tornava-se mais fraca e mais vaga à medida que a divisão do trabalho se desenvolvia. É inclusive em conseqüência dessa indeterminação progressiva que a divisão do trabalho se torna a fonte principal da solidariedade. Já que esses dois fenômenos estão ligados a tal ponto, não é inútil investigar as causas dessa regressão. Sem dúvida, mostrando com que regularidade ela se produz, estabelecemos diretamente que ela depende com certeza de algumas condições fundamentais da evolução social. Mas essa conclusão do livro precedente seria mais incontestável ainda se pudéssemos descobrir quais são essas condições.

Esse problema, aliás, é solidário com o que estamos tratando. Acabamos de mostrar que os progressos da divisão do trabalho devem-se à mais forte pressão exercida pelas unidades sociais umas sobre as outras e que as obriga a se desenvolverem em sentidos cada vez mais divergentes. Mas essa pressão é neutralizada a cada instante por uma pressão em sentido contrário, que a consciência comum exerce sobre cada consciência particular. Enquanto uma nos impele a criar uma nossa personalidade distinta, a outra, ao contrário, obriga-nos a nos parecer com todos os outros. Enquanto a primeira nos inclina a seguir as propensões de nossa natureza pessoal, a segunda nos retém e nos impede de nos desviarmos do tipo coletivo. Em outras palavras, para que a divisão do trabalho possa nascer e crescer, não basta que haja nos indivíduos germes de aptidões especiais, nem que eles sejam estimulados a variar no sentido dessas aptidões; é necessário, além disso, que as variações individuais sejam possíveis. Ora, elas não se podem produzir quando se encontram em oposição a algum estado forte e definido da consciência coletiva, pois quanto mais um estado é forte, mais ele resiste a tudo o que for capaz de debilitá-lo; quanto mais é definido, menos espaço deixa para as mudanças. Portanto, pode-se prever que o progresso da divisão do trabalho será tanto mais difícil e lento quanto mais a consciência comum tiver vitalidade e precisão. Inversamente, será tanto mais rápido quanto mais o indivíduo puder pôr-se facilmente em harmonia com seu meio pessoal. Mas, para tanto, não basta que esse meio exista: é necessário, além disso, que cada um seja livre de a ele se adaptar, isto é, seja capaz de se mover com independência, mesmo que todo o grupo não se mova ao mesmo tempo e na mesma direção. Ora, sabemos que os movimentos próprios dos particulares são tanto mais raros quanto mais desenvolvida for a solidariedade mecânica.

São numerosos os exemplos em que podemos observar diretamente essa influência neutralizadora da consciência comum sobre a divisão do trabalho. Enquanto a lei e os costumes fazem da inalienabilidade e da indivisão da propriedade imobiliária uma obrigação estrita, as condições necessárias ao aparecimento da divisão do trabalho não nasceram. Cada família forma uma massa compacta, e todas se consagram à mesma ocupação, à exploração do patrimônio hereditário. Entre os eslavos, a *zadruga* cresce com freqüência em tais proporções, que a miséria é grande nela; no entanto, como o espírito doméstico é muito forte, em geral continua-se a viver junto, em vez de se ir exercer fora da *zadruga* profissões especiais, como as de marinheiro e comerciante. Em outras sociedades, em que a divisão do trabalho é mais avançada, cada classe tem funções determinadas, sempre as mesmas, que são subtraídas a qualquer inovação. Em outras, há categorias inteiras de profissões cujo acesso é mais ou menos formalmente vedado aos cidadãos. Na Grécia[1], em Roma[2], a indústria e o comércio eram carreiras desprezadas; entre os cabilas, certos ofícios, como os de açougueiro, de fabricante de calçados, etc., são estigmatizadas pela opinião pública[3]. Portanto, a especialização não se pode fazer nessas diversas direções. Enfim, mesmo entre povos em que a vida econômica já atingiu certo desenvolvimento, como entre nós na época das antigas corporações, as funções eram regulamentadas de tal modo que a divisão do trabalho não podia progredir. Onde todos eram obrigados a fabricar da mesma maneira, qualquer variação individual era impossível[4].

O mesmo fenômeno se produz na vida representativa das sociedades. A religião, essa forma eminente da consciência comum, absorve primitivamente todas as funções representativas, junto com as funções práticas. As primeiras só se dissociam das segundas quando a filosofia aparece. Ora, esta só é possível quando a religião perde um pouco de seu império. Essa nova maneira de representar as coisas choca a opinião coletiva, que resiste. Foi dito algumas vezes que é o livre exame que faz regredir as crenças religiosas; mas ele supõe, por sua vez, uma regressão prévia dessas mesmas crenças. Ele só se pode produzir se a fé comum permitir.

O mesmo antagonismo se manifesta cada vez que uma nova ciência se funda. O próprio cristianismo, conquanto tenha logo aberto à reflexão individual um espaço maior do que qualquer outra religião, não pôde escapar dessa lei. Sem dúvida, a oposição foi menos acesa enquanto os sábios limitaram seus estudos ao mundo material, pois ele era deixado, em princípio, à disputa dos homens. Mas, como esse abandono nunca foi completo, como o Deus cristão não é inteiramente estranho às coisas da terra, aconteceu necessariamente que, em mais de um ponto, as próprias ciências naturais encontraram na fé um obstáculo. Mas a resistência tornou-se enérgica sobretudo quando o homem passou a ser objeto de ciência. De fato, o crente não pode deixar de repugnar a idéia de que o homem seja estudado como um ser natural, análogo aos outros, e os fatos morais, como os fatos da natureza – e sabemos o quanto esses sentimentos coletivos, sob as diferentes formas que assumiram, perturbaram o desenvolvimento da psicologia e da sociologia.

Portanto, não se explicou completamente os progressos da divisão do trabalho quando se demonstrou que eles são necessários em conseqüência das mudanças sobrevindas no meio social; mas eles dependem ainda de fatores secundários que podem facilitar, prejudicar ou entravar completamente seu curso. De fato, não se deve esquecer que a especialização não é a única solução possível para a luta pela vida: também há a integração, a colonização, a resignação a uma existência precária e mais disputada, enfim, a eliminação total dos mais fracos pelo suicídio ou qualquer outro modo. Já que o resultado é, em certa medida, contingente e que os combatentes não são necessariamente impelidos a uma dessas soluções, com exclusão das demais, eles tendem para a que está mais ao seu alcance. Sem dúvida, se nada impede que a divisão do trabalho se desenvolva, eles se especializam. Mas se as circunstâncias tornam impossível ou demasiado difícil esse desenlace, será necessário recorrer a algum outro.

O primeiro desses fatores secundários consiste numa maior independência dos indivíduos em relação ao grupo, permitindo-lhes variar livremente. A divisão fisiológica do trabalho é submetida à mesma condição. "Mesmo aproximados uns dos outros", diz Perrier, "os elementos anatômicos conservam respectivamente toda a sua individualidade. Qualquer que seja sua quantidade, tanto nos organismos mais elevados como nos mais humildes, eles se nutrem, crescem e se reproduzem sem se preocupar com seus vizinhos. É nisso que consiste a *lei de independência dos elementos anatômicos*, que se tornou tão fecunda nas mãos dos fisiologistas. Essa independência deve ser considerada a condição necessária para o livre exercício de uma faculdade mais geral dos plastídios: a variabilidade sob a ação das circunstâncias exteriores ou, até, de certas forças imanentes aos protoplasmas. Graças à sua aptidão a variar e à sua independência recíproca, os elementos nascidos uns dos outros e, primitivamente, todos semelhantes entre si, puderam modificar-se em sentidos diferentes, assumir formas diversas, adquirir novas funções e propriedades."[5]

Ao contrário do que acontece nos organismos, essa independência não é, nas sociedades, um fato primitivo, pois, no princípio, o indivíduo está absorvido no grupo. Mas vimos que ela aparece mais tarde e progride regularmente ao mesmo tempo que a divisão do trabalho, em conseqüência da regressão da consciência coletiva. Resta investigar como essa condição útil da divisão do trabalho social se realiza à medida que é necessária. Sem dúvida, isso se dá porque ela mesma depende das causas que determinaram os progressos da especialização. Mas como o aumento das sociedades em volume e em densidade pode ter esse resultado?

I

Numa pequena sociedade, como todo o mundo está posto sensivelmente nas mesmas condições de existência, o meio coletivo é essencialmente concreto. Ele é feito dos seres de toda espécie que enchem o horizonte social. Os estados de consciência que o representam têm, pois, o mesmo caráter. De início, referem-se a objetos precisos, como este animal, esta árvore, esta planta, esta força natural, etc. Depois, como todo o mundo está situado da mesma maneira em relação a essas coisas, elas afetam da mesma maneira todas as consciências. Toda a tribo, se não for demasiado extensa, goza ou sofre igualmente das vantagens ou dos inconvenientes do sol ou da chuva, do calor ou do frio, de determinado rio, determinada fonte, etc. As impressões coletivas que resultam da fusão de todas essas impressões individuais são, pois, determinadas tanto em sua forma como em seus objetivos e, portanto, a consciência comum possui um caráter definido. Mas ela muda de natureza à medida que as sociedades se tornam mais volumosas. Por se estenderem estas últimas sobre uma superfície mais vasta, ela mesma é obrigada a elevar-se acima de todas as diversidades locais, a dominar mais o espaço e, por conseguinte, a se tornar mais abstrata. Pois só as coisas gerais é que podem ser comuns a todos esses diversos meios. Não é mais determinado animal, mas determinada espécie; determinada fonte, mas as fontes; determinada floresta, mas a floresta *in abstracto*.

Por outro lado, dado que as condições de vida não são mais as mesmas em toda parte, esses objetos comuns, quaisquer que sejam, não podem mais determinar por toda parte sentimentos tão perfeitamente idênticos. Portanto, as resultantes coletivas já não têm a mesma nitidez, e isso tanto mais quanto mais dessemelhantes forem os elementos componentes. Quanto mais diferença existir entre os retratos individuais que serviram para fazer um retrato compósito, mais este será incerto. É verdade que as consciências coletivas locais podem conservar sua individualidade no seio da consciência coletiva geral e que, como abrangem horizontes menores, permanecem mais facilmente concretas. Mas sabemos que elas se desvanecem pouco a pouco no seio da primeira, à medida que se retraem os segmentos sociais a que correspondem.

O fato que talvez melhor manifeste essa tendência crescente da consciência comum é a transcendência paralela do mais essencial de seus elementos: falo da noção de divindade. Na origem, os deuses não são distintos do universo, ou, antes, não há deuses, mas apenas seres sagrados, sem que o caráter sagrado de que se revestem seja relacionado a alguma entidade exterior, como sendo sua fonte. Os animais ou os vegetais da espécie que serve de totem ao clã são o objeto do culto, mas não é que um princípio *sui generis* venha comunicar-lhes do exterior sua natureza divina. Essa natureza lhes é intrínseca; eles são divinos por si próprios. Mas, pouco a pouco, as forças religiosas se destacam das coisas de que, a princípio, não eram mais que atributos e se hipostasiam. Forma-se, assim, a noção de espíritos ou de deuses que, residindo de preferência aqui ou ali, existem, porém, fora dos objetos particulares a que são mais especialmente vinculados[6]. Por isso mesmo, têm qualquer coisa de menos concreto. Todavia, quer sejam múltiplos, quer tenham sido reduzidos a certa unidade, ainda são imanentes ao mundo. Separados, em parte, das coisas, estão sempre no espaço. Permanecem, pois, bem perto de nós, constantemente inseridos em nossa vida. O politeísmo greco-latino, que é uma forma mais elevada e mais bem organizada do animismo, assinala um novo progresso no sentido da transcendência. A residência dos deuses se torna mais nitidamente distinta da dos homens. Retirados nas alturas misteriosas do Olimpo ou nas profundezas da terra, não intervêm mais pessoalmente nos assuntos humanos, a não ser de maneira bastante intermitente. Mas é apenas com o cristianismo que Deus sai definitivamente do espaço; seu reino não é mais deste mundo; a dissociação entre a natureza e o divino é, inclusive, tão completa que degenera em antagonismo. Ao mesmo tempo, a noção da divindade se torna mais geral e mais abstrata, pois é formada não de sensações, como no princípio, mas de idéias. O Deus da humanidade tem, necessariamente, menos compreensão que os deuses da cidade ou do clã.

Aliás, ao mesmo tempo que a religião, as regras do direito se universalizam, assim como as da moral. Ligadas de início a circunstâncias locais, a particularidades étnicas, climáticas, etc., emancipam-se pouco a pouco destas e, com isso, se tornam mais gerais. O que torna sensível esse aumento de generalidade é o declínio ininterrupto do formalismo. Nas sociedades inferiores, a própria forma externa da conduta é predeterminada inclusive em seus detalhes. A maneira como o homem deve alimentarse, vestir-se em cada circunstância, os gestos que deve fazer, as fórmulas que deve pronunciar são estabelecidas com precisão. Ao contrário, quanto mais distantes do ponto de partida, mais as prescrições morais e jurídicas perdem sua nitidez e sua precisão. Elas passam a regulamentar apenas as formas mais gerais da conduta, e fazem-no de uma maneira bastante geral, dizendo o que deve ser feito, não como deve sê-lo. Ora, tudo o que é definido exprime-se sob uma forma definida. Se tivessem a mesma determinação de outrora, os sentimentos coletivos não se exprimiriam de uma maneira menos determinada. Se os detalhes concretos da ação e do pensamento fossem tão uniformes, seriam tão obrigatórios.

Observou-se com freqüência que a civilização tendia a se tornar mais racional e mais lógica; vemos agora qual a causa disso. Só é racional o que é universal; o que confunde o entendimento é o particular e o concreto. Só pensamos direito o geral. Por conseguinte, quanto mais a consciência comum está próxima das coisas particulares, mais ela traz exatamente a sua marca, mais também é ininteligível. Eis de onde vem o efeito que as civilizações primitivas exercem sobre nós. Não podendo reduzi-las a princípios lógicos, somos levados a não ver nelas nada mais que combinações bizarras e fortuitas de elementos heterogêneos. Na realidade, elas nada têm de artificial; mas é necessário investigar suas causas determinantes em sensações e movimentos da sensibilidade, não em conceitos, e se é assim, é porque o meio social para o qual são feitas não é suficientemente extenso. Ao contrário, quando a civilização se desenvolve num campo de ação mais vasto, quando se aplica a maior número de pessoas e de coisas, as idéias gerais aparecem necessariamente e se tornam predominantes. A noção de homem, por exemplo, substitui, no direito, na moral, na religião, a do romano, que, mais concreta, é mais refratária à ciência. Portanto, é o aumento de volume das sociedades e seu maior adensamento que explicam essa grande transformação.

Ora, quanto mais a consciência comum se torna geral, mais cede lugar às variações individuais. Quando Deus está longe das coisas e dos homens, sua ação não se dá mais em todos os instantes e já não se estende a tudo. De fixo, só há as regras abstratas, que podem ser livremente aplicadas de maneiras muito diferentes. Mas elas não têm mais nem a mesma ascendência, nem a mesma força de resistência. Com efeito, se as práticas e as fórmulas, quando precisas, determinam o pensamento e os movimentos com uma necessidade análoga à dos reflexos, ao contrário, esses princípios gerais só podem transportar-se aos fatos com o concurso da inteligência. Ora, uma vez a reflexão despertada, não é fácil contê-la. Quando ela adquire forças, desenvolve-se espontaneamente além dos limites que lhe foram atribuídos. Começa-se colocando alguns artigos de fé acima da discussão, depois a discussão se estende até eles. Quer-se entendêlos, pergunta-se sua razão de ser e, de certo modo, eles passam por essa prova, deixando nela uma parte de sua força. Porque as idéias refletidas nunca têm a mesma força coerciva dos instintos; assim é que movimentos que foram deliberados não têm a instantaneidade dos movimentos involuntários. Por se tornar mais racional, a consciência coletiva se torna, pois, menos imperativa e, também por essa razão, ela incomoda menos o livre desenvolvimento das variedades individuais.

II

Mas não é essa causa a que mais contribui para produzir esse resultado.

O que dá força aos estados coletivos não é apenas o fato de serem comuns à geração presente, mas sobretudo o de serem, em sua maioria, um legado das gerações anteriores. De fato, a consciência comum só se constitui muito lentamente e se modifica no mesmo ritmo. É necessário algum tempo para que uma forma de conduta ou uma crença chegue a esse grau de generalidade e de cristalização, algum tempo também para que o perca. Portanto, ela é quase toda um produto do passado. Ora, o que vem do passado é, em geral, objeto de um respeito todo particular. Uma prática a que todo o mundo se conforma unanimemente possui, sem dúvida, um grande prestígio; mas se, além disso, conta com o assentimento dos ancestrais, ousa-se ainda menos esquivar-se dela. Assim, a autoridade da consciência coletiva é constituída em grande parte da autoridade da tradição. Veremos que esta diminui necessariamente à medida que o tipo segmentário desaparece.

De fato, quando este é muito pronunciado, os segmentos formam várias pequenas sociedades mais ou menos fechadas umas às outras. Onde possuem uma base familiar, é tão difícil mudar de segmento quanto mudar de família, e se, quando só têm uma base territorial, as barreiras que os separam são menos intransponíveis, mas persistem. Na Idade Média, ainda era difícil para um operário encontrar trabalho numa cidade que não a sua[7]; as alfândegas internas formavam, aliás, em torno de cada compartimento social um cinturão que o protegia contra as infiltrações de elementos estranhos. Nessas condições, o indivíduo fica preso ao solo onde nasceu, tanto pelos vínculos que o ligam a ele, como por ser repelido em outros lugares; a raridade das vias de comunicação e de transmissão é uma prova dessa oclusão de cada segmento. Por contragolpe, as causas que mantêm o homem em seu meio natal fixam-no em seu meio doméstico. De início, na origem, os dois se confundem, e se, mais tarde, se distinguem, não é possível afastar-se muito do segundo quando não se consegue ultrapassar o primeiro. A força de atração que resulta da consangüinidade exerce sua ação com a intensidade máxima, pois cada um permanece a vida inteira situado bem perto da própria fonte desta força. De fato, é uma lei sem exceções aquela segundo a qual, quanto mais a estrutura social é de natureza segmentária, mais as famílias formam grandes massas compactas, indivisas, fechadas em si mesmas[8].

Ao contrário, à medida que as linhas divisórias que separam os diferentes segmentos desaparecem, é inevitável que esse equilíbrio se rompa. Como os indivíduos não estão mais contidos em seus lugares de origem e como esses espaços livres que se abrem diante deles os atraem, eles não podem deixar de se espalhar aí. Os filhos já não permanecem imutavelmente apegados à terra dos pais, mas vão tentar fortuna em todas as direções. As populações se misturam, e é isso que faz que suas diferenças originais acabem por se perder. A estatística, infelizmente, não nos permite seguir na história a marcha dessas migrações internas; mas há um fato que basta para estabelecer sua importância crescente: a formação e o desenvolvimento das cidades. Com efeito, as cidades não se formam por uma espécie de crescimento espontâneo, mas por imigração. Longe de deverem sua existência e seus progressos ao excedente normal dos nascimentos em relação aos falecimentos, elas apresentam, desse ponto de vista, um déficit geral. Portanto, é de fora que recebem os elementos graças aos quais crescem cotidianamente. Segundo Dunant[9], o crescimento anual do conjunto da população das trinta e uma maiores cidades da Europa deve 784,6 por mil à imigração. Na França, o censo de 1881 acusava, em relação ao de 1876, um aumento de 766 000 habitantes; o departamento do Sena e as quarenta e cinco cidades com mais de 30 000 habitantes "absorviam, da cifra de aumento qüinqüenal, mais de 661 000 habitantes, deixando apenas 105 000 a repartir entre as cidades médias, pequenas e as áreas rurais"[10]. Não é apenas para as grandes cidades que se orientam esses grandes movimentos migratórios: eles se irradiam nas regiões vizinhas. Bertillon calculou que, no ano de 1886, enquanto, na média da França, de cada 100 habitantes apenas 11,25 nasceram fora do departamento, no departamento do Sena havia 34,67. Essa proporção de estrangeiros é tanto mais elevada quanto mais populosas as cidades do departamento. Ela é de 31,47 no Rhône, 26,29 em Bouches-du-Rhône, de 26,41 em Seine-et-Oise[11], de 19,46 no Norte, de 17,62 na Gironda[12]. Esse fenômeno não é particular às grandes cidades; ele também se produz, embora com menor intensidade, nas pequenas cidades, nos burgos. "Todas essas aglomerações aumentam constantemente à custa das comunas menores, de sorte que se vê, a cada censo, aumentar em algumas unidades o número das cidades de cada categoria."[13]

Ora, a maior mobilidade das unidades sociais que esses fenômenos de migração supõem determina um enfraquecimento de todas as tradições.

De fato, o que faz a força da tradição é sobretudo o caráter das pessoas que a transmitem e a inculcam, quero dizer, os anciãos. Eles são sua expressão viva; só eles foram testemunhas do que os ancestrais faziam. São o único intermediário entre o presente e o passado. Por outro lado, eles desfrutam, junto às gerações que foram criadas diante dos seus olhos e sob a sua direção, de um prestígio que nada pode substituir. Com efeito, a criança tem consciência de sua inferioridade ante as pessoas mais velhas que a rodeiam e sente que depende delas. O respeito reverencial que tem por elas se comunica naturalmente a tudo o que provém delas, a tudo o que elas dizem e a tudo o que fazem. É, pois, a autoridade da idade que faz em grande parte a autoridade da tradição. Por conseguinte, tudo o que pode contribuir para prolongar essa influência além da infância só pode fortalecer as crenças e as práticas tradicionais. É o que acontece quando o homem feito continua a viver no meio em que foi criado, pois permanece, então, relacionado com as pessoas que o conheceram criança e submetido à sua ação. O sentimento que tem por elas subsiste e, por conseguinte, produz os mesmos efeitos, isto é, contém as veleidades de inovação. Para que se produzam novidades na vida social, não basta que novas gerações cheguem à luz, é necessário, ademais, que não sejam levadas demasiado energicamente a seguir os hábitos de suas predecessoras. Quanto mais profunda a influência destas últimas – e ela é tanto mais profunda quanto mais duradoura –, maiores os obstáculos às mudanças. Auguste Comte tinha razão ao dizer que, se a vida humana fosse decuplada, sem que a proporção respectiva das idades fosse modificada, disso, resultaria um "retardamento inevitável, embora impossível de se medir, de nosso desenvolvimento social"[14].

Mas é o inverso que se produz se o homem, ao sair da adolescência, é transplantado para um novo meio. Sem dúvida, também encontra aí homens mais velhos do que ele; mas não aqueles cuja ação sofreu na infância. O respeito que tem por eles é, portanto, menor e de natureza mais convencional, pois não corresponde a nenhuma realidade, nem atual, nem passada. Não depende deles e nunca dependeu; logo, só pode respeitá-los por analogia. Aliás, é um fato conhecido que o culto da idade vai se debilitando com a civilização. Tão desenvolvido outrora, reduz-se hoje a algumas práticas de polidez, inspiradas por uma espécie de piedade. Os velhos são muito mais objeto de pena do que de temor. As idades são niveladas. Todos os homens que chegaram à maturidade tratam-se mais ou menos como iguais. Em conseqüência desse nivelamento, os costumes dos ancestrais perdem sua ascendência, pois já não possuem representantes autorizados junto ao adulto. As pessoas são mais livres em relação a esses costumes, porque são mais livres em relação às que os encarnam. A solidariedade dos tempos é menos sensível, porque já não tem sua expressão material no contato contínuo das gerações sucessivas. Sem dúvida, os efeitos da educação primeira continuam a se fazer sentir, mas com menos força, porque não são mantidos.

Esse momento da plena juventude é, de resto, aquele em que os homens mais sentem-se impacientes com qualquer freio e são mais ávidos de mudanças. A vida que circula neles ainda não teve tempo de se petrificar, de adquirir definitivamente formas determinadas, e é demasiado intensa para se deixar disciplinar sem resistência. Portanto, essa necessidade se satisfará com tanto maior facilidade quanto menos for contida do exterior, e só pode satisfazer-se à custa da tradição. Esta é mais abalada no exato momento em que perde suas forças. Uma vez dado, esse germe de fraqueza desenvolver-se-á necessariamente com cada geração, porque transmitimos com menos autoridade princípios cuja autoridade sentimos menos.

Uma experiência característica demonstra essa influência da idade sobre a força da tradição.

Precisamente por se recrutar sobretudo pela imigração, a população das grandes cidades compõe-se essencialmente de pessoas que, uma vez adultas, saem de seus lares e subtraem-se à ação dos anciãos. Por isso, o número de velhos é pequeno nelas, ao passo que, ao contrário, o dos homens em pleno vigor é elevadíssimo. Cheysson demonstrou que as curvas da população para cada grupo etário, em Paris e na província, só coincidem nas idades de 15 a 20 anos e de 50 a 55 anos. Entre 20 e 50, a curva parisiense é muito mais elevada; além dos 50, é mais baixa[15]. Em 1881, contavam-se em Paris 1 118 indivíduos de 20 a 25 anos para 874 no resto do país[16]. No caso de todo o departamento do Sena, encontramos para cada 1 000 habitantes 731 de 15 a 60 anos e apenas 76 além dessa idade, ao passo que a província tem 618 dos primeiros e 106 dos segundos. Na Noruega, segundo Jacques Bertillon, as relações são as seguintes, para 1 000 habitantes:

	cidades	campo
de 15 a 30 anos	278	239
de 30 a 45 anos	205	183
de 45 a 60 anos	110	120
mais de 60 anos	59	87

Assim, é nas grandes cidades que a influência moderadora da idade se encontra em seu mínimo; constata-se ao mesmo tempo que, em nenhum outro lugar, as tradições têm menos influência sobre os espíritos. De fato, as grandes cidades são os focos incontestes do progresso; é nelas que as idéias, as modas, os costumes, as novas necessidades se elaboram, para difundir-se em seguida pelo resto do país. Quando a sociedade muda, é geralmente seguindo-as e imitando-as. Nelas, os humores são tão móveis que tudo o que vem do passado é um pouco suspeito; ao contrário, as novidades, quaisquer que sejam, desfrutam de um prestígio quase igual àquele de que desfrutavam outrora os costumes dos ancestrais. Nelas, os espíritos são naturalmente orientados para o futuro. Por isso, nelas a vida se transforma com uma rapidez extraordinária: crenças, gostos, paixões estão, nelas, em perpétua evolução. Nenhum terreno é mais favorável às evoluções de todo tipo. Isso porque a vida coletiva não pode ter continuidade onde as diferentes camadas de unidades sociais, destinadas a se substituírem, são tão descontínuas.

Observando que, durante a juventude das sociedades e, sobretudo, no momento de sua maturidade, o respeito pelas tradições é muito maior do que durante a sua velhice, Tarde acreditou poder apresentar o declínio do tradicionalismo como uma fase simplesmente transitória, uma crise passageira de toda evolução social. "O homem só escapa do jugo dos costumes para tornar a cair nele", diz, "isto é, para fixar e consolidar, ao recair, as conquistas devidas à sua emancipação temporária."[17] Esse erro decorre, a nosso ver, do método de comparação seguido pelo autor, cujos inconvenientes já assinalamos várias vezes. Sem dúvida, se aproximarmos o fim de uma sociedade do começo da que lhe sucede, constataremos um retorno do tradicionalismo; mas essa fase, pela qual todo tipo social inicia, é sempre muito menos violenta do que fora no tipo imediatamente anterior. Nunca, entre nós, os costumes dos ancestrais foram objeto do culto supersticioso que lhes era prestado em Roma; nunca houve em Roma uma instituição análoga à γραφὴ παρανόμων do direito ateniense, opondo-se a toda inovação[18]; mesmo no tempo de Aristóteles, ainda se tratava, na Grécia, de saber se valia a pena mudar as leis estabelecidas para melhorá-las, e o filósofo só se pronuncia pela afirmativa com a maior circunspecção[19]. Enfim, entre os hebreus, todo desvio em relação à regra tradicional era ainda mais completamente impossível, pois era uma impiedade. Ora, para julgar a marcha dos acontecimentos sociais, não se deve enfileirar as sociedades que se sucedem, mas compará-las apenas ao período correspondente da sua carreira. Portanto, se é verdade que toda vida social tende a se fixar e a se tornar costumeira, a forma que ela adquire se torna cada vez menos resistente, mais acessível às mudanças; em outras palavras, a autoridade do costume diminui de maneira contínua. De resto, é impossível ser de outro modo, pois esse enfraquecimento depende das próprias condições que dominam o desenvolvimento histórico.

De outro lado, já que as crenças e as práticas comuns extraem grande parte de seu vigor da força da tradição, é evidente que elas são cada vez menos capazes de perturbar a livre expansão das variações individuais.

III

Enfim, à medida que se estende e se concentra, a sociedade envolve menos estreitamente o indivíduo e, por conseguinte, é menos capaz de conter as tendências divergentes que se manifestam.

Para certificar-se, basta comparar as grandes cidades com as pequenas. Nestas últimas, quem procurar emancipar-se dos usos dominantes enfrenta resistências que, por vezes, são vivíssimas. Qualquer tentativa de independência é objeto de escândalo público, e a reprovação geral a ela ligada é de natureza a desencorajar os imitadores. Ao contrário, nas grandes cidades, o indivíduo é muito mais emancipado do jugo coletivo; este é um fato experimental que não pode ser contestado. Porque dependemos tanto mais intimamente da opinião comum quanto mais de perto ela vigia todos os nossos atos. Quando a atenção de todos está constantemente fixada sobre o que cada um faz, o menor desvio é percebido e logo reprimido;

inversamente, cada um tem tanto maior facilidade de seguir seu próprio caminho quanto mais fácil for escapar desse controle. Ora, como diz um provérbio, em parte alguma se está tão bem escondido quanto numa multidão. Quanto mais extenso e denso for um grupo, mais a atenção coletiva, dispersa numa ampla superfície, é incapaz de seguir os movimentos de cada indivíduo, porque ela não se torna maior, ao passo que estes se tornam mais numerosos. Ela se concentra em demasiados pontos ao mesmo tempo para poder se concentrar em algum. A vigilância se faz menos bem, porque há demasiadas pessoas e coisas a vigiar.

Ademais, o grande motor da atenção, a saber, o interesse, está mais ou menos ausente. Só desejamos conhecer os fatos e feitos de uma pessoa se sua imagem desperta em nós lembranças e emoções relacionadas a ela, e esse desejo é tanto mais ativo quanto mais numerosos e mais fortes são os estados de consciência assim despertados[20]. Se, ao contrário, se tratar de alguém que só percebemos de longe em longe e de passagem, o que lhe diz respeito, por não encontrar nenhum eco em nós, nos deixa indiferentes e, por conseguinte, não somos estimulados nem a nos informar sobre o que lhe acontece, nem a observar o que faz. Portanto, a curiosidade coletiva é tanto mais viva quanto mais contínuas e freqüentes são as relações pessoais entre os indivíduos; por outro lado, é claro que elas são tanto mais raras e curtas quanto maior é o número de indivíduos com que uma pessoa se relaciona.

Eis por que a pressão da opinião se faz sentir com menos força nos grandes centros. É que a atenção de cada um é distraída em demasiadas direções diferentes e, além disso, as pessoas se conhecem menos. Mesmo os vizinhos e os membros de uma mesma família mantêm contatos menos freqüentes e regulares, separados que estão a cada instante pela massa dos assuntos e das pessoas de permeio. Sem dúvida, se a população for mais numerosa do que densa, pode suceder que a vida, dispersa numa maior extensão, seja menor em cada ponto. A grande cidade resolve-se então num certo número de pequenas cidades e, por conseguinte, as observações precedentes não se aplicam exatamente[21]. Mas onde quer que a densidade da população seja proporcional a seu volume, os vínculos pessoais são raros e frágeis: perdemos com maior facilidade os outros de vista, mesmo os que nos são mais próximos e, na mesma medida, nos desinteressamos deles. Como essa indiferença mútua tem por efeito relaxar a vigilância coletiva, a esfera de livre ação de cada indivíduo se estende efetivamente e, pouco a pouco, o fato se torna direito. Sabemos, com efeito, que a consciência comum só conserva sua força com a condição de não tolerar as contradições; ou, como conseqüência dessa diminuição do controle social, são cometidos cotidianamente atos que a contradizem, sem que, contudo, ela reaja. Portanto, se atos como esses houver que se repitam com bastante freqüência e uniformidade, eles acabarão por tirar o vigor do sentimento coletivo que ofendem. Uma regra não parece mais tão respeitável do que quando deixa de ser respeitada, e isso impunemente; não encontramos mais a mesma evidência num artigo de fé que deixamos contestar em demasia. Por outro lado, uma vez que usamos de uma liberdade, passamos a ter necessidade dela; se nos torna tão necessária e nos parece tão sagrada quanto as demais. Julgamos intolerável um controle cujo hábito perdemos. Um direito adquirido de uma maior autonomia se funda. Assim, as intromissões cometidas pela personalidade individual, quando ela é menos fortemente contida do exterior, acabam recebendo a consagração dos costumes.

Ora, se esse fato é mais acentuado nas grandes cidades, não lhes é específico; também se produz nas outras, segundo a sua importância. Portanto, já que o desaparecimento do tipo segmentário acarreta um desenvolvimento cada vez mais considerável dos centros urbanos, eis uma primeira razão a fazer que esse fenômeno deva ir se generalizando. Porém, além disso, à medida que se eleva, a própria densidade moral da sociedade se torna semelhante a uma grande cidade que conteria em seus muros o povo inteiro.

De fato, como a distância material e moral entre as diferentes regiões tende a se dissipar, elas se acham, uma em relação às outras, numa situação cada vez mais análoga à dos diferentes bairros de uma mesma cidade. A causa que, nas grandes cidades, determina uma debilitação da consciência comum deve produzir, pois, seu efeito em toda a extensão da sociedade. Enquanto os diversos segmentos, preservando sua individualidade, permanecem fechados uns aos outros, cada um deles limita estreitamente o horizonte social dos particulares. Separados do resto da sociedade por barreiras mais ou menos difíceis de serem transpostas, nada nos desvia da vida local e, em conseqüência, toda a nossa ação nela se concentra. Mas à medida que a fusão dos segmentos se torna mais completa, as perspectivas se estendem tanto mais quanto, no mesmo momento, a própria sociedade se torna geralmente mais extensa. Por conseguinte, mesmo o habitante da pequena cidade vive menos exclusivamente a vida do pequeno grupo que o rodeia imediatamente. Ele estabelece com localidades distantes relações tanto mais numerosas quanto mais avançado for o movimento de concentração. Suas viagens mais freqüentes, as correspondências mais ativas que troca, os negócios que segue fora, etc. desviam seu olhar do que acontece à sua volta. O centro da sua vida e de suas preocupações já não se encontra de maneira tão completa no lugar que habita. Portanto, ele se interessa menos por seus vizinhos, porque eles ocupam menor espaço em sua existência. Aliás, a pequena cidade tem menos domínio sobre ele, pelo próprio fato de que sua vida ultrapassa essa moldura exígua, de que seus interesses e suas afeições se estendem bem além. Por esses motivos, a opinião pública local pesa menos sobre cada um de nós e, como a opinião geral da sociedade não está em condições de substituir a precedente, não podendo vigiar de perto a conduta de todos os cidadãos, a vigilância coletiva se afrouxa irremediavelmente, a consciência comum perde sua autoridade, a variabilidade individual aumenta. Numa palavra, para que o controle social seja rigoroso e para que a consciência comum se mantenha, é preciso que a sociedade seja dividida em compartimentos pequenos o bastante, que envolvam completamente o indivíduo; ao contrário, ambos se debilitam à medida que essas divisões desaparecem[22].

Mas, dir-se-á, os crimes e os delitos a que se referem as penas organizadas nunca deixam indiferentes os órgãos encarregados de reprimi-los. Seja a cidade grande ou pequena, seja a sociedade densa ou não, os magistrados não deixam impunes nem o criminoso, nem o delinqüente. Portanto, parece que o enfraquecimento especial cuja causa acabamos de indicar deveria se localizar nessa parte da consciência coletiva que só determina reações difusas, sem poder estender-se além. Mas, na realidade, essa localização é impossível, porque essas duas regiões são tão estreitamente solidárias que uma não pode ser atingida sem que a outra disso se ressinta. Os atos que apenas os costumes reprimem não são de natureza diferente daqueles que a lei pune; eles são apenas menos graves. Portanto, se há alguns deles que perdem toda a gravidade, a graduação correspondente dos outros é ao mesmo tempo perturbada; eles decrescem um ou vários graus e parecem menos revoltantes. Quando já não se é nem um pouco sensível às pequenas faltas, se é menos às grandes. Quando já não se dá grande importância à simples negligência das práticas religiosas, já não se se indigna tanto com as blasfêmias ou os sacrilégios. Quando se adquiriu o hábito de tolerar complacentemente as uniões livres, o adultério escandaliza menos. Quando os sentimentos mais fracos perdem sua energia, os sentimentos mais fortes, mas que são da mesma espécie e têm os mesmos objetos, não podem conservar integralmente a sua. Assim, pouco a pouco, o abalo se comunica a toda a consciência comum.

IV

Fica explicado, agora, como é que a solidariedade mecânica se vincula à existência do tipo segmentário, assim como estabelecemos no livro precedente. É que essa estrutura especial permite que a sociedade cinja melhor o indivíduo, o mantenha mais fortemente preso a seu meio doméstico e, por conseguinte, às tradições – enfim, contribuindo para limitar o horizonte social, também contribui[23] para torná-lo concreto e definido. Portanto, são causas totalmente mecânicas que fazem que a personalidade individual seja absorvida na personalidade coletiva, e são causas da mesma natureza que a fazem diferenciar-se dela. Sem dúvida, essa emancipação se revela útil, ou, pelo menos, é utilizada. Ela torna possíveis os progressos da divisão do trabalho; mais geralmente, ela dá ao organismo social mais flexibilidade e elasticidade. Mas não é por ser útil que se produz. Ela existe porque não pode deixar de existir. A experiência dos serviços que ela presta não pode deixar de consolidá-la, uma vez que ela existe.

Podemos nos perguntar se, nas sociedades organizadas, o órgão não desempenha o mesmo papel que o segmento; se o espírito corporativo e profissional não corre o risco de substituir o espírito de igrejinha e de exercer sobre os indivíduos a mesma pressão. Nesse caso, eles nada ganhariam com a troca. A dúvida é ainda mais permitida porque o espírito de casta teve certamente esse efeito e porque a casta é um órgão social. Sabe-se também quanto a organização das corporações de ofício prejudicou, por muito tempo, o desenvolvimento das variações individuais. Citamos acima alguns exemplos.

É certo que as sociedades organizadas não são possíveis sem um sistema desenvolvido de regras que predeterminam o funcionamento de cada órgão. À medida que o trabalho se divide, constitui-se uma multidão de morais e de direitos profissionais[24]. Mas essa regulamentação não deixa menos ampliada a esfera de ação do indivíduo.

Antes de mais nada, o espírito profissional só pode ter influência sobre a vida profissional. Além dessa esfera, o indivíduo desfruta da maior liberdade, cuja origem acabamos de mostrar. É verdade que a casta estende sua ação mais longe, mas não é um órgão propriamente dito. É um segmento transformado em órgão[25]; ela decorre, pois, da natureza de ambos. Ao mesmo tempo que é encarregada de funções especiais, constitui uma sociedade distinta no seio do agregado total. É uma sociedade-órgão, análoga a esses indivíduos-órgãos que observamos em certos organismos[26]. É o que faz com que ela envolva o indivíduo de uma maneira muito mais exclusiva do que as corporações ordinárias.

Em segundo lugar, como essas regras só têm raízes num pequeno número de consciências, mas deixam indiferente a sociedade em seu conjunto, elas têm uma autoridade menor em conseqüência dessa universalidade menor. Portanto, elas oferecem menor resistência às mudanças. É por esse motivo que, em geral, as faltas propriamente profissionais não têm o mesmo grau de gravidade do que as demais.

Por outro lado, as mesmas causas que, de uma maneira geral, aliviam o jugo coletivo produzem seu efeito libertador tanto no interior da corporação, como fora. À medida que os órgãos segmentários se fundem, cada órgão social se torna mais volumoso, e isso tanto mais que, em princípio, o volume total da sociedade cresce no mesmo momento. As práticas comuns ao grupo profissional tornam-se, pois, mais gerais e mais abstratas, como as que são comuns a toda a sociedade e, em conseqüência, deixam mais espaço livre para as divergências particulares. Do mesmo modo, a maior independência de que as novas gerações desfrutam em relação às mais velhas não pode deixar de enfraquecer o tradicionalismo da profissão; o que torna o indivíduo ainda mais livre para inovar.

Assim, em virtude de sua própria natureza, não apenas a regulamentação profissional prejudica menos do que qualquer outra o desenvolvimento das variedades individuais, como, além disso, estorva-o cada vez menos.

CAPÍTULO IV

OS FATORES SECUNDÁRIOS (*cont.*)

A HEREDITARIEDADE

No que precede, raciocinamos como se a divisão do trabalho só dependesse de causas sociais. No entanto, ela também está ligada a condições orgânico-psíquicas. O indivíduo recebe, ao nascer, gostos e aptidões que o predispõem mais a certas funções que a outras, e essas predisposições têm certamente influência sobre a maneira como as tarefas se repartem. De acordo com a opinião mais comum, seria necessário inclusive ver nessa diversidade das naturezas a condição primeira da divisão do trabalho, cuja principal razão de ser seria "classificar os indivíduos segundo suas capacidades"[1]. Portanto, seria interessante determinar qual é, ao certo, o papel desse fator, tanto mais que ele constitui um novo obstáculo à variabilidade individual e, por conseguinte, aos progressos da divisão do trabalho.

De fato, como essas vocações nativas nos são transmitidas por nossos ascendentes, elas se referem não às condições em que o indivíduo se acha atualmente colocado, mas àquelas em que seus antepassados viviam. Elas nos encadeiam, pois, a nossa raça, como a consciência coletiva nos prendia a nosso grupo, e comprometem, em conseqüência, nossa liberdade de movimento. Como essa parte de nós é toda ela voltada para o passado, e para um passado que não nos é pessoal, ela nos desvia de nossa esfera de interesses próprios e das mudanças que nela se produzem. Quanto mais desenvolvida ela é, mais nos imobiliza. A raça e o indivíduo são duas forças contrárias que variam em razão inversa uma da outra. Enquanto não fazemos mais que reproduzir e continuar nossos ancestrais, tendemos a viver como eles viveram, e somos refratários a toda e qualquer novidade. Um ser que recebesse da hereditariedade um legado demasiado considerável e demasiado pesado seria quase incapaz de mudança: é o caso dos animais, que só são capazes de progredir com extrema lentidão.

O obstáculo que o progresso encontra deste lado é até mesmo mais dificilmente superável do que o que vem da comunidade das crenças e das práticas. Porque estas são impostas ao indivíduo do exterior e por uma ação moral, enquanto as tendências hereditárias são congênitas e têm uma base anatômica. Assim, quanto maior o papel da hereditariedade na distribuição das tarefas, mais essa distribuição é invariável e, por conseguinte, mais o progresso da divisão do trabalho é difícil, mesmo quando tal progresso seria útil. É o que acontece no organismo. A função de cada célula é determinada por seu nascimento. "Num animal vivo", diz Spencer, "o progresso da organização implica não apenas que as unidades que compõem cada uma das partes diferenciadas conservem sua posição, mas também que sua descendência lhes suceda nessas posições. As células hepáticas que, enquanto cumprem sua função, crescem e dão origem a novas células hepáticas, cedem lugar a estas quando se dissolvem e desaparecem; as células que delas descendem não vão para os rins, para os músculos, para os centros nervosos, mas se unem na consumação de suas funções."[2] Mas também as mudanças que se produzem na organização do trabalho fisiológico são muito raras, restritas e lentas.

Ora, inúmeros fatos tendem a demonstrar que, originalmente, a hereditariedade tinha sobre a repartição das funções sociais uma influência considerável.

Sem dúvida, entre os povos totalmente primitivos, ela não representa, desse ponto de vista, papel algum. As poucas funções que começam a se especializar são eletivas; mas isso porque elas ainda não estão constituídas. O chefe ou os chefes não se distinguem da multidão que dirigem; seu poder é tão restrito quanto efêmero; todos os membros do grupo se acham em pé de igualdade. No entanto, assim que aparece de uma maneira caracterizada, a divisão do trabalho se fixa sob uma forma que se transmite hereditariamente: é assim que nascem as castas. A Índia nos oferece o mais perfeito modelo dessa organização do trabalho, mas podemos encontrá-la alhures. Entre os judeus, as únicas funções nitidamente separadas das outras, as do sacerdócio, eram estritamente hereditárias. O mesmo se dava em Roma no caso de todas as funções públicas, que englobavam as funções religiosas e que eram privilégio dos patrícios. Na Assíria, na Pérsia, no Egito, a sociedade se divide da mesma maneira. Onde as castas tendem a desaparecer, são substituídas pelas classes, que, apesar de serem menos estreitamente fechadas para o exterior, ainda assim baseiam-se no mesmo princípio.

Por certo, essa instituição não é uma simples conseqüência do fato das transmissões hereditárias. Muitas causas contribuíram para suscitá-la. Mas ela não teria podido nem se generalizar a esse ponto, nem persistir por tanto tempo, se, *em geral*, não tivesse como efeito pôr cada um no lugar que lhe convinha. Se o sistema das castas tivesse sido contrário às aspirações individuais e ao interesse social, nenhum artifício teria podido mantê-lo. Se, na média dos casos, os indivíduos não houvessem realmente nascido para a função que lhes atribuía o costume ou a lei, essa classificação tradicional dos cidadãos logo teria sido abalada. A prova disso é que esse abalo se produz, de fato, desde que essa discordância aparece. A rigidez dos marcos sociais apenas exprime, pois, a maneira imutável com que se distribuíam, então, as aptidões, e essa própria imutabilidade só pode ser devida à ação das leis da hereditariedade. Sem dúvida, a educação, na medida em que se dava totalmente no seio da família e se prolongava até tarde pelos motivos que já assinalamos, fortalecia sua influência; mas por si só, não teria podido produzir tais resultados. Porque ela só age proveitosa e eficazmente caso se exerça no mesmo sentido da hereditariedade. Numa palavra, esta última só pôde se tornar uma instituição social onde desempenhava efetivamente um papel social. De fato, sabemos que os povos antigos tinham um sentimento vivo do que ela era. Não encontramos vestígios seus apenas nos costumes de que acabamos de falar e em outros similares, mas esse papel é expresso diretamente em mais de um monumento literário[3]. Ora, é impossível que um erro tão geral assim seja uma simples ilusão e não corresponda a nada na realidade. "Todos os povos", diz Ribot, "têm uma fé, pelo menos vaga, na transmissão hereditária. Seria até possível sustentar que essa fé foi mais viva nos tempos primitivos do que nas épocas civilizadas. Foi dessa fé natural que nasceu a hereditariedade da instituição. É certo que motivos sociais, políticos ou até mesmo preconceitos devem ter contribuído para desenvolvê-la e consolidá-la, mas seria absurdo crer que alguém a inventou."[4]

Aliás, a hereditariedade das profissões era com freqüência a regra, mesmo quando a lei não a impunha. Assim, a medicina, entre os gregos, foi cultivada de início por um pequeno número de famílias. "Os asclépios ou sacerdotes de Esculápio diziam-se descendentes desse deus... Hipócrates era o décimo sétimo médico da sua família. A arte divinatória, o dom da profecia, esse alto favor dos deuses, eram tidos, entre os gregos, como transmitindo-se na maioria dos casos de pai para filho."[5] "Na Grécia", diz Hermann, "a hereditariedade da função só era prescrita pela lei em alguns estados e para certas funções mais estreitamente ligadas à vida religiosa, como, em Esparta, os cozinheiros e os flautistas; mas os costumes haviam-na tornado, também para as profissões artesanais, um fato mais geral do que se crê de ordinário."[6] Ainda hoje, em muitas sociedades inferiores, as funções se distribuem de acordo com a raça. Num grande número de tribos africanas, os ferreiros descendem de uma raça diferente da do resto da população. O mesmo acontecia com os judeus do tempo de Saul. "Na Abissínia, quase todos os artesãos são de raça estrangeira: o pedreiro é judeu, o curtidor e o tecelão são maometanos, o armeiro e o ourives são gregos e coptas. Na Índia, muitas diferenças de castas, que indicam diferenças de ofícios, ainda hoje coincidem com as de raças. Em todos os países de população mista, os descendentes de uma mesma família têm o hábito de dedicar-se a certas profissões; assim, na Alemanha Oriental, os pescadores durante séculos eram eslavos."[7] Esses fatos emprestam grande verossimilhança à opinião de Lucas, segundo a qual "a hereditariedade das profissões é o tipo primitivo, a forma elementar de todas as instituições baseadas no princípio da hereditariedade da natureza moral".

Mas também se sabe quão lento e difícil é o progresso nessas sociedades. Durante séculos, o trabalho permanece organizado da mesma maneira, sem que se cogite inovar no que quer que seja. "A hereditariedade se nos apresenta aqui com suas características costumeiras: conservação, estabilidade."[8] Por conseguinte, para que a divisão do trabalho tenha podido desenvolver-se, foi preciso que os homens conseguissem abalar o jugo da hereditariedade, que o progresso quebrasse as castas e as classes. O progressivo desaparecimento destas últimas tende, de fato, a provar a realidade dessa emancipação, pois não se vê como a hereditariedade teria podido se enfraquecer como instituição, se não tivesse perdido nem um pouco de seus direitos sobre o indivíduo. Se a estatística se estendesse longe o bastante no passado e, sobretudo, se fosse mais bem informada sobre esse ponto, ela nos ensinaria muito verossimilmente que os casos de profissões hereditárias se tornam cada vez menos numerosos. O que é certo é que a fé na hereditariedade, tão intensa outrora, é hoje substituída por uma fé quase oposta. Tendemos a acreditar que o indivíduo é, em maior parte, filho de suas obras e a desconhecer até os vínculos que o ligam à sua raça e fazem-no depender dela; pelo menos, esta é uma opinião muito difundida e de que os psicólogos da hereditariedade quase se lamentam. É até um fato deveras curioso o de que a hereditariedade só entrou realmente na ciência no momento em que saíra quase completamente da crença. Aliás, não há contradição alguma nisso. Porque, no fundo, o que a consciência comum afirma não é que a hereditariedade não existe, mas que seu peso é menor, e a ciência, como veremos, nada tem que contradiga esse sentimento.

Importa, porém, estabelecer o fato diretamente e, sobretudo, mostrar suas causas.

I

Em primeiro lugar, a hereditariedade perde seu domínio no curso da evolução porque, simultaneamente, constituíram-se novos modos de atividade que não se encontram sob sua influência.

Uma primeira prova dessa estagnação da hereditariedade é o estado estacionário das grandes raças humanas. Desde os tempos mais remotos, não se formaram novas raças; pelo menos, se, com Quatrefages[9], dermos esse mesmo nome aos diferentes tipos oriundos de três ou quatro grandes tipos fundamentais, caberá acrescentar que, quanto mais se afastam de seus pontos de origem, menos apresentam os traços constitutivos da raça. De fato, todo o mundo está de acordo para reconhecer que o que caracteriza esta última é a existência de semelhanças hereditárias; por isso, os antropólogos tomam como base de suas classificações as características físicas, porque elas são as mais hereditárias de todas. Ora, quanto mais os tipos antropológicos são circunscritos, mais se torna difícil defini-los em função de propriedades exclusivamente orgânicas, porque estas não são mais nem bastante numerosas, nem bastante distintivas. Semelhanças totalmente morais, estabelecidas com o auxílio da lingüística, da arqueologia e do direito comparado é que se tornam preponderantes; mas não se tem razão alguma para admitir que sejam hereditárias. Elas servem muito mais para distinguir civilizações do que raças. À medida que avançamos, as variedades humanas que se formam tornam-se, pois, menos hereditárias; elas são cada vez menos raças. A impotência progressiva de nossa espécie para produzir novas raças cria o mais vivo contraste com a fecundidade contrária das espécies animais. O que significa isso, se não que a cultura humana, à medida que se desenvolve, se torna cada vez mais refratária a esse gênero de transmissão? O que os homens acrescentaram e acrescentam todos os dias a esse patrimônio primitivo que se estabeleceu faz séculos na estrutura das raças iniciais, escapa, pois, cada vez mais, à ação da hereditariedade. Mas se assim é no que concerne à corrente geral da civilização, com maior razão é válido para cada um dos afluentes particulares que a formam, isto é, para cada atividade funcional e seus produtos.

Os fatos que seguem confirmam essa indução.

É uma verdade estabelecida que o grau de simplicidade dos fatos psíquicos dá a medida da sua transmissibilidade. Com efeito, quanto mais os estados são complexos, mais se decompõem facilmente, porque sua grande complexidade os mantém numa situação de equilíbrio instável. Eles parecem essas construções eruditas cuja arquitetura é tão delicada que pouca coisa basta para perturbar gravemente sua economia: à menor sacudidela, o edifício abalado rui, pondo a nu o terreno que cobria. Assim, nos casos de paralisia geral, o eu se dissolve lentamente até que não reste mais, por assim dizer, senão a base orgânica na qual repousava. De ordinário, é sob o choque da doença que se produzem esses fatos de desorganização. Mas concebe-se que a transmissão seminal deva ter efeitos análogos. De fato, no ato da fecundação, as características estritamente individuais tendem a se neutralizar mutuamente; porque, como as que são específicas de um dos pais só se podem transmitir em detrimento do outro, se estabelece entre eles uma espécie de luta de que é impossível saírem intactos. Porém, quanto mais um estado de consciência é complexo, mais é pessoal, mais traz a marca das circunstâncias particulares em que vivemos, de nosso sexo, de nosso temperamento. Pelas partes inferiores e fundamentais de nosso ser, nós nos parecemos muito mais do que por esses píncaros; é por estes últimos, ao contrário, que nos distinguimos uns dos outros. Portanto, se não desaparecem completamente na transmissão hereditária, em todo caso só podem sobreviver esmaecidos e debilitados.

Ora, as aptidões são tanto mais complexas quanto mais forem especiais. De fato, é um erro acreditar que nossa atividade se simplifica à medida que nossas tarefas se delimitam. Ao contrário, é quando se dispersa sobre uma multidão de objetos que ela é simples, porque, como despreza então o que têm de pessoal e de distinto, para visar apenas o que eles têm em comum, ela se reduz a alguns movimentos bastante gerais que convêm numa série de circunstâncias diversas. No entanto, quando se trata de nos adaptarmos a objetos particulares e especiais, de maneira a levar em conta todas as suas nuances, só podemos lográ-lo combinando um grande número de estados de consciência, diferenciados à imagem das próprias coisas a que se referem. Uma vez ordenados e constituídos, esses sistemas funcionam sem dúvida com mais facilidade e rapidez, mas permanecem muito complexos. Que prodigiosa reunião de idéias, imagens, costumes, observamos no tipógrafo que compõe uma página, no matemático que combina uma multidão de teoremas esparsos e faz brotar deles um novo teorema, no médico que, a um indício imperceptível, reconhece de imediato uma doença e prevê ao mesmo tempo sua evolução! Comparem a técnica tão elementar do filósofo antigo, do sábio que, pela simples força do pensamento, empreende explicar o mundo, com a do cientista de hoje, que só consegue resolver um problema bastante particular por meio de uma complicadíssima combinação de observações, de experiências, graças a leituras de obras escritas em todas as línguas, a troca de cartas, discussões, etc., etc. O diletante é que conserva intacta sua simplicidade primitiva. A complexidade de sua natureza é apenas aparente. Como tem por ofício interessar-se por tudo, parece ter uma porção de gostos e aptidões diversas. Pura ilusão! Olhem no fundo das coisas e verão que tudo se reduz a um pequeno número de faculdades gerais e simples, mas que, não tendo perdido nada de sua indeterminação primeira, desprendem-se com facilidade dos objetos a que se ligam, para prender-se em seguida a outros. De fora, percebemos uma sucessão ininterrupta de acontecimentos variados; mas é o mesmo ator que representa todos os papéis com trajes um pouco diferentes. Essa superfície em que brilham tantas cores sabiamente matizadas cobre um fundo de deplorável monotonia. O diletante atenuou e afinou as potências de seu ser, mas não soube transformá-las e remanejá-las para extrair delas uma obra nova e definida; nada ergueu de pessoal e de duradouro no terreno que a natureza lhe legou.

Por conseguinte, quanto mais especiais as faculdades, mais dificilmente são transmissíveis; ou, se elas conseguem passar de uma geração a outra, não podem deixar de perder sua força e sua precisão. Elas são menos irresistíveis e mais maleáveis; em conseqüência de sua maior indeterminação, elas podem mudar mais facilmente sob a influência das circunstâncias de família, de fortuna, de educação, etc. Numa palavra, quanto mais as formas da atividade se especializam, mais escapam da ação da hereditariedade.

Foram, contudo, citados casos em que aptidões profissionais parecem ser hereditárias. Das tabelas construídas por Galton, parece resultar que houve por vezes verdadeiras dinastias de cientistas, poetas e músicos. De Candolle, por sua vez, estabeleceu que os filhos dos cientistas "ocuparam-se freqüentemente de ciência"[10]. Mas essas observações não têm, no caso, nenhum valor demonstrativo. De fato, não pensamos sustentar que a transmissão de aptidões especiais é radicalmente impossível; queremos dizer apenas que, em geral, ela não ocorre, porque só pode efetuar-se por um milagre de equilíbrio que não poderia renovar-se com freqüência. Portanto, de nada adianta citar este ou aquele caso particular, em que ela se produziu ou parece ter-se produzido; mas seria necessário, além disso, ver que papel representam no conjunto das vocações científicas. Somente então poder-se-ia julgar se de fato demonstram que a hereditariedade tem uma grande influência sobre a maneira como se dividem as funções sociais.

Ora, conquanto essa comparação não possa ser feita metodicamente, um fato, estabelecido por de Candolle, tende a provar quão restrita é a ação da hereditariedade nessas carreiras. Dos 100 associados estrangeiros da Academia de Paris, de que de Candole pôde refazer a genealogia, 14 descendem de ministros protestantes e apenas 5 de médicos, cirurgiões e farmacêuticos. Em 1829, dos 48 membros estrangeiros da Real Sociedade de Londres, 8 são filhos de pastores, 4 apenas têm como pais homens dessa arte. No entanto, o número total destes últimos, "nos países fora da França, deve ser bastante superior ao dos eclesiásticos protestantes. De fato, entre as populações protestantes, consideradas isoladamente, os médicos, cirurgiões, farmacêuticos e veterinários são quase tão numerosos quanto os eclesiásticos, e, quando acrescentamos os dos países puramente católicos que não a França, eles constituem um total muito mais considerável do que o dos pastores e ministros protestantes. Os estudos que os homens da arte médica fizeram e os trabalhos a que devem se consagrar habitualmente para sua profissão estão muito mais na esfera das ciências do que os estudos e os trabalhos de um pastor. Se o sucesso nas ciências fosse apenas um problema de hereditariedade, haveria muito mais filhos de médicos, farmacêuticos, etc., em nossas listas do que filhos de pastores"[11].

Ainda assim, não é em absoluto certo que essas vocações científicas dos filhos de cientistas devam-se realmente à hereditariedade. Para ter o direito de atribuí-las a ela, não basta constatar uma similitude de gostos entre os pais e os filhos; seria necessário, além disso, que estes últimos tivessem manifestado suas aptidões depois de terem sido criados desde a primeira infância fora de sua família e num meio estranho a qualquer cultura científica. Ora, de fato, todos os filhos de cientistas que foram objeto da observação foram criados em suas famílias, em que encontraram naturalmente mais apoio intelectual e incentivo do que seus pais haviam recebido. Há também os conselhos e o exemplo, o desejo de se parecer com o pai, de utilizar seus livros, suas coleções, suas pesquisas, seu laboratório, que constituem, para um espírito generoso e sensato, estímulos enérgicos. Enfim, nos estabelecimentos onde realizam seus estudos, os filhos dos cientistas se acham em contato com espíritos cultos ou aptos a receber uma alta cultura, e a ação desse novo meio apenas confirma a do primeiro. Sem dúvida, nas sociedades em que é de regra que o filho siga a profissão do pai, tal regularidade não pode se explicar por um simples concurso de circunstâncias exteriores; porque seria um milagre que este se produzisse em cada caso com tão perfeita identidade. O mesmo não vale, porém, para esses encontros isolados e quase excepcionais que observamos hoje em dia.

É verdade que vários cientistas ingleses a que Galton[12] se dirigiu insistiram sobre um gosto especial e inato que teriam sentido desde a infância pela ciência que mais tarde cultivariam. Mas, como de Candolle observa, é difícil saber se esses gostos "são de nascimento ou provêm das impressões vivas da juventude e das influências que as provocam e as dirigem. Aliás, esses gostos mudam, e os únicos importantes para a carreira são os que persistem. Nesse caso, o indivíduo que se distingue numa ciência ou que continua a cultivá-la com prazer nunca deixa de dizer que é, nele, um gosto inato. Ao contrário, os que têm gostos especiais na infância e esqueceram-nos, não falam deles. Basta pensar na multidão de crianças que caçam borboletas ou fazem coleções de conchas, insetos, etc., mas que não se tornam naturalistas. Também conheço bom número de exemplos de cientistas que tiveram, quando jovens, a paixão de fazer versos ou peças de teatro e que, mais tarde, exerceram ocupações bem diferentes"[13].

Outra observação do mesmo autor mostra quão grande é a ação do meio social sobre a gênese dessas aptidões. Se elas se devessem à hereditariedade, seriam igualmente hereditárias em todos os países; os cientistas filhos de cientistas existiriam na mesma proporção em todos os povos de mesmo tipo. "Ora, os fatos manifestaram-se de uma maneira bem diferente. Na Suíça, houve nos últimos dois séculos mais cientistas agrupados por família do que cientistas isolados. Na França e na Itália, a quantidade de cientistas que são únicos em sua família constitui, ao contrário, a imensa maioria. As leis fisiológicas são, no entanto, as mesmas para todos os homens. Portanto, a educação em cada família, o exemplo e os conselhos dados devem ter exercido uma influência mais acentuada do que a hereditariedade na carreira especial dos jovens cientistas. É fácil, de resto, compreender por que essa influência foi mais forte na Suíça do que na maioria dos países. Aí, os estudos são feitos até a idade de dezoito ou vinte anos em todos as cidades, e em tais condições que os alunos vivem em casa, junto dos pais. Isso era válido sobretudo no século passado e na primeira metade do século atual, em particular em Genebra e Basiléia, isto é, nas duas cidades que forneceram a maior proporção de cientistas unidos entre si por vínculos de família. Em outras partes, notadamente na França e na Itália, sempre foi costumeiro os jovens serem educados em colégios em que moram, encontrando-se, por conseguinte, afastados das influências familiares."[14]

Portanto, não há motivo algum para se admitir a "existência de vocações inatas e imperiosas por objetos especiais"[15]; pelo menos, se vocações há, elas não são a regra. Como observa igualmente Bain, "o filho de um grande filólogo não herda um só vocábulo; o filho de um grande viajante pode, na escola, ser superado em geografia pelo filho de um mineiro"[16]. Isso não quer dizer que a hereditariedade não tenha influência, mas o que ela transmite são faculdades bastante gerais, e não uma aptidão particular por esta ou aquela ciência. O que o filho recebe dos pais é alguma força de atenção, uma certa dose de perseverança, um juízo sadio, imaginação, etc. Mas cada uma dessas faculdades pode convir a uma multidão de especialidades diferentes e garantir o êxito nelas. Eis uma criança dotada de uma imaginação bastante viva; logo tem relações com artistas, tornar-se-á pintor ou poeta; se vive num meio industrial, tornar-se-á um engenheiro de espírito inventivo; se o acaso o colocar no mundo dos negócios, será talvez um dia um ousado financista. Claro, levará a toda parte sua natureza própria, sua necessidade de criar e imaginar sua paixão pelo novo; mas as carreiras em que poderá utilizar seus talentos e satisfazer sua inclinação são numerosíssimas. Foi isso, aliás, o que de Candolle estabeleceu por uma observação direta. Ele assinalou as qualidades úteis nas ciências que seu pai herdara de seu avô; ei-las: vontade, espírito ordeiro, juízo sadio, uma certa força de atenção, distanciamento para as abstrações metafísicas, independência de opinião. É seguramente uma bela herança, mas com a qual teria podido tornar-se igualmente administrador, político, historiador, economista, um grande industrial, um excelente médico, ou, enfim, um naturalista, como foi de Candolle. Portanto, é evidente que as circunstâncias tiveram um papel importante na escolha da sua carreira, e é, de fato, isso que seu filho nos ensina[17]. Somente o espírito matemático e o sentimento musical poderiam ser com freqüência disposições de nascença, devidas a uma herança direta dos pais. Essa aparente anomalia não surpreenderá, se nos lembrarmos que esses dois talentos se desenvolveram bem cedo na história da humanidade. A música é a primeira das artes e a matemática a primeira das ciências que os homens cultivaram; essa dupla faculdade deve, pois, ser mais geral e menos complexa do que se crê, e é isso o que explicaria sua transmissibilidade.

O mesmo se pode dizer de outra vocação, a vocação para o crime. Segundo a justa observação de Tarde, as diferentes variedades do crime e do delito são profissões, embora nocivas; por vezes, possuem até uma técnica complexa. O vigarista e o falsário são obrigados a desenvolver mais ciência e mais arte em seu ofício do que muitos trabalhadores normais. Ora, sustentou-se que não apenas a perversão moral em geral, mas também as formas específicas da criminalidade eram um produto da hereditariedade; acreditou-se até poder elevar a mais de 40% "a cota do criminoso nato"[18]. Se essa proporção fosse provada, seria necessário concluir que a hereditariedade tem, por vezes, grande influência sobre a maneira como se repartem as profissões, inclusive as profissões especiais.

Para demonstrá-la, dois métodos diferentes foram experimentados. Costuma-se citar casos de famílias inteiras que se dedicaram ao mal, e isso durante várias gerações. No entanto, à parte que, dessa maneira, não é possível determinar a importância relativa da hereditariedade no conjunto das vocações criminosas, tais observações, por mais numerosas que possam ser, não constituem experiências demonstrativas. Do fato de que o filho de um ladrão se torne ele mesmo ladrão não decorre que sua imoralidade seja uma herança que seu pai lhe legou. Para interpretar assim os fatos, seria necessário poder isolar a ação da hereditariedade da ação das circunstâncias, da educação, etc. Se o filho manifestasse sua aptidão ao roubo depois de ter sido criado numa família perfeitamente sadia, então poder-se-ia invocar, com razão, a influência da hereditariedade, mas possuímos bem poucas observações desse gênero que tenham sido feitas metodicamente Não se escapa da objeção observando que as famílias assim levadas ao mal são, por vezes, numerosíssimas. O número nada tem a ver com isso, porque o meio doméstico, que é o mesmo para toda a família, qualquer que seja a extensão desta, basta para explicar essa criminalidade endêmica.

O método seguido por Lombroso seria mais concludente se produzisse os resultados prometidos pelo autor. Em vez de enumerar certo número de casos particulares, ele constitui anatômica e fisiologicamente o tipo do criminoso. Como as características anatômicas e fisiológicas, sobretudo as primeiras, são congênitas, isto é, determinadas pela hereditariedade, bastará estabelecer a proporção dos delinqüentes que apresentam o tipo assim definido, para medir exatamente a influência da hereditariedade sobre essa atividade especial.

Vimos que, segundo Lombroso, ela seria considerável. Mas a cifra citada exprime apenas a freqüência relativa do tipo criminoso em geral. Por conseguinte, tudo o que se pode concluir é que a propensão ao mal em geral é com freqüência hereditária; mas não se pode deduzir nada no que concerne às formas particulares do crime e do delito. Aliás, é sabido, hoje em dia, que esse pretenso tipo criminoso não tem, na realidade, nada de específico. Muitos traços que o constituem se encontram em outros tipos. Tudo o que se percebe é que ele se parece com o dos degenerados, dos neurastênicos[19]. Ora, se esse fato é uma prova de que, entre os criminosos, há muitos neurastênicos, disso não decorre que a neurastenia leva sempre e irreversivelmente ao crime. Há, pelo menos, o mesmo número de degenerados honestos, quando não são homens talentosos ou de gênio.

Portanto, se as aptidões são tanto menos transmissíveis quanto mais são especiais, a importância da hereditariedade na organização do trabalho social é tanto maior quanto menos dividido é este. Nas sociedades inferiores, em que as funções são bastante gerais, elas requerem aptidões igualmente gerais, que podem mais fácil e mais integralmente passar de uma geração a outra. Cada um recebe, ao nascer, todo o essencial para sustentar sua personagem; o que deve adquirir por si mesmo é pouca coisa em comparação ao que recebe da hereditariedade. Na Idade Média, o nobre, para cumprir com seu dever, não necessitava de muitos conhecimentos, nem de práticas muito complicadas, mas sobretudo de coragem, e ele a recebia com o sangue. O levita e o brâmane, para cumprirem a sua função, não precisavam de uma ciência muito volumosa – podemos medir suas dimensões a partir das dos livros que a continham –, mas necessitavam ter uma superioridade nativa da inteligência que os tornasse acessíveis a idéias e sentimentos que ao vulgo eram vedados. Para ser um bom médico na época de Esculápio, não era necessário receber uma cultura muito extensa; bastava ter um gosto natural pela observação e pelas coisas concretas e, como esse gosto é geral o bastante para ser facilmente transmissível, era inevitável que se perpetuasse em certas famílias e que, em conseqüência, a profissão médica fosse hereditária.

É fácil explicar que, nessas condições, a hereditariedade se tornou uma instituição social. Sem dúvida, não foram essas causas totalmente psicológicas que puderam suscitar a organização das castas; porém, uma vez que esta nasceu sob o império de outras causas, ela durou porque se mostrou perfeitamente conforme tanto aos gostos dos indivíduos, como aos interesses da sociedade. Já que a aptidão profissional era mais uma qualidade da raça do que do indivíduo, era natural que assim fosse com a função. Já que as funções se distribuíam imutavelmente da mesma maneira, só podia haver vantagem em que a lei consagrasse o princípio dessa distribuição. Quando ao indivíduo cabe apenas a menor parte na formação de seu espírito e de seu caráter, ele não poderia ter uma parte maior na escolha da sua carreira e, se mais liberdade lhe fosse deixada, não saberia o que fazer dela. Se, pelo menos, uma mesma capacidade geral pudesse servir em profissões diferentes! Mas, precisamente porque o trabalho é pouco especializado, só há um pequeno número de funções separadas umas das outras por diferenças nítidas; por conseguinte, só se pode ter êxito numa delas. A margem deixada às combinações individuais ainda é restrita sob esse aspecto, portanto. Em última análise, vale para a hereditariedade das funções o que se aplica à dos bens. Nas sociedades inferiores, a herança transmitida pelos antepassados, que, na maioria dos casos, consiste em imóveis, representa a parte mais importante do patrimônio de cada família; o indivíduo, em conseqüência da pouca vitalidade que as funções econômicas têm então, não pode acrescentar muita coisa ao patrimônio hereditário. Por isso, não é ele que possui, mas a família, ser coletivo, composto não apenas de todos os membros da geração atual, mas de toda a série de gerações. É por isso que os bens patrimoniais são inalienáveis; nenhum dos representantes efêmeros do ser doméstico pode dispor deles, porque não lhe pertencem. Eles são da família, como a função é da casa. Mesmo que o direito tempere suas primeiras proibições, uma alienação do patrimônio ainda é considerada uma infração; ela é, para todas as classes da população, o que um casamento morganático é para a aristocracia. É uma traição para com a raça, uma defecção. Por isso, ao mesmo tempo que a tolera, a lei lhe coloca por muito tempo toda sorte de obstáculos; é daí que vem o direito de retrato.

O mesmo não sucede nas sociedades mais volumosas, em que o trabalho é mais dividido. Como as funções são mais diversificadas, uma mesma faculdade pode servir em profissões diferentes. A coragem é tão necessária ao mineiro, ao aeronauta, ao médico e ao engenheiro quanto ao soldado. O gosto pela observação pode igualmente fazer de um homem um romancista, um dramaturgo, um químico, um naturalista ou um sociólogo. Numa palavra, a orientação do indivíduo é predeterminada de uma maneira menos necessária pela hereditariedade.

No entanto, o que diminui sobretudo a importância relativa desta última é que a parte das aquisições individuais se torna mais considerável. Para valorizar o legado hereditário, é necessário acrescentar-lhe muito mais que outrora. De fato, à medida que as funções se foram especializando, as aptidões simplesmente gerais não mais bastaram. Foi preciso submetê-las a uma elaboração ativa, adquirir todo um mundo de idéias, movimentos, costumes, coordená-los, sistematizá-los, reformular a natureza, dar-lhe uma forma e uma figura novas. Compare-se – e tomamos pontos de comparação bem próximos um do outro – o homem de bem do século XVII, com seu espírito aberto e pouco ilustrado, e o cientista moderno, armado de todas as práticas, de todos os conhecimentos necessários à ciência que cultiva; o nobre de outrora, com sua coragem e sua altivez naturais, e o oficial de hoje, com sua técnica laboriosa e complicada – e poder-se-á apreciar a importância e a variedade das combinações que se sobrepuseram pouco a pouco ao fundo primitivo.

Mas, por serem extremamente complexas, essas doutas combinações são frágeis. Elas se acham num estado de equilíbrio instável que não seria capaz de resistir a um forte abalo. Se ainda fossem idênticas nos dois genitores, poderiam talvez sobreviver à crise da geração. Mas tal identidade é absolutamente excepcional. Em primeiro lugar, elas são específicas de cada sexo; depois, à medida que as sociedades se estendem e se adensam, os cruzamentos se fazem numa superfície mais vasta, aproximando indivíduos de temperamentos mais diferentes. Toda essa magnífica vegetação de estados de consciência morre, pois, conosco, e só transmitimos a nossos descendentes um germe indeterminado dela. É a eles que cabe fecundá-lo novamente e, por conseguinte, eles podem, se necessário, modificar com maior facilidade seu desenvolvimento. Eles já não são tão estreitamente obrigados a repetir o que seus pais fizeram. Sem dúvida, seria um erro acreditar que cada geração recomeça, integralmente, a obra dos séculos, o que tornaria qualquer progresso impossível. Do fato de que o passado não mais se transmite com o sangue não decorre que ele se aniquile: ele permanece fixado nos monumentos, nas tradições de toda sorte, nos hábitos que a educação proporciona. Mas a tradição é um vínculo muito menos forte do que a hereditariedade; ela predetermina de uma maneira sensivelmente menos rigorosa e menos nítida o pensamento e a conduta. Vimos, aliás, como a própria tradição se tornava mais flexível à medida que as sociedades se tornavam mais densas. Um campo mais vasto se acha aberto, pois, às variações individuais, e se amplia cada vez mais, à medida que o trabalho se divide.

Numa palavra, a civilização só pode se fixar no organismo pelas bases mais gerais sobre as quais repousa. Quanto mais se eleva acima, mais, por conseguinte, se liberta do corpo; ela se torna cada vez menos uma coisa orgânica, cada vez mais uma coisa social. Mas, então, já não é por intermédio do corpo que ela se pode perpetuar – em outras palavras, a hereditariedade é cada vez mais incapaz de garantir sua continuidade. Portanto, ela perde seu domínio, não que tenha cessado de ser uma lei da nossa natureza, mas porque, para viver, precisamos de armas que ela não nos pode dar. Sem dúvida, do nada, nada podemos tirar, e as matérias-primas que exclusivamente ela nos fornece têm uma importância capital; mas as que acrescentamos àquelas não têm importância menor. O patrimônio hereditário conserva um enorme valor, mas não representa mais que uma parte cada vez mais restrita da fortuna individual. Nessas condições, já se explica porque a hereditariedade desapareceu das instituições sociais e porque o vulgo, não percebendo mais o patrimônio hereditário sob as adições que o encobrem, já não sente tanto a sua importância.

II

Há mais, porém. Há motivos de sobra para se crer que o contingente hereditário diminui não apenas em valor relativo, mas em valor absoluto. A hereditariedade se torna um fator menor do desenvolvimento humano, não apenas porque há uma multidão cada vez maior de novas aquisições que ela não pode transmitir, mas também porque as que ela transmite perturbam menos as variações individuais. É uma conjetura que os fatos que se seguem tornam bastante verossímil.

Podemos medir a importância do legado hereditário numa espécie dada pelo número e força dos instintos. Ora, já é notável que a vida instintiva se debilita à medida que subimos na escala animal. De fato, o instinto é uma maneira de agir definida, ajustada a uma finalidade estritamente determinada. Ele leva o indivíduo a atos que são invariavelmente os mesmos e que se reproduzem automaticamente, quando as condições necessárias são dadas. Ele é fossilizado em sua forma. Sem dúvida, a rigor, pode-se fazê-lo desviar, mas não só esses desvios, para serem estáveis, requerem um longo desenvolvimento, como têm como único efeito substituir um instinto por outro instinto, um mecanismo especial por outro da mesma natureza. Ao contrário, quanto mais o animal pertence a uma espécie elevada, mais o instinto se torna facultativo. "Não é mais a aptidão inconsciente para formar uma combinação de atos indeterminados, é a aptidão a agir de maneira diferente conforme as circunstâncias", diz Perrier[20]. Dizer que a influência da hereditariedade é mais geral, mais vaga, menos imperiosa, é dizer que é menor. Ela não aprisiona mais a atividade do animal numa rede rígida, mas dá-lhe maior liberdade. Como observa ainda Perrier, "no animal, ao mesmo tempo que a inteligência aumenta, as condições da hereditariedade modificam-se profundamente".

Quando passamos dos animais ao homem, essa regressão é ainda mais acentuada. "O homem faz tudo o que os animais fazem, e mais até; só que o faz sabendo o que faz e por que faz. Essa consciência de seus atos parece libertá-lo de todos os instintos que o levariam necessariamente a consumar esses mesmos atos."[21] Seria demasiado longo enumerar todos os movimentos que, instintivos no animal, deixaram de ser hereditários no homem. Mesmo onde sobrevive, o instinto tem menos força e a vontade pode subjugá-lo mais facilmente.

Mas, então, não há motivo algum para supor que esse movimento de recuo, que continua de uma maneira ininterrupta das espécies animais inferiores às espécies mais elevadas, e destas ao homem, cesse bruscamente com o advento da humanidade. Será que o homem, do dia em que entrou na história, libertou-se totalmente do instinto? Mas ainda hoje sentimos seu jugo. Será que as causas que determinaram essa progressiva emancipação, cuja continuidade acabamos de ver, teriam subitamente perdido sua energia? Mas é evidente que elas se confundem com as próprias causas que determinam o progresso geral das espécies e, como este não se detém, elas tampouco podem ter-se detido. Tal hipótese é contrária a todas as analogias. É contrária inclusive a fatos bem estabelecidos. Com efeito, está demonstrado que a inteligência e o instinto variam sempre em sentido inverso um do outro. Por enquanto, não cabe procurar de onde vem essa relação; contentamo-nos com afirmar sua existência. Ora, desde as origens, a inteligência do homem não cessou de se desenvolver; logo, o instinto teve de seguir o caminho inverso. Por conseguinte, embora não seja possível estabelecer essa proposição por uma observação positiva dos fatos, deve-se crer que a hereditariedade perdeu terreno no curso da evolução humana.

Outro fato corrobora o precedente. Não apenas a evolução não fez surgir novas raças desde o início da história, mas também as raças antigas vão sempre regredindo. De fato, uma raça é formada por certo número de indivíduos que apresentam, em relação a um mesmo tipo hereditário, uma conformidade suficientemente grande para que as variações individuais possam ser desprezadas. Ora, a importância destas últimas está sempre aumentando. Os tipos individuais adquirem relevo cada vez maior em detrimento do tipo genérico, cujos caracteres constitutivos, dispersos por toda parte, confundidos com uma multidão de outros, indefinidamente diversificados, já não podem ser facilmente reunidos num todo provido de alguma unidade. Essa dispersão e esse desaparecimento começaram, de resto, inclusive dentre povos muito pouco avançados. Em conseqüência de seu isolamento, os esquimós parecem situados em condições bastante favoráveis à manutenção da pureza de sua raça. No entanto, "as variações de estatura superam, entre eles, os limites individuais permitidos... No passo de Hotham, um esquimó parecia-se exatamente com um negro; no canal de Spafarret, com um judeu (Seeman). O rosto oval, associado a um nariz romano, não é raro (King). Sua tez é ora bem escura, ora bem clara"[22]. Se assim é em sociedades tão restritas, o mesmo fenômeno deve se reproduzir de maneira muito mais acentuada em nossas grandes sociedades contemporâneas. Na Europa central, encontramos lado a lado todas as variedades possíveis de crânios, todas as formas possíveis de rostos. O mesmo se dá com a cútis. Segundo as observações feitas por Virchow, de dez milhões de crianças de diferentes classes da Alemanha, o tipo louro, característico da raça germânica, só foi observado de 43 a 33 vezes por 100 no Norte; de 32 a 25 vezes no Centro e de 24 a 18 no Sul[23]. É explicável que, nessas condições, que vão piorando progressivamente, o antropólogo não possa constituir tipos nitidamente definidos.

As recentes pesquisas de Galton confirmam, ao mesmo tempo que explicam, esse enfraquecimento da influência hereditária[24].

Segundo este autor, cujas observações e cujos cálculos parecem dificilmente refutáveis, os únicos caracteres que se transmitem regular e integralmente pela hereditariedade num grupo social dado são aqueles cuja reunião constitui o tipo médio. Assim, um filho nascido de pais excepcionalmente grandes não terá sua altura, mas se aproximará mais da mediocridade. Inversamente, se forem demasiado pequenos, será maior que eles. Galton conseguiu até mesmo medir, pelo menos de maneira aproximada, essa relação de desvio. Se se convier chamar de pai médio um ser compósito que representaria a média de dois pais reais (os caracteres da mulher são transpostos de maneira a poderem ser comparados com os do pai, adicionados e divididos), o desvio do filho, em relação a esse padrão fixo, será de dois terços do do pai[25].

Galton não apenas estabeleceu esta lei para a estatura, mas também para a cor dos olhos e as faculdades artísticas. É verdade que só centra suas observações nos desvios qualitativos que os indivíduos apresentam em relação ao tipo médio. Mas não se vê por que a lei se aplicaria a uns e não aos outros. Se a regra é que a hereditariedade só transmite os atributos constitutivos deste tipo no grau de desenvolvimento em que estes se encontram, ela também só deve transmitir direito os atributos que se encontram nela. O que vale para as grandezas anormais dos caracteres normais deve valer, com maior razão, para os próprios caracteres anormais. Eles devem, em geral, passar de uma geração à outra debilitados e tender a desaparecer.

Essa lei se explica, aliás, sem dificuldade. De fato, um filho não herda apenas de seus pais, mas de todos os seus ascendentes; sem dúvida, a ação dos primeiros é particularmente forte, por ser imediata, mas a das gerações anteriores é suscetível de se acumular quando se exerce no mesmo sentido e, graças a esse acúmulo que compensa os efeitos da distância, ela pode alcançar um grau de energia suficiente para neutralizar ou atenuar a precedente. Ora, o tipo médio *de um grupo natural* é o que corresponde às condições da vida média, por conseguinte às mais ordinárias. Ele exprime a maneira como os indivíduos se adaptaram ao que se pode chamar de ambiente médio, tanto físico quanto social, isto é, ao meio em que o maior número vive. Essas condições médias eram as mais freqüentes no passado pela mesma razão que faz que sejam as mais gerais no presente; portanto, são as condições em que estava situada a maior parte de nossos ascendentes. É verdade que, com o tempo, elas puderam mudar; mas, em geral, só se modificam com lentidão. O tipo médio permanece, pois, sensivelmente o mesmo durante muito tempo. Por conseguinte, é ele que se repete com maior freqüência e da maneira mais uniforme na série das gerações anteriores, pelo menos nas que são próximas o bastante para fazer sentir sua ação de maneira eficaz. É graças a essa constância que ele adquire uma fixidez que o transforma no centro de gravidade da influência hereditária. Os caracteres que o constituem são os que maior resistência apresentam, que tendem a se transmitir com maior força e precisão; ao contrário, os que se afastam só sobrevivem num estado de indeterminação tanto maior quanto mais considerável for o desvio. Eis por que os desvios que se produzem são apenas passageiros e, inclusive, só conseguem manter-se por algum tempo de uma maneira muito imperfeita.

Todavia, essa explicação, um pouco diferente, aliás, da que o próprio Galton propôs, permite conjeturar que sua lei, para ser perfeitamente exata, precisaria ser ligeiramente retificada. Com efeito, o tipo médio de nossos ascendentes só se confunde com o da nossa geração na medida em que a vida média não mudou. Ora, de fato, produzem-se entre uma geração e outra variações que acarretam mudanças na constituição do tipo médio. Se os fatos recolhidos por Galton parecem confirmar sua lei tal como a formulou, é porque ele só a verificou para características físicas que são relativamente imutáveis, como a estatura ou a cor dos olhos. Mas se, aplicando o mesmo método, se observassem outras propriedades, seja orgânicas, seja psíquicas, é certo que os efeitos da evolução seriam percebidos. Por conseguinte, rigorosamente falando, os caracteres cujo grau de transmissibilidade é máximo, não são aqueles cujo conjunto constitui o tipo médio de uma geração dada, mas aqueles que seriam obtidos tirando a média dos tipos médios das gerações sucessivas. Sem essa retificação, aliás, não se poderia explicar como a média do grupo pode progredir, pois, tomando-se ao pé da letra a proposição de Galton, as sociedades seriam sempre e invencivelmente reduzidas ao mesmo nível, já que o tipo médio de duas gerações, mesmo que distantes uma da outra, seria idêntico. Ora, longe dessa identidade ser a lei, vemos, ao contrário, até mesmo características físicas tão simples quanto a estatura média ou a cor média dos olhos mudar pouco a pouco, embora muito lentamente[26]. A verdade é que, se se produzem no ambiente mudanças duradouras, as modificações orgânicas e psíquicas resultantes acabam fixando-se e integrando-se no tipo médio que evolui. As variações que se produzem de passagem não poderiam, pois, ter o mesmo grau de transmissibilidade que os elementos que se repetem constantemente.

O tipo médio resulta da superposição dos tipos individuais e exprime o que têm de mais em comum. Por conseguinte, as características que o formam são tanto mais definidas quanto mais identicamente se repetem nos diferentes membros do grupo; porque, quando essa identidade é completa, eles aí se encontram integralmente, com todas as suas características, inclusive suas nuances. Ao contrário, quando variam de um indivíduo ao outro, como os pontos pelos quais coincidem são mais raros, o que delas subsiste no tipo médio se reduz a lineamentos tanto mais gerais quanto maiores são as diferenças. Ora, sabemos que as dessemelhanças individuais vão se multiplicando, isto é, que os elementos constitutivos do tipo médio se diversificam cada vez mais. Portanto, esse tipo deve compreender menos traços determinados, e isso tanto mais quanto mais diferenciada for a sociedade. O homem médio adquire uma fisionomia cada vez menos nítida e acentuada, um aspecto mais esquemático. É uma abstração cada vez mais difícil de se determinar e de se delimitar. Por outro lado, quanto mais as sociedades pertencem a uma espécie mais elevada, mais rapidamente evoluem, pois a tradição se torna mais branda, conforme estabelecemos. Portanto, o tipo médio muda de uma geração a outra. Por conseguinte, o tipo duplamente composto que resulta da superposição de todos esses tipos médios é ainda mais abstrato do que cada um deles e assim se torna cada vez mais. Logo, já que é a hereditariedade desse tipo que constitui a hereditariedade normal, vê-se que, segundo a afirmação de Perrier, as condições desta última se modificam profundamente. Sem dúvida, isso não quer dizer que ela transmita menos coisas de uma maneira absoluta; porque, se os indivíduos apresentam maior número de caracteres dessemelhantes, também apresentam maior número de caracteres. Mas o que a hereditariedade transmite consiste cada vez mais em predisposições indeterminadas, em maneiras gerais de sentir e de pensar que podem se especializar de mil maneiras diferentes. Não são mais, como outrora, mecanismos completos, exatamente organizados tendo em vista fins especiais, mas tendências muito vagas que não comprometem definitivamente o futuro. A herança não se tornou menos rica, mas já não está por inteiro em bens líquidos. A maioria dos valores de que é composta ainda não são realizados, e tudo depende do uso que deles será feito.

Essa flexibilidade maior dos caracteres hereditários não se deve apenas a seu estado de indeterminação, mas ao abalo que sofreram em conseqüência das mudanças pelas quais passaram. Sabe-se, com efeito, que um tipo é tanto mais instável quanto mais desvios sofreu. "Por vezes", diz Quatrefages, "as menores causas transformam rapidamente esses organismos que, por assim dizer, tornaram-se instáveis. O boi suíço, transportado para a Lombardia, se torna um boi lombardo em duas gerações. Duas gerações também bastam para que nossas abelhas da Borgonha, pequenas e marrons, se tornem, na Bresse, grandes e amarelas." Por todas essas razões, a hereditariedade sempre deixa cada vez mais espaço às novas combinações. Não apenas há um número crescente de coisas sobre as quais ela não tem poder, mas as propriedades cuja continuidade ela assegura se tornam mais plásticas. O indivíduo fica, pois, menos fortemente preso a seu passado; é-lhe mais fácil adaptar-se às novas circunstâncias que se produzem, e os progressos da divisão do trabalho se tornam, assim, mais cômodos e mais rápidos[27].

CAPÍTULO V

CONSEQÜÊNCIAS DO QUE PRECEDE

I

O que precede permite-nos compreender melhor a maneira como a divisão do trabalho funciona em nossa sociedade.

Desse ponto de vista, a divisão do trabalho social se distingue da divisão do trabalho fisiológico por uma característica essencial. No organismo, cada célula tem seu papel definido e não pode mudá-lo. Na sociedade, as tarefas nunca foram repartidas de uma maneira tão imutável. Mesmo onde os marcos da organização são os mais rígidos, o indivíduo pode se mover, no interior daquele em que a sorte o fixou, com uma certa liberdade. Na Roma primitiva, o plebeu podia empreender livremente todas as funções que não eram exclusivamente reservadas aos patrícios; na própria Índia, as carreiras atribuídas a cada casta tinham uma generalidade suficiente para dar espaço a uma certa opção[1]. Em qualquer país, mesmo que o inimigo se apodere da capital, isto é, do próprio cérebro da nação, a vida social nem por isso é suspensa; mas, ao cabo de um tempo relativamente curto, outra cidade se acha em condições de desempenhar essa função complexa para a qual, no entanto, nada a preparara.

À medida que o trabalho se divide, essa flexibilidade e essa liberdade se tornam maiores. Vê-se o mesmo indivíduo elevar-se das ocupações mais humildes às mais importantes. O princípio segundo o qual todos os empregos são igualmente acessíveis a todos os cidadãos não se teria generalizado a esse ponto se não recebesse aplicações constantes. O que é ainda mais freqüente, é um trabalhador deixar sua carreira pela carreira vizinha. Quando a atividade científica não era especializada, o cientista, abraçando quase toda a ciência, não podia mudar de função, pois ter-lhe-ia sido necessário renunciar à própria ciência. Hoje, é freqüente ele se consagrar sucessivamente a diferentes ciências, passar da química à biologia, da fisiologia à psicologia, da psicologia à sociologia. Essa aptidão a assumir sucessivamente formas bastante diversas em parte alguma é tão sensível quanto no mundo econômico. Como nada é mais variável do que os gostos e as necessidades a que correspondem essas funções, é necessário que o comércio e a indústria mantenham-se num perpétuo estado de equilíbrio instável, para poderem dobrar-se a todas as mudanças que se produzem na demanda. Ao passo que, outrora, a imobilidade era o estado quase natural do capital, que a própria lei impedia que se movimentasse com facilidade, hoje mal podemos segui-lo através de todas as suas transformações, tamanha é a rapidez com a qual se investe num empreendimento, retira-se para ir aplicar-se alhures, onde só se fixa por alguns instantes. Por isso, é necessário que os trabalhadores mantenham-se prontos para segui-lo e, por conseguinte, para servi-lo em diferentes empregos.

A natureza das causas de que depende a divisão do trabalho social explica essa característica. Se o papel de cada célula é determinado de maneira imutável, é por lhe ser imposto por seu nascimento; ela é aprisionada num sistema de hábitos hereditários que marcam sua vida e do qual não se pode desfazer. Ela não pode sequer modificá-los sensivelmente, por terem afetado de maneira demasiado profunda a substância de que é formada. Sua estrutura predetermina sua vida. Acabamos de ver que o mesmo não ocorre na sociedade. O indivíduo não está destinado, por suas origens, a uma carreira especial; sua constituição congênita não o predestina necessariamente a um papel único, tornando-o incapaz de qualquer outro, mas recebe da hereditariedade apenas predisposições muito gerais, logo bastante flexíveis, e que podem assumir diferentes formas.

É verdade que ele próprio as determina, pelo uso que delas faz. Como necessita empenhar suas faculdades em funções particulares e especializá-las, é obrigado a submeter a uma cultura mais intensiva as que são mais imediatamente requeridas por seu emprego e deixar as outras se atrofiarem em parte. Assim, não pode desenvolver seu cérebro além de certo ponto sem perder uma parte de sua força muscular ou de sua potência reprodutora; não pode superexcitar suas faculdades de análise e de reflexão sem debilitar a energia da sua vontade e a vivacidade de seus sentimentos, nem tomar o hábito da observação sem perder o da dialética. Ademais, pela própria força das coisas, a faculdade que ele intensifica em detrimento das demais é chamada a tomar formas definidas, de que se torna pouco a pouco prisioneira. Ela contrai o hábito de certas práticas, de um funcionamento determinado, que se torna tanto mais difícil de mudar quanto mais tempo já dura. Porém, como essa especialização resulta de esforços puramente individuais, ela não tem nem a fixidez, nem a rigidez que tão-somente uma longa hereditariedade pode produzir. Essas práticas são mais maleáveis por terem uma origem mais recente. Como o indivíduo é que está empenhado nelas, pode desprender-se das mesmas para contrair novas práticas. Ele pode até mesmo despertar faculdades entorpecidas por um sono prolongado, reanimar sua vitalidade, recolocá-las no primeiro plano, muito embora, para dizer a verdade, essa espécie de ressurreição já seja mais difícil.

Somos tentados, à primeira vista, a ver nesses fatos fenômenos de regressão ou a prova de certa inferioridade, pelo menos o estado transitório de um ser inacabado em via de formação. De fato, é sobretudo entre os animais inferiores que as diferentes partes do agregado podem mudar tão facilmente de função e substituir umas as outras. Ao contrário, à medida que a organização se aperfeiçoa, torna-se-lhes cada vez mais impossível sair do papel que lhes é atribuído. Assim, somos levados a nos perguntar se não chegará o dia em que a sociedade assumirá uma forma mais nítida, em que cada órgão, cada indivíduo, terá uma função definida e não mudará mais. Era, ao que parece, o pensamento de Comte[2]; é certamente o de Spencer[3]. Mas a indução é precipitada, porque esse fenômeno de substituição não é específico dos seres muito simples: observamo-lo igualmente nos graus mais elevados da hierarquia, notadamente nos órgãos superiores dos organismos superiores. Assim, "as perturbações consecutivas à ablação de certos domínios da parte externa do cérebro desaparecem com freqüência após um lapso de tempo mais ou menos longo. Esse fenômeno só pode ser explicado pela seguinte suposição: outros elementos desempenham, por substituição, a função dos elementos suprimidos. O que implica que os elementos substituidores são exercitados para as novas funções... Um elemento que, quando das relações normais de condução, efetua uma sensação visual, se torna, graças a uma mudança de condições, fator de uma sensação tátil, de uma sensação muscular ou da enervação motriz. Muito mais, somos quase obrigados a supor que, se a rede central da malha nervosa tem o poder de transmitir fenômenos de diversas naturezas a um só e mesmo elemento, esse elemento estará em condições de reunir dentro de si uma pluralidade de funções diferentes"[4]. É também assim que os nervos motores podem se tornar centrípetos e os nervos sensíveis se transformam em centrífugos[5]. Enfim, se uma nova repartição de todas essas funções pode se efetuar quando as condições de transmissão são modificadas, há motivos para presumir, segundo Wundt, que, "mesmo no estado normal, apresentam-se oscilações ou variações que dependem do desenvolvimento variável dos indivíduos"[6].

Isso porque, de fato, uma especialização rígida não é necessariamente um sinal de superioridade. Longe de ser boa em toda e qualquer circunstância, é muitas vezes interessante que o órgão não fique petrificado em seu papel. Sem dúvida, uma fixidez, mesmo que muito grande, é útil onde o próprio meio é fixo: é o caso, por exemplo, das funções nutritivas no organismo individual. Elas não são sujeitas a grandes mudanças para um mesmo tipo orgânico; por conseguinte, não há inconveniente, mas total interesse em que adquiram uma forma definitivamente determinada. Eis por que o pólipo, cujos tecidos interno e externo se substituem com tanta facilidade, é menos bem armado para a luta do que os animais mais elevados, nos quais essa substituição é sempre incompleta e quase impossível. Mas é muito diferente quando as circunstâncias de que cada órgão depende mudam com freqüência; então, é preciso mudar ou perecer. É o que acontece com as funções complexas e que nos adaptam aos meios complexos. De fato, estes últimos, por causa de sua complexidade, são essencialmente instáveis: produz-se neles sem cessar alguma ruptura de equilíbrio, alguma novidade. Para permanecer adaptada, é necessário, pois, que a função também esteja sempre pronta a mudar, a dobrar-se às novas situações. Ora, de todos os meios que existem, não há nenhum mais complexo do que o meio social; portanto, é natural que a especialização das funções sociais não seja definitiva como a das funções biológicas e, já que essa complexidade aumenta à medida que o trabalho se divide, essa elasticidade se torna cada vez maior. Sem dúvida, ela está sempre encerrada em limites determinados, mas que recuam cada vez mais.

Em definitivo, o que atesta essa flexibilidade relativa e sempre crescente é que a função se torna cada vez mais independente do órgão. Com efeito, nada imobiliza uma função como o fato de estar ligada a uma estrutura demasiado definida; porque, de todos os arranjos, não há nenhum que seja mais estável, nem que se oponha mais às mudanças. Uma estrutura não é apenas uma maneira determinada de agir, é uma maneira de ser que requer certa maneira de agir. Ela implica não apenas certa maneira de vibrar, particular às moléculas, mas um arranjo destas últimas que torne quase impossível qualquer outro modo de vibrações. Portanto, se a função adquire maior maleabilidade, é porque mantém uma relação menos estreita com a forma do órgão; é porque o vínculo entre esses dois termos se torna mais frouxo.

De fato, observa-se que esse afrouxamento se produz à medida que as sociedades e suas funções se tornam mais complexas. Nas sociedades inferiores, em que as tarefas são gerais e simples, as diferentes classes que delas são encarregadas se distinguem umas das outras por características morfológicas; em outras palavras, cada órgão se distingue dos outros anatomicamente. Como cada casta, cada camada da população tem sua maneira de se alimentar, de se vestir, etc., essas diferenças de regime acarretam diferenças físicas. "Os chefes das ilhas Fidji são altos, bem-feitos e musculosos; as pessoas de nível inferior proporcionam o espetáculo de uma magreza que provém de um trabalho acabrunhante e de uma alimentação miserável. Nas ilhas Sandwich, os chefes são grandes e vigorosos, e sua aparência é de tal modo superior à do povo que dir-se-ia serem de raça diferente. Confirmando o relato de Cook, Ellis diz que os chefes taitianos estão, quase sem exceção, tão acima do camponês pela força física, quanto pela posição social e pelas riquezas. Erskine observa uma diferença análoga entre os nativos das ilhas Tonga."[7] Ao contrário, nas sociedades superiores, esses contrastes desaparecem. Muitos fatos tendem a provar que os homens destinados às diferentes funções sociais se distinguem menos que outrora uns dos outros pela forma de seu corpo, por seus traços ou seu porte. Até se vangloriam de não terem o aspecto de seu ofício. Se, segundo o desejo de Tarde, a estatística e a antropometria se aplicassem a determinar com maior precisão as características constitutivas dos diversos tipos profissionais, constatar-se-ia, verossimilmente, que eles são menos diferentes do que no passado, sobretudo se levarmos em conta a maior diferenciação das funções.

Um fato que confirma essa presunção é que o uso das vestimentas profissionais cai cada vez mais em desuso. De fato, muito embora as vestes tenham servido certamente para tornar sensíveis diferenças funcionais, não se poderia ver nesse papel sua única razão de ser, pois desaparecem à medida que as funções sociais se diferenciam mais. Portanto, devem corresponder a dessemelhanças de outra natureza. Se, aliás, antes da instituição dessa prática, os homens das diferentes classes já não tivessem apresentado diferenças somáticas aparentes, não vemos como teriam tido a idéia de se distinguir dessa maneira. Esses sinais exteriores de origem convencional devem ter sido inventados unicamente como imitação de sinais exteriores de origem natural. O traje não nos parece ser outra coisa senão o tipo profissional, o qual, para se manifestar inclusive através das roupas, marca-os e diferencia-os à sua imagem. É como o prolongamento desta. Isso é evidente sobretudo no que concerne a essas distinções que desempenham o mesmo papel que o traje e vêm certamente das mesmas causas, como o hábito de trazer a barba cortada desta ou daquela maneira, ou de não usá-la, ou de ter cabelos curtos ou compridos, etc. São características do tipo profissional que, depois de se terem produzido e constituído espontaneamente, se reproduzem por imitação e de forma artificial. A diversidade dos trajes simboliza, pois, antes de mais nada, diferenças morfológicas; por conseguinte, se eles desaparecem, é porque essas diferenças somem. Se os membros das diversas profissões não sentem mais a necessidade de se distinguirem uns dos outros por sinais visíveis, é que essa distinção já não corresponde a nada na realidade. No entanto, as dessemelhanças funcionais tornam-se cada vez mais numerosas e pronunciadas; é, portanto, que os tipos morfológicos se nivelam. Por certo, isso não significa que todos os cérebros sejam indiferentemente aptos a todas as funções, mas que sua indiferença funcional, embora permanecendo limitada, se torna maior.

Ora, essa emancipação da função, longe de ser um sinal de inferioridade, apenas prova que aquela se torna mais complexa. Pois, se é mais difícil para os elementos constitutivos dos tecidos se arranjarem de maneira a encarná-la e, por conseguinte, retê-la e aprisioná-la, é porque ela é feita de disposições demasiado inteligentes e delicadas. Podemos até nos perguntar se, a partir de certo grau de complexidade, ela não lhes escapa definitivamente, se ela não acaba por exceder a tal ponto o órgão, que fica impossível, para este, absorvê-la completamente. Que ela é, de fato, independente da forma do substrato, é uma verdade há muito estabelecida pelos naturalistas; só que, quando é geral e simples, ela não pode permanecer por muito tempo nesse estado de liberdade, porque o órgão a assimila facilmente e, com isso, a aprisiona. Mas não há motivo para supor que essa força de assimilação seja indefinida. Tudo faz presumir, ao contrário, que, a partir de certo momento, se torna cada vez maior a desproporção entre a simplicidade das disposições moleculares e a complexidade das disposições funcionais. O vínculo entre as segundas e as primeiras vai, portanto, se afrouxando. Sem dúvida, daí não decorre que a função possa existir fora de qualquer órgão, nem mesmo que possa haver ausência de qualquer relação entre esses dois termos; mas a relação se torna menos imediata.

Portanto, o progresso teria por efeito destacar cada vez mais, sem todavia separá-los, a função do órgão, a vida da matéria, por conseguinte espiritualizando-a, tornando-a mais flexível, mais livre, mais complexa. É porque o espiritualismo tem o sentimento de que é este o caráter das formas superiores da existência que sempre se recusou a ver na vida psíquica uma simples conseqüência da constituição molecular do cérebro. De fato, sabemos que a indiferença funcional das diferentes regiões do encéfalo, se não é absoluta, é no entanto grande. Por isso, as funções cerebrais são as últimas a adquirirem uma forma imutável. Elas são plásticas por mais tempo do que as outras e conservam tanto mais sua plasticidade quanto mais são complexas. Assim, sua evolução se prolonga até muito mais tarde no homem douto do que no homem inculto. Portanto, se as funções sociais apresentam essa mesma característica de uma maneira ainda mais acentuada, não é em conseqüência de uma exceção sem precedentes, mas por corresponderem a um estágio ainda mais elevado do desenvolvimento da natureza.

II

Ao determinarmos a causa principal dos progressos da divisão do trabalho, determinamos ao mesmo tempo o fator essencial do que chamamos de civilização.

Ela própria é uma conseqüência necessária das mudanças que se produzem no volume e na densidade das sociedades. Se a ciência, a arte e a atividade econômica se desenvolvem, é em conseqüência de uma necessidade que se impõe aos homens; é porque não há para eles outra maneira de viver nas novas condições em que estão colocados. A partir do momento em que é mais considerável o número de indivíduos entre os quais as relações sociais são estabelecidas, eles não se podem manter se não se especializarem mais, trabalharem mais, estimularem suas faculdades; e desse estímulo geral resulta inevitavelmente um grau mais elevado de cultura. Desse ponto de vista, a civilização aparece, pois, não como uma finalidade que move os povos pela atração que exerce sobre eles, não como um bem entrevisto e desejado de antemão, do qual procuram garantir por todos os meios a maior parte possível, mas como o efeito de uma causa, como a resultante necessária de um estado dado. Não é o pólo em direção ao qual se orienta o desenvolvimento histórico e de que os homens procuram se aproximar para serem mais felizes ou melhores; porque nem a felicidade, nem a moralidade aumentam necessariamente com a intensidade da vida. Eles caminham porque é preciso caminhar, e o que determina a velocidade dessa marcha é a pressão mais ou menos forte que exercem uns em relação aos outros, conforme sejam mais ou menos numerosos.

Isso não quer dizer que a civilização não sirva para nada; mas não são os serviços que ela presta que a fazem progredir. Ela se desenvolve porque não pode deixar de se desenvolver; uma vez efetuado, esse desenvolvimento costuma ser útil ou, pelo menos, é utilizado; ele corresponde a necessidades que se formaram ao mesmo tempo, porque dependem das mesmas causas. Mas é um ajuste *a posteriori*. Cumpre acrescentar, além disso, que os benefícios que traz a esse título não são um enriquecimento positivo, um aumento de nosso capital de felicidade, mas apenas reparam as perdas que ela mesma causou. É por essa superatividade da vida geral cansar e apurar nosso sistema nervoso que são necessárias reparações proporcionais a seus dispêndios, isto é, satisfações mais variadas e mais complexas. Por aí vê-se melhor ainda quão errado é fazer da civilização uma função da divisão do trabalho: ela é apenas um reflexo desta. Não pode explicar nem sua existência, nem seus progressos, pois não tem, por si mesma, valor intrínseco e absoluto, mas, ao contrário, só tem razão de ser na medida em que a própria divisão do trabalho se revela necessária.

Ninguém se espantará com a importância assim atribuída ao fator numérico, se observar que ele representa um papel igualmente capital na história dos organismos. De fato, o que define o ser vivo é a dupla prioridade que ele tem de se alimentar e de se reproduzir, e a reprodução não é, ela mesma, mais que uma conseqüência da nutrição. Por conseguinte, a intensidade da vida orgânica é proporcional, mantendo-se iguais todas as demais coisas, à atividade da nutrição, isto é, ao número de elementos que o organismo é capaz de incorporar. Por isso, o que não apenas tornou possível, como exigiu o aparecimento de organismos complexos, foi que, em certas condições, os organismos mais simples permanecem agrupados de maneira a formar agregados mais volumosos. Como as partes constitutivas do animal são, então, mais numerosas, suas relações não são mais as mesmas, as condições da vida social mudam e são essas mudanças que, por sua vez, determinam tanto a divisão do trabalho como o polimorfismo, tanto a concentração das forças vitais como sua maior energia. O aumento da substância orgânica é, pois, o fato que domina todo o desenvolvimento zoológico. Não é surpreendente que o desenvolvimento social esteja submetido à mesma lei.

Aliás, sem recorrer a essas razões de analogia, é fácil explicar o papel fundamental desse fator. Toda vida social é constituída por um sistema de fatos que derivam de relações positivas e duradouras, estabelecidas entre uma pluralidade de indivíduos. Por conseguinte, ela é tanto mais intensa quanto mais freqüentes e mais enérgicas são as reações trocadas entre as próprias unidades componentes. Ora, de que dependem essa freqüência e essa energia? Da natureza dos elementos em presença, de sua maior ou menor vitalidade? Veremos, porém, neste mesmo capítulo, que os indivíduos são muito mais um produto da vida comum do que a determinam. Se de cada um deles extrai-se tudo o que se deve à ação da sociedade, o resíduo que obtemos, além de se reduzir a pouca coisa, não é capaz de apresentar uma grande variedade. Sem a diversidade das condições sociais de que dependem, as diferenças que os separam seriam inexplicáveis; portanto, não é nas aptidões desiguais dos homens que se deve buscar a causa do desenvolvimento desigual das sociedades. Será, então, na duração desigual dessas relações? Mas o tempo, por si mesmo, não produz nada; é apenas necessário para que as energias latentes apareçam à luz do dia. Portanto, só resta como fator variável o número de indivíduos que se relacionam e sua proximidade material e moral, isto é, o volume e a densidade da sociedade. Quanto mais são numerosos e quanto mais de perto exercem sua ação uns sobre os outros, mais reagem com força e rapidez; mais, por conseguinte, a vida social se torna intensa. Ora, é essa intensificação que constitui a civilização[8].

Mas, ao mesmo tempo em que é um efeito de causas necessárias, a civilização pode se tornar um fim, um objeto de desejo, numa palavra, um ideal. De fato, há, para uma sociedade, em cada momento de sua história, uma certa intensidade de vida coletiva que é normal, dado o número e a distribuição das unidades sociais. Com certeza, se tudo suceder normalmente, esse estado se realizará por si mesmo; mas, precisamente, ninguém pode se propor fazer de tal sorte que as coisas sucedam de maneira normal. Se a saúde está na natureza, também está a doença. A saúde, nas sociedades como nos organismos individuais, nada mais é que um tipo ideal que não é realizado em parte alguma por inteiro. Cada indivíduo sadio tem traços mais ou menos numerosos deste tipo; porém ninguém reúne todos eles. É, portanto, um fim digno de ser perseguido o de procurar aproximar a sociedade o mais possível desse grau de perfeição.

Por outro lado, o caminho a seguir para alcançar esse objetivo pode ser abreviado. Se, em vez de deixar as causas gerarem seus efeitos ao acaso e segundo as energias que as impulsionam, a reflexão intervier para dirigir seu curso, poderá poupar aos homens muitas tentativas dolorosas. O desenvolvimento do indivíduo não reproduz o da espécie, a não ser de uma maneira resumida; ele não torna a passar por todas as fases que esta atravessou, mas omite algumas e percorre outras mais depressa, porque as experiências feitas pela raça permitem-lhe acelerar as suas. Ora, a reflexão pode produzir resultados análogos, porque ela é igualmente uma utilização da experiência anterior, com vistas a facilitar a experiência futura. Aliás, por reflexão não se deve entender exclusivamente um conhecimento científico do fim e dos meios. A sociologia, em seu estado atual, não está em condições de nos guiar de maneira eficaz na solução desses problemas práticos. Mas, fora dessas representações claras, no meio das quais se move o cientista, há representações obscuras a que são ligadas tendências. Para que a necessidade estimule a vontade, não é preciso que seja esclarecida pela ciência. Tenteios obscuros bastam para ensinar aos homens que lhes falta algo, para despertar aspirações e fazer, ao mesmo tempo, sentir em que sentido devem voltar-se seus esforços.

Assim, uma concepção mecanicista da sociedade não exclui o ideal, e é erradamente que lhe censuram reduzir o homem a não ser mais que uma testemunha inativa de sua própria história. De fato, o que é um ideal, se não uma representação antecipada de um resultado desejado, cuja realização só é possível graças a essa própria antecipação? De que tudo se faz de acordo com leis não decorre que nada possamos fazer. Talvez achem mesquinho tal objetivo, porque se trata, em suma, de nos fazer viver em estado de saúde. Mas isso é esquecer que, para o homem culto, a saúde consiste em satisfazer regularmente as necessidades mais elevadas, tanto quanto as outras, porque as primeiras não são menos arraigadas em sua natureza do que as segundas. É verdade que tal ideal está próximo, que os horizontes que nos abre nada têm de ilimitado. Em caso algum, ele não poderia consistir em exaltar descomedidamente as forças da sociedade, mas apenas a desenvolvê-las no limite assinalado pelo estado definido do ambiente social. Todo excesso é um mal, como o é toda insuficiência. Mas que outro ideal pode ser proposto? Procurar realizar uma civilização superior à que a natureza das condições ambientes reclama é querer deflagrar a doença na própria sociedade de que faz parte, pois não é possível estimular a atividade coletiva além do grau determinado pelo estado do organismo social, sem comprometer sua saúde. De fato, há, em cada época, certo refinamento da civilização, cujo caráter doentio é atestado pela inquietude e o mal-estar que sempre a acompanham. Ora, a doença nunca tem nada de desejável.

Mas, se o ideal é sempre definido, nunca é definitivo. Já que o progresso é uma conseqüência das mudanças que se produzem no ambiente social, não há razão alguma para supor que ele deva terminar um dia. Para que pudesse chegar a um termo, seria necessário que, num momento dado, o ambiente se tornasse estacionário. Ora, tal hipótese é contrária às induções mais legítimas. Enquanto houver sociedades distintas, o número das unidades sociais será necessariamente variável em cada uma delas. Supondo-se inclusive que a cifra dos nascimentos consiga um dia manter-se num nível constante, sempre haverá movimentos de população de um país a outro, seja em conseqüência de conquistas violentas, seja em conseqüência de infiltrações lentas e silenciosas. De fato, é impossível que os povos mais fortes não tendam a incorporar os mais fracos, do mesmo modo que os mais densos se derramam nos menos densos: esta é uma lei mecânica do equilíbrio social não menos necessária do que aquela que rege o equilíbrio dos fluidos. Para que não fosse assim, seria necessário que todas as sociedades humanas tivessem a mesma energia vital e a mesma densidade, o que é inimaginável, quando mais não fosse em conseqüência da diversidade dos hábitats.

É verdade que essa fonte de variações se esgotaria se a humanidade inteira formasse uma só e mesma sociedade. Mas além de ignorarmos se tal ideal é realizável, para que o progresso se detivesse seria necessário, ainda, que no interior dessa gigantesca sociedade as próprias relações entre as unidades sociais fossem subtraídas a qualquer mudança. Seria necessário que elas permanecessem sempre distribuídas da mesma maneira, que não apenas o agregado total, mas também cada um dos agregados elementares de que seria formado conservasse as mesmas dimensões. No entanto, uma tal uniformidade é impossível, pelo simples fato de que esses grupos parciais não possuem todos a mesma extensão, nem a mesma vitalidade. A população não pode ficar concentrada em todos os pontos da mesma maneira; ora, é inevitável que os maiores centros, aqueles em que a vida é mais intensa, exerçam sobre os outros uma atração proporcional à sua importância. As migrações que se produzem assim têm por efeito concentrar mais as unidades sociais em certas regiões e, por conseguinte, determinar aí novos progressos que se irradiem pouco a pouco, dos focos em que nasceram, para o resto do país. Por outro lado, essas mudanças acarretam outras nas vias de comunicação, que por sua vez provocam outras, sem que seja possível dizer onde param essas repercussões. De fato, longe de se aproximarem de um estado estacionário, à medida que se desenvolvem, as sociedades se tornam, ao contrário, mais móveis e mais plásticas.

Se, todavia, Spencer pôde admitir que a evolução social tem um limite que não poderia ser superado[9], é porque, segundo ele, o progresso não tem outra razão de ser, além de adaptar o indivíduo ao meio cósmico que o rodeia. Para esse filósofo, a perfeição consiste no crescimento da vida individual, isto é, numa correspondência mais completa entre o organismo e suas condições físicas. Quanto à sociedade, é antes um dos meios pelos quais se estabelece essa correspondência do que o ponto de chegada de uma correspondência especial. Como o indivíduo não está só no mundo, mas é cercado de rivais que disputam com ele seus meios de existência, tem todo interesse em estabelecer entre seus semelhantes e si mesmo relações tais que lhe sirvam, em vez de estorvá-lo; assim nasce a sociedade, e todo o progresso social consiste em melhorar essas relações, de maneira a fazer que produzam mais completamente o efeito para os quais são estabelecidas. Assim, apesar das analogias biológicas sobre as quais insistiu tão demoradamente, Spencer não vê nas sociedades uma realidade propriamente dita, que existe por si mesma e em virtude de causas específicas e necessárias, que, por conseguinte, se impõe ao homem com sua natureza própria e à qual é obrigado a se adaptar para viver, tanto quanto ao meio físico; mas as considera um arranjo instituído pelos indivíduos a fim de estender a vida individual em todos os sentidos[10]. A sociedade consiste inteiramente na cooperação, tanto positiva como negativa, e ambas não têm outro objeto senão adaptar o indivíduo a seu meio físico. Sem dúvida, ela é, de fato, nesse sentido, uma condição secundária dessa adaptação: ela pode, segundo a maneira como é organizada, aproximar o homem ou afastá-lo do estado de equilíbrio perfeito, mas não é, ela própria, um fator que contribua para determinar a natureza desse equilíbrio. Por outro lado, como o meio cósmico é dotado de uma constância relativa, como as mudanças são nele infinitamente longas e raras, o desenvolvimento que tem por objetivo colocar-nos em harmonia com ele é necessariamente limitado. É inevitável que chegue um momento em que não haja mais relações externas a que correspondam relações internas. Então, o progresso social não poderá deixar de se deter, pois terá chegado ao fim a que tendia e que era sua razão de ser: estará concluído.

Mas, nessas condições, o próprio progresso do indivíduo se torna inexplicável.

De fato, por que ele visaria a essa correspondência mais perfeita com o meio físico? Para ser mais feliz? Já nos explicamos sobre esse ponto. Não se pode sequer dizer, de uma correspondência, que ela seja mais completa do que outra, pelo simples fato de ser mais complexa. De fato, diz-se de um organismo que ele está em equilíbrio quando responde de uma maneira apropriada não a todas as forças externas, mas apenas às que produzem uma impressão nele. Se há forças externas que não o afetam, elas são para ele como se não existissem e, em conseqüência, não tem por que se adaptar a elas. Qualquer que seja a sua proximidade material, elas estão fora de sua esfera de adaptação, porque ele está fora da sua esfera de ação. Portanto, se o sujeito for de constituição simples, homogênea, haverá apenas um pequeno número de circunstâncias externas capazes de solicitá-lo e, por conseguinte, ele poderá pôr-se em condições de responder a todas essas solicitações, isto é, realizar um estado de equilíbrio irrepreensível, a muito pouco custo. Se, ao contrário, for muito complexo, as condições da adaptação serão mais numerosas e mais complicadas, mas a adaptação em si não será mais íntegra por causa disso. Como agem sobre nós muitos estímulos que deixavam insensível o sistema nervoso demasiado grosseiro dos homens de outrora, somos forçados, para nos ajustarmos a tais estímulos, a um desenvolvimento mais considerável. Mas o produto desse desenvolvimento, a saber, o ajuste que dele resulta, não é mais perfeito num caso do que no outro; é apenas diferente, porque os organismos que se ajustam são, eles próprios, diferentes. O selvagem, cuja epiderme não sente fortemente as variações da temperatura, é tão adaptado a elas quanto o civilizado, que delas se defende com suas roupas.

Portanto, se o homem não depende de um meio variável, não se vê que razão ele teria para variar; por isso, a sociedade é, não a condição secundária, mas o fator determinante do progresso. Ela é uma realidade que é nossa obra tanto quanto o é o mundo exterior, e à qual, por conseguinte, devemos nos submeter para podermos viver – e é porque ela muda que devemos mudar. Para que o progresso se detivesse, seria necessário, pois, que, em certo momento, o meio social chegasse a um estado estacionário, e acabamos de estabelecer que tal hipótese é contrária a todas as presunções da ciência.

Assim, não apenas uma teoria mecanicista do progresso não nos priva de ideal, como nos permite crer que ele nunca nos faltará. Precisamente porque depende do meio social, que é essencialmente móvel, o ideal se desloca sem cessar. Portanto, não há razão de temer que um dia nos falte terreno, que nossa atividade chegue ao cabo de sua carreira e veja o horizonte fechar-se diante dela. Mas, conquanto sempre persigamos fins definidos e limitados, há e haverá sempre, entre os pontos extremos a que chegamos e o objetivo a que tendemos, um espaço vazio aberto a nossos esforços.

III

Ao mesmo tempo que as sociedades, os indivíduos se transformam em conseqüência das mudanças que se produzem no número das unidades sociais e de suas relações.

Antes de mais nada, eles se libertam cada vez mais do jugo do organismo. O animal é posto quase exclusivamente sob a dependência do meio físico; sua constituição biológica predetermina sua existência. O homem, ao contrário, depende de causas sociais. Sem dúvida, o animal também forma sociedades; mas, como são muito restritas, a vida coletiva nelas é muito simples, sendo, ao mesmo tempo, estacionária, porque o equilíbrio de sociedades tão pequenas é necessariamente estável. Por essas duas razões, ela se fixa facilmente no organismo; não tem nele apenas suas raízes, mas se encarna inteira nele, a ponto de perder suas características próprias. Ela funciona graças a um sistema de instintos, de reflexos que não são essencialmente diversos dos que garantem o funcionamento da vida orgânica. Esses instintos apresentam, é verdade, a particularidade de adaptarem o indivíduo ao meio social e não ao meio físico, de terem como causas acontecimentos da vida comum; no entanto, não são de natureza diferente dos que determinam, em certos casos, sem educação prévia, os movimentos necessários ao vôo e ao caminhar. No homem, é muito diferente, porque as sociedades que eles formam são muito mais vastas; mesmo as menores que conhecemos superam em extensão a maioria das sociedades animais. Sendo mais complexas, são também mais mutáveis, e essas duas causas reunidas fazem que a vida social na humanidade não se paralise numa forma biológica. Mesmo onde é mais simples, ela conserva sua especificidade. Sempre há crenças e práticas comuns aos homens sem estarem inscritas em seus tecidos. Mas essa característica se acentua mais à medida que a matéria e que a densidade sociais aumentam. Quanto mais associados houver e quanto mais eles reagirem entre si, mais também o produto dessas reações extravasará o organismo. O homem se encontra colocado, assim, sob o império de causas *sui generis*, cujo papel relativo na constituição da natureza humana se torna cada vez mais considerável.

Há mais: a influência desse fator não aumenta apenas em valor relativo, mas em valor absoluto. A mesma causa que aumenta a importância do meio coletivo abala o meio orgânico, de maneira a torná-lo mais acessível à ação das causas sociais e a subordiná-lo a essa ação. Como há mais indivíduos que vivem juntos, a vida comum se mostra mais rica e mais variada; porém, para que essa variedade seja possível, é preciso que o tipo orgânico seja menos definido, a fim de poder se diversificar. Vimos, com feito, que as tendências e as aptidões transmitidas pela hereditariedade se tornavam cada vez mais gerais e mais indeterminadas, mais refratárias, por conseguinte, a se tomarem sob a forma de instintos. Produz-se, assim, um fenômeno que é exatamente o inverso daquele que observamos no início da evolução. Nos animais, é o organismo que assimila os fatos sociais e, despojando-os de sua natureza especial, transforma-os em fatos biológicos. A vida social se materializa. Na humanidade, ao contrário, e sobretudo nas sociedades superiores, são as causas sociais que substituem as causas orgânicas. É o organismo que se espiritualiza.

Em conseqüência dessa mudança de dependência, o indivíduo se transforma. Como essa atividade que estimula a ação especial das causas sociais não pode fixar-se no organismo, uma nova vida, também ela *sui generis*, soma-se à do corpo. Mais livre, mais complexa, mais independente dos órgãos que a suportam, as características que a distinguem se acentuam sempre mais, à medida que ela progride e se consolida. Reconhecemos com essa descrição os traços essenciais da vida psíquica. Sem dúvida, seria exagerado dizer que a vida psíquica só começa com as sociedades; mas é certo que ela só adquire extensão quando as sociedades se desenvolvem. Eis por que, como se observou com freqüência, os progressos da consciência são inversamente proporcionais aos do instinto. Não obstante o que se tenha dito, não é a primeira que dissolve o segundo; o instinto, produto de experiências acumuladas durante gerações, tem uma força de resistência grande demais para se dissipar devido ao simples fato de se tornar consciente. A verdade é que a consciência invade apenas os terrenos que o instinto deixou de ocupar ou, então, aqueles em que ele não pode se estabelecer. Não é ela que o faz recuar; apenas preenche o espaço que ele deixa livre. Por outro lado, se ele regride, em vez de se estender, à medida que a vida geral se estende, a causa está na maior importância do fator social. Assim, a grande diferença que separa o homem do animal, a saber, o maior desenvolvimento da sua vida psíquica, reduz-se a isto: sua maior sociabilidade. Para compreender por que as funções psíquicas foram levadas, desde os primeiros passos da espécie humana, a um grau de aperfeiçoamento desconhecido das espécies animais, seria necessário saber, primeiro, como é que os homens, em vez de viverem solitariamente ou em pequenos bandos, puseram-se a formar sociedades mais extensas. Se, para retomarmos a definição clássica, o homem é um animal racional, é por ser um animal sociável, ou, pelo menos, infinitamente mais sociável do que os outros animais[11].

Não é tudo. Enquanto as sociedades não atingem certas dimensões, nem certo grau de concentração, a única vida psíquica verdadeiramente desenvolvida é a que é comum a todos os membros do grupo, que se apresenta idêntica em cada um. Mas, à medida que as sociedades se tornam mais vastas e, sobretudo, mais densas, uma vida psíquica de um novo gênero aparece. As diversidades individuais, a princípio perdidas e confundidas na massa das similitudes sociais, dela se destacam, adquirem relevo e se multiplicam. Uma multidão de coisas que permaneciam fora das consciências, por não afetarem o ser coletivo, tornam-se objeto de representações. Enquanto os indivíduos só agiam levados uns pelos outros, salvo nos casos em que sua conduta era determinada por necessidades físicas, cada um deles se torna uma fonte de atividade espontânea. As personalidades particulares se constituem, adquirem consciência de si e, no entanto, esse aumento da vida psíquica do indivíduo não debilita a da sociedade, mas apenas a transforma. Ela se torna mais livre, mais extensa, e como, em definitivo, não tem outros substratos além das consciências individuais, estas se estendem, se complicam e se flexibilizam por contragolpe.

Assim, a causa que suscitou as diferenças que separam o homem dos animais também é a que o obrigou a se elevar acima de si mesmo. A distância cada vez maior que existe entre o selvagem e o civilizado não vem de outra fonte. Se da sensibilidade confusa da origem desprendeu-se pouco a pouco a faculdade de ideação, se o homem aprendeu a formar conceitos e a formular leis, seu espírito abraçou porções cada vez mais extensas do espaço e do tempo, se, não contente com reter o passado, ele avançou cada vez mais no futuro, se suas emoções e suas tendências, a princípio simples e pouco numerosas, multiplicaram-se e diversificaram-se, é porque o meio social mudou sem interrupção. De fato, a menos que tenham nascido do nada, essas transformações só podem ter tido por causas transformações correspondentes dos meios ambientes. Ora, o homem depende apenas de três tipos de meios: o organismo, o mundo exterior e a sociedade. Se fizermos abstração das variações acidentais devidas às combinações da hereditariedade – e seu papel no progresso humano não é, decerto, muito considerável –, o organismo não se modifica espontaneamente; ele tem de ser forçado por alguma causa externa. Quanto ao mundo físico, desde o início da história ele permanece sensivelmente o mesmo, pelo menos se não levarmos em conta novidades de origem social[12]. Por conseguinte, somente a sociedade mudou o bastante para poder explicar as mudanças paralelas da natureza individual.

Portanto, não há temeridade em afirmar desde já que, quaisquer que sejam os progressos consumados pela psicofisiologia, ela nunca poderá representar mais que uma fração da psicologia, pois a maior parte dos fenômenos psíquicos não deriva de causas orgânicas. Os filósofos espiritualistas compreenderam isso, e o grande serviço que prestaram à ciência foi o de combater todas as doutrinas que reduzem a vida psíquica a não ser mais que uma eflorescência da vida física. Eles tinham o justo sentimento de que a primeira, em suas manifestações mais elevadas, é demasiado livre e complexa para não ser mais que um prolongamento da segunda. Contudo, do fato de ela ser em parte independente do organismo, não decorre que não depende de nenhuma causa natural e que seja necessário colocá-la fora da natureza. Mas todos esses fatos, cuja explicação não podemos encontrar na constituição dos tecidos, derivam das propriedades do meio social; pelo menos, esta é uma hipótese que tira do que precede uma grande verossimilhança. Ora, o reino social não é menos natural do que o reino orgânico. Por conseguinte, do fato de haver uma vasta região da consciência cuja gênese só é inteligível pela psicofisiologia não se deve concluir que ela se formou sozinha e que é, em conseqüência, refratária à investigação científica, mas apenas que ela decorre de outra ciência positiva a que poderíamos chamar sociopsicologia. Os fenômenos que constituiriam sua matéria são, de fato, de natureza mista; eles têm as mesmas características essenciais dos outros fatos psíquicos, mas provêm de causas sociais.

Portanto, não se deve, com Spencer, apresentar a vida social como uma simples resultante das naturezas individuais, pois, ao contrário, são antes estas que resultam daquela. Os fatos sociais não são o simples desenvolvimento dos fatos psíquicos: os segundos, sim, é que, em grande parte, não são mais que o prolongamento dos primeiros no interior das consciências. Essa proposição é importantíssima, pois o ponto de vista contrário expõe a cada instante o sociólogo a tomar a causa pelo efeito e vice-versa. Por exemplo, se, como aconteceu com freqüência, se vir na organização da família a expressão logicamente necessária de sentimentos humanos inerentes a toda consciência, inverte-se a ordem real dos fatos; muito ao contrário, foi a organização social das relações de parentesco que determinou os sentimentos respectivos dos pais e dos filhos. Estes teriam sido bem diferentes se a estrutura social tivesse sido diferente, e a prova disso é que, de fato, o amor paterno é desconhecido numa multidão de sociedades[13]. Poderíamos citar muitos outros exemplos do mesmo erro[14]. Sem dúvida, é uma verdade evidente a de que nada há na vida social que não exista nas consciências individuais; no entanto, quase tudo o que se encontra nestas últimas vem da sociedade. A maior parte de nossos estados de consciência não se teria produzido em seres isolados e se teria produzido de maneira totalmente diferente em seres agrupados de outra maneira. Eles derivam, pois, não da natureza psicológica do homem em geral, mas da maneira como os homens, uma vez associados, se afetam mutuamente, conforme sejam mais ou menos numerosos, mais ou menos próximos. Produtos da vida em grupo, somente a natureza do grupo pode explicá-los. É claro que esses estados não seriam possíveis se as constituições individuais não se prestassem a eles; mas estas são apenas suas condições distantes, não suas causas determinantes. Spencer compara em algum lugar a obra[15] do sociólogo com o cálculo do matemático, que, da forma de certo número de bolas, deduz a maneira como devem ser combinadas para se manterem em equilíbrio. A comparação é inexata e não se aplica aos fatos sociais. Nestes, é antes a forma do todo que determina a das partes. A sociedade não encontra já prontas nas consciências as bases em que repousa; ela própria as constrói[16].

LIVRO III

AS FORMAS ANORMAIS

CAPÍTULO I

A DIVISÃO DO TRABALHO ANÔMICA

Até aqui estudamos a divisão do trabalho apenas como um fenômeno normal; mas, como todos os fatos sociais e, mais geralmente, como todos os fatos biológicos, ela apresenta formas patológicas que é necessário analisar. Conquanto, normalmente, a divisão do trabalho produza a solidariedade social, algumas vezes, porém, ela apresenta resultados totalmente diferentes, até mesmo opostos. Ora, é importante pesquisar o que a faz desviar assim da sua direção natural; porque, enquanto não estiver estabelecido que esses casos são excepcionais, poder-se-ia suspeitar que a divisão do trabalho os implicasse logicamente. Por sinal, o estudo das formas desviadas permitir-nos-á determinar melhor as condições de existência do estado normal. Quando conhecermos as circunstâncias em que a divisão do trabalho deixa de engendrar a solidariedade, saberemos melhor o que é necessário para que ela produza todo o seu efeito. A patologia, neste como em outros casos, é um precioso auxiliar da fisiologia.

Poderíamos ser tentados a situar entre as formas irregulares da divisão do trabalho a profissão do criminoso e as outras profissões nocivas. Elas são a negação mesma da solidariedade e, no entanto, são verdadeiras atividades especiais. Contudo, para sermos exatos, não se trata nesse caso de divisão do trabalho, e sim de diferenciação pura e simples, não se devendo confundir os dois termos. Assim, o câncer, os tubérculos, aumentam a diversidade dos tecidos orgânicos sem que seja possível ver nisso uma nova especialização das funções biológicas[1]. Em todos esses casos, não há partilha de uma função comum, mas, no seio do organismo, tanto individual como social, forma-se outro que procura viver à custa do primeiro. Não há nem mesmo função alguma, porque uma maneira de agir só merece esse nome se concorrer com outras para a manutenção da vida geral. Portanto, esse problema não entra no âmbito da nossa pesquisa.

Reduziremos a três tipos as formas excepcionais do fenômeno que estamos estudando. Isso não significa que não possa haver outras, mas aquelas de que falaremos são as mais gerais e as mais graves.

I

Um primeiro caso desse gênero nos é fornecido pelas crises industriais ou comerciais, pelas falências, que são verdadeiras rupturas parciais da solidariedade orgânica; elas atestam, de fato, que, em certos pontos do organismo, certas funções sociais não estão ajustadas umas às outras. Ora, à medida que o trabalho se divide, esses fenômenos parecem tornar-se mais freqüentes, pelo menos em certos casos. De 1845 a 1869, as falências aumentaram 70%. No entanto, não se poderia atribuir esse fato ao aumento da vida econômica, pois as empresas concentraram-se muito mais do que se multiplicaram[2].

O antagonismo entre o trabalho e o capital é outro exemplo, mais contundente, do mesmo fenômeno. À medida que as funções industriais vão se especializando, a luta se torna mais viva, em vez de a solidariedade aumentar. Na Idade Média, o operário vive em toda parte ao lado do patrão, partilhando seus trabalhos "na mesma loja, na mesma bancada"[3]. Ambos faziam parte da mesma corporação e levavam a mesma existência. "Os dois eram quase iguais. Qualquer um que tivesse feito seu aprendizado podia, pelos menos em muitos ofícios, estabelecer-se por conta própria, se tivesse meios."[4] Por isso, os conflitos eram absolutamente excepcionais. A partir do século XV, as coisas começaram a mudar. "A corporação de ofício já não é um asilo comum; é de posse exclusiva dos patrões, que decidem sozinhos todos os assuntos... Por conseguinte, uma demarcação profunda se estabelece entre os patrões e os operários. Estes formaram, por assim dizer, uma ordem à parte; tiveram seus costumes, suas regras, suas associações independentes."[5] Uma vez efetuada essa separação, as querelas tornaram-se numerosas. "Quando os operários acreditavam ter motivo de queixa, punham-se em greve ou pronunciavam interdito contra uma cidade ou um patrão, e todos eram obrigados a obedecer à palavra de ordem... A força da associação dava aos operários o meio de lutar com armas iguais contra seus patrões."[6] Mas as coisas estavam longe de ter chegado, desde então, "ao ponto em que as vemos atualmente. Os operários se rebelavam para obter um salário maior ou determinada mudança nas condições de trabalho, mas não consideravam o patrão um inimigo perpétuo a que se obedece por coação. Queriam fazê-lo ceder num ponto e consagravam-se a isso com energia, mas a luta não era eterna; as oficinas não continham duas raças inimigas: nossas doutrinas socialistas eram desconhecidas"[7]. Enfim, no século XVII começa a terceira fase dessa história das classes operárias: o advento da grande indústria. O operário se separa mais completamente do patrão. "Ele é, de certa forma, arregimentado. Cada um tem a sua função, e o sistema da divisão do trabalho faz alguns progressos. Na manufatura de Van-Robais, que ocupava 1 692 operários, havia oficinas particulares para a fabricação de carruagens, para a cutelaria, a lavagem, o tingimento, a urdidura, e as oficinas de tecelagem compreendiam várias espécies de operários cujo trabalho era inteiramente distinto."[8] Ao mesmo tempo que a especialização se torna maior, as revoltas se tornam mais freqüentes. "A menor causa de descontentamento bastava para pronunciar interdito contra uma casa, e ai do operário que não respeitasse a decisão da comunidade."[9] É bem sabido que, desde então, a guerra tornou-se mais violenta.

Veremos, é verdade, no capítulo seguinte, que essa tensão das relações sociais deve-se em parte ao fato de que as classes operárias não querem na verdade a condição que lhes é imposta, só a aceitando, com freqüência, obrigadas e forçadas, por não terem meios de conseguir outra. No entanto, essa coerção não poderia, por si só, explicar o fenômeno. De fato, ela não pesa menos sobre todos os deserdados da fortuna, de maneira geral, e apesar disso esse estado de hostilidade permanente é totalmente particular ao mundo industrial. Depois, no interior desse mundo, ela é a mesma para todos os trabalhadores indistintamente. Ora, a pequena indústria, em que o trabalho é menos dividido, proporciona o espetáculo de uma harmonia relativa entre o patrão e o operário[10]; é somente na grande indústria que essas discórdias se encontram em estado agudo. Isso significa, pois, que dependem em parte de outra causa.

Assinalou-se com freqüência na história das ciências outra ilustração do mesmo fenômeno. Até tempos bastante recentes, a ciência, não estando muito dividida, podia ser cultivada quase toda por um só e mesmo espírito. Por isso, tinha-se um vivo sentimento de sua unidade. As verdades particulares que a compunham não eram nem tão numerosas, nem tão heterogêneas para que não se visse facilmente o vínculo que as unia num só e mesmo sistema. Sendo os próprios métodos muito gerais, diferiam pouco uns dos outros, e podia-se perceber o tronco comum a partir do qual divergiam insensivelmente. No entanto, à medida que a especialização se introduziu no trabalho científico, cada cientista encerrou-se cada vez mais não apenas numa ciência particular, mas numa ordem especial de problemas. A. Comte já se queixava de que, no seu tempo, havia no mundo científico "muito poucas inteligências englobando em suas concepções o próprio conjunto de uma ciência única, que, por sua vez, nada mais é que uma parte de um grande todo. A maioria", dizia ele, "já se limita inteiramente à consideração isolada de uma seção mais ou menos extensa de uma ciência determinada, sem se preocupar muito com a relação desses trabalhos particulares com o sistema geral dos conhecimentos positivos"[11]. Mas, então, a ciência, fragmentada numa multidão de estudos de detalhe que não se casam, não forma mais um todo solidário. O que talvez melhor manifeste essa ausência de concerto e de unidade é a teoria, tão difundida, de que cada ciência particular tem um valor absoluto e de que o cientista deve se consagrar a suas pesquisas especiais sem se preocupar em saber se servem a alguma coisa e tendem a algo. "Essa divisão do trabalho intelectual", diz Schaeffle, "proporciona sérias razões de se temer que esse retorno de um novo alexandrinismo traga consigo, mais uma vez, a ruína de toda a ciência."[12]

II

O que faz a gravidade desses fatos é que viu-se neles, algumas vezes, um efeito necessário da divisão do trabalho, assim que ela superou certo grau de desenvolvimento. Nesse caso, diz-se, o indivíduo, debruçado em sua tarefa, isola-se em sua atividade especial; ele já não sente os colaboradores que trabalham a seu lado na mesma obra, já não tem sequer a noção dessa obra comum. A divisão do trabalho não poderia, pois, ser levada demasiado longe sem se tornar uma fonte de desintegração. "Como qualquer decomposição deve necessariamente tender a determinar uma dispersão correspondente," diz Augusto Comte, "a repartição fundamental dos trabalhos humanos não poderia evitar de suscitar, num grau proporcional, as divergências individuais, ao mesmo tempo intelectuais e morais, cuja influência combinada deve exigir, na mesma medida, uma disciplina permanente, própria para prevenir ou conter sem cessar seu desenvolvimento discordante. Se, de fato, por um lado, a separação das funções sociais possibilita ao espírito de detalhe um feliz desenvolvimento, impossível de qualquer outra maneira, ela tende espontaneamente, por outro lado, a sufocar o espírito de conjunto ou, pelo menos, a entravá-lo profundamente. Do mesmo modo, do ponto de vista moral, ao mesmo tempo que é assim posto sob uma estreita dependência da massa, cada um é naturalmente desviado dela pelo próprio desenvolvimento de sua atividade especial, que o chama constantemente de volta a seu interesse privado, de que só vagamente percebe a verdadeira relação com o interesse público... Assim, o mesmo princípio que permitiu o desenvolvimento e a extensão da sociedade geral ameaça, sob um outro aspecto, decompô-la numa multidão de corporações incoerentes que quase parece não pertencerem à mesma espécie."[13] Espinas exprime-se quase nos mesmos termos: "Divisão é dispersão", diz[14].

A divisão do trabalho exerceria, pois, em virtude da sua própria natureza, uma influência dissolvente que seria sensível, sobretudo, onde as funções são muito especializadas. No entanto, Comte não conclui de seu princípio que seja necessário reduzir as sociedades ao que ele mesmo chama de idade da generalidade, isto é, a esse estado de indistinção e de homogeneidade que foi seu ponto de partida. A diversidade das funções é útil e necessária; mas, como a unidade, que não é menos indispensável, não resulta espontaneamente dela, o cuidado com realizá-la e mantê-la deverá constituir, no organismo social, uma função especial, representada por um órgão independente. Esse órgão é o Estado, ou o governo. "A destinação social do governo", diz Comte, "parece-me sobretudo consistir em conter suficientemente e em prevenir na medida do possível essa fatal disposição à dispersão fundamental das idéias, dos sentimentos e dos interesses, resultado inevitável do próprio princípio do desenvolvimento humano, e, se ela pudesse prosseguir sem obstáculos seu curso natural, acabaria inevitavelmente por deter a progressão social sob todos os aspectos importantes. Essa concepção constitui, a meu ver, a primeira base positiva e racional da teoria elementar e abstrata do governo propriamente dito, encarado em sua mais nobre e inteira extensão científica, isto é, como que caracterizado em geral pela reação necesssária universal, a princípio espontânea, depois regularizada, do conjunto sobre as partes. É claro, com efeito, que o único meio real de impedir tal dispersão consiste em erigir essa indispensável reação numa nova função especial, capaz de intervir de maneira conveniente na consumação habitual de todas as diversas funções da economia social, a fim de fazer voltar-se incessantemente para esta o pensamento do conjunto e o sentimento da solidariedade comum."[15]

O que o governo é para a sociedade em sua totalidade, a filosofia deve sê-lo para as ciências. Já que a diversidade das ciências tende a romper a unidade da ciência, é preciso encarregar uma nova ciência de reconstituí-la. Já que os estudos de detalhe nos fazem perder de vista o conjunto dos conhecimentos humanos, é necessário instituir um sistema particular de pesquisas para reencontrá-lo e pô-lo em relevo. Em outras palavras, "é necessário fazer do estudo das generalidades científicas uma grande especialidade a mais. Que uma nova classe de cientistas, preparados por uma educação conveniente, sem se entregar à cultura especial de nenhum ramo particular da filosofia natural, trate unicamente, considerando as diversas ciências positivas em seu estado atual, de determinar de modo exato o espírito de cada uma delas, de descobrir suas relações e seu encadeamento, de resumir, se possível, todos os seus princípios próprios num menor número de princípios comuns ... e a divisão do trabalho nas ciências será levada, sem nenhum perigo, o mais longe que o desenvolvimento das diversas ordens de conhecimentos exigir"[16].

Sem dúvida, nós mesmos mostramos[17] que o órgão governamental se desenvolve com a divisão do trabalho, não para contrabalançá-la, mas por uma necessidade mecânica. Como os órgãos são intimamente solidários onde as funções são muito partilhadas, o que afeta a um atinge outros, e os acontecimentos sociais assumem mais facilmente um interesse geral. Ao mesmo tempo, em conseqüência do desaparecimento do tipo segmentário, eles se difundem com maior facilidade em toda a extensão de um mesmo tecido ou de um mesmo aparelho. Por essas duas séries de razões, há mais acontecimentos que ecoam no órgão dirigente, cuja atividade funcional, exercida com maior freqüência, cresce, assim como seu volume. Sua esfera de ação, no entanto, não se estende mais longe.

Ora, sob essa vida geral e superficial, há uma vida intestina, um mundo de órgãos que, sem serem totalmente independentes do primeiro, funcionam, porém, sem que este intervenha, sem que ele tenha sequer consciência disso, pelo menos em seu estado normal. São subtraídos à sua ação porque esse órgão dirigente se encontra longe demais deles. Não é o governo que pode, a cada instante, regular as condições dos diferentes mercados econômicos, fixar os preços das coisas e dos serviços, adequar a produção às necessidades do consumo, etc. Todos esses problemas práticos levantam multidões de detalhes, prendem-se a milhares de circunstâncias particulares, que só os que estão bem próximos conhecem. Com maior razão, ele não poderá ajustar essas funções umas às outras e fazê-las concorrer harmoniosamente, se não concordarem por si mesmas. Portanto, se a divisão do trabalho tem os efeitos dispersivos que lhe são atribuídos, estes devem se desenvolver sem resistência nessa região da sociedade, pois nada há nela que possa contê-los. No entanto, o que constitui a unidade das sociedades organizadas, como de todo organismo, é o consenso espontâneo das partes, é essa solidariedade interna que não só é tão indispensável quanto a ação reguladora dos centros superiores, mas que é até sua condição necessária, pois nada mais fazem que traduzi-la em outra linguagem e, por assim dizer, consagrá-la. Assim, o cérebro não cria a unidade do organismo, mas a exprime e a coroa. Fala-se da necessidade de uma reação do conjunto sobre as partes, mas é preciso que esse conjunto exista – isto é, as partes já devem ser solidárias umas das outras para que o todo tome consciência de si e reaja como tal. Portanto, à medida que o trabalho se divide, dever-se-ia ver uma espécie de decomposição progressiva produzir-se não sobre este ou aquele ponto, mas em toda a extensão da sociedade, em vez da concentração cada vez maior que, na realidade, aí se observa.

Mas, dizem, não é necessário entrar nesses detalhes. Basta lembrar, onde quer que seja necessário, "o espírito de conjunto e o sentimento da solidariedade comum", e tal ação, só o governo está qualificado para exercer. É verdade, mas ela é demasiado geral para assegurar o concurso das funções sociais, se este não se realizar por si mesmo. Na verdade, de que se trata? De fazer cada indivíduo sentir que não é auto-suficiente, mas faz parte de um todo de que depende? No entanto, tal representação, abstrata, vaga e, aliás, intermitente como todas as representações complexas, nada pode contra as impressões vivas, concretas, que a atividade profissional desperta a cada instante em cada um de nós. Portanto, se esta tem os efeitos que lhe atribuímos, se as ocupações que preenchem nossa vida cotidiana tendem a nos separar do grupo social a que pertencemos, essa concepção, que só desperta de vez em quando e nunca ocupa mais que uma pequena parte do campo da consciência, não poderá bastar para nos reter. Para que a sensação do estado de dependência em que estamos fosse eficaz, seria necessário que também fosse contínua, e só pode sê-lo se estiver ligada ao jogo mesmo de cada função especial.

Mas, então, a especialização não mais teria as conseqüências que é acusada de produzir. Ou, então, porventura, a ação governamental terá por objeto manter entre as profissões uma certa uniformidade moral, impedir que "as afeições sociais, gradualmente concentradas entre os indivíduos de mesma profissão, se tornem cada vez mais estranhas às outras classes, na ausência de uma análise suficiente de modos e de pensamento"[18]? Mas essa uniformidade não pode ser mantida à força e a despeito da natureza das coisas. A diversidade funcional acarreta uma diversidade moral que nada seria capaz de prevenir, sendo inevitável que uma cresça ao mesmo tempo que a outra. Sabemos, aliás, por que motivos esses dois fenômenos se desenvolvem paralelamente. Os sentimentos coletivos se tornam, portanto, cada vez mais impotentes para conter as tendências centrífugas que a divisão do trabalho deve supostamente engendrar; porque, de um lado, essas tendências aumentam à medida que o trabalho se divide e, ao mesmo tempo, os próprios sentimentos coletivos enfraquecem.

Pela mesma razão, a filosofia se torna cada vez mais incapaz de assegurar a unidade da ciência. Enquanto um mesmo espírito podia cultivar ao mesmo tempo as diferentes ciências, era possível adquirir a competência necessária para reconstituir sua unidade. Porém, à medida que se especializam, essas grandes sínteses já não podem ser outra coisa que generalizações prematuras, pois se torna cada vez mais impossível para uma inteligência humana ter um conhecimento suficientemente exato dessa inumerável multidão de fenômenos, leis, hipóteses que devem resumir. "Seria interessante indagar-se", diz com razão Ribot, "o que a filosofia, como concepção geral do mundo, poderá ser um dia, quando as ciências particulares, em conseqüência de sua crescente complexidade, se tornarem inabordáveis no detalhe e os filósofos forem reduzidos ao conhecimento dos resultados mais gerais, necessariamente superficial."[19]

Sem dúvida, temos algumas razões para julgar excessivo esse orgulho do cientista, que, encerrado em suas pesquisas especiais, recusa-se a reconhecer qualquer controle estranho. No entanto, é certo que, para ter de uma ciência uma idéia um tanto exata, é necessário tê-la praticado e, por assim dizer, tê-la vivido. Isso porque, de fato, ela não cabe por inteiro nas poucas proposições que demonstrou definitivamente. Ao lado dessa ciência atual e realizada, há outra, concreta e viva, que em parte se ignora e ainda se busca: ao lado dos resultados adquiridos, há as esperanças, os hábitos, os instintos, as necessidades, os pressentimentos, tão obscuros que não podemos exprimi-los com palavras, mas tão poderosos que, por vezes, dominam toda a vida do cientista. Tudo isso ainda é ciência. É até mesmo sua melhor e maior parte, porque as verdades descobertas são em número bastante pequeno, se comparadas com as que falta descobrir; e, por outro lado, para possuir todo o sentido das primeiras e compreender tudo o que nelas está condensado, é necessário ter visto de perto a vida científica enquanto ela ainda se encontra em estado livre, isto é, antes que se tenha fixado sob a forma de proposições definidas. Senão ter-se-á a letra, não o espírito. Cada ciência possui, por assim dizer, uma alma que vive na consciência dos cientistas. Apenas uma parte dessa alma toma um corpo e formas sensíveis. As fórmulas que a exprimem, por serem gerais, são facilmente transmissíveis. Mas o mesmo não se dá nesta outra parte da ciência, que nenhum símbolo traduz externamente. Aqui, tudo é pessoal e deve ser adquirido por uma experiência pessoal. Para dela participar, é necessário pôr mãos à obra e colocar-se diante dos fatos. Segundo Comte, para que a unidade da ciência fosse assegurada, bastaria que os métodos fossem reduzidos à unidade[20]; porém, o mais dificíl de se unificar são justamente os métodos. Porque, como eles são imanentes às próprias ciências, como é impossível separá-los completamente do corpo das verdades estabelecidas para codificá-los à parte, só os pode conhecer quem os praticou. Ora, atualmente é impossível que um mesmo homem pratique um grande número de ciências. Portanto, essas grandes generalizações só podem repousar numa visão bastante sumária das coisas. Se, além do mais, pensarmos com que lentidão e com que pacientes precauções os cientistas procedem de ordinário na descoberta de suas verdades, inclusive as mais particulares, poderemos entender que essas disciplinas improvisadas só exerçam sobre eles uma autoridade bem pequena.

Todavia, qualquer que seja o valor dessas generalidades filosóficas, a ciência não seria capaz de encontrar a unidade de que necessita. Elas exprimem muito bem o que há de comum entre as ciências, as leis e os métodos particulares, mas, ao lado dessas semelhanças, há as diferenças que precisam ser integradas. Diz-se com freqüência que o geral contém em potencial os fatos particulares que resume; mas a expressão é inexata. Ele contém apenas o que esses fatos possuem em comum. Ora, não há no mundo dois fenômenos que se assemelhem, por mais simples que sejam. É por isso que toda proposição geral deixa escapar uma parte da matéria que tenta dominar. É impossível fundir as características concretas e as propriedades distintivas das coisas no seio de uma mesma fórmula impessoal e homogênea. No entanto, enquanto superam as diferenças, as semelhanças bastam para integrar as representações assim aproximadas; as dissonâncias de detalhe desaparecem no seio da harmonia total. Ao contrário, à medida que as diferenças se tornam mais numerosas, a coesão se torna mais instável e precisa ser consolidada por outros meios. Imaginem a multiplicidade crescente das ciências especiais, com seus teoremas, suas leis, seus axiomas, suas conjeturas, seus procedimentos e seus métodos, e compreenderão que uma fórmula curta e simples, como a lei da evolução, por exemplo, não pode bastar para integrar uma complexidade tão prodigiosa de fenômenos. Mesmo se essas visões de conjunto se aplicassem exatamente à realidade, a parte que elas explicam é muito pouca coisa em comparação com o que deixam inexplicado. Portanto, não é por esse meio que se poderá arrancar as ciências positivas de seu isolamento. Há uma distância grande demais entre as pesquisas de detalhe que as alimentam e tais sínteses. O vínculo que liga uma à outra essas duas ordens de conhecimentos é demasiado tênue e frouxo, e, por conseguinte, se as ciências particulares só podem tomar consciência de sua dependência mútua no seio de uma filosofia que as englobe, o sentimento que dela terão sempre será demasiado vago para ser eficaz.

A filosofia existe como a ciência coletiva da ciência e, neste caso como nos demais, o papel da consciência coletiva diminui à medida que o trabalho se divide.

III

Muito embora tenha reconhecido que a divisão do trabalho é uma fonte de solidariedade, A. Comte não parece ter percebido que essa solidariedade é *sui generis* e substitui pouco a pouco a que as similitudes sociais engendram. É por isso que, notando que essas são muito esmaecidas onde as funções são por demais especializadas, ele viu nesse esmaecimento um fenômeno mórbido, uma ameaça para a coesão social, devida ao excesso da especialização, e explicou com isso os fatos de incoordenação que por vezes acompanham o desenvolvimento da divisão do trabalho. No entanto, já que estabelecemos que o enfraquecimento da consciência coletiva é um fenômeno normal, não poderíamos transformá-lo em causa dos fenômenos anormais que estamos estudando. Se, em certos casos, a solidariedade orgânica não é tudo o que deve ser, certamente não é porque a solidariedade mecânica perdeu terreno, mas porque todas as condições de existência da primeira não estão realizadas.

De fato, sabemos que, onde quer que observemos, encontramos ao mesmo tempo uma regulamentação suficientemente desenvolvida que determina as relações mútuas das funções[21]. Para que a solidariedade orgânica exista, não basta haver um sistema de órgãos necessários uns aos outros e que sintam, de um modo geral, sua solidariedade, mas é necessário, além disso, que a maneira como devem concorrer, se não em toda espécie de encontros, pelo menos nas circunstâncias mais freqüentes, seja predeterminada. De outra forma, seriam necessárias a cada instante novas lutas para que possam equilibrar-se, porque as condições desse equilíbrio só podem ser encontradas mediante tentativas no decorrer das quais cada parte trata a outra pelo menos tanto como adversária quanto como auxiliar. Esses conflitos se renovariam, pois, sem cessar e, por conseguinte, a solidariedade não seria mais que virtual, devendo as obrigações mútuas ser debatidas de novo em cada caso particular. Dir-se-á que há contratos. Mas, antes de mais nada, nem todas as relações sociais são suscetíveis de assumir essa forma jurídica. Sabemos, aliás, que o contrato não basta por si só, mas supõe uma regulamentação que se estende e se complica como a própria vida contratual. Ademais, os vínculos que têm essa origem são sempre de curta duração. O contrato nada mais é que uma trégua, e bastante precária; ele apenas suspende por algum tempo as hostilidades. Sem dúvida, por mais precisa que uma regulamentação seja, sempre deixará um espaço livre para muitos atritos. Mas não é necessário, nem mesmo possível, que a vida social seja sem lutas. O papel da solidariedade não é suprimir a concorrência, mas sim moderá-la.

Por sinal, no estado normal, essas regras se destacam por si mesmas da divisão do trabalho; são como que o prolongamento desta. Por certo, se a divisão do trabalho aproximasse apenas indivíduos que se unem por alguns instantes com vistas a intercambiar serviços pessoais, não poderia dar origem a nenhuma ação reguladora. Mas o que ela põe em presença são funções, isto é, maneiras de agir definidas, que se repetem, idênticas a si mesmas, em circunstâncias dadas, pois decorrem das condições gerais e constantes da vida social. As relações que se estabelecem entre essas funções não podem, pois, deixar de alcançar o mesmo grau de fixidez e de regularidade. Há certas maneiras de reagir umas sobre as outras que, achando-se mais conformes à natureza das coisas, se repetem com maior freqüência e tornam-se hábitos; depois, os hábitos, à medida que adquirem força, se transformam em regras de conduta. O passado predetermina o futuro. Em outras palavras, há uma certa distinção entre os direitos e deveres que o uso estabelece e que acaba por se tornar obrigatória. A regra não cria, pois, o estado de dependência mútua em que se acham os órgãos solidários, mas apenas o exprime de uma maneira sensível e definida, em função de uma situação dada. Do mesmo modo, o sistema nervoso, longe de dominar a evolução do organismo, como se acreditou outrora, dela resulta[22]. As redes nervosas, verossimilmente, não são mais que as linhas de passagem seguidas pelas ondas de movimentos e de excitações trocadas entre os diversos órgãos; são canais que a vida abriu para si mesma correndo sempre no mesmo sentido, e os gânglios seriam apenas o lugar de interseção de várias dessas linhas[23]. Foi por terem desconhecido esse aspecto do fenômeno que certos moralistas acusaram a divisão do trabalho de não produzir uma verdadeira solidariedade. Viram nela apenas trocas particulares, combinações efêmeras, sem passado nem futuro, em que o indivíduo é entregue a si mesmo; não perceberam esse lento trabalho de consolidação, essa rede de vínculos que pouco a pouco se tece por si mesma e faz da solidariedade orgânica algo permanente.

Ora, em todos os casos que descrevemos acima, essa regulamentação ou não existe, ou não tem relação com o grau de desenvolvimento da divisão do trabalho. Hoje, já não há regras que estabeleçam o número das empresas econômicas e, em cada ramo da indústria, a produção não é regulamentada de maneira a permanecer exatamente no nível do consumo. Não queremos, de resto, tirar desse fato nenhuma conclusão prática; não sustentamos que seja necessária uma legislação restritiva; não precisamos, aqui, pesar suas vantagens e inconvenientes. O que é certo é que essa falta de regulamentação não permite a harmonia regular das funções. Os economistas demonstram, é verdade, que essa harmonia se restabelece por si mesma, quando necessário, graças à elevação ou ao aviltamento dos preços, que, conforme as necessidades, estimula ou retarda a produção. Mas em todo caso, ela só se restabelece assim depois das rupturas de equilíbrio e de perturbações mais ou menos prolongadas. Por outro lado, essas perturbações são, naturalmente, tanto mais freqüentes quanto mais especializadas são as funções; porque, quanto mais uma organização é complexa, mais a necessidade de uma regulamentação extensa se faz sentir.

As relações entre o capital e o trabalho permaneceram, até hoje, no mesmo estado de indeterminação jurídica. O contrato de locação de serviços ocupa, em nossos Códigos, um espaço bem pequeno, sobretudo quando se pensa na diversidade e na complexidade das relações que é chamado a regular. De resto, não é necessário insistir sobre uma lacuna que todos os povos sentem atualmente e se esforçam por preencher[24].

As regras do método estão para a ciência assim como as regras do direito e dos costumes estão para a conduta; elas dirigem o pensamento do cientista, assim como as segundas governam as ações dos homens. Ora, se cada ciência tem seu método, a ordem que ela realiza é totalmente interna. Ela coordena os procedimentos dos cientistas que cultivam uma mesma ciência, não suas relações com o exterior. Não há disciplinas que concertem os esforços de ciências diferentes com vistas a um fim comum. Isso é verdade, sobretudo, para as ciências morais e sociais, porque as ciências matemáticas, físico-químicas e até biológicas não parecem ser tão estranhas assim umas às outras. Mas o jurista, o psicólogo, o antropólogo, o economista, o estatístico, o lingüista, o historiador realizam suas investigações como se as diversas ordens de fatos que estudam fossem mundos independentes. Contudo, na realidade, esses mundos se interpenetram em todas as partes; o mesmo deveria acontecer, por conseguinte, com as ciências correspondentes. Eis de onde vem a anarquia que foi assinalada, não sem exagero, de resto, na ciência em geral, mas que é verdadeira sobretudo no caso dessas ciências. De fato, elas proporcionam o espetáculo de um agregado de partes disjuntas que não concorrem entre si. Portanto, se elas formam um conjunto sem unidade, não é porque não possuem um sentimento suficiente de suas semelhanças; é porque não são organizadas.

Esses diversos exemplos são, pois, variedades de uma mesma espécie; em todos os casos, se a divisão do trabalho não produz a solidariedade, é porque as relações entre os órgãos não são regulamentadas, é porque elas estão num estado de *anomia*.

Mas de onde vem esse estado?

Já que um corpo de regras é a forma definida que, com o tempo, adquirem as relações que se estabelecem espontaneamente entre as funções sociais, podemos dizer *a priori* que o estado de *anomia* é impossível onde quer que os órgãos solidários se encontrem em contato suficiente e suficientemente prolongado. De fato, sendo contíguos, eles são facilmente advertidos, em cada circunstância, da necessidade que têm uns dos outros e, por conseguinte, possuem um sentimento vivíssimo e contínuo de sua dependência mútua. Pela mesma razão, as trocas entre eles se produzem facilmente; elas se fazem também freqüentemente, sendo regulares; regularizam-se por si mesmas, e o tempo completa pouco a pouco a obra de consolidação. Enfim, já que as menores reações podem ser sentidas por ambas as partes, as regras que se formam assim trazem sua marca, isto é, prevêem e fixam em detalhe as condições de equilíbrio. Mas se, ao contrário, algum meio opaco for interposto, somente as excitações de certa intensidade podem se comunicar de um órgão a outro. As relações, sendo raras, não se repetem o suficiente para se determinar; a cada nova vez, são novas tentativas. As linhas de passagem seguidas pelas ondas de movimento não se podem abrir, porque essas ondas são demasiado intermitentes. Pelo menos, se algumas regras conseguem entretanto constituir-se, elas são gerais e vagas, pois, nessas condições, apenas os contornos mais gerais dos fenômenos podem estabelecer-se. O mesmo acontecerá se a contigüidade, embora sendo suficiente, for demasiado recente ou tiver durado muito pouco[25].

Em geral, essa condição se acha realizada pela força das coisas. Porque uma função só se pode dividir entre duas ou várias partes de um organismo se estas forem mais ou menos contíguas. Ademais, uma vez que o trabalho é dividido, como necessitam umas das outras, elas tendem naturalmente a diminuir a distância que as separa. É por isso que, à medida que nos elevamos na escala animal, vemos os órgãos se aproximarem e, como diz Spencer, introduzirem-se nos interstícios uns dos outros. Mas um concurso de circunstâncias excepcionais pode fazer que não seja assim.

É o que se produz nos casos de que estamos tratando. Enquanto o tipo segmentário é bastante acentuado, há mais ou menos tantos mercados econômicos quantos segmentos diferentes; por conseguinte, cada um deles é muito limitado. Os produtores, estando bem próximos dos consumidores, podem perceber facilmente a extensão das necessidades a satisfazer. Portanto, o equilíbrio se estabelece sem dificuldade e a produção se ajusta por si mesma. Ao contrário, à medida que o tipo organizado se desenvolve, a fusão dos diversos segmentos uns nos outros acarreta a dos mercados num mercado único, que engloba mais ou menos toda a sociedade. Ele se estende inclusive além dela e tende a se tornar universal, porque as fronteiras que separam os povos caem ao mesmo tempo que as que separavam os segmentos de cada um deles. Daí resulta que cada indústria produz para consumidores que se encontram dispersos por toda a superfície do país, ou até do mundo inteiro. Portanto, o contato já não basta. O produtor já não pode abarcar o mercado com seu olhar, nem mesmo com o pensamento; ele já não pode representar seus limites, pois, por assim dizer, o mercado é ilimitado. Em conseqüência, falta à produção freio e regra; ela não pode deixar de tatear ao acaso e, no decorrer dessas tentativas, é inevitável que a medida seja superada, ora num sentido, ora no outro. Daí essas crises que perturbam periodicamente as funções econômicas. O aumento dessas crises locais e restritas, que são as falências, é, verossimilmente, um efeito dessa mesma causa.

À medida que o mercado se amplia, a grande indústria aparece. Ora, ela tem como efeito transformar as relações entre patrões e operários. Uma maior fadiga do sistema nervoso somada à influência contagiosa das grandes aglomerações aumenta as necessidades destes últimos. O trabalho à máquina substitui o do homem; o trabalho na manufatura, o da pequena oficina. O operário é arregimentado, tirado da sua família o dia inteiro, vive cada vez mais separado daquele que o emprega, etc. Essa novas condições da vida industrial requerem, naturalmente, uma nova organização; mas como essas transformações se consumaram com uma extrema rapidez, os interesses em conflito ainda não tiveram tempo de se equilibrar[26].

Enfim, o que explica que as ciências morais e sociais se encontrem no estado que dissemos é que foram as últimas a entrar no círculo das ciências positivas. De fato, foi só de um século para cá que esse novo campo de fenômenos abriu-se à investigação científica. Os cientistas nele se instalaram, uns aqui, outros ali, conforme seus gostos naturais. Dispersos nessa vasta superfície, permaneceram até aqui demasiado distantes uns dos outros para sentirem todos os vínculos que os unem. Mas, pelo simples fato de que levarão suas pesquisas cada vez mais longe de seus pontos de partida, acabarão necessariamente por se encontrar e, por conseguinte, por tomar consciência de sua solidariedade. A unidade da ciência se formará, assim, por si mesma; não a unidade abstrata de uma fórmula, de resto demasiado exígua para a multidão das coisas que deveria abarcar, mas a unidade viva de um todo orgânico. Para que a ciência seja una, não é necessário que caiba inteira no campo de visão de uma só e mesma consciência – o que, por sinal, é impossível –, mas basta que todos os que a cultivam sintam que colaboram para uma mesma obra.

O que precede priva de todo e qualquer fundamento uma das mais graves críticas que se fez à divisão do trabalho.

Ela foi acusada, com freqüência, de diminuir o indivíduo, reduzindo-o ao papel de máquina. E, de fato, se não sabe a que tendem essas operações que reclamam dele, se não as vincula a nenhum objetivo, só pode realizá-las por rotina. Todos os dias, ele repete os mesmos movimentos com uma regularidade monótona, mas sem se interessar por eles, nem compreendê-los. Não é mais a célula viva de um organismo vivo, que vibra sem cessar em contato com as células próximas, que age sobre elas e responde, por sua vez, à sua ação, se dilata, se contrai, se dobra e se transforma segundo as necessidades e as circunstâncias; não é mais que uma engrenagem inerte, que uma força externa aciona e que sempre se move no mesmo sentido e da mesma maneira. Evidentemente, como quer que se represente o ideal moral, não é possível permanecer indiferente a semelhante aviltamento da natureza humana. Se a moral tem por objetivo o aperfeiçoamento individual, ela não pode permitir que se arruíne a esse ponto o indivíduo e, se tem por fim a sociedade, não pode deixar secar a própria fonte da vida social; porque o mal não ameaça apenas as funções econômicas, mas todas as funções sociais, por mais elevadas que sejam. "Se se deplorou com freqüência, na ordem material, o operário exclusivamente ocupado, durante a vida inteira, na fabricação de cabos de faca ou cabeças de alfinetes", diz A. Comte, "a filosofia sadia não deve, no fundo, lamentar menos, na ordem intelectual, o emprego exclusivo e contínuo do cérebro humano na solução de algumas equações ou na classificação de alguns insetos: o efeito moral, em ambos os casos, é, infelizmente, sobremaneira análogo."[27]

Foi, por vezes, proposto como remédio dar aos trabalhadores, junto com seus conhecimentos técnicos e especiais, uma instrução geral. Mas, supondo-se que seja possível redimir assim alguns dos efeitos nefastos atribuídos à divisão do trabalho, não é este um meio de preveni-los. A divisão do trabalho não muda de natureza se a fazemos ser precedida por uma cultura geral. Sem dúvida, é bom que o trabalhador esteja em condições de se interessar pelas coisas da arte, da literatura, etc.; mas nem por isso deixa de ser ruim ele ser tratado todo dia como uma máquina. Aliás, quem não vê que essas duas existências são demasiado opostas para serem conciliáveis e poderem ser vividas pelo mesmo homem? Se nos acostumamos com vastos horizontes, vastas vistas de conjunto, belas generalidades, não nos deixamos mais confinar, sem impaciência, nos limites estreitos de uma tarefa especial. Portanto, tal remédio só tornaria a especialização inofensiva, tornando-a intolerável e, por conseguinte, mais ou menos impossível.

O que resolve a contradição é que, ao contrário do que se disse, a divisão do trabalho não produz essas conseqüências em virtude de uma necessidade da sua natureza, mas apenas em circunstâncias excepcionais e anormais. Para que ela possa desenvolver-se sem ter sobre a consciência humana uma influência tão desastrosa, não é necessário temperá-la com seu contrário; é necessário e bastante que ela seja ela mesma, que nada venha do exterior desnaturá-la. Porque, normalmente, o jogo de cada função especial exige que o indivíduo não se encerre estreitamente nela, mas mantenha-se em relação constante com as funções vizinhas, tome consciência de suas necessidades, das mudanças que nelas sobrevêm, etc. A divisão do trabalho supõe que o trabalhador, longe de permanecer debruçado sobre sua tarefa, não perca de vista seus colaboradores, aja sobre eles e sofra sua ação. Ele não é, pois, uma máquina que repete movimentos cuja direção não percebe, mas sabe que tendem a algum lugar, a uma finalidade que ele concebe mais ou menos distintamente. Ele sente servir a algo. Para tanto, não é necessário que abarque vastas proporções do horizonte social, mas basta que perceba o suficiente dele para compreender que suas ações têm uma finalidade fora de si mesmas. Assim, por mais especial, por mais uniforme que possa ser sua atividade, ela será a atividade de um ser inteligente, pois terá um sentido, e ele o sabe. Os economistas não teriam deixado na sombra essa característica essencial da divisão do trabalho e, em conseqüência, não a teriam exposto a essa crítica desmerecida, se não a tivessem reduzido a não ser mais que um meio de aumentar o rendimento das forças sociais, se tivessem visto que ela é, antes de mais nada, uma fonte de solidariedade.

CAPÍTULO II

A DIVISÃO DO TRABALHO FORÇADA

I

No entanto, não basta haver regras, pois, algumas vezes, essas próprias regras são a causa do mal. É o que acontece nas guerras de classes. A instituição das classes ou das castas constitui uma organização da divisão do trabalho, e uma organização estritamente regulamentada; no entanto, ela é, com freqüência, uma fonte de dissensões. Não estando satisfeitas, ou não mais o estando, com o papel que o costume ou a lei lhes atribui, as classes inferiores aspiram às funções que lhes são vedadas e delas procuram despojar os que as exercem. Daí as guerras intestinas que se devem à maneira como o trabalho é distribuído.

Não se observa nada semelhante no organismo. Sem dúvida, nos momentos de crise, os diferentes tecidos guerreiam-se e alimentam-se uns à custa dos outros. Mas nunca uma célula ou um órgão procura usurpar um outro papel que não aquele que lhe cabe. O motivo disso é que cada elemento anatômico visa mecanicamente seu objetivo. Sua constituição, sua posição no organismo determina sua vocação; sua tarefa é uma conseqüência da sua natureza. Ele pode desempenhá-la mal, mas não pode assumir a de outro, a menos que este a abandone, como acontece nos raros casos de substituição de que falamos. O mesmo não se dá nas sociedades. Nelas, a contingência é maior; há uma distância maior entre as disposições hereditárias do indivíduo e a função social que ele desempenhará; as primeiras não acarretam as segundas com uma necessidade tão imediata. Esse espaço, aberto às tentativas e à deliberação, também o é ao jogo de uma multidão de causas que podem fazer a natureza individual desviar de sua direção normal e criar um estado patológico. Por ser mais flexível, essa organização também é mais delicada e mais acessível à mudança. Sem dúvida, não estamos mais, desde o nosso nascimento, predestinados a certo emprego especial; no entanto, temos gostos e aptidões que limitam nossa escolha. Se não se os leva em conta, se são incessantemente contrariados por nossas ocupações cotidianas, sofremos e procuramos um meio para pôr fim a nossos sofrimentos. Ora, não há outro meio, a não ser mudar a ordem estabelecida e refazer uma nova. Para que a divisão do trabalho produza a solidariedade, não basta, pois, que cada um tenha a sua tarefa, é necessário, além disso, que essa tarefa lhe convenha.

Ora, é essa condição que não está realizada no exemplo que examinamos. De fato, se a instituição das classes ou das castas dá origem, por vezes, a dolorosos atritos, em vez de produzir a solidariedade, é porque a distribuição das funções sociais em que ela repousa não corresponde, ou, antes, não mais corresponde à distribuição dos talentos naturais. Porque, não obstante o que se tenha dito[1], não é unicamente por espírito de imitação que as classes inferiores acabam ambicionando a vida das classes mais elevadas. Mesmo, para dizer a verdade, a imitação nada pode explicar por si só, pois supõe outra coisa que ela mesma. Ela só é possível entre seres que já se assemelham e na medida em que se assemelham; ela não se produz entre espécies ou variedades diferentes. Sucede com o contágio moral o mesmo que com o contágio físico: ele só se manifesta em terrenos predispostos. Para que certas necessidades se difundam de uma classe a outra, é necessário que as diferenças que separavam primitivamente essas classes tenham desaparecido ou diminuído. É necessário que, por um efeito das mudanças que se produziram na sociedade, uns se tenham tornado aptos a funções que, num primeiro tempo, os superavam, enquanto os outros perdiam sua superioridade original. Quando os plebeus puseram-se a disputar com os patrícios a honra das funções religiosas e administrativas, não era apenas para imitar estes últimos, mas porque se tinham tornado mais inteligentes, mais ricos, mais numerosos, e porque seus gostos e suas ambições se haviam modificado em conseqüência disso. Como resultado dessas transformações, quebra-se em toda uma região da sociedade a concordância entre as aptidões dos indivíduos e o gênero de atividade que lhes é atribuído; apenas a coerção, mais ou menos violenta e mais ou menos direta, liga-os a suas funções; por conseguinte, só uma solidariedade imperfeita e perturbada é possível.

Portanto, esse resultado não é uma conseqüência necessária da divisão do trabalho. Só se produz em circunstâncias bem particulares, a saber, quando é o efeito de uma coerção externa. É bem diferente quando ela se estabelece em virtude de espontaneidades puramente internas, sem que nada venha incomodar as iniciativas dos indivíduos. De fato, sob essa condição, a harmonia entre as naturezas individuais e as funções sociais não pode deixar de se produzir, pelo menos na média dos casos. Porque, se nada tolhe ou favorece indevidamente os concorrentes que disputam as tarefas entre si, é inevitável que só as consigam os mais aptos a cada gênero de atividade. A única causa que determina, então, a maneira como o trabalho se divide é a diversidade das capacidades. Pela força das coisas, a divisão se dá, pois, no sentido das aptidões, pois não há razão para que ela se produza de outra maneira. Realiza-se assim, por si mesma, a harmonia entre a constituição de cada indivíduo e sua condição. Dir-se-á que nem sempre é o bastante para contentar os homens; que há homens cujos desejos sempre superam suas faculdades. É verdade; mas são casos excepcionais e, podemos dizer, mórbidos. Normalmente, o homem fica feliz ao consumar sua natureza; suas necessidades se acham proporcionadas a seus meios. Assim, no organismo, cada órgão só reclama uma quantidade de alimentos proporcional à sua dignidade.

A divisão do trabalho forçada é, pois, o segundo tipo mórbido que reconhecemos. Mas é preciso não se enganar sobre o sentido dessa palavra. O que faz a coerção não é qualquer espécie de regulamentação, pois, ao contrário, como acabamos de ver, a divisão do trabalho não pode dispensar uma regulamentação. Mesmo que as funções se dividam de acordo com regras preestabelecidas, a divisão não é necessariamente o efeito de uma coerção. É o que se dá mesmo sob o regime das castas, enquanto ele está fundado na natureza da sociedade. De fato, essa instituição não é sempre e por toda parte arbitrária. Mas quando ela funciona numa sociedade de maneira regular e sem resistência, é porque exprime, pelo menos em linhas gerais, a maneira imutável como se distribuem as aptidões profissionais. É por isso que, embora as tarefas sejam em certa medida repartidas pela lei, cada órgão desempenha a sua espontaneamente. A coerção só começa quando a regulamentação, não correspondendo mais à verdadeira natureza das coisas e, em conseqüência, já não tendo base nos costumes, só se sustenta pela força.

Inversamente, podemos dizer, portanto, que a divisão do trabalho só produz a solidariedade se for espontânea e na medida em que for espontânea. Mas, por espontaneidade, deve-se entender a ausência, não apenas de qualquer violência expressa e formal, mas de tudo o que pode tolher, mesmo indiretamente, a livre expansão da força social que cada um traz em si. A espontaneidade supõe não apenas que os indivíduos não sejam relegados à força a funções determinadas, mas também que nenhum obstáculo, de qualquer natureza, os impeça de ocupar, no âmbito social, a posição proporcional a suas faculdades. Numa palavra, o trabalho só se divide espontaneamente se a sociedade for constituída de maneira que as desigualdades sociais exprimam exatamente as desigualdades naturais. Ora, para tanto, é necessário e basta que estas últimas não sejam nem realçadas, nem depreciadas por alguma causa externa. Portanto, a espontaneidade perfeita nada mais é que uma conseqüência e uma outra forma deste outro fato: a absoluta igualdade nas condições exteriores da luta. Ela consiste não num estado de anarquia que permitiria aos homens satisfazerem livremente a todas as suas tendências, boas ou más, mas numa organização inteligente em que cada valor social, não sendo exagerado nem num sentido, nem noutro, por nada que lhe fosse estranho, seria estimado a seu justo preço. Objetar-se-á que, mesmo nessas condições, ainda há luta, em conseqüência vencedores e vencidos, e que estes últimos nunca aceitarão sua derrota senão por coerção. Mas essa coerção não se assemelha à outra e só tem em comum com ela o nome: o que constitui a coerção propriamente dita é o fato de que a própria luta é impossível, é que sequer se deixe um combater.

É verdade que essa espontaneidade perfeita não é encontrada em parte alguma como fato realizado. Não há sociedade em que ela seja pura. Se a instituição das castas corresponde à repartição natural das capacidades, isso só se dá de uma maneira aproximada e, em suma, grosseira. De fato, a hereditariedade nunca age com tal precisão que, mesmo onde encontra as condições mais favoráveis à sua influência, as crianças repitam identicamente os pais. Sempre há exceções à regra e, por conseguinte, casos em que o indivíduo não está em harmonia com as funções que lhe são atribuídas. Essas discordâncias se tornam mais numerosas à medida que a sociedade se desenvolve, até o dia em que os marcos, tornando-se demasiado estreitos, são superados. Depois de desaparecer juridicamente, o regime das castas sobrevive a si mesmo nos costumes, graças à persistência de certos preconceitos, certo favor se prende a uns, certo desfavor a outros, independentemente de seus méritos. Enfim, mesmo que, por assim dizer, não reste mais nenhum resquício de todos esses vestígios do passado, a transmissão hereditária da riqueza basta para tornar bastante desiguais as condições exteriores em que a luta é travada; pois ela constitui, em benefício de alguns, vantagens que não correspondem necessariamente a seu valor pessoal. Mesmo hoje e entre os povos mais cultos, há carreiras que são ou totalmente fechadas, ou de mais difícil acesso aos deserdados da fortuna. Portanto, poderia parecer que não se tem o direito de considerar normal uma característica que a divisão do trabalho nunca apresenta no estado de pureza, se não se percebesse, de outro lado, que quanto mais subimos na escala social, mais o tipo segmentário desaparece sob o tipo organizado, mais também essas desigualdades tendem a se nivelar completamente.

De fato, o declínio progressivo das castas, a partir do momento em que a divisão do trabalho se estabeleceu, é uma lei da história; porque, como são ligadas à organização político-familiar, elas regridem necessariamente com essa organização. Os preconceitos a que deram origem e que deixam atrás de si não sobrevivem indefinidamente a elas, mas extinguem-se pouco a pouco. Os empregos públicos são cada vez mais livremente abertos a todo o mundo, sem condição de fortuna. Enfim, mesmo esta última desigualdade, que vem do fato de haver ricos e pobres de nascimento, sem desaparecer completamente, é pelo menos um pouco atenuada. A sociedade esforça-se por reduzi-la na medida do possível, assistindo por diversos meios os que se encontram numa situação demasiado desvantajosa e ajudando-os a dela sair. Ela atesta, assim, que se sente obrigada a abrir espaço para todos os méritos e que reconhece como injusta uma inferioridade que não é pessoalmente merecida. Mas o que manifesta melhor ainda essa tendência é a crença, hoje tão difundida, de que a igualdade se torna cada vez maior entre os cidadãos e que é justo ela se tornar maior. Um sentimento tão geral como esse não poderia ser pura ilusão, mas deve exprimir, de maneira confusa, algum aspecto da realidade. Por outro lado, como os progressos da divisão do trabalho implicam, ao contrário, uma desigualdade sempre crescente, a igualdade cuja necessidade é assim afirmada pela consciência pública só pode ser aquela de que falamos, a saber, a igualdade nas condições exteriores da luta.

É fácil compreender, por sinal, o que torna necessário esse nivelamento. De fato, acabamos de ver que qualquer desigualdade exterior compromete a solidariedade orgânica. Esse resultado nada tem de muito desastroso para as sociedades inferiores, nas quais a solidariedade é assegurada sobretudo pela comunidade das crenças e dos sentimentos. De fato, por mais tensos que nela possam ser os vínculos derivados da divisão do trabalho, como não são eles que prendem mais fortemente o indivíduo à sociedade, a coesão social não é ameaçada por isso. O mal-estar que resulta das aspirações contrariadas não basta para virar os que sofrem com isso contra a ordem social que é sua causa, pois eles se apegam a essa ordem, não por nela encontrarem o campo necessário ao desenvolvimento da sua atividade profissional, mas porque ela resume, a seu ver, uma multidão de crenças e de práticas de que vivem. Apegam-se a ela, porque toda a sua vida interior é ligada a ela, porque todas as suas convicções a supõem, porque, servindo de base para a ordem moral e religiosa, ela se lhes apresenta como sagrada. Atritos privados e de natureza temporal são, evidentemente, demasiado leves para abalar estados de consciência que conservam dessa origem uma força excepcional. De resto, como a vida profisisonal é pouco desenvolvida, esses atritos são intermitentes. Por todas essas razões, são fracamente sentidos. Portanto, é fácil acostumar-se a eles; chega-se a achar essas desigualdades não só toleráveis, mas até naturais.

É o contrário que se produz quando a solidariedade orgânica se torna predominante, pois, então, tudo o que a afrouxa atinge o vínculo social em sua parte vital. Primeiro, como, nessas condições, as atividades especiais se exercem de maneira mais ou menos contínua, elas não podem ser contrariadas sem que disso resultem sofrimentos de todos os instantes. Em seguida, como a consciência coletiva se enfraquece, os atritos que assim se produzem não podem mais ser tão completamente neutralizados. Os sentimentos comuns não têm mais a mesma força para manter, apesar de tudo, o indivíduo preso ao grupo; as tendências subversivas, já não tendo o mesmo contrapeso, se manifestam mais facilmente. Perdendo cada vez mais o caráter transcendente que a colocava como que numa esfera superior aos interesses humanos, a organização social não tem mais a mesma força de resistência, ao mesmo tempo que é mais atacada; obra totalmente humana, ela não pode mais se opor tão bem às reivindicações humanas. No mesmo momento em que o fluxo se torna mais violento, o dique que o continha é abalado; portanto, ele se mostra muito mais perigoso. Eis por que, nas sociedades organizadas, é indispensável que a divisão do trabalho se aproxime cada vez mais desse ideal de espontaneidade que acabamos de definir. Se elas se esforçam, e devem se esforçar, para eliminar na medida do possível as desigualdades exteriores, não é apenas porque essa empresa é bela, mas porque sua existência está comprometida no problema. Pois elas só se podem manter se todas as partes que as formam são solidárias, e a solidariedade só é possível com essa condição. Por isso, pode-se prever que essa obra de justiça tornar-se-á cada vez mais completa, à medida que o tipo organizado se desenvolve. Por mais importantes que sejam os progressos realizados nesse sentido, verossimilmente eles só proporcionam uma tênue idéia dos que serão consumados.

II

A igualdade nas condições exteriores da luta não é apenas necessária para prender cada indivíduo à sua função, mas também para ligar as funções umas às outras.

De fato, as relações contratuais se desenvolvem necessariamente com a divisão do trabalho, pois esta não é possível sem a troca, de que o contrato é a forma jurídica. Em outras palavras, uma das variedades importantes da solidariedade orgânica é o que poderíamos chamar de solidariedade contratual. Sem dúvida, é errado acreditar que todas as relações sociais possam reduzir-se ao contrato, tanto mais que o contrato supõe algo mais que ele mesmo; há, no entanto, vínculos especiais que têm sua origem na vontade dos indivíduos. Há um consenso de certo gênero que se exprime nos contratos e que, nas espécies superiores, representa um fator importante do consenso geral. Portanto, é necessário que, nessas mesmas sociedades, a solidariedade contratual seja, na medida do possível, colocada ao abrigo de tudo o que a pode perturbar. Porque se, nas sociedades menos avançadas, a solidariedade contratual pode ser instável sem maiores inconvenientes, pelos motivos que dissemos, onde ela é uma das formas eminentes da solidariedade social, não pode ser ameaçada sem que a unidade do corpo social seja ameaçada ao mesmo tempo. Os conflitos que nascem dos contratos adquirem, pois, maior gravidade à medida que o próprio contrato adquire maior importância na vida geral. Por isso, enquanto há sociedades primitivas que não intervêm nem mesmo para resolvê-los[2], o direito contratual dos povos civilizados se torna cada vez mais volumoso; ora, seu único objetivo é assegurar o concurso regular das funções que entram em relações dessa maneira.

Para que esse resultado seja alcançado, porém, não basta que a autoridade pública zele para que os compromissos contratados sejam cumpridos; é preciso ainda, que, pelo menos na grande média dos casos, sejam espontaneamente cumpridos. Se os contratos só fossem observados pela força ou por medo da força, a solidariedade contratual seria singularmente precária. Uma ordem totalmente exterior dissimularia mal atritos tão gerais para poderem ser indefinidamente contidos. Mas, diz-se, para que esse perigo não precise ser temido, basta que os contratos sejam livremente consentidos. É verdade. Contudo, a dificuldade nem por isso está resolvida, pois o que constitui o livre consentimento? A aquiescência verbal ou escrita não é prova suficiente dele: alguém pode aquiescer apenas se forçado. Logo, é preciso que toda coerção esteja ausente; mas onde começa a coerção? Ela não consiste apenas no emprego direto da violência, pois a violência indireta suprime igualmente a liberdade. Se o compromisso que arranquei ao ameaçar alguém com a morte é moral e legalmente nulo, como seria ele válido se, para obtê-lo, aproveitei de uma situação, de que eu não era a causa, é verdade, mas que colocava outrem na necessidade de ceder a mim ou morrer?

Numa sociedade dada, cada objeto de troca tem, em cada momento, um valor determinado, que poderíamos chamar de seu valor social. Ele representa a quantidade de trabalho útil que contém. Deve-se entender com isso não o trabalho integral que pode ter custado, mas a parte dessa energia capaz de produzir efeitos sociais úteis, isto é, que correspondam a necessidades normais. Conquanto tal grandeza não possa ser calculada matematicamente, nem por isso ela é menos real. Percebe-se facilmente até as principais condições em função das quais ela varia; é, antes de mais nada, a soma de esforços necessários à produção do objeto, a intensidade das necessidades a que satisfaz e, enfim, a extensão da satisfação que proporciona. De fato, é em torno desse ponto que oscila o valor médio; esse valor só se afasta dele sob a influência de fatores anormais e, nesse caso, a consciência pública tem geralmente um sentimento mais ou menos vivo dessa defasagem. Ela acha injusta toda troca em que o preço do objeto não tem relação com a fadiga que custa e os serviços que presta.

Colocada essa definição, diremos que o contrato só é plenamente consentido se os serviços trocados possuírem um valor social equivalente. Nessas condições, com efeito, cada um recebe a coisa que deseja e entrega a que dá em troca pelo que ambas valem. Esse equilíbrio das vontades, que o contrato constata e consagra, produz-se e se mantém por si mesmo, portanto, pois não é mais que uma conseqüência e uma outra forma do próprio equilíbrio das coisas. É verdadeiramente espontâneo. É verdade que, algumas vezes, desejamos receber, pelo produto que cedemos, mais do que ele vale; nossas ambições são ilimitadas e, por conseguinte, só se moderam por conterem-se mutuamente. Mas essa coerção, que nos impede de satisfazer sem comedimento nossos desejos, mesmo os mais desregrados, não poderia ser confundida com a que nos priva dos meios de obter a justa remuneração de nosso trabalho. A primeira não existe para o homem sadio. Somente a segunda merece ser chamada por esse nome; apenas ela altera o consentimento. Ora, ela não existe no caso que acabamos de mencionar. Se, ao contrário, os valores trocados não se contrabalançam, só podem equilibrar-se se alguma força exterior é posta na balança. Ambas as partes são lesadas; as vontades só puderam ser postas de acordo se uma delas sofreu uma pressão direta ou indireta, e essa pressão constitui uma violência. Numa palavra, para que a força obrigatória do contrato seja plena, não basta que ele tenha sido objeto de um assentimento expresso; é necessário, além disso, que seja justo, e ele não é justo pelo simples fato de ter sido verbalmente consentido. Uma simples manifestação do sujeito não seria capaz de engendrar, por si só, esse poder vinculatório que é inerente às convenções; pelo menos, para que o consentimento tenha essa virtude, é necessário que repouse num fundamento objetivo.

A condição necessária e suficiente para que essa equivalência seja a regra dos contratos é que os contratantes sejam postos em condições exteriores iguais. De fato, como a apreciação das coisas não pode ser determinada *a priori*, mas decorre das próprias trocas, é necessário que os indivíduos que trocam não tenham, para fazer apreciar o que seu trabalho vale, outra força além da que extraem de seu mérito social. Com efeito, dessa maneira, os valores das coisas correspondem exatamente aos serviços que elas prestam e à fadiga que custam; porque qualquer outro fator capaz de fazê-los variar é, por hipótese, eliminado. Sem dúvida, seu mérito desigual sempre redundará em situações desiguais para os homens na sociedade; mas essas desigualdades só em aparência são exteriores, pois apenas traduzem exteriormente desigualdades internas. Portanto, elas não têm sobre a determinação dos valores outra influência além da de estabelecer entre estas últimas uma graduação paralela à hierarquia das funções sociais. As coisas deixam de ser assim se alguns recebem de alguma outra fonte um suplemento de energia, pois esta tem necessariamente por efeito deslocar o ponto de equilíbrio, e é claro que esse deslocamento é independente do valor social das coisas. Qualquer superioridade tem seu reflexo sobre a maneira como os contratos se formam; portanto, se ela não depende da pessoa dos indivíduos, de seus serviços sociais, ela deforma as condições morais da troca. Se uma classe da sociedade é obrigada, para viver, a impor a qualquer preço seus serviços, enquanto a outra pode privar-se deles, graças aos recursos de que dispõe e que, no entanto, não são necessariamente devidos a alguma superioridade social, a segunda impõe-se injustamente à primeira. Em outras palavras, não pode haver ricos e pobres de nascimento sem que haja contratos injustos. Com maior razão, assim acontecia quando a própria condição social era hereditária e o direito consagrava toda sorte de desigualdades.

Mas essas injustiças não são fortemente sentidas enquanto as relações contratuais são pouco desenvolvidas e a consciência coletiva é forte. Em conseqüência da raridade dos contratos, elas têm menos oportunidades de se produzir e, sobretudo, as crenças comuns neutralizam seus efeitos. A sociedade não sofre com elas porque não está em perigo por isso. Mas, à medida que o trabalho se divide e que a fé social se debilita, elas se tornam mais insuportáveis, porque as circunstâncias que lhes dão origem retornam com maior freqüência e, também, porque os sentimentos que elas despertam não podem mais ser tão completamente temperados por sentimentos contrários. É isso que atesta a história do direito contratual, que tende cada vez mais a negar qualquer valor às convenções em que os contratantes se encontram em situações demasiado desiguais.

Originalmente, todo contrato firmado de acordo com as normas tem força obrigatória, como quer que tenha sido obtido. O consentimento não é sequer seu fator primordial. O acordo das vontades não basta para ligá-las, e os vínculos formados não resultam diretamente desse acordo. Para que o contrato exista, é necessário e suficiente que certas cerimônias sejam consumadas, que certas palavras sejam pronunciadas, e a natureza dos compromissos é determinada não pela intenção das partes, mas pelas fórmulas empregadas[3]. O contrato consensual só aparece numa época relativamente recente[4]. É um primeiro progresso no sentido da justiça. Mas, durante muito tempo, o consentimento, que bastava para validar os pactos, pôde ser imperfeito, isto é, extorquido pela força ou pela fraude. Foi bem tarde que o pretor romano concedeu às vítimas das espertezas e da violência a *ação de dolo* e a *ação quod metus causa*[5]; mas a violência só existia legalmente se tivesse havido ameaça de morte ou de suplícios corporais[6]. Nosso direito tornou-se mais exigente sobre esse ponto. Ao mesmo tempo, a lesão, devidamente estabelecida, foi admitida entre as causas que podem, em certos casos, viciar os contratos[7]. Não é, de resto, por essa razão que todos os povos civilizados se recusam a reconhecer o contrato de usura? É que, de fato, ele supõe que um dos contratantes fica totalmente à mercê do outro. Enfim, a moral comum condena mais severamente ainda qualquer espécie de contrato leonino, em que uma das partes é explorada pela outra, por ser a mais fraca e não receber o justo preço por seu esforço. A consciência pública reclama de maneira cada vez mais insistente uma exata reciprocidade nos serviços trocados e, reconhecendo apenas uma forma obrigatória reduzidíssima para as convenções que não preenchem esse requisito fundamental de qualquer justiça, ela se mostra muito mais indulgente do que a lei para com os que as violam.

É aos economistas que cabe o mérito de terem sido os primeiros a assinalar o caráter espontâneo da vida social, de terem mostrado que a coerção necessariamente a desvia de sua direção natural e que, normalmente, ela resulta não de arranjos externos e impostos, mas de uma livre elaboração interna. A esse título, prestaram um importante serviço à ciência da moral, mas enganaram-se quanto à natureza dessa liberdade. Como vêem nela um atributo constitutivo do indivíduo em si, ela lhes parece existir por inteiro no estado natural, fazendo-se abstração de qualquer sociedade. Segundo eles, a ação social nada tem, pois, a lhe acrescentar; tudo o que ela pode e deve fazer é regular seu funcionamento exterior de maneira que as liberdades concorrentes não se prejudiquem mutuamente. Mas se ela não se encerra estritamente nesses limites, invade o domínio legítimo delas e o diminui.

Contudo, além de ser falso que toda regulamentação é produto da coerção, ocorre que a própria liberdade é produto de uma regulamentação. Longe de ser uma espécie de antagonista da ação social, dela resulta. Ela é tão pouco uma propriedade inerente ao estado natural, que é, ao contrário, uma conquista da sociedade sobre a natureza. Naturalmente, os homens são desiguais em força física; eles são colocados em condições externas desigualmente vantajosas, a própria vida doméstica, com a hereditariedade dos bens que implica e as desigualdades que daí derivam é, de todas as formas da vida social, a que depende mais estritamente de causas naturais, e acabamos de ver que todas essas desigualdades são a negação mesma da liberdade. Enfim, o que constitui a liberdade é a subordinação das forças exteriores às forças sociais; pois é apenas com essa condição que estas últimas podem se desenvolver livremente. Ora, essa subordinação é muito mais a inversão da ordem natural[8]. Portanto, ela só se pode realizar progressivamente, à medida que o homem se eleva acima das coisas para impor-se a elas, para despojá-las de seu caráter fortuito, absurdo, amoral, isto é, na medida em que ele se torna um ser social. Porque ele não pode escapar da natureza senão criando outro mundo, do qual a domina, e esse mundo é a sociedade[9].

A tarefa das sociedades mais avançadas é, portanto, podemos dizer, uma obra de justiça. Que, de fato, elas sintam necessidade de se orientar nesse sentido, foi o que já mostramos e o que nos prova a experiência de cada dia. Do mesmo modo que o ideal das sociedades inferiores era criar ou manter a vida comum mais intensa possível, em que o indivíduo viesse se absorver, o nosso é colocar cada vez mais eqüidade em nossas relações sociais, a fim de garantir o livre desenvolvimento de todas as forças socialmente úteis. No entanto, quando pensamos que, durante séculos, os homens se contentaram com uma justiça muito menos perfeita, perguntamo-nos se essas aspirações não se deveriam, talvez, a impaciências sem motivo, se não representam muito mais um desvio do estado normal do que uma antecipação do estado normal por vir, se, numa palavra, o meio de curar o mal cuja existência revelam é satisfazê-las ou combatê-las. As proposições estabelecidas nos livros precedentes permitiram-nos responder com precisão a essa questão que nos preocupa. Não há necessidades mais bem fundamentadas do que essas tendências, pois elas são uma conseqüência necessária das mudanças que se produziram na estrutura das sociedades. Como o tipo segmentário desaparece e o tipo organizado se desenvolve, como a solidariedade orgânica substitui pouco a pouco a que resulta das semelhanças, é indispensável que as condições externas se nivelem. A harmonia das funções e, por conseguinte, a existência têm esse preço. Do mesmo modo que os povos antigos tinham, antes de mais nada, necessidade da fé comum para viver, nós necessitamos de justiça, e pode-se ter certeza de que essa necessidade tornar-se-á cada vez mais exigente se, como tudo faz prever, as condições que dominam a evolução social permanecerem idênticas.

CAPÍTULO III

OUTRA FORMA ANORMAL

Resta-nos descrever uma última forma anormal.

Acontece com freqüência, numa empresa comercial, industrial ou outra, que as funções sejam distribuídas de tal sorte que não proporcionam matéria suficiente para a atividade dos indivíduos. É evidente que há, nisso, uma deplorável perda de forças, mas não nos cabe tratar aqui do lado econômico do fenômeno. O que deve nos interessar é outro fato que sempre acompanha esse desperdício, a saber, uma descoordenação mais ou menos grande dessas funções. De fato, sabe-se que, numa administração em que cada empregado não tem com que se ocupar o suficiente, os movimentos se ajustam mal entre si, as operações se fazem sem conjunto, numa palavra, a solidariedade se afrouxa, a incoerência e a desordem aparecem. Na corte do Baixo Império, as funções eram especializadas ao infinito, e no entanto disso resultava uma verdadeira anarquia. Temos, assim, casos em que a divisão do trabalho, levada muito longe, produz uma integração bastante imperfeita. De onde vem isso? Seríamos tentados a responder que o que falta é um órgão regulador, uma direção. A explicação é pouco satisfatória, porque, com freqüência, esse estado doentio é obra do próprio poder dirigente. Para que o mal desapareça, não basta, pois, haver uma ação reguladora, é necessário que ela se exerça de certo modo. E sabemos de que maneira ela se exercerá. O primeiro cuidado de um chefe inteligente e experiente será suprimir os empregos inúteis, distribuir o trabalho de maneira que cada um fique suficientemente ocupado, aumentar por conseguinte a atividade funcional de cada trabalhador, e a ordem renascerá espontaneamente, ao mesmo tempo que o trabalho será mais economicamente organizado. Como isso acontece? É difícil percebê-lo à primeira vista. Pois, enfim, se cada funcionário tem uma tarefa bem determinada, se a desempenha com exatidão, necessitará imprescindivelmente dos funcionários vizinhos e não poderá deixar de sentir-se solidário destes. Que importa que essa tarefa seja pequena ou grande, contanto que seja especial? Que importa que essa absorva ou não seu tempo e suas forças?

Ao contrário, importa muito. Porque, de fato, de um modo geral, a solidariedade depende estreitamente da atividade funcional das partes especializadas. Esses dois termos variam um de acordo com o outro. Onde são frouxas, as funções, mesmo que especiais, se coordenam mal entre si e sentem de maneira incompleta sua dependência mútua. Alguns exemplos vão tornar esse fato bastante sensível. Num homem, "a sufocação opõe uma resistência à passagem do sangue através dos capilares, e esse obstáculo é seguido de uma congestão e de parada cardíaca; em alguns segundos, produz-se uma grande perturbação em todo o organismo e ao cabo de um ou dois minutos as funções cessam"[1]. Portanto, a vida inteira depende intimamente da respiração. Mas, numa rã, a respiração pode ser suspensa por muito tempo sem acarretar nenhuma desordem, seja porque lhe baste o arejamento do sangue que se efetua através da pele, seja até porque ela fique inteiramente privada de ar respirável e se contente com o oxigênio armazenado em seus tecidos. Há, pois, uma grande independência e, por conseguinte, uma solidariedade imperfeita entre a função de respiração da rã e as outras funções do organismo, pois estas podem subsistir sem o socorro daquelas. Esse resultado se deve ao fato de que os tecidos da rã, tendo uma atividade funcional menor do que os do homem, também têm menor necessidade de renovar seu oxigênio e de se desembaraçar do ácido carbônico produzido por sua combustão. Do mesmo modo, um mamífero precisa alimentar-se com grande regularidade; o ritmo da sua respiração, no estado normal, permanece sensivelmente o mesmo; seus períodos de repouso nunca são muito longos; em outras palavras, suas funções respiratórias, suas funções de nutrição, suas funções de relação são incessantemente necessárias umas às outras e ao organismo inteiro, a tal ponto que nenhuma delas pode permanecer suspensa por muito tempo sem perigo para as outras e para a vida geral. A cobra, ao contrário, só se alimenta entre longuíssimos intervalos; seus períodos de atividade e de torpor são muito distantes um do outro; sua respiração, bastante aparente em certos momentos, é quase nula às vezes, ou seja, suas funções não são intimamente ligadas, mas podem isolar-se umas das outras sem inconveniente. A causa disso está em que sua atividade funcional é menor que a dos mamíferos. Sendo o dispêndio dos tecidos menor, eles necessitam menos de oxigênio; sendo o desgaste menor, as reparações são necessárias com menor freqüência, assim como os movimentos destinados a perseguir uma presa e pegá-la. Spencer, aliás, observa que encontramos na natureza não organizada exemplos do mesmo fenômeno. "Eis uma máquina complicadíssima, cujas partes não estão bem ajustadas, ou ficaram frouxas demais em conseqüência do desgaste; examinem-na quando parar", sugere. "Observarão certas irregularidades de movimento perto do momento em que chega ao repouso: algumas partes param antes, põem-se de novo em movimento por efeito da continuação do movimento das outras, e então tornam-se, por sua vez, causas de renovação do movimento nas outras partes que haviam parado de se mover. Em outras palavras, quando as mudanças rítmicas da máquina são rápidas, as ações e as reações que exercem umas sobre as outras são regulares e todos os movimentos são bem integrados; mas, à medida que a velocidade diminui, produzem-se irregularidades, os movimentos se desintegram."[2]

O que faz que qualquer aumento da atividade funcional determine um aumento de solidariedade é o fato de que as funções de um organismo só podem tornar-se mais ativas se também se tornarem mais contínuas. Considerem uma em particular. Como ela nada pode fazer sem o concurso das outras, só pode produzir mais se as outras também o fizerem; mas o rendimento destas só pode aumentar, por seu turno, se o da precedente aumentar mais uma vez, por uma nova reação. Todo aumento de atividade de uma função, por implicar um aumento correspondente das funções solidárias, implica um novo aumento da primeira, o que só é possível se esta se tornar mais contínua. É claro, de resto, que essas reações não se produzem indefinidamente, mas chega um momento em que o equilíbrio torna a se estabelecer. Se os músculos e os nervos trabalharem mais, ser-lhes-á necessária uma alimentação mais rica, que o estômago lhes fornecerá, contanto que funcione de maneira mais ativa;

mas, para tanto, será necessário que ele receba mais materiais nutritivos a elaborar, e esses materiais só poderão ser obtidos por um novo dispêndio de energia nervosa ou muscular. Uma produção industrial maior requer a imobilização de uma maior quantidade de capital na forma de máquinas; mas esse capital, por sua vez, para poder manter-se, reparar suas perdas, isto é, pagar o preço de seu aluguel, requer uma produção industrial maior. Quando o movimento que anima todas as partes de uma máquina é muito rápido, é ininterrupto porque passa sem parar de umas às outras. Elas se movimentam mutuamente, por assim dizer. Se, além disso, não é apenas uma função isolada, mas todas ao mesmo tempo que se tornam mais ativas, a continuidade de cada uma delas aumentará ainda mais.

Em conseqüência, elas serão mais solidárias. De fato, sendo mais contínuas, elas se encontram em relação de uma maneira mais seguida e têm continuamente necessidade umas das outras. Portanto, elas sentem melhor sua dependência. Sob o reinado da grande indústria, o empresário é mais dependente dos operários, contanto que estes saibam agir de maneira concertada, pois as greves, parando a produção, impedem que o capital se mantenha. Mas o operário também pode ficar menos facilmente sem trabalhar, porque suas necessidades aumentaram com seu trabalho. Quando, ao contrário, a atividade é menor, as necessidades são mais intermitentes, o que também se dá com as relações que unem as funções. Só de vez em quando sentem sua solidariedade, que por isso mesmo é mais frouxa.

Portanto, se o trabalho fornecido não apenas não é considerável, mas além disso não é suficiente, é natural que a própria solidariedade não apenas seja menos perfeita, conforme falte mais ou menos. É o que acontece nas empresas em que as tarefas são partilhadas de tal sorte que a atividade de cada trabalhador seja reduzida abaixo do que deveria ser normalmente. As diferentes funções são, então, por demais descontínuas para que possam se ajustar exatamente umas às outras e caminhar sempre em harmonia. Eis de onde vem a incoerência que constatamos.

Mas são necessárias circunstâncias excepcionais para que a divisão do trabalho se faça dessa maneira. Normalmente, ela não se desenvolve sem que a atividade funcional cresça ao mesmo tempo e na mesma medida. De fato, as mesmas causas que nos obrigam a nos especializar mais também nos obrigam a trabalhar mais. Quando o número dos concorrentes aumenta no conjunto da sociedade, também aumenta em cada profissão em particular; a luta se torna mais viva e, por conseguinte, são necessários mais esforços para poder sustentá-la. Além disso, a divisão do trabalho tende por si mesma a tornar as funções mais ativas e mais contínuas. Os economistas explicaram, desde há muito, as razões desse fenômeno. Eis as principais:

1.º Quando os trabalhos não são divididos, é necessário deslocar-se sem cessar, passar de uma ocupação a outra. A divisão do trabalho economiza todo esse tempo perdido; segundo a expressão de Karl Marx, ela estreita os poros da jornada de trabalho.

2.º A atividade funcional aumenta com a habilidade, com o talento do trabalhador, que a divisão do trabalho desenvolve; menos tempo é gasto em hesitações e experimentações.

O sociólogo americano Carey ressaltou muito bem essa característica da divisão do trabalho: "Não pode haver continuidade nos movimentos do colono isolado", afirma. "Dependendo para sua subsistência de sua força de apropriação e sendo forçado a percorrer superfícies imensas de terreno, corre com freqüência o risco de morrer por falta de comida. Mesmo que consiga obtê-la, é forçado a suspender suas buscas e a pensar em efetuar as mudanças de residência indispensáveis para transportar, ao mesmo tempo, seus víveres, sua miserável habitação e ele mesmo. Chegando aí, é forçado a se tornar sucessivamente cozinheiro, alfaiate... Privado do auxílio da luz artificial, suas noites são completamente ociosas, ao mesmo tempo em que a capacidade de dar a seus dias um uso proveitoso depende completamente dos acasos do tempo. Mas, ao descobrir, enfim, que tem um vizinho[3], ocorrem trocas entre eles; mas, como ambos ocupam partes diferentes da ilha, são forçados a se aproximar exatamente como as pedras com ajuda das quais moem o trigo... Além disso, quando se encontram, apresentam-se dificuldades para fixarem as condições do comércio, devido à irregularidade do aprovisionamento dos diferentes gêneros de que desejam desfazer-se. O pescador teve sorte e pescou uma grande quantidade de peixes, mas o acaso permitiu que o caçador conseguisse peixes, de modo que, nesse momento, ele só necessita de frutas, e o pescador não as possui. Como a diferença é indispensável para a associação, nós o sabemos, a ausência dessa condição proporcionaria nesse caso, para a associação, um obstáculo difícil de superar.

"No entanto, com o tempo, a riqueza e a população se desenvolvem e, com esse desenvolvimento, manifesta-se um aumento no movimento da sociedade; então, o marido troca seus serviços por aqueles da mulher, os pais por aqueles dos filhos, e os filhos trocam serviços recíprocos: um fornece o peixe, outro a carne, um terceiro o trigo, enquanto um quarto transforma a lã em pano. A cada passo, constatamos um aumento da rapidez do movimento, ao mesmo tempo que um aumento da força, de parte do homem."[4]

Aliás, podemos observar, de fato, que o trabalho se torna mais contínuo à medida que se divide. Os animais e os selvagens trabalham da maneira mais casual, quando são levados pela necessidade de satisfazer a alguma necessidade imediata. Nas sociedades exclusivamente agrícolas e pastoris, o trabalho é quase todo suspenso durante a má estação. Em Roma, era interrompido por uma porção de festas ou de dias nefastos[5]. Na Idade Média, os dias de folga multiplicaram-se ainda mais[6]. No entanto, à medida que se avança, o trabalho se torna uma ocupação permanente, um hábito e até, se esse hábito for suficientemente consolidado, uma necessidade. Mas esse hábito não teria podido constituir-se e a necessidade correspondente não teria podido nascer, se o trabalho tivesse permanecido irregular e intermitente, como outrora.

Assim, somos levados a reconhecer uma nova razão que faz da divisão do trabalho uma fonte de coesão social. Não apenas ela torna os indivíduos solidários, como dissemos até aqui, porque limita a atividade de cada um, mas também porque a aumenta. Ela aumenta a unidade do organismo, pelo simples fato de que aumenta a sua vida; pelo menos, no estado normal, ela não produz um desses efeitos sem o outro.

CONCLUSÃO

I

Podemos agora resolver o problema prático que nos colocamos no início deste trabalho.

Se há uma regra de conduta cujo caráter moral não é contestado, é a que nos manda realizar em nós os traços essenciais do tipo coletivo. É nos povos inferiores que ela alcança seu máximo de rigor. Neles, o primeiro dever é se parecer com todo o mundo, nada ter de pessoal, nem em termos de crenças, nem em termos de práticas. Nas sociedades mais avançadas, as similitudes exigidas são menos numerosas; há, no entanto, algumas, conforme vimos, cuja ausência nos deixa em estado de falta moral. Sem dúvida, o crime conta menos categorias diferentes; mas, hoje, como outrora, se o criminoso é objeto da reprovação, é porque não é nosso semelhante. Do mesmo modo, num grau inferior, os atos simplesmente imorais e proibidos como tais são os que atestam dessemelhanças menos profundas, conquanto ainda graves.

Aliás, não é essa regra que a moral comum exprime, conquanto numa linguagem um pouco diferente, quando manda o homem ser um homem em toda a acepção da palavra, isto é, ter todas as idéias e todos os sentimentos que constituem uma consciência humana? Sem dúvida, se tomarmos essa fórmula ao pé da letra, o homem que ela nos manda ser seria o homem em geral, e não o de determinada espécie social. Mas, na realidade, essa consciência humana que devemos realizar integralmente em nós nada mais é que a consciência coletiva do grupo de que fazemos parte. Pois de que pode ela ser composta, senão das idéias e dos sentimentos a que somos mais apegados? Onde iríamos buscar os traços de nosso modelo, se não em nós e em torno de nós? Se acreditamos que esse ideal coletivo é o da humanidade inteira, é porque ele se tornou bastante abstrato e geral para parecer convir a todos os homens indistintamente. Mas, de fato, cada povo tem desse tipo presumidamente humano uma concepção particular, decorrente de seu temperamento pessoal. Cada um o representa à sua imagem. Mesmo o moralista que crê poder, pela força do pensamento, subtrair-se à influência das idéias ambientes, não seria capaz de consegui-lo; pois está impregnado delas e, não obstante o que faça, são elas que ele encontra como resultado de suas deduções. É por isso que cada nação tem sua escola de filosofia moral correspondente a seu caráter.

Por outro lado, mostramos que essa regra tinha por função prevenir qualquer abalo da consciência comum e, por conseguinte, da solidariedade social, e que ela só pode desempenhar esse papel se tiver um caráter moral. É impossível que as ofensas aos sentimentos coletivos mais fundamentais sejam toleradas sem que a sociedade se desintegre; mas é necessário que sejam combatidas com ajuda dessa reação particularmente enérgica que se prende às regras morais.

Ora, a regra contrária, que nos manda especializarnos, tem exatamente a mesma função. Ela também é necessária à coesão das sociedades, pelo menos a partir de certo momento de sua evolução. Sem dúvida, a solidariedade que ela assegura difere da precedente; mas, embora seja outra, não é menos indispensável. As sociedades superiores só se podem manter em equilíbrio se o trabalho for dividido; a atração do semelhante pelo semelhante basta cada vez menos para produzir esse efeito. Portanto, se o caráter moral da primeira dessas regras é necessário para que ela possa desempenhar seu papel, essa necessidade não é menor para a segunda. Ambas correspondem à mesma necessidade social e apenas a satisfazem de maneiras diferentes, porque as próprias condições de existência das sociedades diferem. Por conseguinte, sem que seja necessário especular sobre o fundamento primeiro da ética, podemos induzir o valor moral de uma do valor moral da outra. Se, sob certos pontos de vista, há entre elas um verdadeiro antagonismo, não é que elas sirvam a finalidades diferentes; ao contrário, é porque conduzem ao mesmo fim, mas por caminhos opostos. Em conseqüência, não é necessário escolher entre elas de uma vez por todas, nem condenar uma em nome da outra; o que é necessário é dar a cada uma, em cada momento da história, a importância que lhe convém.

Talvez possamos até generalizar mais.

As necessidades de nosso tema obrigaram-nos, de fato, a classificar as regras morais e a passar em revista suas espécies principais. Estamos, assim, em melhores condições do que no início para perceber, ou, pelo menos, para fazer conjeturas sobre, não mais apenas o signo exterior, mas o caráter interno que é comum a todas elas e que pode servir para defini-las. Dividimo-las em dois gêneros: as regras com sanção repressiva, seja difusa, seja organizada, e as regras com sanção restitutiva. Vimos que as primeiras exprimem as condições dessa solidariedade *sui generis* que deriva das semelhanças e à qual demos o nome de mecânica; as segundas, as da solidariedade negativa[1] e da solidariedade orgânica. Podemos dizer, pois, de maneira geral, que a característica das regras morais é que elas enunciam as condições fundamentais da solidariedade social. O direito e a moral são o conjunto de vínculos que nos prendem uns aos outros e à sociedade, que fazem da massa dos indivíduos um agregado e um todo coerente. É moral, pode-se dizer, tudo o que é fonte de solidariedade, tudo o que força o homem a contar com outrem, a reger seus movimentos com base em outra coisa que não os impulsos do seu egoísmo, e a moralidade é tanto mais sólida quanto mais numerosos e mais fortes são esses vínculos. Vê-se quão inexato é defini-la, como se faz com tanta freqüência, pela liberdade; ela consiste antes num estado de dependência. Longe de servir para emancipar o indivíduo, para separá-lo do meio que o envolve, ela tem como função essencial, ao contrário, torná-lo parte integrante de um todo e, por conseguinte, tirar-lhe parte da sua liberdade de movimento. Por vezes encontramos, é verdade, almas que não são desprovidas de nobreza e que, no entanto, acham intolerável a idéia dessa dependência. Mas é porque não percebem as fontes de que mana sua própria moralidade, porque essas fontes são demasiado profundas. A consciência é um mau juiz do que acontece no fundo do ser, porque não penetra nele.

Portanto, a sociedade não é, como se acreditou com freqüência, um acontecimento estranho à moral ou que tem sobre ela apenas repercussões secundárias; é, ao contrário, sua condição necessária. Não é uma simples justaposição de indivíduos que trazem, ao entrar, uma moralidade intrínseca; mas o homem só é um ser moral porque vive em sociedade, pois a moralidade consiste em ser solidário de um grupo e varia de acordo com essa solidariedade. Façam desaparecer toda vida social, e a vida moral desaparecerá ao mesmo tempo, não tendo mais objeto a que se prender. O estado natural dos filósofos do século XVIII, se não é imoral, é pelo menos *amoral*; é o que o próprio Rousseau reconhecia. Aliás, não voltamos, com isso, à fórmula que exprime a moral em função do interesse social. Sem dúvida, a sociedade não pode existir se suas partes não são solidárias; mas a solidariedade é apenas uma das suas condições de existência. Há várias outras que não são menos necessárias e que não são morais. Além disso, pode acontecer que, nessa rede de vínculos que constituem a moral, alguns não sejam úteis por si mesmos ou tenham uma força desproporcional a seu grau de utilidade. A idéia de útil não entra, pois, como elemento essencial em nossa definição.

Quanto ao que chamamos de moral individual, se entendermos por isso um conjunto de deveres de que o indivíduo seria, ao mesmo tempo, sujeito e objeto, que só o ligariam a si mesmo e que, por conseguinte, subsistiriam mesmo que ele fosse só, é uma concepção abstrata que não corresponde em nada à realidade. A moral, em todos os seus graus, nunca se encontrou senão no estado social, nunca variou senão em função de condições sociais. Portanto, é sair dos fatos e entrar no domínio das hipóteses gratuitas e das imaginações inverificáveis perguntar-se o que ela poderia tornar-se se as sociedades não existissem. Os deveres do indivíduo para consigo mesmo são, na realidade, deveres para com a sociedade;

eles correspondem a certos sentimentos coletivos que não se pode ofender, nem quando o ofensor e o ofendido são uma só e mesma pessoa, nem quando são dois seres distintos. Hoje, por exemplo, há em todas as consciências sadias um vivo sentimento de respeito pela dignidade humana, ao qual somos obrigados a conformar nossa conduta, tanto em nossas relações conosco mesmos como em nossas relações com outrem, e é nisso que reside o essencial da moral que chamamos de individual. Todo ato que contravém a ela é censurado, mesmo que o agente e o paciente do delito sejam uma só pessoa. Eis por que, segundo a fórmula kantiana, devemos respeitar a personalidade humana onde quer que ela se encontre, isto é, em nós como em nossos semelhantes. Isso porque o sentimento de que ela é objeto não é menos ofendido num caso como no outro.

Ora, não só a divisão do trabalho apresenta a característica pela qual definimos a moralidade, como tende cada vez mais a se tornar a condição essencial da solidariedade social. À medida que avançamos na evolução, os vínculos que prendem o indivíduo à sua família, ao solo natal, às tradições que o passado lhe legou, aos usos coletivos do grupo se distendem. Mais móvel, ele muda mais facilmente de meio, deixa os seus para ir viver em outro lugar uma vida mais autônoma, forma cada vez mais suas próprias idéias e sentimentos. Sem dúvida, nem toda consciência comum desaparece com isso; sempre permanecerá pelo menos esse culto da pessoa, da dignidade individual de que acabamos de falar e que, desde hoje, é o único centro de união de tantos espíritos. Mas quão pouca coisa é isso, sobretudo quando se pensa na extensão sempre crescente da vida social e, por repercussão, das consciências individuais! Porque, como estas se tornam mais volumosas, como a inteligência se torna mais rica e a atividade mais variada, para que a moralidade permaneça constante, isto é, para que o indivíduo permaneça fixado ao grupo com uma força simplesmente igual à de outrora, é necessário que os vínculos que o prendem a ele se tornem mais fortes e numerosos. Portanto, se não se formassem outros, além dos vínculos que derivam das semelhanças, o desaparecimento do tipo segmentário seria acompanhado de uma diminuição regular da moralidade. O homem já não seria suficientemente retido, já não sentiria o bastante à sua volta e acima dele essa pressão salutar da sociedade, que modera seu egoísmo e que faz dele um ser moral. Eis o que constitui o valor moral da divisão do trabalho. É que, por ela, o indivíduo retoma consciência de seu estado de dependência para com a sociedade; é dela que vêm as forças que o retêm e o contêm. Numa palavra, já que a divisão do trabalho se torna a fonte eminente da solidariedade social, ela se torna, ao mesmo tempo, a base da ordem moral.

Portanto, podemos dizer literalmente que, nas sociedades superiores, o dever não é estender nossa atividade na superfície, mas concentrá-la e especializá-la. Devemos limitar nosso horizonte, escolher uma tarefa definida e empenhar-nos nela de corpo e alma, em vez de fazermos de nosso ser uma espécie de obra de arte acabada, completa, que extrai todo o seu valor de si mesma, e não dos serviços que presta. Enfim, essa especialização deve ser levada tanto mais longe quanto mais elevada for a espécie da sociedade, sem que seja possível atribuir-lhe outro limite[2]. Sem dúvida, também devemos trabalhar para realizar em nós o tipo coletivo, na medida em que ele existe. Há sentimentos comuns, idéias comuns, sem os quais, como se diz, não se é um homem. A regra que nos manda especializar-nos permanece limitada pela regra contrária. Nossa conclusão não é que é bom levar a especialização o mais longe possível, mas tão longe quanto necessário. Quanto à parte a distribuir entre essas duas necessidades antagônicas, ela se determina pela experiência, não podendo ser calculada *a priori*. Basta-nos ter mostrado que a segunda não é de natureza diferente da primeira, mas que ela mesma é moral e que, ademais, esse dever se torna cada vez mais importante e mais premente, porque as qualidades gerais de que acabamos de falar são cada vez menos suficientes para socializar o indivíduo.

Portanto, não é sem razão que o sentimento público experimenta um distanciamento cada vez mais pronunciado em relação ao diletante e até mesmo a esses homens que, enamorados em demasia de uma cultura exclusivamente geral, recusam-se a se deixar apanhar inteiros nas malhas da organização profissional. Isso porque, de fato, eles não se prendem o bastante à sociedade, ou, se quiserem, a sociedade não os prende o bastante, eles lhe escapam e, precisamente porque não a sentem nem com a vivacidade, nem com a continuidade que seria necessária, não têm consciência de todas as obrigações que lhes impõe sua condição de seres sociais. Como o ideal geral a que se prendem é, pelos motivos que dissemos, formal e vacilante, não os pode puxar muito para fora deles mesmos. Ninguém se prende a grande coisa quando não tem um objetivo mais definido e, por conseguinte, não se pode elevar acima de um egoísmo mais ou menos refinado. Ao contrário, aquele que se dedicou a uma tarefa definida é, a cada instante, chamado ao sentimento da solidariedade comum pelos mil deveres da moral profissional[3].

II

Mas será que a divisão do trabalho, ao fazer de cada um de nós um ser incompleto, não acarreta uma diminuição da personalidade individual? É uma crítica que se lhe fez com freqüência.

Notemos, em primeiro lugar, que é difícil ver por que seria mais conforme à lógica da natureza humana desenvolver-se em superfície do que em profundidade. Por que uma atividade mais extensa, porém mais dispersa, seria superior a uma atividade mais concentrada, mas circunscrita? Por que haveria mais dignidade em sermos completos e medíocres do que em vivermos uma vida mais especial, porém mais intensa, sobretudo se nos é possível reencontrar o que assim estamos perdendo, por nossa associação com outros seres que possuem o que nos falta e que nos completam? Parte-se do princípio de que o homem deve realizar sua natureza de homem, consumar seu [οἰκεῖον ἔργον], como dizia Aristóteles. Mas essa natureza não permanece constante nos diferentes momentos da história; ela se modifica com as sociedades. Entre os povos inferiores, o ato próprio do homem é assemelhar-se a seus companheiros, realizar em si todos os traços do tipo coletivo que é confundido, então, mais ainda que hoje, com o tipo humano. Contudo, nas sociedades mais avançadas, sua natureza é, em grande parte, ser um órgão da sociedade, e seu ato próprio, por conseguinte, é representar seu papel de órgão.

Há mais: longe de ser prejudicada pelos progressos da especialização, a personalidade individual se desenvolve com a divisão do trabalho.

De fato, ser uma pessoa é ser uma fonte autônoma de ação. Portanto, o homem só adquire essa qualidade na medida em que há nele algo que lhe é próprio, só dele e que o individualiza, na medida em que ele é mais do que uma simples encarnação do tipo genérico da sua raça e de seu grupo. Dir-se-á que, seja como for, ele é dotado de livre arbítrio e que isso basta para fundar sua personalidade. Mas, seja essa liberdade o que for, objeto de tantas discussões, não é esse atributo metafísico, impessoal, invariável, que pode servir de base única para a personalidade concreta, empírica e variável dos indivíduos. Esta não poderia ser constituída pelo poder totalmente abstrato de escolher entre dois contrários; mas, além disso, é necessário que essa faculdade se exerça sobre fins e móveis próprios do agente. Em outras palavras, é necessário que os próprios materiais da sua consciência tenham um caráter pessoal. Ora, vimos no segundo livro desta obra que a divisão do trabalho se produz progressivamente, à medida que a própria divisão do trabalho progride. O desaparecimento do tipo segmentário, ao mesmo tempo que necessita de uma maior especialização, separa parcialmente a consciência individual do meio orgânico que a suporta, assim como do meio social que a envolve e, em conseqüência dessa dupla emancipação, o indivíduo se torna ainda mais um fator independente de sua própria conduta. A própria divisão do trabalho contribui para essa emancipação; porque as naturezas individuais, especializando-se, se tornam mais complexas e, por isso mesmo, são em parte subtraídas à ação coletiva e às influências hereditárias, que só se podem exercer sobre as coisas simples e gerais.

Portanto, é em conseqüência de uma verdadeira ilusão que se pôde crer, por vezes, que a personalidade era mais inteira enquanto a divisão do trabalho nela não havia penetrado. Sem dúvida, vendo de fora a diversidade de ocupações que abraça então o indivíduo, pode parecer que ele se desenvolve de uma maneira mais livre e mais completa. Porém, na realidade, essa atividade que ele manifesta não é sua. É a sociedade, é a raça que agem nele e por ele; ele é tão-só o intermediário pelo qual elas se realizam. Sua liberdade é apenas aparente e sua personalidade, de empréstimo. Como a vida dessas sociedades é, sob certos aspectos, menos regular, costuma-se imaginar que os talentos originais podem manifestar-se mais facilmente nelas, que é mais fácil para cada um seguir nelas seus gostos próprios, que é dado maior espaço à livre fantasia. Mas isso é esquecer que os sentimentos pessoais são raríssimos, então. Embora não voltem com a mesma periodicidade de hoje, os móveis que governam a conduta não deixam de ser coletivos, logo impessoais, o mesmo se dando com as ações que inspiram. Por outro lado, mostramos acima como a atividade se torna mais rica e mais intensa à medida que se torna mais especial[4].

Assim, os progressos da personalidade individual e os progressos da divisão do trabalho dependem de uma só e mesma causa. Portanto, é impossível querer uns sem querer os outros. Ora, ninguém contesta hoje o caráter obrigatório da regra que nos manda ser, e ser cada vez mais, uma pessoa.

Uma última consideração vai mostrar a que ponto a divisão do trabalho está ligada a toda a nossa vida moral.

É um sonho desde há muito afagado pelos homens o de conseguir, enfim, realizar nos fatos o ideal da fraternidade humana. Os povos anseiam por um estado em que a guerra não seria mais a lei das relações internacionais, em que as relações das sociedades entre si seriam regidas pacificamente, como já o são as dos indivíduos entre si, em que todos os homens colaborariam para a mesma obra e viveriam a mesma vida. Conquanto essas aspirações sejam em parte neutralizadas pelas que têm por objeto a sociedade particular de que fazemos parte, não deixam de ser vivacíssimas e adquirem cada vez mais força. Ora, elas só podem ser satisfeitas se todos os homens formarem uma mesma sociedade, submetida às mesmas leis. Porque, do mesmo modo que os conflitos privados só podem ser contidos pela ação reguladora da sociedade que envolve os indivíduos, os conflitos intersociais só podem ser contidos pela ação reguladora de uma sociedade que compreenda em seu seio todas as outras. A única força capaz de servir de moderadora para o egoísmo individual é a do grupo; a única que pode servir de moderadora para o egoísmo dos grupos é a de outro grupo que os englobe.

A rigor, uma vez colocado o problema nesses termos, é preciso reconhecer que esse ideal não se realizará integralmente tão cedo, porque há demasiadas diversidades intelectuais e morais entre os diferentes tipos sociais que coexistem na terra para que eles possam confraternizar no seio de uma mesma sociedade. O que é possível, porém, é que as sociedades de mesma espécie se agreguem, e é nesse sentido que parece orientar-se nossa evolução. Já vimos que tende a se formar, acima dos povos europeus, por um movimento espontâneo, uma sociedade européia que tem, desde já, algum sentimento de si e um começo de organização[5]. Se a formação de uma sociedade humana única é para sempre impossível – o que, todavia, não está demonstrado –[6], pelo menos a formação de sociedades cada vez mais vastas nos aproxima indefinidamente desse objetivo. Esses fatos não contradizem, de resto, em nada, a definição que demos da moralidade, porque, se nos apegamos à humanidade, e devemos apegar-nos, é por ela ser uma sociedade que está se realizando dessa maneira e de que somos solidários[7].

Ora, sabemos que sociedades mais vastas não se podem formar sem que a divisão do trabalho se desenvolva, porque não apenas elas não poderiam manter-se em equilíbrio sem uma maior especialização das funções, como, além disso, o aumento do número de concorrentes bastaria para produzir mecanicamente esse resultado; e isso tanto mais que o aumento de volume é, em geral, acompanhado de um aumento de densidade. Portanto, podemos formular a seguinte proposição: o ideal da fraternidade humana só se pode realizar na medida em que a divisão do trabalho progride. É preciso escolher: ou renunciar a nossos sonhos, se nos recusarmos a circunscrever ainda mais nossa atividade, ou então buscar sua realização, mas sob a condição que acabamos de assinalar.

III

Mas, se a divisão do trabalho produz a solidariedade, não é apenas porque ela faz de cada indivíduo um "trocador", como dizem os economistas[8]; é porque ela cria entre os homens todo um sistema de direitos e deveres que os ligam uns aos outros de maneira duradoura. Do mesmo modo que as similitudes sociais dão origem a um direito e a uma moral que as protegem, a divisão do trabalho dá origem a regras que asseguram o concurso pacífico e regular das funções divididas. Se os economistas acreditaram que ela engendraria uma solidariedade suficiente, como quer que esta se realizasse, e, em conseqüência, sustentaram que as sociedades humanas podiam e deviam resolver-se em associações puramente econômicas, é porque acreditaram que ela só afetava interesses individuais e temporários. Por conseguinte, para estimar os interesses em conflito e a maneira como devem se equilibrar, isto é, para determinar as condições em que a troca deve efetuar-se, somente os indivíduos são competentes. E, como esses interesses estão em perpétuo devir, não há espaço para nenhuma regulamentação permanente. Mas tal concepção é, sob todos os pontos de vista, inadequada aos fatos. A divisão do trabalho não põe em presença indivíduos, mas funções sociais. Ora, a sociedade está envolvida no jogo destas últimas: conforme concorram regularmente ou não, ela será sadia ou doente. Portanto, sua existência depende delas, e tanto mais intimamente quanto mais forem divididas. É por isso que ela não as pode deixar num estado de indeterminação – e, de resto, elas se determinam por si mesmas. Assim se formam essas regras cujo número aumenta à medida que o trabalho se divide e cuja ausência torna a solidariedade orgânica ou impossível, ou imperfeita.

Mas não basta haver regras; além disso, elas têm de ser justas e, para tanto, é necessário que as condições externas da concorrência sejam iguais. Se, por outro lado, recordarmos que a consciência coletiva se reduz cada vez mais ao culto do indivíduo, veremos que o que caracteriza a moral das sociedades organizadas, comparada com a das sociedades segmentárias, é que ela tem algo mais humano, portanto, mais racional. Ela não prende nossa atividade a finalidades que não nos concernem diretamente; ela não faz de nós os servidores de forças ideais e de natureza diferente da nossa, que seguem seus caminhos próprios sem se preocupar com os interesses dos homens. Ela nos pede apenas que sejamos ternos com nossos semelhantes e que sejamos justos, que cumpramos nossa tarefa, trabalhemos para que cada um seja convocado para a função que pode desempenhar melhor e receba o justo preço de seus esforços. As regras que a constituem não têm uma força coercitiva, que sufoca o livre exame; mas por serem muito mais feitas para nós e, em certo sentido, por nós, somos mais livres diante delas. Queremos compreendê-las e tememos menos mudá-las. Aliás, há que evitar achar insuficiente tal ideal, a pretexto de que é demasiado terra-a-terra e demasiado a nosso alcance. Um ideal não é mais elevado por ser mais transcendente, mas porque nos prepara perspectivas mais vastas. O que importa não é que ele paira muito acima de nós, a ponto de se nos tornar estranho, mas que abra à nossa atividade uma carreira bastante longa – e ele está longe de se realizar. Sabemos perfeitamente que é uma obra árdua edificar essa sociedade em que cada indivíduo terá o lugar que merece, será recompensado como merece, em que todo o mundo, em conseqüência, concorrerá espontaneamente para o bem de todos e de cada um. Do mesmo modo, uma moral não está acima de outra por comandar de maneira mais seca e autoritária, por escapar mais da reflexão. Sem dúvida, ela tem de nos prender a algo mais que nós mesmos; mas não é necessário que ela nos agrilhoe até nos imobilizar.

Disseram[9] com razão que a moral – e por moral há que entender não apenas as doutrinas, mas também os costumes – passava por uma crise terrível. O que precede pode nos ajudar a compreender a natureza e as causas desse estado doentio. Mudanças profundas produziram-se, e em pouquíssimo tempo, na estrutura de nossas sociedades; elas se emanciparam do tipo segmentário com uma rapidez e em proporções de que não encontramos outro exemplo na história. Em conseqüência, a moral que corresponde a esse tipo social regrediu, mas sem que a outra se desenvolvesse depressa o bastante para ocupar o terreno que a primeira deixava vazio em nossas consciências. Nossa fé turvou-se; a tradição perdeu seu império; o juízo individual emancipou-se do juízo coletivo. Mas, de outro lado, as funções que se dissociaram no curso da tormenta não tiveram tempo de se ajustar umas às outras, a nova vida que se desprendeu como que de repente não pôde se organizar completamente e, sobretudo, não se organizou de maneira a satisfazer a necessidade de justiça que despertou, mais ardente, em nossos corações. Se assim é, o remédio para o mal não está em procurar ressuscitar, apesar dos pesares, tradições e práticas que, não mais correspondendo às presentes condições do estado social, só poderiam ter uma vida artificial e aparente. O que é necessário é fazer cessar essa anomia, é encontrar os meios para fazer esses órgãos que ainda se chocam em movimentos discordantes concorrerem harmoniosamente, é introduzir em suas relações mais justiça, atenuando cada vez mais essas desigualdades externas que são a fonte do mal. Portanto, nosso mal-estar não é, como por vezes alguns parecem crer, de ordem intelectual: ele se deve a causas mais profundas. Não sofremos porque não sabemos mais em que noção teórica devemos apoiar a moral que praticávamos até aqui, mas porque, em algumas de suas partes, essa moral está irremediavelmente abalada e a que nos é necessária está apenas se formando. Nossa ansiedade não vem do fato de que a crítica dos cientistas arruinou a explicação tradicional que nos era dada de nossos deveres, por conseguinte, não é um novo sistema filosófico que poderá dissipá-la um dia; mas, como alguns desses deveres não mais se baseiam na realidade das coisas, resultou disso um afrouxamento que só poderá ter fim à medida que uma nova disciplina se estabelecer e se consolidar. Em suma, nosso primeiro dever atualmente é criar uma moral. Tal obra não poderia ser improvisada no silêncio de um gabinete; ela só se pode erguer por si mesma, pouco a pouco, sob a pressão das causas internas que a tornam necessária. Mas a reflexão pode e deve servir para assinalar o objetivo que se deve alcançar. Foi o que procuramos fazer.

NOTAS

PREFÁCIO À SEGUNDA EDIÇÃO

1. Limitamo-nos a suprimir da antiga *Introdução* cerca de trinta páginas, que, hoje, parecem-nos inúteis. Aliás, explicamo-nos sobre essa supressão no lugar em que foi efetuada.

2. *Le suicide*, conclusão.

3. Cf. abaixo, pp. 165-167 e 206-207.

4. Cf. abaixo, pp. 205-206-207 e p. 368.

5. Cf. liv. III, cap. I, par. III.

6. Tornaremos mais longe sobre esse ponto, pp. 350 ss.

7. Cf. Hermann, *Lehrbuch des griechischen Antiquitäten*, 4te B., 3a ed., p. 398. Às vezes, em virtude de sua profissão, o artesão era até privado do direito de cidadania (*ibid.*, p. 392). Resta saber se, na ausência de uma organização legal e oficial, não havia uma clandestina. O certo é que havia corporações de comerciantes (cf. Francotte, *L'industrie dans la Grèce antique*, t. II, pp. 204 ss.).

8. Plutarco, *Numa*, XVII; Plínio, *Hist. nat.*, XXXIV. Sem dúvida, trata-se apenas de uma lenda, mas ela prova que os romanos viam suas corporações como uma das mais antigas instituições.

9. *Étude historique sur les corporations professionnelles chez les Romains*, t. I, pp. 56-57.

10. Certos historiadores acreditam que, desde o início, as corporações estiveram em relação com o Estado. Em todo caso, é certo que seu caráter oficial foi muito mais desenvolvido durante o Império.

11. *Les classes ouvrières en France jusqu'à la Révolution*, I, 194.

12. *Op. cit.*, I, 194.

13. A maioria dos historiadores estima que certos colégios, pelo menos, eram sociedades de ajuda mútua.

14. *Op. cit.*, I, p. 330.

15. *Op. cit.*, I, p. 331.

16. *La religion romaine*, II, pp. 287-288.

17. *Op. cit.*, I, 217-218.

18. *Op. cit.*, I, p. 221. Cf. sobre o mesmo caráter moral da corporação, no que concerne à Alemanha, Gierke, *Das Deutsche Genossenschaftswesen*, I, 384; para a Inglaterra, Ashley, *Hist. des doctrines économiques*, I, p. 101.

19. *Op. cit.*, p. 238.

20. *Op. cit.*, pp. 240-261.

21. Cf. notadamente *Année sociologique*, I, pp. 313 e ss.

22. Desenvolvemos essa idéia em *Le suicide*, p. 433.

23. Parece mais verossímil que as centúrias assim denominadas não englobavam todos os carpinteiros, todos os ferreiros, mas apenas os que fabricavam ou reparavam as armas e as máquinas de guerra. Dionísio de Halicarnasso nos afirma taxativamente que os operários assim agrupados tinham uma função puramente militar [εἰς τὸν πολεμὸν]. Não eram, pois, colégios propriamente ditos, mas divisões do exército.

24. Tudo o que dizemos sobre a situação das corporações deixa intacta a controvertida questão de saber se o Estado, desde o início, interveio em sua formação. Mesmo que, desde o princípio, elas tivessem ficado sob a dependência do Estado (o que não parece verossímil), o fato é que elas não afetavam a estrutura política. É o que nos importa.

25. Descendo um degrau na evolução, sua situação é ain-

da mais excêntrica. Em Atenas, elas não são apenas extra-sociais, mas quase extralegais.

26. Waltzing, *op. cit.*, I, pp. 85 ss.

27. *Op. cit.*, I, 31.

28. *Op. cit.*, I, 191.

29. Cf. Rietschel, *Markt und Stadt in ihrem rechtlichen Verhältniss*, Leipzig, 1897, *passim*, e todos os trabalhos de Sohm a esse respeito.

30. *Op. cit.*, I, 193.

31. *Ibid.*, I, 183.

32. É verdade que, quando os ofícios se organizam em castas, às vezes adquirem desde cedo uma posição aparente na constituição social: é o caso das sociedades da Índia. Mas a casta não é a corporação. É, essencialmente, um grupo familiar e religioso, não um grupo profissional. Cada uma tem seu grau próprio de religiosidade. E, como a sociedade é organizada religiosamente, essa religiosidade, que depende de diversas causas, atribui a cada casta uma posição determinada no conjunto do sistema social. Mas seu papel econômico não tem nada a ver com essa situação oficial (cf. Bouglé, "Remarques sur le régime des castes", *Année sociologique*, IV).

33. Não falaremos da organização internacional que, em conseqüência do caráter internacional do mercado, se desenvolveria necessariamente acima dessa organização nacional; pois só esta pode constituir atualmente uma instituição jurídica. A primeira, no presente estado do direito europeu, só pode resultar de livres acertos entre corporações nacionais.

34. Essa especialização só poderia fazer-se mediante assembléias eleitas, encarregadas de representar a corporação. No estado atual da indústria, essas assembléias, assim como os tribunais encarregados de aplicar a regulamentação profissional, deveriam evidentemente compreender representantes dos empregados e representantes dos empregadores, como já acontece nos tribunais de *prud'hommes* [justiça do trabalho – N.T.]; isso de acordo com proporções correspondentes à importância respectiva atribuída pela opinião pública a esses dois fatores da produção. Mas, se é necessário que ambos se encontrem nos

conselhos diretores da corporação, não é menos indispensável que, na base da organização corporativa, formem grupos distintos e independentes, pois seus interesses são freqüentemente rivais e antagônicos. Para que possam tomar consciência livremente, é preciso que tomem consciência separadamente. Os dois agrupamentos assim constituídos poderiam, em seguida, designar seus representantes nas assembléias comuns.

35. Cf. abaixo, liv. II, cap. III, par. IV.

36. Cf. abaixo, p. 207.

37. Não queremos dizer, aliás, que as circunscrições territoriais estão destinadas a desaparecer completamente, mas apenas que passarão para o segundo plano. As instituições antigas nunca desvanecem diante das novas instituições, a ponto de não mais deixarem vestígios de si mesmas. Elas persistem, não apenas por sobrevivência, mas porque persistem também algumas das necessidades a que correspondiam. A proximidade material constituirá sempre um vínculo entre os homens; por conseguinte, a organização política e social com base territorial certamente subsistirá. Apenas, ela não mais terá sua atual preponderância, precisamente porque esse vínculo perde a força. De resto, mostramos acima que sempre encontraremos divisões geográficas, inclusive na base da corporação. Além disso, entre as diversas corporações de uma mesma localidade ou de uma mesma região, haverá necessariamente relações especiais de solidariedade que sempre reclamarão uma organização apropriada.

38. *Le suicide*, pp. 434 ss.

39. Cf. abaixo, liv. III, cap. II.

40. É verdade que, onde o testamento existe, o proprietário pode determinar ele mesmo a transmissão de seus bens. Mas o testamento nada mais é que a faculdade de derrogar à regra do direito sucessório; é essa regra a norma segundo a qual se fazem essas transmissões. Essas derrogações, por sinal, em geral são limitadas e sempre constituem exceção.

PREFÁCIO À PRIMEIRA EDIÇÃO

1. Criticaram-nos (Beudant, *Le droit individuel et l'État*, p. 244) por havermos qualificado de sutil, em algum lugar, essa questão da liberdade. A expressão, em nossa boca, nada tinha de desdenhosa. Se afastamos esse problema, é unicamente porque a solução que dele se dá, *qualquer que seja*, não pode estorvar nossas pesquisas.

2. Falamos a esse respeito mais adiante, liv. II, cap. I, p. 238.

3. Não precisamos lembrar que a questão da solidariedade social já foi estudada na segunda parte do livro de Marion sobre a *Solidarité morale*. Mas Marion examinou o problema de outro prisma, procurando estabelecer sobretudo a realidade do fenômeno da solidariedade.

INTRODUÇÃO

1. Οὐ γὰρ ἐκ δύο ἰατρῶν γίγνεται κοινωνία, αλλ' ἐξ ίατροῦ καὶ γεωργοῦ καὶ δλως ἐτέρων οὐκ ἴσων (*Éthique à Nicomaque*, E, 1133 a, 16).

2. *Journal des Économistes*, novembro de 1884, p. 211.

3. De Candolle, *Histoire des Sciences et des Savants*, 2ª ed., p. 263.

4. *Loc. cit.*

5. Interpretou-se algumas vezes essa passagem como se implicasse uma condenação absoluta de qualquer espécie de cultura geral. Na realidade, como sobressai do contexto, falamos aqui apenas da cultura humanista que é, sim, uma cultura geral, mas não a única possível.

6. *Le principe de la morale*, p. 189.

7. *Traité d'économie politique*, liv. I, cap. VIII.

8. *Raison ou folie*, capítulo sobre a influência da divisão do trabalho.

9. *La démocratie en Amérique*.

10. Na primeira edição deste livro, desenvolvemos longamente as razões que provam, a nosso ver, a esterilidade desse

método. Acreditamos hoje podermos ser mais breve. Há discussões que não se devem prolongar indefinidamente.

11. "La division du travail étudiée au point de vue historique", in *Revue d'écon. pol.*, 1889, p. 567.

12. Desde 1893, foram publicadas e chegaram a nosso conhecimento duas obras que dizem respeito ao problema tratado em nosso livro. É, em primeiro lugar, *Sociale Differenzierung*, de Simmel (Leipzig, VII-147 pp.), em que não se trata da divisão do trabalho especialmente, mas do *processo* de individuação, de uma maneira geral. Há, em seguida, o livro de Bücher, *Die Entstehung der Volkswirtschaft*, recentemente traduzido em francês com o título de *Études d'histoire et d'économie politique* (Paris, Alcan, 1901), com vários capítulos consagrados à divisão do trabalho econômico.

LIVRO I
CAPÍTULO I

1. Cf. Alexander von Oettingen, *Moralstatistik*, Erlangen, 1882, par. 37 ss.; Tarde, *Criminalité comparée*, cap. II (Paris, F. Alcan). Para os suicídios, cf. abaixo, liv. II, cap. I, par. II.

2. "A característica essencial do bem comparado com o verdadeiro é, pois, a de ser obrigatório. O verdadeiro, tomado em si, não possui esse caráter" (Janet, *Morale*, p. 139).

3. Porque ela está em antagonismo com uma regra moral (cf. p. 6).

4. Cf. liv. II, caps I e V.

5. *Éthique à Nic.*, VIII, I, 1155 a, 32.

6. *Émotions et volonté*, tr. fr., Paris, F. Alcan, p. 135.

7. Topinard, *Anthropologie*, p. 146.

8. Cf. Spencer, *Essais scientifiques*, tr. fr., Paris, F. Alcan, p. 300. Waitz, em sua *Anthropologie der Naturvoelker*, 1.76, relata muitos fatos do mesmo gênero.

9. *L'homme et les sociétés*, II, 154.

10. *Das Gehirngewitch des Menschen, eine Studie*, Bonn, 1880.

11. Waitz, *Anthropologie*, III, 101-102.

12. Waitz, *op. cit.*, VI, 121.

13. Spencer, *Sociologie*, tr. fr., Paris, F. Alcan, III, 391.

14. A família materna certamente existiu entre os germanos. Cf. Dargun, *Mutterrecht und Raubehe im Germanischen Rechte*, Breslau, 1883.

15. Cf. notadamente Smith, *Marriage and Kinship in Early Arabia*, Cambridge, 1885, p. 67.

16. *Op. cit.*, 154.

17. *Cours de philosophie positive*, IV, 425. Há idéias análogas em Schaeffle, *Bau und Leben des sozialen Koerpers*, II, *passim*, e Clément, *Science sociale*, I, 235 s.

18. Ver abaixo, liv. III, cap. I.

19. Bain, *Émotions et volonté*, pp. 117 ss., Paris, F. Alcan.

20. Spencer, *Principes de psychologie*, parte VIII, cap. V, Paris, F. Alcan.

CAPÍTULO II

1. Foi esse, porém, o método seguido por Garofalo. Sem dúvida, parece renunciar a ele quando reconhece a impossibilidade de fazer uma lista de fatos universalmente punidos (*Criminologie*, p. 5), o que, de resto, é exagero. Mas acaba voltando, pois que, em suma, o crime natural é, para ele, o que ofende os sentimentos que estão, em toda parte, na base do direito penal, isto é, a parte invariável do sentido moral e apenas esta. Mas por que o crime que ofende um sentimento particular a certos tipos sociais, seria menos crime do que os demais? Garofalo é levado, assim, a recusar o caráter de crime a atos que foram universalmente reconhecidos como criminosos em certas espécies sociais e, por conseguinte, a estreitar de maneira artificial o âmbito da criminalidade. Daí resulta que sua noção de crime é singularmente incompleta. Também é flutuante, pois o autor não inclui em suas comparações todos os tipos sociais, excluindo um grande número, que trata de anormais. Pode-se dizer de um fato social que ele é anormal em relação ao tipo da

espécie, mas uma espécie não poderia ser anormal. As duas palavras não podem ser acopladas. Por mais interessante que seja o esforço de Garofalo para chegar a uma noção científica do delito, esse esforço não é realizado com um método suficientemente exato e preciso. É o que mostra essa expressão de *delito natural* que ele emprega. Quer dizer que nem todos os delitos são naturais? É provável que tenhamos, aí, um retorno à doutrina de Spencer, para quem a vida social só é verdadeiramente natural nas sociedades industriais. Infelizmente, nada é mais falso.

2. Não vemos que razão científica tem Garofalo para dizer que os sentimentos morais atualmente adquiridos pela parte civilizada da humanidade constituem uma moral "não suscetível de perda, e sim de um desenvolvimento sempre crescente" (p. 9). O que lhe permite assinalar assim um limite para as mudanças que se farão num sentido ou noutro?

3. Cf. Binding, *Die Normen und ihre Uebertretung*, Leipzig, 1872, I, 6 s.

4. As únicas exceções verdadeiras a essa particularidade do direito penal se produzem quando é um ato da autoridade pública que cria o delito. Nesse caso, o dever é geralmente definido independentemente da sanção; o leitor se dará conta adiante da causa dessa exceção.

5. Tácito, *Germania*, cap. XII.

6. Cf. Walter, *Histoire de la procédure civile et du droit criminel chez les Romains*, tr. fr., par. 829; Rein, *Kriminalrecht der Roemer*, p. 63.

7. Cf. Gilbert, *Handbuch der Griechischen Staatsalterthümer*, Leipzig, 1881, I, 138.

8. Esboço histórico do direito criminal da antiga Roma, em *Nouvelle Revue historique du droit français et étranger*, 1882, pp. 24 e 27.

9. A confusão não é desprovida de perigo. Assim, muitos por vezes perguntam se a consciência individual varia ou não de acordo com a consciência coletiva. Tudo depende do sentido que se dá à palavra. Se esta última representa similitudes sociais, a relação de variação é inversa, como veremos; se designa toda a vida psíquica da sociedade, a relação é direta. Portanto, é necessário distinguir.

10. Não entramos na questão de saber se a consciência coletiva é uma consciência como a do indivíduo. Por essa palavra, designamos simplesmente o conjunto das similitudes sociais, sem prejulgar a categoria pela qual esse sistema de fenômenos deve ser definido.

11. Basta ver como Garofalo distingue o que ele chama de verdadeiros crimes dos demais crimes (p. 45): o faz segundo uma apreciação pessoal que não repousa em nenhum caráter objetivo.

12. Aliás, quando a multa é toda a pena, como não é mais que uma reparação cujo montante é fixo, o ato se situa nos limites do direito penal e do direito restitutivo.

13.Cf. Êxodo, XXI, 28; Lev., XX, 16.

14. Por exemplo, a faca que serviu para perpetrar o crime. Cf. Post, *Bausteine für eine allgemeine Rechtswissenchaft*, I, 230-231.

15. Êxodo, XX, 4 e 5; Deuteronômio, XII, 12-18; Thonissen, *Études sur l'histoire du droit criminel*, I, 70 e 178 s.

16. Walter, *op. cit.*, par. 793.

17. Por sinal, é o que reconhecem precisamente aqueles que acham ininteligível a idéia de expiação, porque sua conclusão é que, para ser posta em harmonia com sua doutrina, a concepção tradicional da pena deveria ser totalmente transformada e reformada. Isso significa que ela repousa e sempre repousou no princípio que eles combatem (cf. Fouillée, *Science sociale*, pp. 307 ss.).

18. Rein, *op. cit.*, p. 111.

19. Entre os hebreus, o roubo, a violação de depósito, o abuso de confiança, os golpes eram tratados como delitos privados.

20. Cf. notadamente Morgan, *Ancient Society*, Londres, 1870, p. 76.

21. Na Judéia, os juízes não eram sacerdotes, mas todo juiz era o representante de Deus, o homem de Deus (Deut., I, 17; Êxodo, XXII, 28). Na Índia, era o rei que julgava, mas essa função era vista como essencialmente religiosa (Manu, VIII, v, 303-311).

22. Thonissen, *Études sur l'histoire du droit criminel*, I, p. 107.

23. Zoepfl, *Deutsche Rechtsgeschichte*, p. 909.

24. "Foi o filho de Saturno que deu aos homens a justiça", diz Hesíodo (*Travaux et jours*, V, 279 e 280, ed. Didot). "Quando os mortais se entregam... às ações perversas, Júpiter de longa vista lhes inflige um pronto castigo" (*ibid.*, 266, cf. *Iliade*, XVI, 384 s.).

25. Walter, *op. cit.*, par. 788.

26. Rein, *op. cit.*, pp. 27-36.

27. Cf. Thonissen, *passim*.

28. Munck, *Palestine*, p. 216.

29. *Germania*, XII.

30. Plath, *Gesetz und Recht im alten China*, 1865, 69 e 70.

31. Thonissen, *op. cit.*, I, 145.

32. Walter, *op. cit.*, par. 803.

33. Todavia, o que acentua o caráter penal do direito privado é o fato de que ele acarretava a infâmia, verdadeira pena pública (cf. Rein, *op. cit.*, 916, e Bouvy, *De l'infamie en droit romain*, Paris, 1884, 35).

34. Em todo caso, importa notar que a *vendetta* é coisa eminentemente coletiva. Não é o indivíduo que se vinga, mas seu clã; mais tarde, é ao clã ou à família que a composição é paga.

35. Deut., VI, 25.

36. Um homem foi encontrado apanhando lenha no dia do sabá: "Os que o acharam apanhando lenha o trouxeram a Moisés e Arão, e a toda a congregação. Meteram-no em guarda; *porquanto ainda não estava declarado o que se lhe devia fazer*" (Números, XV, 32-36). Em outro passo, trata-se de um homem que blasfemara o nome de Deus. As testemunhas o detêm, mas não sabem como deve ser tratado. O próprio Moisés o ignora e vai consultar o Senhor (Lev., XXIV, 12-16).

37. *Ancien droit*, p. 353.

38. Du Boys, *Histoire du droit criminel des peuples modernes*, VI, 11.

39. Du Boys, *ibid.*, 14.

40. Cf. Maudsley, *Physiologie de l'esprit,* tr. fr., p. 270.
41. Cf. Espinas, *Sociétés animales*, passim, Paris, F. Alcan.
42. Cf. acima, p. 67, n. 36.
43. Cf. Thonissen, *Études*, etc., I, pp. 30 e 232. As testemunhas do crime por vezes tinham um papel preponderante na execução.
44. Para simplificar a exposição, supomos que o indivíduo pertence apenas a uma sociedade. De fato, fazemos parte de vários grupos e há em nós várias consciências coletivas; mas essa complicação nada muda na relação que estamos estabelecendo.
45. Isso não quer dizer que seja necessário, apesar de tudo, conservar uma regra penal porque, num momento dado, ela correspondeu a algum sentimento coletivo. Tal regra só tem razão de ser se este último ainda é vivo e enérgico. Se ele desapareceu ou enfraqueceu, nada é tão inútil e tão ruim quanto tentar mantê-la artificialmente e à força. Pode até acontecer que seja necessário combater uma prática que foi comum, mas não o é mais, e que se opõe ao estabelecimento de práticas novas e necessárias. Mas não nos cabe entrar nessa questão de casuística.
46. Dizendo que a pena, tal qual é, tem uma razão de ser, não entendemos que ela seja perfeita e não possa ser melhorada. É por demais evidente, ao contrário, que, sendo produzida por causas em grande parte totalmente mecânicas, só pode estar muito imperfeitamente ajustada a seu papel. Em linhas gerais, trata-se apenas de uma justificação.

CAPÍTULO III

1. Tarde, *Criminalité comparée*, p. 113, Paris, F. Alcan.
2. E, além do mais, essa autoridade moral vem dos costumes, isto é, da sociedade.
3. Devemos ater-nos aqui a essas indicações gerais, comuns a todas as formas do direito restitutivo. Encontraremos mais longe (mesmo livro, cap. VII) provas numerosas dessa verdade em relação à parte desse direito que corresponde à solidariedade produzida pela divisão do trabalho.

4. Foi dito algumas vezes que as qualidades de pai, de filho, etc., eram objeto de direitos reais (cf. Ortolan, *Instituts*, I, 660). Mas essas qualidades não são mais que símbolos abstratos de direitos diversos, uns reais (direito do pai sobre a fortuna de seus filhos menores, por exemplo), outros pessoais.

5. Art. 1382-1386 do Código Civil. Poderíamos acrescentar os artigos sobre a repetição do indébito.

6. O contratante que falta com seus compromissos também é obrigado a indenizar a outra parte. Mas, nesse caso, a indenização serve de sanção a um vínculo positivo. Não é por ter prejudicado que o violador paga, mas por não ter cumprido o compromisso prometido.

7. *Cours de philosophie positive*, IV, p. 419.

8. Cf. alguns desenvolvimentos sobre esse ponto, mesmo livro, cap. VII.

9. Por exemplo, no caso do empréstimo a juros.

10. *Bases de la morale évolutionniste*, p. 124, Paris.

11. Mantemos a expressão empregada correntemente; mas ela precisaria ser definida, e não estamos em condição de fazê-lo. Parece-nos, em linhas gerais, que essas funções são as que se encontram imediatamente colocadas sob a ação dos centros governamentais. Mas muitas distinções seriam necessárias.

12. E também as que dizem respeito aos direitos reais das pessoas jurídicas da ordem administrativa, pois as relações que elas determinam são negativas.

13. É por isso que o direito que rege as relações das funções domésticas não é penal, embora essas funções sejam bastante gerais.

14. Todavia, essas duas consciências não são regiões geograficamente distintas de nós mesmos, mas penetram-se de todos os lados.

15. Para precisar as idéias, desenvolvemos, no quadro seguinte, a classificação das regras jurídicas que está encerrada implicitamente neste capítulo e no precedente:

I. Regras com sanção repressiva organizada

(O leitor encontrará uma classificação no capítulo seguinte)

II. Regras com sanção restitutiva determinando

- *Relações negativas ou de abstenção*
  - da coisa com a pessoa
    - Direito de propriedade em suas diferentes formas (mobiliária, imobiliária, etc.)
    - Diversas modalidades do direito de propriedade (servidão, usufruto, etc.)
  - das pessoas entre si
    - Determinadas pelo exercício normal dos direitos reais
    - Determinadas pela violação culposa dos direitos reais

Entre as funções domésticas

- *Relações positivas ou de cooperação*
  - Entre as funções econômicas difusas
    - Relações contratuais em geral
    - Contratos especiais
  - Das funções administrativas
    - Entre si
    - Com as funções governamentais
    - Com as funções difusas da sociedade
  - Das funções governamentais
    - Entre si
    - Com as funções administrativas
    - Com as funções políticas difusas

CAPÍTULO IV

1. I, p. 116.
2. Waitz, *Anthropologie der Naturvoelker*, I, pp. 75-76.
3. *Les sociétés*, p. 193.

4. Topinard, *Anthropologie*, p. 393.

5. *Op. cit.*, I, p. 77. Cf. *ibid.*, p. 446.

6. *Lois de l'imitation*, p. 19.

7. *Ethnography and philology of the Un. States*, Filadélfia, 1846, p. 13.

8. É o que leva Tarde a dizer: "O viajante que atravessa vários países da Europa observa mais dessemelhanças entre a gente do povo, que permaneceu fiel a seus velhos costumes, do que entre as pessoas das classes superiores" (*op cit.*, p. 59).

9. Cf. Perrier, *Transformisme*, p. 235.

10. Cf. adiante, liv. II, cap. II e III. O que aí dizemos pode servir, ao mesmo tempo, para explicar e para confirmar os fatos que estabelecemos aqui.

11. Lubbock, *Les origines de la civilisation*, p. 440, Paris, F. Alcan. Cf. Spencer, *Sociologie*, p. 435, Paris, F. Alcan.

12. Não nos cabe pronunciar-nos sobre a antiguidade real da obra (basta-nos que ela se refira a uma sociedade de tipo muito inferior), nem sobre a antiguidade relativa das partes que a compõem, pois, do ponto de vista que nos interessa, todas elas apresentam sensivelmente a mesma característica. Logo, tomamo-las em bloco.

13. Todos esses versículos reunidos (menos os que tratam das funções públicas) são em número de 135.

14. XXIV, 17, 18, 20.

15. Cf. Munck, *Palestine*, p. 216. Selden, *De Sunedriis*, pp. 889-903, enumera, baseando-se em Maimônides, todos os preceitos que se incluem nessa categoria.

16. *Lois de Manou*, trad. Loiseleur, VII, v. 14-24.

17. Dizendo de um tipo social que é mais avançado do que outro, não entendemos que os diferentes tipos sociais se escalonem numa mesma série linear ascendente, mais ou menos elevada segundo os momentos da história. Ao contrário, é certo que, se o quadro genealógico dos tipos sociais pudesse ser completamente elaborado, teria a forma de uma árvore frondosa, de tronco único sem dúvida, mas de ramos divergentes. Apesar dessa disposição, a distância entre dois tipos é mensurável; eles são mais ou menos altos. Tem-se sobretudo o di-

reito de dizer de um tipo que ele está acima de outro quando começou tendo a forma deste último e a superou. É certamente porque pertence a um ramo mais alto.

18. Cf. cap. VI, par. II.

19. O direito contratual, o direito de testar, a tutela, a adoção, etc., são coisas desconhecidas do Pentateuco.

20. Cf. Walter, *op. cit.*, par. 1 e 2; Voigt, *Die XII Tafeln*, I, p. 43.

21. Dez (leis suntuárias) não mencionam expressamente uma sanção; mas seu caráter penal não é duvidoso.

22. *XII Tafeln*, II, p. 448.

23. *Ancien droit*, p. 347.

24. *Das alte Recht der Salischen Franken*, Kiel, 1846.

25. Tit. XLIV, XLV, XLVI, LIX, LX, LXII.

26. Cf. Thonissen, *Procédure de la loi salique*, p. 244.

27. *Ancien droit*, p. 348.

CAPÍTULO V

1. *Sociologie*, III, p. 381.

2. Fustel de Coulanges, *Histoire des institutions politiques de l'ancienne France*, Parte I, p. 352.

3. *Anthropologie*, etc., Parte I, pp. 359-360.

4. *Sociologie*, II, p. 54.

5. Veremos também, no capítulo VII, que o vínculo que une o indivíduo à sua família é tanto mais forte, tanto mais difícil de se romper, quanto mais dividido é o trabalho doméstico.

6. Morgan, *Ancient Society*, p. 80.

7. Dionísio de Halicarn., I, 9. Cf. Accarias, *Précis de droit romain*, I, par. 51.

8. Esse fato não é em absoluto inconciliável com este outro, de que, nessas sociedades, o estrangeiro é objeto de repulsa. Ele inspira esses sentimentos enquanto permanece estrangeiro. O que dizemos é que ele perde facilmente essa qualidade de estrangeiro para ser nacionalizado.

9. Veremos também, no capítulo VII, que as intrusões de

forasteiros na sociedade familiar são tanto mais fáceis quanto menos dividido é o trabalho doméstico.

10. Os sentimentos que chamamos de positivos são os que impõem atos positivos, como a prática da fé; os sentimentos negativos impõem apenas a abstenção. Portanto, entre eles só há diferenças de graus. Mas elas são importantes, pois assinalam dois momentos de seu desenvolvimento.

11. É provável que outros motivos intervenham em nossa reprovação do alcoolismo, notadamente a repulsa que inspira o estado de degradação em que o homem ébrio naturalmente se encontra.

12. Enumeramos nesse item os atos que devem, pelo menos em parte, seu caráter criminoso ao poder de reação próprio do órgão da consciência comum. Uma separação exata entre essas duas subclasses é, aliás, muito difícil de se fazer.

13. Êxodo, XXI, 17. Cf. Deuter., XXVII, 16.

14. Êxodo, XXI, 15.

15. *Ibid.*, XXI, 18-21.

16. Thonissen, *Droit pénal de la République athénienne*, p. 288.

17. A pena não era determinada, mas parece ter consistido na degradação (cf. Thonissen, *op. cit.*, p. 291).

18. *Patronus, si clienti fraudem fecerit, sacer esto*, diz a lei das XII Tábuas. No princípio da cidade, o direito penal era menos estranho à vida doméstica. Uma *lex regia*, que a tradição faz remontar a Rômulo, amaldiçoava o filho que exercera sevícias contra seus pais (Festus, p. 230, s. v. *Plorare*).

19. Cf. Voigt, *XII Tafeln*, II, 273.

20. Talvez se surpreenda o leitor com que se possa falar de uma regressão dos sentimentos domésticos em Roma, lugar de eleição da família patriarcal. Podemos apenas constatar os fatos. O que os explica, é que a formação da família patriarcal teve por efeito retirar da vida pública uma multidão de elementos, constituir uma esfera de ação privada, uma espécie de foro interior. Abriu-se, assim, uma fonte de variações que até então não existia. A partir do dia em que a vida familiar foi subtraída à ação social para se encerrar na casa, ela variou de casa em

casa, e os sentimentos domésticos perderam um pouco de sua uniformidade e de sua determinação.

21. *Kriminalrecht der Roemer*, p. 865.

22. *Ibid.*, p. 869.

23. Não incluímos nesse item nem o rapto, nem o estupro, em que entram outros elementos. São muito mais atos de violência do que de impudor.

24. Post, *Bausteine*, I, p. 226.

25. Post, *ibid.* O mesmo acontecia no antigo Egito (cf. Thonissen, *Études sur l'histoire du droit criminel des peuples anciens*, I, 149).

26. Deuter., XIV, 3 s.

27. *Ibid.*, XXII, 5, 11, 12 e XIV, 1.

28. "Não semearás a tua vinha com duas espécies de sementes" (*ibid.*, XXII, 9). "Não lavrarás com junta de boi e jumento" (*ibid.*, 10).

29. *Cité antique*, p. 266.

30. Números, XV, 30.

31. Meier e Schoemann, *Der attische Prozess*, 2.ª ed., Berlim, p. 367.

32. Reproduzimos essa lista a partir de Meier e Schoemann, *op. cit.*, p. 368. Cf. Thonissen, *op. cit.*, cap. II.

33. Fustel de Coulanges diz, é verdade, que, segundo um texto de Pólux (VIII, 46), a celebração das festas era obrigatória. Mas o texto citado fala de uma profanação positiva e não de uma abstenção.

34. Meier e Schoemann, *op. cit.*, 369. Cf. *Dictionnaire des Antiquités*, verb. "Asebeia".

35. O próprio Fustel de Coulanges reconhece que essa característica era muito mais acentuada na cidade ateniense (*La cité*, cap. XVIII, últimas linhas).

36. Rein, *op. cit.*, pp. 887-888.

37. Walter, *op. cit.*, par. 804.

38. Marquardt, *Roemische Staatsverfassung*, 2.ª ed., t. III, p. 185.

39. V. fatos em apoio a isso em Thonissen, *op. cit.*, p. 187.

40. Segundo Voigt, *XII Tafeln*, I, pp. 450-455. Cf. Marquardt, *Roemische Alterthümer*, VI, 248. Deixamos de lado um ou dois *scelera* que tinham um caráter laico ao mesmo tempo que religioso, e só contamos como tais os que são ofensas diretas contra as coisas divinas.

41. Du Boys, *op. cit.*, VI, pp. 62 ss. É preciso notar, ademais, que a severidade contra os crimes religiosos foi muito tardia. No século IX, o sacrilégio ainda é resgatado mediante uma compensação de 30 libras de prata (Du Boys, V, 231). É um decreto de 1226 que, pela primeira vez, sanciona a pena de morte contra os heréticos. Pode-se crer, pois, que o fortalecimento das penas contra esses crimes é um fenômeno anormal, devido a circunstâncias excepcionais e que o desenvolvimento normal do cristianismo não implicava.

42. Thonissen, *op. cit.*, 363.

43. *L'homme criminel*, tr. fr., p. 36.

44. "Mesmo nos povos civilizados a propriedade privada demorou a se estabelecer", diz Lombroso em apoio à sua afirmação, p. 36, *in fine*.

45. É o que não se deve esquecer para julgar certas idéias dos povos primitivos sobre o roubo. Onde o comunismo é recente, o vínculo entre a coisa e a pessoa é ainda mais frágil, o que significa que o direito do indivíduo sobre a coisa não é tão forte quanto hoje, nem, por conseguinte, os atentados contra esse direito são tão graves. Isso não significa que o roubo seja tolerado: ele não existe na medida em que a propriedade privada não existe.

46. Diodoro, I, 39; Aulo Gélio, *Noctes Atticae*, XI, 18.

47. Thonissen, *Études*, etc., I, 168.

48. As conjeturas são fáceis (cf. Thonissen e Tarde, *Criminalité*, p. 40).

49. Essa proposição não contradiz esta outra, enunciada com freqüência no curso deste trabalho, de que, nesse momento da evolução, a personalidade individual inexiste. A que falta então é a personalidade psíquica, e, sobretudo, a personalidade psíquica superior. Mas os indivíduos têm sempre uma vida orgânica distinta, e isso basta para dar origem a essa simpatia,

muito embora ela se torne mais forte quando a personalidade é mais desenvolvida.

50. O budismo (v. verbete sobre o budismo na *Encyclopédie des sciences religieuses*).

51. *The Ewe-Speaking Peoples of the Slave Coast*, Londres, 1890, p. 258.

52. Wilhelm Borchardt, *Die Sprichwoertlichen Redensarten*, Leipzig, 1888, XII. Cf. v. Wyss, *Die Sprichwoerter bei den Roemischen Komikern*, Zurique, 1889.

CAPÍTULO VI

1. Morgan, *Ancient Society*, pp. 62-122.

2. *Kamilaroi* e *Kurnai*. Aliás, esse estado foi aquele pelo qual passaram originalmente as sociedades indígenas da América (cf. Morgan, *op. cit.*).

3. Se, no estado de pureza, pelo menos assim acreditamos, o clã forma uma família indivisa, confusa, mais tarde famílias particulares, distintas umas das outras, aparecem no fundo primitivamente homogêneo. Mas esse aparecimento não altera as características essenciais da organização social que descrevemos; é por isso que não há motivo para nos determos nela. O clã permanece a unidade política e, como essas famílias são semelhantes e iguais entre si, a sociedade permanece formada de segmentos similares e homogêneos, conquanto, no seio dos segmentos primitivos, começam a se esboçar novas segmentações, mas do mesmo gênero.

4. Morgan, *op. cit.*, p. 90.

5. *Afrikanische Jurisprudenz*, I.

6. Cf. Hanoteau e Letourneux, *La Kabylie et les coutumes kabyles*, II, e Masqueray, *Formation des cités chez les populations sédentaires de l'Algérie*, Paris, 1886, cap. V.

7. É por erro que Waitz apresenta o clã como derivado da família. A verdade é o contrário. Aliás, se essa descrição é importante por causa da competência do autor, ela carece um pouco de precisão.

8. *Anthropologie*, I, p. 359.

9. Cf. Morgan, *op. cit.*, pp. 153 ss.

10. Assim, a tribo de Rubens, que compreendia ao todo quatro *famílias*, contava, de acordo com Números (XXVI, 7), mais de quarenta e três mil adultos de mais de vinte anos (cf. Números, cap. III, 15 s.; Josué, VII, 14. Cf. Munck, *Palestine*, pp. 116, 125, 191).

11. "Fizemos a história de uma crença. Ela se estabelece: a sociedade humana se constitui. Ela se modifica: a sociedade atravessa uma série de revoluções. Ela desaparece: a sociedade muda de face" (*Cité antique*, fim).

12. Spencer já disse que a evolução social, como, de resto, a evolução universal, principiava por um estágio de mais ou menos perfeita homogeneidade. Mas essa proposição, tal como ele a entende, não se parece em nada com a que acabamos de desenvolver. De fato, para Spencer, uma sociedade que fosse perfeitamente homogênea não seria verdadeiramente uma sociedade; porque o homogêneo é instável por natureza e a sociedade é essencialmente um todo coerente. O papel social da homogeneidade é totalmente secundário; ela pode abrir caminho para uma cooperação ulterior (*Soc.*, III, p. 368), mas não é uma fonte específica de vida social. Em certos momentos, Spencer parece não ver nas sociedades que acabamos de descrever nada mais que uma justaposição efêmera de indivíduos independentes, o zero da vida social (*ibid.*, p. 390). Acabamos de ver, ao contrário, que elas têm uma vida coletiva muito forte, conquanto *sui generis*, que se manifesta não por trocas e contratos, mas por uma grande abundância de crenças e práticas comuns. Esses agregados são coerentes, não somente apesar de serem homogêneos, mas na medida em que são homogêneos. Não só a comunidade não é demasiado frágil neles, mas pode-se dizer que existe sozinha. Ademais, essas sociedades possuem um tipo definido que deriva de sua homogeneidade. Portanto, não podemos tratá-los como quantidades desprezíveis.

13. Cf. Tarde, *Lois de l'imitation*, pp. 402-412.

14. Veremos as razões adiante, liv. II, cap. IV.

15. Cf. Glasson, *Le droit de succession dans les lois barba-*

res, p. 19. O fato, é verdade, é contestado por Fustel de Coulanges, por mais formal que pareça o texto em que Glasson se baseia.

16. Cf. o título *De Migrantibus* da lei sálica.

17. *Deutsche Verfassungsgeschichte*, 2.ª ed., II, p. 317.

18. Nesses comícios, o voto era dado por cúria, isto é, por grupo de *gentes*. Um texto parece dizer que, dentro de cada cúria, votava-se por *gentes* (Gell., XV, 27, 4).

19. Cf. Marquardt, *Privat Leben der Roemer*, II, p. 4.

20. Até Clístenes. Ora, dois séculos depois, Atenas perdia sua independência. Além disso, mesmo depois de Clístenes, o clã ateniense, o γένος, embora tendo perdido qualquer caráter político, conservou uma organização bastante forte (cf. Gilbert, *op. cit.*, I, pp. 142 e 200).

21. Não queremos dizer que esses distritos territoriais não são mais que uma reprodução dos antigos arranjos familiares; esse novo modo de agrupamento resulta, ao contrário, ao menos em parte, de novas causas que perturbam o antigo modo. A principal delas é a formação das cidades, que se tornam o centro de concentração da população (cf. adiante, liv. II, cap. II, par. I). Mas, quaisquer que sejam as origens desse arranjo, ele é segmentário.

22. Schmoller, "La division du travail étudiée au point de vue historique", *Rev. d'écon. pol.*, 1890, p. 145.

23. Cf. Tarde, *Lois de l'imitation, passim*, Paris, F. Alcan.

24. *Op. cit.*, p. 144.

25. Cf. Levasseur, *Les classes ouvrières en France jusqu'à la Révolution*, I, p. 195.

26. Schmoller, "La division du travail étudiée au point de vue historique", *Rev. d'écon. pol.*, pp. 145-148.

27. Cf. abaixo, mesmo livro, cap. VII, par. II e liv. III, cap. I.

28. Perrier, *Le transformisme*, p. 159.

29. Perrier, *Colonies animales*, p. 778.

30. *Ibid.*, liv. II, cap. V, VI e VII.

31. *Ibid.*, p. 779.

32. *Transformisme*, p. 167.

33. *Colon. anim.*, p. 771.

34. Cf. *Colon. anim.*, pp. 763 ss.
35. *Sociol.*, II, p. 153.
36. *Sociol.*, II, pp. 154-155.
37. *Ibid.*, III, pp. 426-427.
38. Encontramos aqui uma confirmação da proposição já enunciada mais acima, p. 95, que faz da força governamental uma emanação da vida inerente à consciência coletiva.

CAPÍTULO VII

1. *Sociol.*, III, pp. 332 ss.
2. *Ibid.*, III, p. 808.
3. *Ibid.*, II, p. 160.
4. *Ibid.*, III, p. 813.
5. *Ibid.*, II, pp. 332 ss. Cf. também *L'individu contre l'État, passim,* Paris, F. Alcan.
6. É o que faz Fouillée, que opõe contrato a compressão (cf. *Science sociale*, p. 8).
7. *Essais de morale*, p. 194, nota.
8. Bem entendido, o mesmo se dá no caso da dissolução do vínculo conjugal.
9. Smith, *Marriage and Kinship in early Arabia.* Cambridge, 1885, p. 135.
10. Krauss, *Sitte und Brauch der Südslaven*, cap. XXXI.
11. Viollet, *Précis de l'histoire du droit français*, p. 402.
12. Accarias, *Précis de droit romain*, I, pp. 240 ss.
13. Viollet, *op. cit.*, p. 406.
14. Morgan, *Ancient Society*, p. 81.
15. Krauss, *op. cit.*, pp. 113 ss.
16. Lei sálica, tit. LX.
17. Por exemplo, nos casos de tutela e de interdição, em que algumas vezes a autoridade pública intervém de ofício. O progresso dessa ação reguladora não contradiz a regressão, constatada mais acima, dos sentimentos coletivos concernentes à família; ao contrário, o primeiro fenômeno supõe o outro, porque, para que esses sentimentos diminuíssem ou fossem de-

bilitados, foi necessário que a família cessasse de se confundir com a sociedade e constituísse para si uma esfera de ação pessoal, subtraída à consciência comum. Ora, essa transformação era necessária para que a família pudesse se tornar, em seguida, um órgão da sociedade, porque um órgão é uma parte individualizada desta.

18. *Bases de la morale évolutionniste*, pp. 124 ss.

19. *Essais de morale*, p. 187.

20. Cf. liv. III, cap. I. Cf. sobretudo o prefácio, em que nos exprimimos mais explicitamente a esse respeito.

21. *Sociol.*, III, 822-834.

22. *Essais de morale*, p. 179.

23. Aliás, essa censura, como toda pena moral, traduz-se por movimentos externos (penas disciplinares, demissão de empregados, perda das relações, etc.)

LIVRO II
CAPÍTULO I

1. Spencer, *Psychologie*, I, 283. Wundt, *Psychologie physiologique*, I, cap. X, par. I.

2. Richet. Ver seu verbete "Douleur", no *Dictionnaire encyclopédique des sciences médicales.*

3. Laplace, *Théorie analytique des probabilités*, Paris, 1847, pp. 187, 432. Fechner, *Psychophysik*, I, 236.

4. Cf. Wundt, *loc. cit.*

5. Rabier, *Leçons de philosophie*, I, 479.

6. Cf. Hartmann, *Philosophie de l'inconscient*, II.

7. Waitz, *Anthropologie*, I, 346.

8. *Ibid.*, 347.

9. Cowper Rose, *Four years in Southern Africa*, 1829, p. 173.

10. Cf. as Tábuas de Morselli.

11. Oettingen, *Moralstatistik*, Erlangen, 1882, p. 742.

12. Tarde, *Criminalité comparée*, 48.

13. Fora os casos em que o instinto de conservação é

neutralizado por sentimentos religiosos, patrióticos, etc., sem que seja, por isso, mais fraco.

14. *Cours de philosphie positive*, 2.ª ed., IV, 273.

15. Era a teoria de Georges Leroy; só a conhecemos pelo que Comte fala em seu *Cours de philos. posit.*, t. IV, p. 449.

CAPÍTULO II

1. *Sociologie*, II, 31.

2. "*Colunt diversi ac discret*", diz Tácito dos germanos; "*suam quisque domum spatio circundat*" (*German.*, XVI).

3. Cf. em Accarias, *Précis,* I, 640, a lista das servidões urbanas. Cf. Fustel, *La cité antique*, p. 65.

4. Raciocinando assim, não pretendemos dizer que os progressos da densidade resultam das mudanças econômicas. Os dois fatos condicionam-se mutuamente, e isso basta para que a presença de um ateste a do outro.

5. Cf. Levasseur, *La population française, passim.*

6. Cf. *Tácito, Germ.*, XVI. Sohm, *Ueber die Entstehung der Städte*.

7. *Römische Alterthümer*, IV, 3.

8. Cf. sobre esse ponto Dumont, *Dépopulation et civilisation,* Paris, 1890, cap. VIII, e Oettingen, *Moralstatistik*, pp. 273 ss.

9. Cf. Levasseur, *op. cit.*, p. 200.

10. Parece-nos que é a opinião de Tarde em suas *Lois de l'imitation*.

11. Todavia, há casos particulares, excepcionais, em que a densidade material e a densidade moral talvez não sejam totalmente proporcionais. Ver adiante, cap. III, nota final.

12. *Sociologie*, II, 23.

13. A aldeia, que originalmente é tão-só um clã fixo.

14. Também sobre esse ponto podemos apoiar-nos na autoridade de Comte: "Devo apenas indicar agora o adensamento progressivo da nossa espécie como um último elemento geral que concorre para ajustar a velocidade efetiva do movimento social. Portanto, podemos, primeiro, reconhecer facil-

mente que essa influência contribui muito, sobretudo no início, para determinar no conjunto do trabalho humano uma divisão cada vez mais especial, necessariamente incompatível com um pequeno número de cooperadores. *Além disso, por uma propriedade mais íntima e menos conhecida, embora ainda mais capital, esse adensamento estimula diretamente, de uma maneira fortíssima*, o desenvolvimento mais rápido da evolução social, seja levando os indivíduos a tentar novos esforços para assegurar-se, por meios mais refinados, uma existência que, de outro modo, tornar-se-ia mais difícil, seja também obrigando a sociedade a reagir com uma energia mais obstinada e mais bem concertada para lutar com maior pertinácia contra o desenvolvimento mais forte das divergências particulares. Em ambos os casos, vemos que não se trata aqui do aumento absoluto do número de indivíduos, mas sobretudo de seu concurso mais intenso num espaço dado" (*Cours*, IV, 455).

15. *Premiers principes*, 381.

16. *Origine des espèces*, 131.

17. *Histoire de la création naturelle*, 240.

18. *Politique*, IV (VII), 16, 1335 b, 20 s.

19. Bordier, *Vie des sociétés*, 45.

20. Cf. Bordier, *op. cit.*, 166 s.

21. Féré, *Dégénérescence et criminalité,* 88.

22. Cf. verb. "Aliénation mentale", no *Dictionnaire encyclopédique des sciences médicales.*

23. Esse desenvolvimento da vida propriamente intelectual ou científica tem mais outra causa, que veremos no capítulo seguinte.

24. *Émotions et volonté*, 419.

25. *Sociologie*, III, 331.

26. *Cours de philos. posit.*, IV, 421.

27. *Sociologie*, III, 332.

28. *L'Europe et la Révolution française*, I, 9 e 10.

29. Cf. Kulischer, "Der Handel auf den primitiven Kulturstufen" (*Zeitschr. f. Völkerpsychologie*, X, 1877, p. 378) e Schrader, *Linguistisch-historische Forschungen zur Handelsgeschichte*, Iena, 1886.

30. É verdade que o mutualismo produz-se em geral entre indivíduos de espécies diferentes, mas o fenômeno permanece idêntico mesmo que ocorra entre indivíduos da mesma espécie (cf. sobre o mutualismo Espinas, *Sociétés animales*, e Giraud, *Les sociétés chez les animaux*).

31. Recordemos, para concluir, que estudamos neste capítulo apenas como, em geral, a divisão do trabalho progride cada vez mais e mostramos as causas determinantes desse progresso. Mas pode muito bem acontecer que, numa sociedade em particular, certa divisão do trabalho, notadamente, a divisão do trabalho econômico, seja mais desenvolvida, embora o tipo segmentário ainda seja fortemente acentuado. Parece ser o caso da Inglaterra. A grande indústria e o grande comércio parecem ser tão desenvolvidos aí quanto no continente, muito embora o sistema alveolar seja ainda mais acentuado, como provam tanto a autonomia da vida local como a autoridade que a tradição conserva. (O valor sintomático deste último fato será determinado no capítulo seguinte.)

Isso se dá, de fato, porque a divisão do trabalho, sendo um fenômeno derivado e secundário, como acabamos de ver, acontece na superfície da vida social, o que é verdade sobretudo para a divisão do trabalho econômico. Ela se situa à flor da pele. Ora, em todo organismo, os fenômenos superficiais, por sua própria situação, mostram-se muito mais acessíveis à ação das causas externas, mesmo que as causas internas de que dependem não sejam em geral modificadas. Assim, basta que uma circunstância qualquer estimule num povo uma necessidade mais viva de bem-estar material para que a divisão do trabalho econômico se desenvolva sem que a estrutura social mude sensivelmente. O espírito de imitação e o contato com uma civilização mais refinada podem produzir esse resultado. Assim, o entendimento, sendo a parte culminante e, por conseguinte, mais superficial da consciência, pode ser facilmente modificado por influências externas, como a educação, sem que os fundamentos da vida psíquica sejam comprometidos. Criam-se, assim, inteligências suficientes o bastante para garantir o sucesso, mas que são desprovidas de raízes profundas. Por isso, esse gênero de talento não se transmite por hereditariedade.

Essa comparação mostra que não se deve julgar a posição que cabe a uma sociedade na escala social com base no estado da sua civlização, sobretudo da sua civilização econômica, pois esta pode não ser mais que uma imitação, uma cópia, e encobrir uma estrutura social de espécie inferior. Esse caso, é verdade, é excepcional; não obstante, se apresenta.

É apenas nesses encontros que a densidade material da sociedade não exprime exatamente o estado da densidade moral. O princípio que colocamos é, portanto, verdadeiro de uma maneira bastante geral, e isso basta para nossa demonstração.

CAPÍTULO III

1. Büsschenschütz, *Besitz und Erwerb.*

2. Segundo Dionísio de Halicarnasso (IX, 25), durante os primeiros tempos da República, nenhum romano podia tornar-se mercador ou artesão. Cícero também fala de todo trabalho mercenário como um ofício degradante (*De off.*, I, 42).

3. Hanoteau e Letourneux, *La Kabylie*, II, 23.

4. Cf. Levasseur, *Les classes ouvrières en France jusqu'à la Révolution, passim.*

5. *Colonies animales,* 702.

6. Cf. Révile, *Religions des peuples non civilisés*, I, 67 s.; II, 230 s..

7. Levasseur, *op. cit.*, I, 239.

8. O leitor vê por si mesmo os fatos que verificam essa lei, de que não podemos dar aqui uma demonstração expressa. Ela resulta de pesquisas que fizemos sobre a família e que esperamos publicar proximamente.

9. Citado por Layet, *Hygiène des paysans*, último capítulo.

10. Dumont, *Dépopulation et civilisation*, 175.

11. Esse número elevado é um efeito da proximidade de Paris.

12. *Dictionnaire encyclop. des sciences médic.*, verb. "Migration".

13. Dumont, *op. cit.*, 178.

14. *Cours de phil. pos.*, IV, 451.

15. "La question de la population", em *Annales d'hygiène*, 1884.

16. *Annales de la Ville de Paris.*

17. *Lois de l'imitation*, 271.

18. Cf. sobre essa [γραφὴ] Meier e Schömann, *Der attische Prozess.*

19. Arist., *Pol.*, II, 8, 1286 b, 26.

20. É verdade que, numa pequena cidade, o forasteiro, o desconhecido, não é objeto de vigilância menor do que o habitante, mas isso porque a imagem que o representa é tornada vivíssima por um efeito de contraste, porque ele é uma exceção. O mesmo não se dá numa grande cidade, em que ele é a regra: todo o mundo, por assim dizer, é desconhecido.

21. Temos aí uma questão a estudar. Cremos ter ressaltado que, nas cidades populosas, mas pouco densas, a opinião coletiva mantém sua força.

22. A essa causa fundamental, devemos acrescentar a influência contagiosa das grandes cidades sobre as pequenas e das pequenas sobre o campo. Mas essa influência é apenas secundária e, de resto, só adquire importância na medida em que a densidade social aumenta.

23. Esse terceiro efeito só resulta em parte da natureza segmentária; sua causa principal está no aumento do volume social. Restaria saber por que, em geral, a densidade aumenta ao mesmo tempo que o volume. É uma questão que nos colocamos.

24. Cf. acima, liv. I, cap. V, notadamente pp. 202 ss.

25. Cf. acima, pp. 165-166.

26. Cf. Perrier, *Colon. anim.*, 764.

CAPÍTULO IV

1. Stuart Mill, *Économie politique.*

2. Spencer, *Sociol.*, III, 349.

3. Ribot, *L'hérédité*, 2.ª ed., p. 360.

4. *Ibid.*, 345.

5. *Ibid.*, 365. Cf. Hermann, *Griech. Antiq.*, IV, 353, n. 3.

6. *Ibid.*, 395, n. 2, cap. I, 33. Para os fatos, ver notadamente: Platão, *Eutífron*, 11 C; Alcibíades, 121 A; *República*, IV, 421 D; sobretudo Protágoras, 328 A; Plutarco, *Apophth. Lacon.*, 208 B.

7. Schmoller, "La division du travail", in *Rev. d'éc. polit.*, 1888, p. 590.

8. Ribot, *op. cit.*, p. 360.

9. Cf. *L'espèce humaine.*

10. *Histoire des sciences et des savants*, 2.ª ed., p. 293.

11. *Op. cit.*, p. 294.

12. *English men of science*, 1874, pp. 144 ss.

13. *Op. cit.*, p. 320.

14. *Op. cit.*, p. 296.

15. *Ibid.*, p. 299.

16. *Émotions et volonté*, p. 53.

17. *Op. cit.*, p. 318.

18. Lombroso, *L'homme criminel*, 669.

19. Cf. Féré, *Dégénérescence et criminalité.*

20. *Anatomie et physiologie animales*, 201. Cf. o prefácio de *L'intelligence des animaux*, Romanes, p. XXIII.

21. Guyau, *Morale anglaise*, 1.ª ed., 330.

22. Topinard, *Anthropologie*, 458.

23. Wagner, "Die Kulturzüchtung des Menschen", em *Kosmos*, 1886; Heft, p. 27.

24. *Natural Inheritance*, Londres, 1889.

25. *Op. cit.*, 101.

26. Cf. Arréat, "Récents travaux sur l'hérédité", em *Rev. phil.*, abril 1890, p. 414.

27. O que de mais consistente parece haver nas teorias de Weismann poderia servir para confirmar o que precede. Sem dúvida, não está provado que, como esse cientista sustenta, as variações individuais são radicalmente intransmissíveis pela hereditariedade. Mas parece ter sido firmemente estabelecido que o tipo normalmente transmissível não é o tipo individual, mas o tipo genérico, que tem por substrato orgânico, de certa forma,

os elementos reprodutores, e que esse tipo não é tão facilmente atingido pelas variações individuais quanto por vezes se supôs (Cf. Weismann, *Essais sur l'hérédité*, trad. fr., Paris, 1892, notadamente o terceiro Ensaio, e Ball, *Hérédité et exercice*, trad. fr., Paris, 1891). Daí resulta que quanto mais indeterminado e plástico o tipo, mais também o fator individual ganha terreno.

Essas teorias nos interessam ainda de outro ponto de vista. Uma das conclusões de nosso trabalho, às quais damos a maior importância, é a idéia de que os fenômenos sociais derivam de causas sociais, e não de causas psicológicas; que o tipo coletivo não é a simples generalização de um tipo individual, mas que, ao contrário, este nasceu daquele. Numa outra ordem de fatos, Weismann demonstra igualmente que a raça não é um simples prolongamento do indivíduo; que o tipo específico, do ponto de vista fisiológico e anatômico, não é um tipo individual que se perpetuou no tempo, mas tem sua evolução própria; que o segundo destacou-se do primeiro, longe de ser sua fonte. Sua doutrina, parece-nos, é, como a nossa, um protesto contra as teorias simplistas que reduzem o composto ao simples, o todo à parte, a sociedade ou a raça ao indivíduo.

CAPÍTULO V

1. *Lois de Manou*, I, 87-91.
2. *Cours de phil. posit.*, VI, 505.
3. *Sociol.*, II, 57.
4. Wundt, *Psychologie physiologique*; trad. fr., I, 234.
5. Ver a experiência de Kühne e Paul Bert, relatada por Wundt, *ibid.*, 233.
6. *Ibid.*, I, 239.
7. Spencer, *Sociol.*, III, p. 406.
8. Não precisamos investigar aqui se o fato que determina os progressos da divisão do trabalho e da civilização, isto é, o aumento da massa e da densidade sociais, se explica mecanicamente; se ele é um produto necessário de causas eficientes, ou um meio imaginado tendo em vista um fim desejado, um bem

maior entrevisto. Contentamo-nos em colocar essa lei da gravitação do mundo social, sem remontarmos mais longe. No entanto, não parece que uma explicação teleológica se imponha aqui mais que em outros pontos. As divisórias que separam as diferentes partes da sociedade desaparecem cada vez mais pela força das coisas, em conseqüência de uma espécie de desgaste natural, cujo efeito, por sinal, pode ser reforçado pela ação de causas violentas. Os movimentos da população se tornam, assim, mais numerosos e mais rápidos, e se abrem linhas de passagem segundo as quais esses movimentos se efetuam: são as vias de comunicação. Eles são mais particularmente ativos nos pontos em que várias dessas linhas se cruzam: são as cidades. Assim aumenta a densidade social. Quanto ao aumento de volume, ele se deve a causas do mesmo gênero. As barreiras que separam os povos são análogas às que separam os diversos alvéolos de uma mesma sociedade e desaparecem do mesmo modo.

9. *Premiers principes*, pp. 454 ss.

10. *Bases de la morale évolutionniste*, p. 11.

11. A definição de Quatrefages, que faz do homem um animal religioso, é um caso particular da precedente, pois a religiosidade do homem é uma conseqüência de sua eminente sociabilidade. Cf. supra, pp. 150 ss.

12. Transformação do solo e dos rios pelos agricultores, engenheiros, etc.

13. É o caso das sociedades em que reina a família materna.

14. Para citar apenas um exemplo, é o caso da religião, que foi explicada por movimentos da sensibilidade individual, ao passo que esses movimentos nada mais são que o prolongamento, no indivíduo, dos estados sociais que dão origem às religiões. Fizemos alguns desenvolvimentos sobre esse ponto num artigo da *Revue philosophique* intitulado "Études de science sociale", junho de 1886. Cf. *Année sociologique*, t. II, pp. 1-28.

15. *Introduction à la science sociale*, cap. I.

16. Isso basta, acreditamos, para responder aos que crêem provar que tudo é individual na vida social, porque a sociedade é feita apenas de indivíduos. Sem dúvida, ela não tem outro substrato; mas como os indivíduos formam uma socieda-

de, produzem-se fenômenos novos que têm por causa a associação e que, reagindo sobre as consciências individuais, formamnas em grande parte. Eis por que, muito embora a sociedade nada seja sem os indivíduos, cada um deles é muito mais um produto da sociedade do que seu autor.

LIVRO III
CAPÍTULO I

1. É uma distinção que Spencer não faz. Parece que, para ele, os dois termos são sinônimos. No entanto, a diferenciação que desintegra (câncer, micróbio, criminoso) é muito diferente da que concentra as forças vitais (divisão do trabalho).

2. Cf. Block, *Statistique de la France.*

3. Levasseur, *Les classes ouvrières en France jusqu'à la Révolution*, 311, 315.

4. *Ibid.*, I, 496.

5. *Ibid.*

6. *Ibid.*, I, 504.

7. Hubert Valleroux, *Les corporations d'arts et métiers*, p. 49.

8. Levasseur, II, 315.

9. *Ibid.*, 319.

10. Cf. Cauwès, *Précis d'économie politique*, II, 39.

11. *Cours de philosophie positive*, I, 27.

12. *Bau und Leben des sozialen Körpers*, IV, 113.

13. *Cours*, IV, 429.

14. *Sociétés animales*, conclusão, IV.

15. *Cours de philos. posit.*, IV, 430-431.

16. Essa aproximação entre o governo e a filosofia nada tem de surpreendente; porque, aos olhos de Comte, essas duas instituições são inseparáveis. O governo, tal como o concebe, só é possível se a filosofia positiva já estiver constituída.

17. Ver acima, liv. I, cap. VII, par. III, pp. 207-216.

18. *Cours de philos. posit.*, IV, 42.

19. *Psychologie allemande*, Introdução, p. XXVII.

20. *Op. cit.*, I, 45.
21. Ver liv. I, cap. VII.
22. Cf. Perrier, *Colonies animales*, p. 746.
23. Cf. Spencer, *Principes de biologie*, II, 438 s.
24. Isso estava escrito em 1893. Desde então, a legislação industrial adquiriu em nosso direito maior importância. É o que prova quão grave era a lacuna, e ela está longe de ter sido preenchida.
25. Há, no entanto, um caso em que a *anomia* pode se produzir, ainda que a contigüidade seja suficiente. É quando a regulamentação necessária só se pode estabelecer à custa de transformações de que a estrutura social já não é capaz, pois a plasticidade das sociedades não é indefinida. Quando ela chega ao fim, as próprias mudanças necessárias são impossíveis.
26. Recordemos todavia que, como veremos no capítulo seguinte, esse antagonismo não se deve inteiramente à rapidez dessas transformações, mas, em boa parte, à desigualdade ainda demasiado grande das condições externas da luta. Sobre esse fator, o tempo não atua.
27. *Cours*, IV, 430.

CAPÍTULO II

1. Tarde, *Lois de l'imitation.*
2. Cf. Estrabão, p. 702. Tampouco no Pentateuco encontramos regulamentação do contrato.
3. Ver o contrato *verbis, litteris et re* no direito romano. Cf. Esmein, *Études sur les contrats dans le très ancien droit français,* Paris, 1883.
4. Ulpiano considera os contratos consensuais como sendo *juris gentium* (L. V, 7 pr. e par. 1, *De Pact.*, II, 14). Ora, todo o *jus gentium* é certamente de origem posterior ao direito civil. Cf. Voigt, *Jus gentium.*
5. A ação *quod metus causa*, que é um pouco anterior à ação de *dolo* é posterior à ditadura de Sila. Costuma ser datada de 674.

6. Cf. L. 3, par. 1 e L. 7, par. 1.

7. Diocleciano decidiu que o contrato poderia ser rescindido se o preço fosse inferior à metade do valor real. Nosso direito admite a rescisão por causa de lesão apenas nas vendas de imóveis.

8. Claro, não queremos dizer que a sociedade esteja fora da natureza, se entendermos por isso o conjunto dos fenômenos submetidos à lei da causalidade. Por ordem natural, entendemos apenas a que se produziria no que chamamos de estado natural, isto é, sob a influência exclusiva de causas físicas e orgânico-psíquicas.

9. Cf. liv. II, cap. V. Vê-se mais uma vez que o contrato livre não se basta, pois só é possível graças a uma organização social muito complexa.

CAPÍTULO III

1. Spencer, *Principes de biologie*, II, 131.

2. *Ibid.*

3. Claro, esta é apenas uma maneira de expor as coisas. Não foi assim que elas aconteceram historicamente. O homem não descobriu um belo dia que tinha um vizinho.

4. *Science sociale*, trad. franc., I, 229-231.

5. Cf. Marquardt, *Röm. Stattsverwaltung*, III, 545 ss.

6. Cf. Levasseur, *Les classes ouvrières en France jusqu'à la Révolution*, I, 474 e 475.

CONCLUSÃO

1. Cf. liv. I, cap. III, par. II.

2. Há, talvez, outro limite, mas de que não nos cabe falar, pois concerne antes à higiene individual. Poder-se-ia sustentar que, em conseqüência de nossa constituição orgânico-psíquica, a divisão do trabalho não pode ultrapassar certo limite sem provocar desordens. Sem entrar na questão, notemos todavia que a extrema especialização alcançada pelas funções biológicas não

parece favorável a essa hipótese. Ademais, na própria ordem das funções psíquicas e sociais, acaso a divisão do trabalho, em conseqüência do desenvolvimento histórico, não foi levada ao último grau entre o homem e a mulher? Acaso faculdades inteiras não foram perdidas por esta última e reciprocamente? Por que o mesmo fenômeno não se produziria entre indivíduos do mesmo sexo? Sem dúvida, é sempre necessário algum tempo para que o organismo se adapte a essas mudanças, mas não vemos por que um dia essa adaptação se tornaria impossível.

3. Entre as conseqüências práticas que poderíamos deduzir da proposição que acabamos de estabelecer, há uma que interessa a pedagogia. Sempre se raciocina em matéria de educação como se a base moral do homem fosse feita de generalidades. Acabamos de ver que não é assim. O homem está destinado a cumprir uma função especial no organismo social e, por conseguinte, é preciso que ele aprenda de antemão a representar seu papel de órgão, pois é necessária uma educação para tanto, assim como para lhe ensinar seu papel de homem, como se diz. Aliás, não queremos dizer que seja necessário educar a criança para determinado ofício prematuramente, mas é preciso fazer que ela aprecie as tarefas circunscritas e os horizontes definidos. Ora, esse gosto é bem diferente do gosto pelas coisas gerais e não pode ser despertado pelos mesmos meios.

4. Ver acima, pp. 270 ss., e p. 298.

5. Ver pp. 280-282.

6. Nada diz que a diversidade intelectual e moral das sociedades deva manter-se. A expansão cada vez maior das sociedades superiores, de que resulta a absorção ou a eliminação das sociedades menos avançadas, tende, em todo caso, a diminuí-la.

7. Por isso, os deveres que temos para com ela não prevalecem sobre os que nos ligam à nossa pátria. Porque esta é a única sociedade, atualmente realizada, de que fazemos parte; a outra nada mais é que um *desideratum*, cuja realização sequer está garantida.

8. O termo é de Molinari, *La morale économique*, p. 248.

9. Cf. Beaussire, *Les principes de la morale*, Introdução.

SUMÁRIO

LIVRO II
AS CAUSAS E AS CONDIÇÕES

CAPÍTULO I
OS PROGRESSOS DA DIVISÃO DO TRABALHO
E OS PROGRESSOS DA FELICIDADE

CAPÍTULO III
OS FATORES SECUNDÁRIOS

CAPÍTULO IV
OS FATORES SECUNDÁRIOS (*cont.*)

Impresso por :

Graphium
gráfica e editora

Tel.:11 2769-9056